雙佳樓往事

時代風雲中的陳西瀅與凌叔華

陳烈 著

中華書局

目　錄

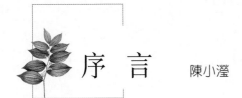

序 言　　陳小瀅

1996 年，英國倫敦大英博物館舉辦了一次「中國古代人與神」文物展覽。聽說有些展品是不久前才在四川「三星堆」出土的，而且展出的人像和過去古代中國的展品不同 —— 相貌很特別，有巨大的眼睛，可又不恐怖，人像之外的其他展品也都自然活潑。

當時去看展覽的人真是人山人海，但又是排着英國式的整齊長隊，慢慢地走去買票。我和丈夫也去看展覽，除了被這壯觀的隊伍震撼，更為祖國輝煌的民族文化感到無限自豪。之後，我們認識了這次展覽的中方策展人 —— 陳烈先生。他是中國國家文物局選派來英國的，對中國的古代文化了如指掌，口若懸河，讓我們十分佩服。

有一天，一位朋友帶陳烈來我們家，把我們夫婦介紹給他。我們真是受寵若驚！特別的興奮和高興。朋友告訴陳烈，我的丈夫秦乃瑞是位漢學家，去過中國多次。關於我，朋友介紹我的父親就是陳西瀅，過去寫《西瀅閒話》的，母親是小說家凌叔華，他們都是上世紀二十年代中國文學界的名人。

以後陳烈常來我家聊天。他問我是不是在北京長大的，我告訴他說我小時候在北京，但時間很短，因為日軍侵華後，我多半在武漢和四川樂山。他於是問我在北京住在何處，我說我家當年在北京史家胡同有一所房子。他聽了大吃一驚，問是多少號，我告訴他說是五十四號，他說他家也是五十四號呀！

其實我們是甲五十四號，那是我父母結婚時，我姥爺將後花園作為陪嫁送給了我母親。他想起來說，那後來是個幼兒園吧。我說的確是，但我們真不了解，因為 1946 年夏天母親就帶着我來英國和父親相聚了。

陳烈最好奇的是我的父親，他說在中學教科書中，陳西瀅是反面人物，是人人喊打的「落水狗」，而所謂的「費厄潑賴」、「正人君子」也是貶義詞。對這些提法，我真是驚異非常：正人君子有什麼不對？落水的狗本應該被人救起才是，為什麼都變成了壞事呢？我百思不得其解。

陳烈告訴我，他們這代人所受的教育，一直認為陳西瀅是個反動文人，凡講到魯迅先生時，老師必得講到對立面人物，如陳西瀅、梁實秋等。所以當陳烈知道我是陳西瀅的女兒，對我和父親產生了極大的好奇心。

我告訴他，其實我父親是一個非常可敬可愛的人。我把父親在中日戰爭時，從英國寫給我的信拿給陳烈看了。他看了後說，沒想到我父親是個真正的正人君子，而且是個非常愛國的人。

對我而言，父親是慈父，在他給我的信中充滿慈愛和關懷，而且教我做人的道理。在我很小的時候，父親就和我通信，第一封信，是 1936 年 9 月，我那時在北京史家胡同姥姥家。信是他從武漢寫來的，那時北平還是一個自由的城市，而幾個月之後，北平被日本佔領了，真有「國破山河在」的感覺。

之後的不少信件都是父親在 1943 年到 1946 年從英國寫給我的，那是我的成長時期，正在四川樂山讀書。他在信中總是很親熱、慈愛，稱我為「瑩寶貝」。他在一封信中希望我身體結實，行為大方，沒有壞習氣，能做飯、洗衣、拾柴；另一封又說，希望我保持天真，永遠做一個有誠意的人，被人看成瘋子也不要緊！他還勸我做人不要太過激，他說自己年輕時常常不經大腦而說出一些得罪人的話，結果受了不少罪，要我別學他。

我在 1944 年冬季想從軍，告訴父親我的想法：生為中國人，死為中國鬼；為國家犧牲是光榮的，人生自古誰無死……父親回信説，他很吃驚，但我年紀太小，才十四歲，去從軍是不可能的，但如果我長到十八歲了，他贊成我從軍，為祖國打仗。他告訴我，在英國所有年輕人都在十八歲從軍，包括英國皇室的成員，國王的女兒，還有首相的兒子。這是他在二戰時和我的通信，大約有一百幾十封。

我的父親十五歲時經過長輩的動員，自費去英國留學，幫了他大忙的是表叔吳稚暉先生。父親在英國近十年，從中學到大學，直到得到博士學位，他都是個窮學生。但因為好學而且聰明，他對英國的政治和文學有了極大的興趣和了解，得到當年英國學術界名人的資助。他和傅斯年為 H.G.Wells（赫伯特‧喬治‧威爾斯）博士的《世界通史》一書寫過有關東亞、中國的章節。

父親回國後，蔡元培先生聘他為北京大學英文系教授。父親和志同道合的朋友，如胡適、徐志摩等人先後創辦了《現代評論》和《新月》雜誌，那是近一百年前的二十世紀二十年代初期。這些宣傳推廣白話文的學者們，年輕大膽。後來他們與魯迅先生發文的《語絲》等刊物有筆戰的情況，在當年的很多國家，政論不一致的雜誌很多，甚至有些評論家在報刊雜誌上彼此罵得不堪，但在生活中還是談得來的朋友。

我父親回國時才二十四歲，後與比他大十幾歲的魯迅先生發生了筆戰，我覺得是一件有意思的事。魯迅先生是留學日本而且是學醫的，我父親是留英學政治和文學的，他們回國後都對當時的情形看不順眼，很多時候寫文章都是出於愛國之心；而他們一位成為民族的英雄，另一位卻變成了「小丑」……

後來父親停止寫「閒話」，結婚後離開了北平。1928 年，父親被聘為國立武漢大學的第二任文學院院長，承擔教學和行政工作。1937 年中日正式開戰，武漢大學於 1938 年遷到四川樂山。

　　到了 1943 年，當時的政府希望西方國家對中國的抗日情形多一些了解，遴選幾位資深教授去美國和英國，向當地人民宣傳中國抗日的意義。我父親是其中之一，被派去英國，但由於當時中英之間無法直接交通，只有先到美國，再從美國飛去英國。

　　那時是二戰歐洲戰場激烈的時期，1943 年底英國還受到德國炸彈的威脅，倫敦遭到德國 V1 和 V2 導彈的襲擊，十分可怕。但父親還是想辦法飛去英國，與他在英國經歷第一次世界大戰一樣，經歷了第二次世界大戰，並活了下來。

　　陳烈先生也要寫到我的母親凌叔華，我聽說她的名字現在中國文化界幾乎人人知曉，因為她是很有名氣的短篇小說作家，而且還是資深的畫家。

　　我記得小時候總是希望得到母親的寵愛，在武大珞珈山，我說「我是姆媽的小走狗」，而當父親和母親吵架時，我總是叫嚷「爹爹不對，姆媽對」，可是母親對我始終是比較冷漠的。

　　我對母親真是不很了解，我們家可以說是「父慈母冷」。母親對我和父親都比較冷漠，而那時期我的小鄰居、小夥伴都是有兄弟姊妹的，而我母親卻說她不想再生小孩了，因為生孩子痛苦，小孩也是個負擔。

　　母親是在清朝官宦人家出生的，我的外祖父凌福彭曾任直隸布政使、天津知府和順天府尹，後來在袁世凱手下也做過事。外祖父很有才幹，而且對書畫很有興趣，對新生事物如白話文也不拒絕。外祖父有五位夫人，母親是第三位夫人所生，她們姊妹三人，沒有兄弟。

　　大家庭裏的太太們為了爭寵而爭風吃醋，兄弟姊妹們為了父親的寵愛而爭鬥，大約是我們母親從小的生長過程中看得最多的事。而由於她的性格比較強勢，對於繪畫和文學又有得天獨厚的稟賦，比其他姊妹兄弟都強，受到了外祖父的注意和寵愛，聘請北京最好的畫家和學者來啟蒙她、教導她。

　　母親在家中受到特別的重視，使得她的個性更強了。一般女性在那個時代都是很早就嫁人了，但母親卻能進入有名的中學和大學讀書。當時白話文剛開始興起，母親就發表了白話文寫作的短篇小說，受到特別關注。那時讀書的女子並不很多，尤其是能寫作、發表文章的女性實在很少，像林徽因、冰心、蘇雪林、丁玲等，都受到社會的關注。

　　二十世紀二十年代，社會風氣有所開放，我想我父母的婚姻也不是意外了。但是他們沒有想到，社會還是講「門當戶對」的。

　　我聽母親說過，當他們婚後去無錫拜望她的公婆，就受到了極大的刺激。因為母親家是奴僕成群的，她有自己的小姐書房，而我父親家就是一棟極小的房子，公公婆婆連個像樣的僕人都沒有。那時候，在江南新進門的媳婦應該為公婆端茶、端飯，站在公婆身後伺候；客人來賀喜時，新媳婦也要為客人端茶水，我母親告訴我說，她只好裝病，不出來見人。母親可能覺得，她的婚姻是徹底失敗了。從那時起，她對父親可能就有看法了。

　　我小時候在珞珈山時，母親總說女人不應該結婚。當我淘氣的時候，母親就說我不像凌家人，只像陳家人，好像陳家人成了「二等公民」似的。母親後來的婚姻狀況、和朋友相處的情況，都和她的家庭背景有關。

　　母親覺得應該和最有名望的人士來往，和最有才能、最有勢力的人士來往。所以她和朱利安・貝爾的所謂愛情，也和貝爾身後英國文藝界特別有名的布魯姆斯伯里文化圈（the bloomsbury group）有關 —— 這是我的猜想。

　　現在，母親和弗吉尼亞・伍爾芙（Virginia Woolf）的通信都在大英圖書館公開了，而伍爾芙又是貝爾的姨母，更是英國非常知名的作家；貝爾的父母也是英國文藝界的主流人物。當然，現在看來這是件有益的事，是當年中國作家與西方作家開始交流的重要事件。

　　我母親的書畫創作受到好評，但她從來沒有教過我書法、繪畫，還有讀書。這也不能怪她，因為我出生在戰爭年代，一出生就趕上「九一八」日本入侵，之後 1937 年抗日戰爭正式爆發，戰火遍野，大家都在逃難、躲警報。後來武漢大學又西遷到四川，母親那一代人可以說開始是有過好日子的，而我們生在 1930 年後的人，卻都是受到戰爭影響的。

　　陳烈先生說他要寫我父母二人的傳記，我很歡迎。因為中國文學界比較少有關於作家夫婦二人的傳記。陳烈知道我父母二人性格完全不同，而我自己在國外生活了近五十年，對中國文學研究領域的情況不太了解，因此我把父母的書信和日記等資料交給陳烈，請他客觀地將二人的性格、經歷寫出來，想來這是二十年前就約定的事了。

　　我覺得，別人寫我父母的傳記比我自己寫會更加客觀，所以有興趣的讀者可以通過《雙佳樓往事》，了解這一對上個世紀有些名氣的夫婦的故事，是件可喜的好事。

2018 年 11 月

我與小澄有個約定　　（代前言）

　　我和陳小澄 1996 年的倫敦相識，至今想起都找不到合適的詞句來形容。說是一次「奇遇」，或「世界之大，無奇不有」，或「世界之小，三人間必有相識之人」等等，都不為過。二十多年過去了，我每每想起這次「奇遇」，都會笑出聲來。因為這次偶遇，改變了我後半生業餘生活的軌跡，也成就了這部書。

　　1996 年 8 月，我因籌備一項大型文物展覽，需要在大英博物館工作三個月。工作之餘除了看各類博物館，其實是很無聊的，主要是語言不通，無法與同行交流，多數時間是蝸居在公寓裏靠閒書打發時光。

　　一日，一位叫錢偉鵬的同齡人拎着半隻烤鴨來到公寓，他自報家門，來自國內揚州文物商店，是國家文物局派到倫敦的三人專家組成員之一，主要工作是以經營的方式收集散落在海外的中國文物。這樣我們相識了，又因同屬一個系統，大有「他鄉遇故知」的感覺。

　　閒談中，小錢似乎看出我寂寞無聊，自告奮勇帶我走訪當地有名望的華人，他唸了幾個名字，其中包括陳小澄，說她已過世的父親陳西瀅、母親凌叔華都是民國時期的文化名人，這引起了我極大興趣。

　　陳西瀅是魯迅至死都不肯寬恕的人。1926 年始，他們在各自掌控的刊物上進行了將近一年的論戰。當陳西瀅擱筆之時，梁實秋等人又迎了上去，他們的逐一上陣圍攻魯迅，反倒成就了魯迅匕首、投槍般的雜文。當年中學課本載有魯迅所論「痛打落水狗」，指的就是這幾個人，而陳西瀅

是這場筆戰的始作俑者。

相反，凌叔華卻是魯迅讚賞的女小說家、美學大師朱光潛褒獎的文人派畫家；近現代中國文學作品研究學者夏志清，甚至認為凌叔華在文學創作領域的貢獻要在冰心、廬隱、蘇雪林等人之上。

最讓人津津樂道的是詩人徐志摩在與結髮妻子張幼儀離婚後，又和林徽因、凌叔華、陸小曼發生了情感上的糾葛，花絮繁多，高潮迭起。特別是徐志摩的突然去世，讓才貌雙全的三位女性，為爭奪徐志摩委託凌叔華保管的「八寶箱」中的情書、日記打得不可開交，最後還是由老大哥胡適擺平了此事。但他是如何「擺平」，其中又留有多少「懸念」，多半個世紀過去了，仍沒有人說得清楚。基於此，我首選去陳西瀅凌叔華的獨女陳小瀅家做客。

擇日，小錢約我去了位於倫敦梅達谷區的威爾斯勒公寓 109 號。這是個坐北朝南的平層單元，雙臥雙廳。

小瀅的丈夫秦乃瑞是英格蘭人，高高的個子，碧眼金髮，是愛丁堡大學中文系主任、教授，已退休在家。

他喜歡中國，尤對「評劇」和「魯迅」這兩個不搭界的事兒情有獨鍾，此時正伏案疾書。我當時就猜想，陳西瀅在世時，老丈人和女婿對魯迅的評價，因觀點不同，爭論起來應該很有意思。

我和小瀅的初識到熟悉，再到成為要好的朋友都出自下面的這番對話：

我：伯母好！

瀅：我有這麼老嗎？還是直呼其名，叫我小瀅吧。

我：聽聲音您像是北京人，普通話說得真好。

瀅：那當然，我雖然是在武漢出生長大，但我外婆家在北京，我母親也是在北京長大的，從小帶我的阿姨是個地道的「老北京」。

我：啊！真是巧極了，我也是來自北京，您家屬於哪個區的？

瀅：東城區。

我：啊！我就住在東城區，哪條胡同？

瀅：史家胡同。

我：啊！天下哪有這麼巧的事，我自小在史家胡同長大，哪個院住什麼人我一清二楚，您報上門牌號。

瀅：史家胡同五十四號。

我徹底矇了，第四個「啊」都沒來得及出口，一時語塞。

五十四號正是我家。我自幼生活在那裏，一草一木、一磚一瓦我都熟悉，直到十六歲下鄉，我就沒有離開過史家胡同。

時間稍一停頓，再接起話茬兒有些尷尬，我既不敢再稱呼她「伯母」，又不習慣直呼其名，怯怯地說了一聲：「那是我家。」

「不，是我家。」小瀅的話斬釘截鐵，不容置疑。她去裏屋拿來房產證：「看吧，有房本兒為證。」

我倆把房產證仔細看了一遍，大家都樂了，上面赫然寫着「史家胡同甲五十四號」。一個「甲」字之差，我差點就是在人家家裏長大的。

自從有了這段「奇遇」，我們一下子成了久違了半個世紀的「老鄰居」，小瀅隔三差五叫我過去，名義上是炒幾個南方菜讓我品嘗（我祖籍是上海），實際是聊天。

小瀅最愛聽我講北京的變化，講「文革」的經歷，講上山下鄉那點事兒。我也積攢了許多問題向她求教，特別對她在北京的老宅感興趣，小瀅不厭其煩，一一解答。

譬如與我家一牆之隔的她家，打我上小學時就知道那是個幼兒園，我的外甥女就在那兒結業的，可見幼兒園「歷史」之久，怎麼一下子成了私人住宅？既然是私宅，為什麼從凌叔華到陳小瀅放着偌大的套院不住，回國偏偏住在賓館？

小瀅很無奈地告訴我，她們是 1946 年離開大陸的，房子一直託人照管。二十世紀六十年代初，幫母親凌叔華打理房產的常家將部分房子出租給幼兒園，不久就遇上了「文革」，像她母親這樣的「有產階級」十年都不敢回國，直到 1972 年，美國總統尼克遜訪華，形勢好轉了，政策放寬了，母親嘗試回國要房，一直要到自己去世，小瀅又前赴後繼要到現在，

一點兒成效都沒有。

「難道沒有託託人嗎？」我説。

「該託的人都託到了，我母親與鄧穎超是中學同學，相識幾十年，但街道辦事處也很為難，幼兒園一二十位職工，近百名入園的孩子，還有若干租戶，總不能統統趕到街上去吧？街道幹部説，這些都屬於『文革』遺留問題，國家有政策，不允許一『轟』了事。」小瀅顯得很無奈。

由幼兒園「佔房」一事，又引起我對凌叔華的興趣，她住在武漢，為什麼會在北京有這麼多的房子？凌叔華的父母又是做什麼的？

「這不算多」，小瀅説：「當年我外公凌福彭是清末一品官員，任順天府尹（相當於北京市市長）。他娶了五個老婆，有十五個子女，我母親排行老十，下人都叫她十小姐。我家正門開在乾麵胡同，四進院九十多間房屋，花園的後門開在史家胡同。一九二六年我父母結婚時，外公將後花園及十九間房作為陪嫁送給了我母親。」

於是我搞清楚了，原來沒有門牌號的後門，由於凌叔華的單獨立戶，生生加了個「甲」字，為的是與已有的五十四號區別開來。

於是又連帶出許多疑問，凌福彭有十五個子女，為什麼偏愛十小姐凌叔華？其他子女都分到房產了嗎？他們是否都還住在乾麵胡同？……

需要回答的問題實在太多了，不是去一兩次就能了解清楚，好在我有足夠的時間，小瀅又有足夠的耐性。

就這樣，我在倫敦三個月的業餘生活過得很充實，從小瀅那裏我知道了許多鮮為人知的事情，顛覆了我對她父母的認知。

如她的父親陳西瀅，在我印象中原是「面目可憎」的反動文人，而實際上是為人忠厚且學識淵博的正人君子，二戰期間他為中國的抗戰工作做了許多有益的事，新中國成立之時，他甘冒危險，幫助李四光返回大陸。

陳西瀅妻子凌叔華，著名小説家，才華出眾，但她在情感方面的隨性，還是讓後人詬病。特別是到自己生命截止之時，她留給女兒的竟然是保存了六七十年自己心儀的人與她的通信，這人是被遠東國際軍事法庭審判的十四名日本甲級戰犯之一，並且他們的交往持續了二十二年。

　　我聽着前所未聞的「口述歷史」，忘記了飢餓，忘記了時間。有一次小瀅講着講着戛然而止，對我下了「逐客令」：「你該走了，再過十分鐘最末一班地鐵也沒有了。」我低頭看錶，已是深夜。

　　那些書信就這樣靜靜地收藏在小瀅的書房裏，無旁人知曉，無旁人相信。即便小瀅有膽識將此事告訴友人，相信也沒有一個人敢披露出來，一是怕傷着小瀅，二是不經允許暴露別人隱私，這有違做人的底線。

　　我多麼希望小瀅將這段史料寫下來，特別是她父親的故事，那將改變一代人對陳西瀅抱有的「偏見」；我更希望她將母親的事披露出來。

　　小瀅搖搖頭，歎了一口氣，她說：自己十六歲離開祖國，那時戰亂，僅僅小學就換了好幾個城市才讀完。出國後又開始學英文、法文、西班牙文等，接觸中文的機會反倒不多了。她甚至後悔出國，「搞得我現在中不中，西不西，成天和英國市儈們打交道。」

　　出了小瀅家，我苦思冥想了一個星期，我實踐過考古發掘，又長期搞對外文物展覽的策展工作，最篤信實事求是。一座科學發掘的古墓，一個好的文物展覽，通過實物能還原歷史，校正歷史，補充歷史。

　　進而我突發奇想，由我來寫這段史實。我暢想着收集這批資料，整理它，研究它，等到我退休時再也接觸不到文物時，我就用這批資料繼續填補那一段歷史的空白。而當前最要緊的是收集這批資料，包括信件、照片、日記、實物，總之越全越好，越細越好，慢慢研究，慢慢構思。

　　「買什麼買，你若能幫我要回史家胡同老宅，我將所有收藏統統送你。」小瀅的快人快語出乎我意料。

　　這句話又讓我想了一個星期，凌叔華託人沒辦成的事，我憑什麼能辦成？但轉念一想，我有我的強項：既認識一些高官，又能和基層人士打成一片，沒準此事能成。

　　在離開英國之際，我鼓足勇氣和小瀅「攤牌」。我告訴她自己的三個想法：一、在萬里之外的此時，我無法承諾有絕對把握幫她要回老宅，我還是用現金購買有關的資料比較實際；二、回國後我將盡全力幫助要回老宅；三、我既然花了「真金白銀」買下這批資料，當然下決心寫一部真實

的陳西瀅凌叔華往事，使它成為一部「信史」，經得住時間的考驗。

小瀅通過幾個月對我的接觸了解，大概相信我辦事認真，是個講信譽的人，居然爽快地答應了。其實，我更看出她是要房心切，是出於無奈的選擇。我當時曾猶豫過自己的舉止是否得體，但這批材料實在太吸引人了，我真是難以放棄這次機會。最終還是與小瀅履行了簽約、付款、鈐印、摁手印的程序，小瀅又為我辦理了全權代表她索要房產的中英文對照的公證書。

回國後的幾年，我品嘗到索要半個世紀前的房產是件多麼艱難的事，幾乎不比我寫這本書容易，要房的來龍去脈用跌宕起伏、命運多舛、峰迴路轉、苦盡甘來形容都不為過，但我還是咬牙堅持下來了。

我和夫人曾在中央信訪局周占順局長辦公室裏，為此事談到了深夜；在北京市信訪局和東城區信訪辦的辦公室裏，我看到塞得滿滿的檔案袋裏，全是凌叔華和陳小瀅在各個時間段致中央或地方要人的信函、照片、地契房契的複製件，領導人（包括國家副主席榮毅仁、北京市副市長何魯麗等）的批示；在和幼兒園園長的屢次交談中，看到了她絕望的眼神；在與街道辦事處工作人員的接觸中，「冷一陣」、「熱一陣」的對局更是數不勝數，個中苦楚只有自己清楚。

幾個冬去春來，終於在 2001 年 4 月 27 日那一天，朝陽區街道辦事處與陳小瀅舉辦了房產交接儀式。次日晚小瀅設晚宴招待為此事操勞的方方面面，東城區朱區長、區僑辦洪主任以及街道辦事處的各位操辦者悉數到場；小瀅也請了好友王蒙夫婦、凌青夫婦、舒乙等作為見證人到場祝賀。我花費了將近五年時間最終說服雙方用置換產權的方式（即另找一處單元房給小瀅，面積差額用現金補足）了結了此事，兌現了我第一個承諾。

大概小瀅習慣於國外人的處世方式，在英國，哪怕是出示一份公證書或是約律師談一次話，都是要付費的。而在二十世紀的新中國，朋友間的幫忙恥於談錢，何況我已聲明這是朋友間所盡義務，談錢就見外了。

小瀅執意不肯，她要有所表示才心安。我也沒想到居然耗時長達五

年，請客送禮不說，僅精力的付出也是無法計算的。我對小瀅說：若你一定要有所表示，就將那位日本戰犯寫給你母親的信送給我吧，算是我這五年的「酬勞」。因為我已經想好，該書的開篇就從這些信件的發現談起，小瀅爽快地答應了。

以後的業餘時間，我主要精力放在整理、編輯田家英小莽蒼蒼齋的收藏上，那是作為女婿的義務。若還有多餘的時間便翻閱、整理陳西瀅凌叔華的通信，終於在我退休之時，開始了對小瀅的第二項承諾：撰寫《雙佳樓往事》。「雙佳樓」是陳西瀅夫婦的書齋號。

我着手寫這部書算是今生遇到的最大一次挑戰。有道是隔行如隔山，行外人寫書，資料到手是一回事，掌控資料寫成書又是另一回事。當初我拿到「有料」且內容驚人的信箋時的喜悅之情，化作對眼前不對等的資料如何使用的一籌莫展，如何用有限的二百餘封信貫穿起陳西瀅凌叔華的一生（多數是凌叔華寫給陳西瀅的，而陳西瀅的回信又多被凌叔華「處理」掉了），實在不是我這個行外人能幹成的事，初時的激情逐漸消失殆盡。

我把寫好的幾個章節拿給小瀅審閱，因為前幾章都與凌叔華的事有關，我明顯感到小瀅的不快，她不止一次暗示我：「少唸叨我母親，多寫寫我父親的好。」

小瀅的話使我想起幾年前她與女作家虹影為小說《K》（影射凌叔華與朱利安‧貝爾戀情）在大陸發行一事對簿公堂，小瀅不遺餘力維護母親的形象，最後以虹影敗訴告結。我當然力挺小瀅，又私下暗暗擔心，一個身在西洋的文藝青年已使小瀅難堪，如今我再寫一部事涉東洋戰犯的傳記，讓小瀅情何以堪，小瀅能否接受二次打擊？

於是我放下才寫了幾個章節的《雙佳樓往事》，重新構思，另寫一部《西瀅家書》。依據的是現存的 1943—1946 年陳西瀅寫給女兒小瀅的 126 封信以及小瀅給父親的信。父女間的通信，特別是陳西瀅對女兒的愛以及孜孜不倦的教誨，一點兒不比當年暢銷的《傅雷家書》差，而且特別適合青少年讀者，她很滿意。於是我從此書着手下筆，理由很簡單，書中不牽扯到她母親。

　　我一邊寫着這本書，思想卻開了「小差」——想着那本《雙佳樓往事》，裏面的人物、時間、地點，落到紙上不能有半點差錯，這些都要在八十多歲高齡的唯一見證人——陳小瀅記憶清楚時才能辦到。我真真需要她的幫助，而且時不我待。

　　怎麼辦？我一時茫然起來。我設法和她聊天，解除她的顧慮，講考古學家、歷史學家，他們的天職便是還原歷史的真相，即便這一代人做不完，終究會有人繼續完成。我十分清楚小瀅內心的苦楚：她無法擺脫母親「出軌」帶給自己的傷害，又被「為親者諱」的世代習俗所禁錮。

　　一次，我找到一篇文章拿給小瀅看，那篇文章寫了自己母親真實的一面，小瀅看後觸動很大，說這需要多大的勇氣。

　　2013 年某日晚 10 時，我突然接到小瀅的電話，頭一句便是：「你照實寫吧，寫我真實的母親，我從此不再念及母女之情。」電話那邊傳來小瀅憤怒的聲音，我忙開導她鎮靜下來，慢慢說。

　　從她的講述中，我了解到她憤怒的原因：父親用畢生的積蓄買了一幢四層的樓房，擁有永久使用權。1964 年父親寫有遺囑（保存在他律師那裏），遺囑中，妻子只有使用權，如若賣掉此房必須徵得女兒同意等內容。小瀅感到父親溫暖的愛意，母親卻臉色鐵青，沒料到丈夫會留下遺囑。

　　凌叔華晚年以腿腳無力為由賣掉了樓房，換了平層公寓。她違背了丈夫的遺言，沒有與小瀅商量。更讓小瀅不解的是，擁有永久使用權且處在倫敦繁華地區的四層樓房變成只能使用二十九年的契約房，屆時房子將歸政府所有，小瀅若延長使用期，須再付十萬元，明天是截止期的最後一天。

　　二十九年彈指一揮間，生活在北京的小瀅早已忘記此事，前些天她突然輾轉接到來自萬里之遙的英國法院的傳票。

　　小瀅當然可以不必理會，自從老秦病逝，已在北京工作多年的兒子將母親接到身邊頤養天年。但小瀅知道英國法律的嚴苛，她不願屬於英國公民的兒子在信譽評級上出現「污點」，思索再三，決定明日將錢匯去。

　　我知道這一宿小瀅是無眠的，她放下電話前說的一句話久久在我腦海中縈繞：「我怎麼會有這樣一個母親！我是她親生的嗎？」顯然小瀅還沒有從文章的陰影中走出。

　　第二天，我放下才寫了開頭的《西瀅家書》，重拾《雙佳樓往事》，又開始構思大綱，又重新思考凌、陳二人不對等的資料 —— 苦惱了我許久尚未解決的老問題。

　　這期間還有個意外收穫，由於十多年前我在審閱朝陽門街道辦事處與陳小瀅置換房產的協議時，發現後續條款並不完備，於是加了一條：街道辦事處辦幼兒園屬於公益事業，園方不得從事以盈利為目的的其他產業，更不能出售房產。

　　若干年後，幼兒園因生源不足，難以為繼而停辦了。曾有富商高價收購老宅，由於有了這項條款的制衡，街道辦事處把老宅改用於老年活動站，以後又在英國王儲基金會的資助下，辦起了全國第一家胡同博物館 —— 史家胡同博物館，我擔任了凌叔華展室的策展顧問。

　　展覽是從凌叔華的父輩談起，有照片，有說明，我收藏的資料製作成複製品擺放進展櫃。我對小瀅笑稱：你們住上現代化樓房，老宅又成了紀念祖輩的博物館，真是意外的驚喜，是計劃外的收穫。

　　2013 年 11 月 8 日傍晚，我攜夫人參加朝陽門街道辦事處和英國王儲基金會共同舉辦的史家胡同博物館開館儀式，陳小瀅和秦思源夫婦也都到場祝賀。秦思源的夫人、畫家梁偉無意間和我說起她收拾婆婆從英國帶回的物品中發現一個竹籃子，裏面裝滿一摞摞的活頁紙，從筆跡看像是陳西瀅的字體，只是字裏行間，中英文參半，看不出寫的是什麼。我讓梁偉將第一頁拍下來，通過電腦傳給我。

　　真是喜從天降，天佑我也！缺什麼就來什麼。從傳來的活頁紙上端標識「32：3：25（四）7.00—11.20 陰」看，這是篇日記，使用的是民國年號，應是「1943 年 3 月 25 日（星期四）早 7 時—晚 11 時 20 分陰天」這個時間段陳西瀅的所作所為，以後看到的陳西瀅日記格式大體都是這樣。

　　踏破鐵鞋無覓處，得來全不費工夫。我激動得像個孩子，央求梁偉

一篇不落地全部掃描之後傳來。我甚至等不及了，為了先睹為快要求她每天掃描多少傳多少。那一段日子，我們二人就像諜戰片中的地下工作者，我每天晚上準時坐在電腦前接收她傳來的陳西瀅日記掃描件。就這樣經過日復一日的辛勞，我接收到了陳西瀅抗戰後期出國期間的日記。時間為1943年3月—1946年8月，從他出國前夕，到輾轉赴美，再到近一年後轉赴英國，一直到凌叔華與小瀅母女將到倫敦為止（另有1952年間的20餘天日記），其字數約有二十餘萬字，雖然其間常有缺失（最多缺失達半年），但總是聊勝於無。

根據這批新材料，我的大綱不停地修改，從原先計劃撰寫的十五萬字，增加到二十二萬字。看來靠我一個人很難完成，我開始組建自己的「團隊」。

2015年6月25日下午，梁偉又打來電話，再一次發現了一批陳西瀅的日記，基本補齊1943—1946年所缺，我順理成章地再次修改大綱，增補內容，最終在2017年8月27日以近四十萬字截稿，我兌現了對小瀅的第二個承諾，也滿足了她一直想要的「多寫寫我父親」這一願望。

千古文章，後人評述。這部書能否改變人們對兩位主人公的看法，都是讀者的事了。

我從事對外文物展覽的策展工作，目的是用一件件展品構成一個個展覽，展現鮮活生動的歷史，以期得到觀眾的認同；而今我是通過一通通信箋，一篇篇日記，用這部書揭示或還原真正的史實，同樣是為得到讀者的認同，從另一個視角重新審視評價兩位主人公。雖方式不同，卻殊途同歸。

寫作過程伴隨着「亢奮」與「頹喪」的交織，激情來時下筆千言，十二小時不收手，三十五個章節有在北京完成；也有在海南陵水、山東榮成、廣東深圳寫就；有一節甚至是在乘郵輪從西班牙巴塞羅那穿越地中海、蘇伊士運河至迪拜的船艙中寫成。

但也有頹喪的日子，整整端坐一天，一個字也寫不出，大綱不斷地修改，材料從這一章節移到另一章節，每一章的標題也在不斷地變更。

　　細心的讀者可以從後半截看出，有些敍述並不是很連貫的（還增添了他們共識朋友的章節），說是寫二人的一生，若把它稱為「傳記」，其實也是很勉強的。

　　1946 年以後，陳西瀅夫婦生活在一處，雙方通信僅限於短暫的分離，其內容也不及戀愛、婚後和二戰時期的精彩。

　　這期間有幾次我都以為自己堅持不下去了，畢竟術業有專攻。在我頹喪時，是英國文學泰斗弗吉尼亞·伍爾芙自殺前寫給凌叔華信中的一段話激勵了我，以至我把它當成寫這部書的「座右銘」：

　　　　不管發生了什麼事，請把你的自傳寫下去。儘管我還不能對你有所幫助，把它做到底將會是一件大事。我把勸告自己的話奉送給你，那就是，為了完成一樁非屬個人的事業，只顧耕耘，不問收穫。

　　凌叔華當時沒在意的這句話卻作用於我的寫作，成為我堅持下去的精神動力。僅此，我也要向弗吉尼亞·伍爾芙表達敬意。

　　是為序。

2017 年 8 月 8 日於北京清芷園寓所

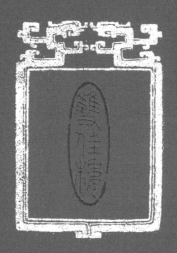

红了樱桃绿了芭蕉
澄冲

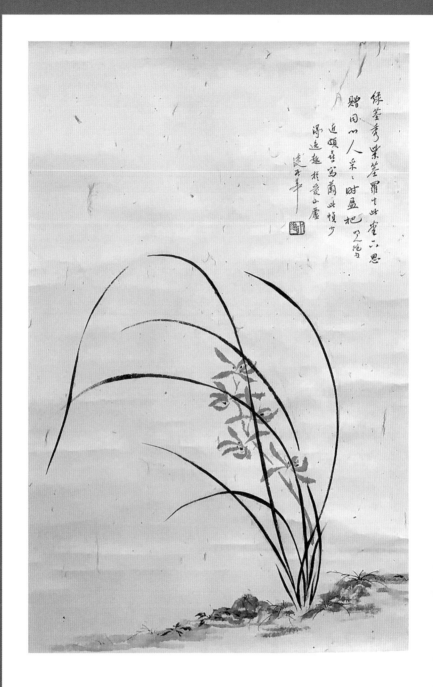

日本《改造》雜誌（1925 年 7 月）刊凌叔華等人照片，前列右至左分別為：小畑薫良、林風、凌叔華、陸小曼、員上村、王世杰。後列右至左分別為：馮友蘭、丁西林、馬寅初、楊振聲、陳西瀅、徐志摩、陳博賢、陶孟和、高一函、任鴻雋、唐有壬、周鯁生

凌叔華、陳西瀅、陳小瀅

凌叔華畫作，創作時間大致為 1946 至 1949 年間，英格蘭的伯恩茅斯

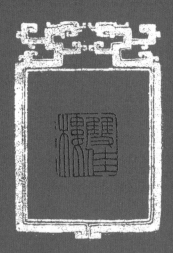

上 篇

引　子

　　1989 的 11 月下旬，倫敦的冬天格外寒冷，海德公園的樹葉早早凋落了，只是草地還是綠的，據當地人說：五百年前撒的草籽，經過五個世紀的風吹雨淋，才換得今天的永不褪色。

　　一輛黑色加長奔馳轎車緩緩駛出中國駐英使館，一路向西北方向開去，車頭兩端的標誌杆懸掛着中國國旗，一看便知這是大使的坐騎。車拐進梅達谷區，在威爾斯勒公寓前突然停住。然而車上下來的並不是大使本人，而是使館的工作人員。此次到訪，他們是來看望或者是來接誰呢？

　　公寓一零九號的主人是凌叔華，二十世紀二三十年代文學宿將陳西瀅的妻子。凌叔華六十年前被魯迅譽為「來自高門巨族的精魂」，是與冰心、廬隱、馮沅君等比肩的女作家，再過四個月便是她的九十壽辰。但是她等不了了，她步履蹣跚，很少能再自己走動，終日靜靜地躺在低矮的摺疊床上，忍受着癌症吞噬自己剩餘的生命。她此時唯一的心願便是不要客死異國他鄉，可又有誰能幫助她完成最後的夙願：飛越萬里之遙，回到九十年前她的出生地北平呢？

　　這半年，為了凌叔華的落葉歸根，她的女兒女婿，中國駐英使館上至大使、下到普通官員都在為此事籌劃。北京方面的接待，更是從下飛機到出關驗查以及救護車、醫院的落實，林林總總，幾乎每個細節都考慮到了。此時樓下的大使坐騎便是接凌叔華回國的，因為只有這種級別的車經

過批准才可以直接開到客機的艙門。現在，一切準備就緒，只等待凌叔華從樓上下來。

　　坐在輪椅上的凌叔華似乎猶豫了起來，這裏的一切她太熟悉了。她的一生，以 1946 年離開大陸計算，剛好可分為前後兩個部分：前半生是在中國的北平、武昌、樂山等城市度過的，後半生主要生活在倫敦，倫敦成了她第二故鄉。

　　在這裏，她發表了自傳體小說《古韻》，獲得巨大成功，被譯成法、德、俄、瑞典語出版；在這裏，她進大學辦過講座，還舉辦過自己的繪畫展覽；在這裏，她和陳西瀅一起將獨女陳小瀅養育成人、結婚生子；在這裏，她送走了相伴近半個世紀的丈夫，之後又獨守了二十年⋯⋯此時的心情難以言表，未來不多的時光，會在哪裏終了此生？

　　從愛丁堡趕來的陳小瀅和丈夫秦乃瑞此時肩負着重任。特別是秦乃瑞，這位金髮碧眼的英格蘭人，早年是蕭乾的學生，就連他這個中國名字都是蕭乾起的。二十世紀五十年代他曾多次到訪中國，對中國有着深厚的情誼。他不但是蘇格蘭愛丁堡大學中文系主任、教授，著名的漢學家，還是蘇格蘭中國友好協會的會長。

　　秦乃瑞此次擔當了護送凌叔華去北京的重任，凌叔華的北京之行是經全國政協主席鄧穎超特批的，而秦乃瑞是以蘇（格蘭）中友協會長的身份去見中國對外友協韓敘會長，這也是早已安排在日程之中的事。只是陳小瀅去中國的事還在審批之中，看來要等到來年再說了。

　　凌叔華在家人目光的催促下，最後環視了每間屋子的各個角落，頷首向老屋告別，在眾人的簇擁下，秦乃瑞推着輪椅走出了房間。

　　車開走了，屋裏只剩下陳小瀅，她檢查了門窗、電閘，拉上窗簾，鎖上門，急匆匆地趕回愛丁堡。因為在陳小瀅心中，母親的北京之行只是為了治病，她還會回到這裏，畢竟一生的一半光陰，她是在倫敦度過的。這裏是她的家，有女兒女婿、外孫兒、朋友⋯⋯

　　然而事與願違，次年（1990 年）的 5 月 22 日，凌叔華與世長辭，了卻了自己落葉歸根的心願。女兒陳小瀅、外孫秦思源守候身旁，秦乃瑞利

用授課的縫隙，兩次往返於愛丁堡與北京之間。特別是第二次來京，還帶來了陳西瀅的骨灰，並在無錫的陳氏墓園為這對二十世紀的文化名人圓了最後的歸宿。之後，一家三口馬不停蹄地趕回愛丁堡，因為秦乃瑞還在授課，秦思源也在抓緊補上因北京之行耽擱的學業。

1990 年 7 月間，陳小瀅夫婦利用暑假來到倫敦，準備收拾母親的遺物，小瀅特地叫來好友梅祖彤幫忙。

說起梅祖彤，這位清華大學老校長梅貽琦的女兒，現獨居倫敦一隅，雖離婚多年未再嫁，但她不缺朋友，是個熱心腸的人。只要朋友困難，總有她的身影出現，並且自備行李。她的信條：既然幫朋友的忙，就不要忙上添忙。如遇晚上回不去，她便尋一角落，打個地鋪就寢。此舉起初頗讓主人尷尬，以後次數多了，見怪不怪，也就主隨客便了。

陳小瀅的第一個想法便是到母親的寢室去看看。這些年來，陳小瀅夫婦住在愛丁堡，與母親聚少離多，即便到了倫敦，母親也只是在客廳與他們見面，從不讓進自己的寢室。

這個習慣父親陳西瀅在世時就有了。那時，他們一家還在倫敦亞當姆森大街十四號居住，那是座四層小樓，其中一層是地下室，這是陳西瀅花費畢生積蓄買下的，也是他唯一擁有的財產。

地下室放置雜物，有一間屋子永遠鎖着門，那是凌叔華的私密室，除了她任何人都不能入內。記得陳小瀅不止一次地問父親：「為什麼姆媽的屋子不讓旁人進？爹爹也不能進嗎？」

爹爹開玩笑地說：「除了姆媽，誰都不可以，大概裏面藏有奇珍異寶吧。」

多少年過去了，即便父親去世後，母親搬到了新家，但多年養成的老習慣依然如故。陳小瀅不止一次地自問自答：「也許是出於潔癖？或許真有奇珍異寶？」

陳小瀅猜想後一種可能或許比較符合實際。凌叔華的父親，也就是陳小瀅的姥爺凌福彭當年與康有為同榜進士，只是後來道路不同。康有為因戊戌變法失敗，流亡海外，凌福彭追隨袁世凱，扶搖直上，官至順天府

尹,一品大員。這樣的官宦之家,世上罕見之物自然是少不了的。

　　好奇心驅使陳小瀅與梅祖彤走進了凌叔華的寢室,環視整個房間,一絲失望閃現在小瀅的臉上,房間內的擺設太簡陋了。朝南的房間,窗子大大的,若是在冬季,低斜的陽光甚至可以照到對面的牆上。東西兩側各有一排衣櫃,緊靠東邊衣櫃擺放一張木床,由於床架較高,上下不便,已經多年不用,床罩上堆放着一些衣什雜物。靠床是梳妝檯,半圓的鏡子水鏽斑斑,已經多時不擦了,光光的檯面上沒有化妝品,連把梳子也沒有。説來也是,九十高齡的人,此時最多餘的物件便是鏡子了。朝南的窗下擺放一張行軍床,由於低矮,便於上下,凌叔華近些年一直使用這張床,床頭是一個小方茶几。房間裏沒有寫字台,沒有保險櫃,甚至沒有一個櫥櫃,偌大的臥室,空空蕩蕩。

　　陳小瀅失望地走出寢室,坐在客廳的沙發上,與秦乃瑞邊喝茶邊思忖着:1946 年她隨母親乘郵輪漂洋過海與父親匯合,帶了那麼多口箱子,母親親口對她説過,這些都是姥爺留下的「祖傳寶物」。可如今都放到哪裏去了?這一想法剛一閃過,耳邊便傳來祖彤的叫聲:「小瀅,快來看呀,這是你爸寫給你媽的情書!」

　　行軍床前的小方茶几上,放着一隻格拉斯頓小皮箱,裏面一小捆信箋由紅絲帶繫着,除此別無他物。小瀅按捺心中的喜悦,因為她從未看過父親婚前寫給母親的情書,兩位當時的文化名人,他們之間的通信該多麼有意思啊。

　　小瀅接過祖彤手中的信箋,解開紅絲帶,打開第一封信,共七頁,信的右上角標注着寫信的日期是 1923 年 6 月 27 日。全部是英文書寫,字裏行間夾雜着一些漢字,如「容姿清楚,舉止優雅而聰明,本邦(日本)現代婦人中所稀見也。」[1]

　　這封信看起來確實有情書的味道,但不是父親寫給母親的。信的落款者是松岡洋右,他曾擔任過二戰中後期日本近衛第二任內閣(1940—1941)的外務大臣,1945 年被遠東國際軍事法庭宣判為甲級戰犯,名列東條英機之後第五位(前四位是原首相)。松岡洋右與東條英機並稱為發

Grand Hôtel de Pékin

PÉKIN

Telegraphic Address :

"GRANDHOTEL" PEKIN.

Peking, June 27, 1923.

My dear Miss Ling,

　　　　Upon my return to the Hotel this afternoon, I Experienced a very happy surprise in finding your nice picture and a note. Really I do not know how to thank you for them. I shall Certainly guard the two pictures, you have so kindly drawn for me, as the nicest souvenirs of my visit to Peking in the Summer of 1923. They will, I am sure, always remind me of Enjoying your Company & making acquaintence in this superb metropolis of China.

　　　　If you would permit me to be frank and take a little liberty with you, now that we have known Each other some-

(one is that on the fan.)

Geat A. B. C. Litter Bradley's

Grand Hôtel de Pékin

PÉKIN

Telegraphic Address:

"GRANDHOTEL" PÉKIN.

Peking, _____ 192_

Chez A. B. C. Lieber Bendig's

what, I'll tell you the truth that I put it down in my diary for the day we met at luncheon the first time 容貌清楚 舉止優雅而聰明，本邦(時)現代婦人中所稀見也 It is not a flattery, decidedly no! That was my true impression of you on the very first day that we met. I don't like the so called new women in China or Japan. We have our civilization, why throw away the best in it? Retain the best & finest, & at the same time add the best of the West. Be the modern, really womanlike woman with a character that is after all firm & strong. You approach, it seems to me, this ideal. Perfect it! I do not mean to admire a woman who is a weak thing physically & mentally (intellectually & in character). No, not at all. But what I don't

松岡洋右致凌叔華信，1923 年 6 月 27 日

動遠東戰爭的兩大元兇，是日本靖國神社至今仍供奉的十四名甲級戰犯靈位者之一。

　　陳小瀅不知何時看完了這批信，這大喜到大悲的過程，使她渾身顫慄，手腳冰涼，跌跌撞撞衝出房間，拿起黑方威士忌大口大口地喝了起來，起初耳邊還響着梅祖彤「小瀅，小瀅」的叫喊聲，隨着半瓶威士忌的下肚，祖彤的聲音越來越小，眼前的景物漸漸模糊，全然不知以後的事了。

　　第二天日上三竿，小瀅醒了過來，她頭像要炸開似的疼痛，口裏乾乾的，一點兒唾液都沒有，秦乃瑞沖了一杯放有冰塊的飲料，端上一盤麵包。此時的小瀅一點兒食欲都沒有，她喝着飲料，想起了梅祖彤，喊了兩聲，無人應答，看來祖彤並沒有打地鋪睡在地板上。昨天的情形歷歷在目，又勾起她對往日的回憶。

　　松岡洋右、宇佐美、阿部，這些名字太熟悉了，簡直是伴着她度過自己的少年時期。

　　1939 年姥姥去世，凌叔華帶着她從樂山回到北平，走進史家胡同甲五十四號的院子，小瀅第一眼便看到一輛嶄新的紅色小自行車，姆媽説是日本朋友松岡洋右送給小瀅的禮物。年僅九歲的小瀅並不知道松岡洋右是誰，只是説什麼也不肯騎，直到傭人將車把上插着的兩面日本和滿洲國旗子拔掉，小瀅才在姆媽的催促下不情願地騎了，但松岡洋右的名字是記住了。

　　小瀅又想起，來家裏次數最多、最頻繁的要數宇佐美和阿部，每次到家來看望母親，都會帶來松岡洋右的問候。在小瀅的印象中，那幾個日本客人總是不停地給母親鞠躬，母親也同樣給他們還禮。有一次，日本客人走後，小瀅學他們鞠躬的樣子，還遭到母親的斥責。

　　小瀅又想起，幾十年後自己已身為人母，有一次和母親吵架，當時雙方都在氣頭上，互不相讓。母親説要重新考慮身後遺產的歸屬，小瀅則針鋒相對，直插母親的「軟肋」，説遺產你盡可以給「伍爾芙、貝爾後人或宇佐美、松岡洋右、阿部等後人，那是你的權力。」[2] 當時的小瀅是何等

解氣，自己明知子虛烏有，只為圖一時嘴上痛快。可現在，一種不祥預感驀地竄上心頭：「難道我會是松岡洋右的後人？」

這一想法驚出小澄一身冷汗。她記起父親曾經説過，1927 年，他在和魯迅筆戰長達近一年後，由胡適、徐志摩等人從中説和，停止與魯迅繼續過招兒，加之北洋軍閥迫害知識分子，蔡元培讓父親和母親一起到日本作短期旅居，經費由北京大學支付。他們是 1928 年秋天回國的，沒多久便應聘去了武漢大學。

母親説女兒是 1930 年 4 月 21 日出生的，但令小澄不解的是，母親不止一次地為女兒更改出生年份，先是改為 1931 年，後又再次更改，至今小澄英國護照上的出生年份是 1935 年。既然出生年份可隨意拖後，那麼是不是連 1930 年這個年份都是經過更改的？譬如自己會不會是 1929 年生人？

想到這裏，小澄一身一身地冒冷汗，渾身散了架般的難受，她掙扎着拿起電話，打給台北的二叔陳洪、台南母親的好友蘇雪林、北京的乾姐姐楊靜遠……總之，能打的全打了，問的都是同一個問題：「我到底是哪年出生？」

越洋電話打了個遍，對於六十年前的事，誰又能一下子説得準呢，各色答案都有，數蘇雪林回答得最為肯定：「我是 1931 年秋天到武大的，那時珞珈山的宿舍還沒有蓋好，我就借住你家，那時你已經能走了，所以絕不可能是 1931 年生人，至於 1935 年更是無稽之談。」[3]

小澄越聽越恐怖：「已經能走了，難道不會是 1929 年生人？如若往前推十個月，母親還在日本，她……」小澄不敢繼續推算下去，頭陣陣作痛，不能自控，嗓子乾得説不出話來，她又一次拿起黑方威士忌一飲而盡，以後的事情就不知道了。

陳小澄多麼希望從此不再醒來，已經到了耳順之年，卻連自己的身世都説不清楚，真真是枉過一生。

天不遂人願，第三天睜開眼，天旋地轉，小澄不記得自己吃過什麼東西，也不覺得餓，儘管有丈夫老秦在旁照料。

　　前一天的揣測照例是一頭霧水。小瀅試了試坐了起來，沉思良久，搬出家中的相簿，開始從照片中父親的眼睛、額頭、顴骨到嘴唇、下巴與自己相比較，又從鏡子中的自己與父親的照片相比較。都說女兒像父親，可她看得眼睛都花了，還是無法得出令自己信服的答案。

　　眼前之事猶如一團亂麻，是小瀅怎麼也理不清的，松岡洋右一事，母親瞞了父女二人多少年誰也說不清。若說僅僅為存放幾封信，大可不必搞得這般神祕，一個小皮箱一把鎖便可搞定。實在不放心，存在銀行保險櫃也就罷了。最讓人猜不透的，母親飛往大陸，料定不會再有回來的一天，這幾封信或隨身攜帶，或付之一炬，都更加周全。可偏偏端放在床頭的小茶几上，像是舉行宗教儀式般的莊嚴，發狠要公諸於世。松岡洋右死了近半個世紀，凌叔華守着這幾封信又活了近半個世紀，至死不離不棄，難道松岡洋右是凌叔華一生的摯愛？他值得母親拿自己的後半生為他守「靈」？

　　陳小瀅不敢再往下想，她為父親鳴不平，為自己不清不白的身世而倍感羞愧。這三天她沒有走出家門半步，也不記得吃過什麼，終日以酒為伴，醉了醒，醒了又醉，流乾了眼淚，哭啞了嗓子。

　　秦乃瑞此刻所能做的，只是默默地料理小瀅的生活起居，他知道這種突如其來的打擊，是哪個女人都無法承受的。老秦目睹了眼前發生的一切，並且首次寫在了他的著作裏。[4]

　　小瀅可憐父親一世的聲譽毀在母親的手裏，如今自己的身世又撲朔迷離。她傷心至極，甚至痛不欲生，一遍又一遍地喊着「爹爹、爹爹」，雙手舉向空中，鼻涕一把，眼淚一片，此時不知是在哭父親還是哭自己，亦或兼而有之。

　　嘶啞的喊聲飄出寢室，撞到沉重的房門又反射回來，迴蕩在這寂寞的公寓中，嗡嗡作響。

　　陳小瀅再一次舉起了黑方威士忌的瓶子。

注釋：

1　松岡洋右致凌叔華信，1923 年 6 月 23 日（筆者收藏）。

2　陳小瀅致凌叔華信，1976 年 3 月 4 日（筆者收藏）。

3　蘇雪林致陳小瀅信，1996 年 3 月 5 日（筆者收藏）。

4　【英】John Derry Chinnery（秦乃瑞）著，王家平、張素麗譯：《魯迅的生命和
　　創作》，第 392 頁，「我本人親眼目睹了凌叔華女兒及另一位朋友發現這些
　　信件的過程。信是松岡洋右寫來的，有幾封表達了他對凌叔華的愛慕之情，
　　稱她是一個東方美人。……他送給凌叔華一些錢，甚至還答應要贈予她一座
　　小島。」中國國際廣播出版社，2014 年版。

凌叔華的第一個異性友人

時間定格在 1923 年。

凌叔華二十三歲，是北平私立燕京大學女子學院外文系大三的學生。當時的燕大是美英兩國創辦的基督教會學校，五年學制（一年預科，四年本科），校長是司徒雷登。校址在盔甲廠（船板胡同內），女子學院則另在燈市口同福夾道，距凌府後花園的史家胡同，坐黃包車也只有十分鐘的距離。

說來也有意思，凌叔華當年報考專業，首選居然是動物學，屬於理科。凌叔華晚年曾解釋說，那時她受郭沫若翻譯歌德作品《少年維特之煩惱》的影響，迷戀歌德，是個歌德迷，而歌德曾唸過動物學。

凌叔華的父親凌福彭，祖籍廣東番禺。早年跟隨袁世凱，一路仕途順利，官至直隸布政使、順天府尹。按照清初攝政王多爾袞令旨：京畿內城居住的漢人一律遷居南城，即正陽、崇文、宣武三門以外，永定、左安、右安三門以內。內城定為八旗人居住地區，漢人一、二品官員中只有少數有內廷差事的方可居住，凌福彭統領京畿，是漢官中為數不多被允許居住內城的大員。

凌府正門開在內城東區燈市口的乾麵胡同，後門則在北面的史家胡同，四進院，大小房屋九十餘間。院落之間有遊廊相連，假山上立着亭閣，登高望得見紫禁城內皇宮的琉璃瓦。穿過月亮門，來到後花園，這裏既有馬廄又有花房，這樣的排場於漢人官員是罕見的。[1]

凌福彭娶了五房太太，養育了十五個孩子，太太們為了打發無聊的日子，也是哄這群孩子們玩耍，府裏自然養一些寵物，鸚鵡、八哥不在話下，名貴的波斯貓、純種的西洋犬是應有盡有。這當然引起凌叔華對小動物的興趣，報考動物學似乎也在情理之中。

然而上學不久凌叔華就改變了初衷，轉讀屬於文科的歐洲語系，主攻英語、法語，副修日語。

促使凌叔華轉系「最有力的影響」，還是來自父親的朋友，如辜鴻銘、梁敦彥、袁克文、陳三立、康有為、梁啟超等。表兄馮耿光的影響也不容小覷，他年輕時曾寄宿凌府數年，凌福彭很喜歡他。後來馮耿光就任中國銀行總裁，閒暇時扶持梅蘭芳，成了京城票友圈兒中的「馮六爺」。這位日本東京士官學校畢業的「馮六爺」，在銀行界、戲劇界裏聲名赫赫，在親戚中也是以思想超前、敢想敢說，贏得凌福彭對他高看一眼。他常對姑丈說：「這年頭兒子女兒都一樣，女兒若是可以造就，就送進大學，兒子不想進學校，就讓他做別的事算了，何必為下一代操心呢？」[2]

還有一件事讓凌福彭感到懂得外語的重要。他任天津府尹時，做過一些維新事務，幾次被清廷派往日本考察，回國後親自倡導建立電燈和自來水公司，並任首席理事，帶頭買了一大批電燈和自來水公司的股票，以示力挺與贊助之意。可惜他的第二如夫人不識洋字碼，竟把這些股票剪成鞋樣，還教孩子們剪紙玩。

此事在凌府傳為笑談，也是家中第一次嘗到不識洋文的苦果。凌福彭談到此事倒也不生氣，只是笑着說，「早知道這幾千、幾萬的現款，會被他們剪着玩，還不如統統捐給嚴范孫（嚴修）辦學校呢。」[3]

凌叔華對語言的天分似乎與生俱來。她早年曾和兄弟姊妹在日本住過兩年，懂得些日語，大學時又副修日語，畢業時恩師周作人贈送她一摞日文書，希望她日後潛心研究日本文學。凌叔華祖籍是廣東番禺，可她一生中只在老家生活過幾個月，但一口的粵語居然在七十歲她去加拿大講學時還派上了用場。

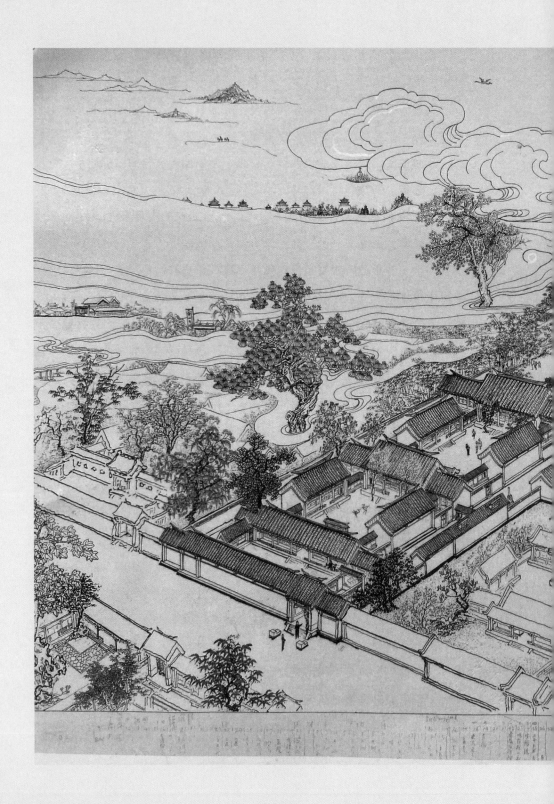

鄭希成繪
《北平凌府》

凌叔華轉系學英語之前早已是辜鴻銘的門生，對英語和中國古典詩詞已有一定的基礎。

被稱為「怪才」，且與托爾斯泰通過信的辜鴻銘當時是凌府的常客，辜府（柏樹胡同二十六號）與凌府只有一街之隔，辜老爺子三天兩頭從自己的「晉安寄廬」往凌府跑。隨他一起常去凌府的有前清內務府總管慶寬，一個迷戀西泠八家之首丁敬篆刻的收藏家（收有丁敬印章七百方）；還有一位是職業外交官梁敦彥，他駐節海外多年，去過寒冷的俄國，呆過炎熱的印度。他們三人常與凌福彭縱酒長談至深夜方離去，前清的高官到了民國，能過這樣悠閒的生活也是不錯的了。三位好友，兩位常住海外，可謂見多識廣，加上辜鴻銘自告奮勇願充「家教」，凌福彭又何樂不為呢？

辜鴻銘教授英語很有一套，凌叔華聽他用英語背誦過彌爾頓的《失樂園》，上千行的長詩居然一句不錯。辜鴻銘主張學英語要「背詩背聖經，像中國人教孩子背四書五經一樣」，這句名言至今還在網絡上流傳。此外，凌福彭還以重禮聘來了慈禧太后的御用畫師繆素筠、宮廷畫師王竹林教授凌叔華繪畫，全力培養這位排行老十的女兒。凌父的這些舉動那時十分罕見，日後引起其他兄弟姊妹的妒忌，甚至十幾年後引發了家族財產之爭，也源於此時埋下的「禍根」。

不過在當時，凌叔華的志向豈止在繪畫和語言上，她更嚮往當一名作家，這種潛質在她十三歲那年就已顯露出來。

那一年凌叔華和兄弟姊妹六人去了日本，一年後回國時只有她和凌淑平，其餘四人都溺死在神戶的布引瀑布下。特別是與叔華最要好的凌瑞清，叔華平時叫她清姐，她的死對叔華的打擊最大。

（叔華常常夢見）涼台上有一人影倚欄立看，細認正是清姐。我大驚跳下床，影子卻沒有了。這一宵便流淚直到天明。第二天，飯也不吃，獨自躲在屋頂的小房裏內，在衣箱背上寫了一篇《哭姊文》。寫完一邊拭淚一邊唸，直到黃昏，母親催逼才下來。[4]

這篇數百字的《哭姊文》應該是她的處女作，也是她料定將來能成為一名女作家最自信的習作。果然成名後的凌叔華仍然這麼說：「我始終覺得這一篇該是我一生最好的創作。」[5]

也就是二十三歲這一年，凌叔華在暑期過後開學的第一天，便寫信給母校的老師周作人，表示「立定主意作一個將來的女作家」[6]，就這樣，她成了周的弟子。

即便若干年後，凌叔華的丈夫陳西瀅與魯迅、周作人交惡，一場筆墨官司打得難解難分，她仍堅持對老師的一貫看法：「胡適之已經征服北京的知識界了，報紙已經登載白話寫的文藝，謝冰心、周作人的散文已經被學生傳誦。」[7]

果然不久，經周作人推薦，凌叔華真正的處女作《女兒身世太淒涼》在《晨報副刊》發表，接着又有《資本家之聖誕》等五篇小說、散文接二連三在同一副刊發表。在周作人的提攜下，凌叔華開始了她嚮往的作家人生。

俗語說「男大當婚，女大當嫁」。凌叔華天生麗質、聰慧好學，「一副古典美人坯子」，加上凌府「高門巨族」的背景，凌福彭在她九歲時就為她定下了門當戶對的婚約。[8]時值二十三歲妙齡的凌叔華，若生在尋常百姓家，那個時代已該是兒女繞膝了。但凌叔華作為新女性的代表，擇偶標準再不是五四前的「媒妁之言，父母之命」，幼年的婚約也因對方家庭變故而煙消雲散。凌叔華的學業、事業、家世、族望，已在她面前展現出一條鮮花鋪就的道路。

正當人們猜測究竟哪一家少爺配得上凌府的千金時，此時的凌叔華卻讓了解那段歷史的人們大跌眼鏡，她的第一個異性友人，居然是後來就任日本外相的松岡洋右。陳小瀅在母親寢室意外發現的，用紅絲帶繫着的那一疊松岡洋右寫給凌叔華的信，成了這樁疑案的物證。

這是些什麼樣的書信？第一封信是在北京飯店的房間，在印有GRANDHOTEL PEKIN 英文字頭的飯店信箋上用英文書寫的，共七頁，信箋首頁的右上角標明了寫信的日期是 1923 年 6 月 27 日。[9]

我親愛的凌小姐：

　　今天下午回到飯店，看到您那幅精美的畫作和留言，我感到無比驚喜。對此，真不知該如何感謝您。我一定會好好守護這兩幅您特地為我所作的畫（其中一幅在扇面上），作為我 1923 年夏天北京之旅的最好紀念。我相信，一看到它們，我就會想起在中國這座大都市裏與您相識、相處的愉快時光。

　　現在你我已有了一定的了解，請恕我冒昧，我願告訴您，那天午餐初次見面後，我是如何在日記中如實描述您的：「容姿清楚，舉止優雅而聰明，本邦（日本）現代婦人中所稀見也。」這不是奉承，決不是！這確確實實就是我當時的真實感受。我不喜歡中國或者日本國內那種所謂「新女性」。我們有自己的文明，為何要拋棄其中的精華？繼承其精華，同時再吸收西方文化的長處。女人應該謙虛、有女人味、性格上首先要堅定而且堅強。我認為，您就接近這樣一個理想。繼續完善吧！我並不欣賞那種身心（包括智力和性格上）都很軟弱的女人。不，一點也不。我極厭惡的是那種男性化的女人和女性化的男人。您明白我的意思，對不對？有時我國和貴國的女孩子在這一點上存在誤解。

　　這是信的前兩段，只有「容姿清楚，舉止優雅而聰明，本邦（日本）現代婦人中所稀見也」這幾句是用中文書寫。看來松岡洋右將日記中最主要的話譯成中文，是擔心用英語表述得不夠準確或凌叔華還看不懂他真實的情感表白。用「稀見」來描述凌叔華似乎有些過，但「確確實實」是松岡自己的感受，並非奉承。可見一次午餐就使他動了情，這一點連凌叔華也看出來了，而且不覺有何不妥，因為以後的會面凌叔華「主動」的成分要大些。我們不能確定他們之後又見過幾次，是多人聚會還是只有他們二人，但凌叔華贈送松岡洋右的兩幅畫卻收到奇效，每每看到畫，都會讓松岡回憶起在北平這座大都市裏與凌叔華「相識、相處的愉快時光」。這個初始舉動也使凌叔華信心滿滿，以後她常用的這種方式，也成為「凌式交

往」的一張名片而屢試不爽。

凌叔華與生俱來的「女人味」讓男人們抓狂，她既保有自己「堅定」的一面，又避開「那種男性化」的另一面，這都得益於她長期在凌府中見到自己的幾位母親共爭寵於一個男人（父親）的經歷，「父親娶六媽進門，五媽絕食甚至想一死了之；三媽和六媽廝打，互相揭露不光彩的老底⋯⋯」[10] 類似這樣的描寫在她以後作品中常見到。只是不知這次午餐會是誰發起的？又有誰參加？目的何在？因為從松岡全信看，這次午餐會的全部收穫似乎只有一個：他認識了這位北京官宦之家的小姐。

與年輕貌美的凌叔華相識，於松岡洋右是意外的收穫，但對於待字閨中的凌叔華，一個已有家室的異邦男人，初次見面便向她示好，究竟是驚是喜，還難於揣度。

當時的松岡洋右已在外務省任職十七年，從日本駐上海領事助理一直晉升到設立在大連的關東都督府的外事課長，松岡仕途大致可謂一帆風順。期間，最讓他感到有收穫的是結識了「南滿洲鐵道株式會社」即「滿鐵」的創建人後藤新平，他是日本有重要影響的政治家。自日俄戰爭後，日本從俄國手裏接收了大連、旅順，後藤新平仿效英國在印度建立的東印度公司，建立了「南滿洲鐵道株式會社」。他認為日本這個島國將來的發展離不開對大陸資源的掠奪、開發和經營，要想做到這些，就必須把滿洲從中國本土分離出去。這些觀念對於松岡洋右影響至深，以致 1921 年他辭去外務省職務僅一個月後便進入了滿鐵，任理事，為實現他的「大陸主義」開始了人生第二階段的拚搏。

信繼續寫下去：

我完全贊同您對藝術的一些看法。如果藝術作品不能體現個人特色，那麼就會平淡無味。您需要遵守一些基本的規矩和原則，但如果沒有或者沒能超越它們來表達您自己，即您的個性，那麼就僅僅是在複製。

昨天我向您道謝並把畫拿走時，我只想到要等畫晾乾，從來

沒想過還會有人再動它。那幅畫當時的樣子我非常喜歡。所以，當回到飯店發現陳先生改過它時，我是那樣震驚和心痛！我是多麼喜歡原來的它呀！當您將畫折好拿起，對我說可以拿回家重新畫一幅您自己的畫送給我時，我覺得您彷彿讀到了我的心思（我的心思的的確確就是這樣，同您一樣，我十分不願接受這樣一幅做了改動的畫，因為這已不純粹是您的作品了。我有多麼喜歡那幅原作，您當時可能並不知道）。這也許就是人們所說的「心理感應」。當您說要拿回家時，我一下子如釋重負，我對陳先生懷有相同的尊敬，但他真的不該這樣做，儘管他也是出於一片好意。

　　我希望您能再畫一幅與陳先生改動前完全一樣的畫。我尤其喜歡那個瀑布和上面的那座橋。在您完成以前，我本想建議再在橋上添一個行人，但還是管住了自己的嘴，因為那將是把我的想法橫插進您的作品（您個人觀念、想法的表達），我的想法對於您來說是外來的、外在的。我尊重並且喜愛您的個性 ——— 您自己的特色和獨立性。

　　這三段應該是松岡洋右對凌叔華最隱晦的情感表露，也看得出兩個人相處得很頻繁，昨天剛在一起談藝作畫，今天凌叔華又專程到飯店送去自己的新作。松岡信中談到的陳先生不是陳西瀅，因為那時他倆還不相識，而且陳西瀅不擅繪畫，更別提改他人的畫作了。

　　凌叔華在《回憶郁達夫一些小事情》中[11]，曾連帶提到 1920 年她與女友同時兼畫友江南蘋參加了一次聚餐會，那年她還是燕大一年級的學生。聚餐會是由畫界前輩陳師曾、齊白石等人出面，邀請的主賓是日本畫家渡邊晨畝。

　　渡邊來京的目的是籌得一批中國畫壇大家的畫作帶到日本義賣，所得善款用於捐賑華北旱災的難民。凌叔華講述這段故事時，順便說出她自己也捐了一幅山水畫，竟在日本賣得一百銀元，這或許是她從事繪畫藝術後被人承認的第一筆「潤格」。自此，凌叔華信心倍增，1922 年金城、陳師

曾等在京畫家組成北京畫會，凌叔華、江南蘋這些小字輩女畫家也都參加了進來。

與凌叔華相識並有來往的陳姓畫家，除陳師曾外還有陳半丁，他們於癸亥正月（1923 年）還一同在凌叔華家作畫，那次一道聚會的還有齊白石、姚華、王雲、金城、周養庵、蕭厔泉等國畫家和一位來自美國的女畫家穆瑪麗。

穆瑪麗回國後曾追憶起這次沙龍，特別對凌叔華的風度讚賞有加，說其本人就是一個傑作，「客人有需要時她就恰到好處地出現，說起話來讓人如沐春風。」[12]

陳師曾病逝於當年的九月，地點是南京，看來與凌叔華一同見松岡洋右的究竟是陳師曾還是陳半丁很難確定。

凌叔華為松岡作畫是有些心虛的，請來陳氏意在「保駕」，況且文人聚會創作已成慣例，自己也好借大師之筆藏拙。可在松岡眼裏，陳氏在場本屬多餘，又在凌叔華畫作上塗塗抹抹，松岡本想獨自擁有凌叔華作品作為睹物思情的念想兒，現在橫插一位老翁，這風景煞的，全表現在松岡那「震驚和心痛」的臉上。

凌叔華已看出松岡的醉翁之意，或者是「讀到」他的「心思」，將畫折好拿回家重畫。此刻她知道松岡要的是「她」的畫，與畫作的好壞已無干係，這是凌叔華的聰敏之處，正像松岡強調的，此時他倆人的「心理感應」結合得如此緊密。

信寫到了尾聲：

　　我很想去拜訪並認識一下令尊。但按照計劃，我明天就要離開這裏，也許坐晚上八點多的火車去天津，到那直接乘早上六點（29日）起錨的船去大連。臨行前這個晚上會很忙。因此，恐怕不會有空登門拜訪了。儘管如此，我會儘量抽空，如果可以的話，給您打個電話。不管怎樣，我希望儘快能在大連見到您，真能如此我會十分高興。但不要同其他人一起來，就同您家裏或者親戚中一個值得

信賴且能照顧您的人一起。要知道，您還是個小姑娘。我會把您和照顧您的人安排在我大連的家，我可不想讓一個您這樣的小姑娘在一個陌生地方（對您來說這一定是個陌生地方）的旅館裏投宿。但如果您同幾個人一起來大連，我就沒法請您住在我家了，因為沒有那麼多間屋子，而且我在星浦（離城五英里，開車只要十五分鐘）的別墅不過是個小木屋，僅容得下我們全家。除此以外，我們在星浦沒有別的住宅了。當您決定要來的時候，請先通知我們在此地的代理牛島（Ushi jima）先生，請他提前搞清我是否在大連。我可能会去东京。

　　我在大連的地址是：南滿洲大連市　玉町八ノ一　松冈洋右

　　現在已近凌晨兩點，早已過了午夜，但在沒有向您道謝、給您回信前我無法入睡。因此，我起來寫信直到此時。晚安，我親愛的凌小姐。

Y. 松冈　謹啟

1923 年 6 月 27 日　北京

　　信寫到此，我們得知凌福彭並不知道女兒私下赴約，也讓讀者有理由相信，松冈與凌叔華的交往還僅僅在朋友的範疇之內，由此才有了松冈

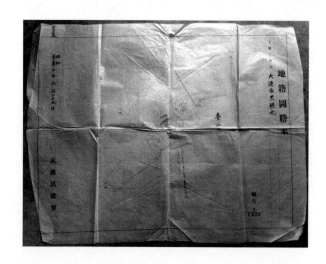

《黑礁屯土地轉讓證書》

「想去拜訪並認識一下令尊」的話。但這還不是這封信結尾所要說的，邀請凌叔華去大連才是正題，而且也是他們二人之前見面就約定好的，此時是商量去的程序。

背着家人去外地赴約在那個年代是難以想象的，即便帶上傭人或女伴，又如何向家人解釋？何況凌叔華還是個在校學生，犯不上為一個年齡相當於父輩且有家室的男人賭上自己的一生，除非另有隱情。

這「隱情」隱了半個多世紀，直到 1982 年，已是耄耋之年的凌叔華拿出十二份材料，交給北京大學法律系周俊業教授，這批材料是關於「南滿洲大連民政署」在昭和三年（1928 年）6 月 29 日簽署的轉讓給宇佐美寬爾一塊 1238 坪（約 4000 平方米）地處「黑礁屯」的土地轉讓證明，[13]那正是當年松岡應允送給凌叔華的「禮物」。

宇佐美寬爾是宇佐美的全稱，而宇佐美這個名字陳小瀅是再熟悉不過的了，從懂事起她聽到從姆媽嘴裏講到這個名字的頻率甚至多於松岡洋右，他本人來家的次數也最多，每次不是捎來松岡的問候，便是帶着松岡的禮物。按松岡對凌叔華說的話：「就把他當作我」[14]，宇佐美簡直就是松岡洋右的替身。在松岡洋右以後寫給凌叔華的每一封信中都會出現宇佐美的名字，無一例外。

宇佐美又是何許人也？他大約生於 1888 年，來到中國後的大部分時間，是跟隨松岡洋右在滿鐵工作，是他的心腹。直到七七事變，日本佔領北平，已擔任滿鐵總裁的松岡為了進一步控制華北的鐵路和公交，於 1938 年成立了華北交通公司，宇佐美任總裁。該公司本部設在北平東長安街十七號（現在的北京飯店所在地），但實際掌控它的還是滿鐵總部。1940 年松岡洋右任日本國外相，由於政務繁忙，他與凌叔華的聯繫除寫信外，更多是通過宇佐美在北平與凌叔華的接觸。

日本投降後，宇佐美回到日本，「部分資料顯示他戰後回日本還從事一些與美術有關的業務」[15]，這似乎為我們提供了另外一種思路：由於宇佐美個人對藝術的偏愛，早在 1923 年甚至更早，就結交了一批中國的藝術家，正是他們的撮合，促成了松岡洋右與凌叔華的結識。而凌叔華送給

松岡兩幅畫的地點就在北京飯店，應該距「滿鐵」總部設在北平的聯絡機構所在地不遠（滿鐵北京公所 1924 年購得東長安街十三、十四號作為辦公場所）。當然，這只是一種推測，但它並不影響整個事情發展的脈絡。

凌叔華想通過法律程序向中國政府討回屬於自己的這份地產，對於新中國成立後出生的人聽起來有些天真，甚至是滑稽可笑。當時在場的陳小瀅和她的表妹竺松（竺可楨之女）在移交清單目錄上作為見證人簽了字。[16] 此時的陳小瀅還蒙在鼓裏，小時候聽母親講過松岡洋右送給她在大連的一個「島」，僅此而已。

我們有理由這樣設想：促使凌叔華去大連的真正動機或許是那略帶神祕、引人遐想的黑礁屯的地產，而且在他們私下見面時松岡或許對她有過許諾，以松岡在大連的實力，這並不是子虛烏有的忽悠，這一點凌叔華最清楚。

凌叔華專程送畫，松岡卻不在，她會有些許的遺憾，但是收到松岡這封長達七頁的親筆信還是讓她有着成就感，儘管這信的能量當時還未顯現。

正可謂「失之東隅，收之桑榆」，十六年後，這封信演繹出全新的「章節」，那時北平已經被日本佔領了。

注釋：

1　鄭希成繪：《北平凌府》。

2　凌叔華：《寫在周年祭的前夕（未完稿）》，1971 年 3 月（筆者收藏）。

3　凌叔華：《寫在周年祭的前夕》。

4　凌叔華：《我的創作經驗》，陳學勇編《凌叔華文存》，載陳學勇：《高門巨族的蘭花 ── 凌叔華的一生》，第 32 頁，人民文學出版社，2010 年版。

5　凌叔華：《我的創作經驗》。

6　凌叔華致周作人信，1923 年 9 月 1 日。載陳學勇編撰：《中國兒女 ── 凌叔華佚作‧年譜》，上海書店出版社，2008 年版。

7　凌叔華：《寫在周年祭的前夕（未完稿）》。

8　陳學勇：《高門巨族的蘭花 —— 凌叔華的一生》。

9　松岡洋右致凌叔華信，1923 年 6 月 27 日（筆者收藏）。

10　凌叔華著，傅光明譯：《古韻 —— 凌叔華的文與畫》，山東畫報出版社，
　　2003 年版。

11　載陳學勇編：《凌叔華文存（下）》，四川文藝出版社，1998 年版

12　【美】魏淑凌著，張林傑譯，李娟校譯：《家國夢影：凌叔華與凌淑浩》，百
　　花文藝出版社，2008 年版。

13　《黑礁屯土地轉讓證書》（陳小瀅收藏）。

14　松岡洋右致凌叔華信，1940 年 6 月 12 日（筆者收藏）。

15　阿部沙織致陳小瀅電子郵件，2013 年 8 月 18 日。

16　《黑礁屯土地轉讓證書》（陳小瀅收藏）。

十小姐的書房

　　我們不清楚凌叔華是如何履約去的大連，是帶了朋友或女傭還是獨自一人？是否看到了松岡洋右為她準備的禮物 —— 黑礁屯？她又是如何瞞過家人的詢問？她和松岡的交往到底「浪漫」到何等程度？這恐怕是讀者包括研究者最想知道的事。

　　松岡進入滿鐵首次到北平是 1923 年 5 月 14 日，北平刊行的《日語周報》為此發有消息。僅僅個把月的時間，二人的關係已十分熱絡了。可惜，凌叔華把這段過程保留在個人內心深處，就像二人漫步在海灘，隨着潮起潮落，一切痕跡蕩然無存。

　　有一點可以肯定：凌叔華赴約了。

　　十七年後，松岡在寫給凌叔華的信中不經意地提到「你永遠是那個純潔少女，那個我在北京和星浦（Hoshigawa）見到並喜愛着的聰慧善良的姑娘。」[1]「星浦」就是日本人佔據大連時，現在星海公園一帶的名稱。此地依山傍海，風景宜人，是當時滿鐵總部高層人士的居住地。

　　作為日本上層人物的松岡當然不會整日沉湎於與中國女學生的感情糾葛，他有着許多大事要做。松岡的志向是要將滿鐵的調查機構打造成為名副其實的情報中心。

　　不需幾年，松岡領導下的滿鐵情報網將遍及世界各地，不僅有駐滿洲、北平、上海等地的情報機構，而且還有駐紐約、柏林的事務所，事務所屬下又有各分支機構。正像若干年後他雄心勃勃説的那樣：滿鐵雖在日

本政府的監督之下，但它作為「具有靈魂的有機體」已活脫脫像個政府了。

最終，凌叔華還是要從夢境回到人間，或者說她根本沒有在意把與異性打交道和自己的婚姻聯繫在一起。

就在離史家胡同約有二十分鐘路程的景山後街附近，東吉祥胡同此時異常熱鬧，那裏聚集着一批從歐美留學回國的青年才俊，如王世杰、胡適、丁西林、楊振聲、陳西瀅、陶孟和、沈性仁和李四光等，周鯁生夫婦充當他們的臨時「家長」。[2] 他們大多三十歲上下，有的已成家，有的尚未找到對象，有的雖已成婚，但眷屬尚在老家。他們就近住在東吉祥胡同，左右為鄰，為的是相互有個照應，就像他們早年在歐美留學，彼此相識相近，回國後雖然在北大等著名院校當教授，但留學生涯保留下來的習慣仍在延續，人以群分也是順其自然。周鯁生夫婦臨時「家長」的責任，更多是為單身漢「蹭飯」提供便利，或找個名目為大夥兒聚會起個召集人的作用。

那時，在五四精神影響下，新文化運動勢頭正猛，名目繁多的社團層出不窮，加上世界文化名人杜威、羅素的來華講演，青年人火一樣的心被撩動起來，幾乎每天都有各式各樣的文化團體應運而生，又有因各種原因難以維持的團體冰消瓦解。

「東吉祥」的青年才俊們也不例外。1924 年春，住在石虎胡同七號院裏「好春軒」的徐志摩發起成立了一個文化團體 —— 新月社。社員主要來自東吉祥的這夥兒年輕教授，也有銀行界人士如黃子美、徐新六等，以後又不斷有新人參加，如聞一多、余上沅等是 1925 年回國後加入的。有人質疑新月社成立的主旨，熱衷於政治更甚於文化，是幫有錢有閒、有身份、有地位的上流文化人組成的一個社團。這話不無道理，就連凌叔華的父親凌福彭都有閒心隨女兒參加過新月社組織的聚餐會。[3]

新月社的社名源於印度詩人泰戈爾的詩集 ——《新月集》，起名者自然是詩翁的崇拜者 —— 徐志摩。那時他正為泰戈爾籌劃訪華，而泰戈爾來北平演講期間發生的一個小插曲，使不曾留過洋的凌叔華步入了新月社的行列。

　　泰戈爾是文豪、詩人，1913 年因為詩集《吉檀迦利》而獲得諾貝爾文學獎，成為亞洲獲此殊榮的第一人，此時風頭正健。

　　徐志摩早早趕到南方，陪詩翁由杭州、上海、濟南一路北上。1924年 4 月 23 日抵達北平時，文化界已經轟動起來。梁啟超、辜鴻銘、胡適、魯迅等文化名流，連遜位的皇帝溥儀也都在接待、陪同、會見和出席晚會的行列裏。

　　青年學生更是盼望一睹詩翁風采，清華大學拔得頭籌 ── 或許因梁啟超的緣故，泰戈爾先去了清華。燕京大學女子學院也不甘示弱，特別是報上登了某人的議論，說泰戈爾「土面灰髮」，不能煽起中國女子欽慕之情，哀歎：「千金麗質，與泰氏周旋者，林女士一人而已。」[4] 報上所說「林女士」即徐志摩請來幫忙當翻譯的林徽因。這一來，惹得北平女學生忿忿不平。從未與林女士謀面的凌叔華反駁説：「中國女子與泰氏周旋者，確不止林小姐一人，不過『麗質』與否，不得而知。但是因她們不是『麗質』，便可以連女人資格也取消嗎？」[5] 為賭這口氣，凌叔華親自起草了中英文對照的邀請函，請泰戈爾來燕京大學演講，足足忙活了一個下午。請柬字斟句酌，落落大方，又不入俗套。

　　也許是她們的真誠感動了詩翁。五月六日下午，泰戈爾如約去燕大做了演講。晚間，燕大的美籍教授鮑貴思女士做東，聯合幾位教授宴請詩翁。為增加氣氛，她們請來兩位學生代表參加，凌叔華是其中的一個。同時受邀的還有與泰戈爾同行的印度國際大學藝術學院院長、畫家南達拉·波斯等一行人。

　　酒過三巡，主人和客人都從拘謹中鬆弛下來，話題也由文學詩歌轉到繪畫藝術。凌叔華作為學生代表，資歷淺、輩分兒低，原本沒有插話的份兒，但是當她聽到泰戈爾向東道主介紹畫家波斯的簡歷和他在印度繪畫領域中的成就與地位，又得知詩翁其實對繪畫很感興趣而且也很在行時，凌叔華激動地站了起來，她以學生代表身份在給波斯敬完酒後，用英語向畫家介紹她加入的由金城、陳師曾、陳半丁、齊白石、姚華、王雲等北平畫家組成的聯誼會，每隔一段時間便舉行活動，這個月輪到她做東。

凌叔華不失時機又水到渠成地邀請波斯參加這次畫會，地點就在史家胡同凌府的後花園，離他們下榻的飯店只有一步之遙。原來凌叔華已打聽清楚，泰戈爾一行早已從北京飯店遷到史家胡同的克利飯店，剛巧在她家花園後門的斜對面。

波斯作為泰戈爾五人訪華團中的一員，一路上除了伴隨詩翁演講，沒有其他與自己專業相關的安排，本有些鬱悶和無奈，現在突然出現一位楚楚動人的姑娘伸出邀請之手，已使他喜出望外，又聽說有那麼多中國一流國畫大師參加，哪有拒絕的道理，連連頷首答應。

「我可以參加嗎？」坐在一旁且聽他們之間對話已有一段時間的泰戈爾迫不及待了。

「來的都是畫家，你不在乎嗎？」凌叔華反問。

「傻孩子，你怎麼還不知道我們的大詩人同時也是一個大畫家啊！」東道主鮑貴思驚叫了起來：「我們的大詩人二十多歲學畫，大自然的一切都在他的詩與畫中，現已存畫作上千幅，題材之豐富、內涵之深邃、風格之多樣、數量之可觀，不遜於專業畫家。」鮑貴思如數家珍地介紹眼前的詩翁，讓凌叔華喜出望外，剛剛還思忖着親自邀請詩翁既顯得不合身份，又有攀高的意味，轉瞬間被鮑貴思的一番話釋解。

春夏之交的五月是北平少有的好季節。凌府的後花園此刻已是繁花滿目了，海棠、丁香、牡丹、芍藥正在盛開，還有三棵白色碧桃大樹和一棵高二三丈的文光果樹也開着雪白的花。

凌叔華依舊穿着洗得發白的藍布上衣，下着長裙的學生裝，亭亭玉立在樹下，不時有花瓣落在她的頭髮、衣裙上，又被微風吹動，瞬時飄落到地上，她焦急地等待泰戈爾一行的到來。

敲擊門環的聲音終於響了，在傭人開門的一刹那，雙方都驚呆了。泰戈爾和波斯，詩翁與畫家以及身後的一群人看到的分明是詩一般的意境，畫一樣的景致：凌叔華落落大方略帶一絲羞澀的神態站在樹下，春風拂面，掠過面頰上的一縷髮絲，她不由得眯起了眼睛。

對於凌叔華迷倒眾人的眼睛，相信許多人都有同感，特別是當她不戴

眼鏡時，總習慣眯着眼睛，一邊的嘴角微微上翹，顯得十分嫵媚。蘇雪林曾這樣描述過：

> 叔華的眼睛很清澈，但她同人說話時，眼光常帶着一點兒『迷離』，一點兒『恍惚』，總在深思着什麼問題，心不在焉似的。我頂愛她這個神氣，常戲說她是一個生活於夢幻的詩人。[6]

此刻，凌叔華雙手交叉在身體前，風吹着裙擺左右飄動，似乎有些不知所措。由於激動，她面頰泛起了紅暈，那種景象相信在詩翁日後寫給凌叔華的小詩中和二十一年後波斯與凌叔華通信中都曾提及。[7]

讓凌叔華如此激動、吃驚的其實倒不是泰戈爾一行，而是跟隨詩翁身後進來的人，是一群沒有列在邀請名單的人。其他人她不認識，可有一個人前不久才到過自己家裏，雖然只有短短的十幾分鐘，但對於凌叔華那可不是一般意義上的交往，她關注他已有一段時間了。頓時，凌叔華臉上緋紅，心也慌了，意也亂了，心跳和急促呼吸的聲音使她窘迫起來，彷彿別人也能聽到似的，這人正是陳西瀅。

人們對陳西瀅的認識，緣於他的《西瀅閒話》。「西瀅」其實是陳源的筆名。

陳源（1896—1970），字通伯，江蘇無錫縣人。自幼隨父陳育去上海，就讀於徐家匯南洋公學下院（高小），畢業時，院長傅先生對其父說：「令郎中文特佳，而英、算平凡，似以另謀它途為宜。」

1913 年 1 月，在表叔吳稚暉的力勸下，陳源由父及弟陳洪陪同乘小火輪，登上停泊於楊樹浦江心的日本郵輪，隻身飄洋赴英倫求學，入布萊頓（Hove and Aldringham Highschool）就讀。

時隔三十三年的 1946 年 3 月 24 日，陳源憑印象，在好友郭有守的陪同下，居然找到自己初到英國時的高中學校。校名已改，但校長夫人「在樓上窗戶看見我進來，說，這是陳。她說我還是與從前一樣。」「Mr Hoyle（霍伊爾先生）找出舊的名冊，我的名字找到了。是 1913 年 8 月

14 上冊的（我是 9 月 13 到校的）。」[8] 憑印象找到就讀的老學校，是陳源當天最高興的事，他在日記中記載，居然看到好幾位當年的教師。

陳源中學畢業後考取愛丁堡大學、倫敦大學攻讀政治經濟學，1922年獲博士學位。求學期間，陳源的才華得到英國三大名家威爾斯、羅素、蕭伯納的認可，他的文章也在《泰晤士報》上刊登。威爾斯曾邀請陳源在他家小住兩星期，二人朝夕相處，情感日深。威爾斯還請陳源、傅斯年對他的著作《世界史綱》中國部分提意見，並在序言中致謝。

求學期間，陳源結識過路英國的胡適，相晤甚歡。胡適回國後，力薦陳源予北大校長蔡元培，稱他英文知識宏博，早有文章見諸報端。

1922 年 11 月 10 日，陳源與吳稚暉同船由法國回到上海，之後又一同乘坐火車北上見蔡元培，蔡在北平先農壇附近一家名叫「菜根香」的飯館招待他們。有了吳稚暉的引薦，又聽到過胡適的讚譽，蔡元培隨即邀聘陳源為北京大學外語系教授。[9]

這位在北大任教授已有兩個年頭的留英博士，正是凌叔華關注的對象之一。自從去年她與松岡相識，隨後又毛遂自薦成了周作人的弟子，凌叔華懂得了如何與異性交往，更懂得自己需要什麼樣的男人。

在周作人的提攜下，凌叔華於 1924 年初開始在《晨報》副刊連續發表小說，並獲得好評。受五四精神影響，青年男女演文明戲、寫小說已成時尚，但一連幾個月都有作品發表，而且還是個在校女生，這在當時女性作家稀缺的情形下，自然引起社會的反響，稱這是「文學界的一個新驚喜」，也引起《晨報》副刊兼職編輯陳西瀅的注意。

恰恰在此時，陳西瀅接到凌叔華的一封信，邀請他到乾麵胡同她的家裏去吃茶。這引起陳西瀅的好奇心，正像後來陳西瀅對女兒陳小瀅講述的，是帶着好奇心赴約的，想看一看這個寫小說的女孩子生活在什麼樣的環境裏。[10]

陳西瀅初到乾麵胡同的凌府，竟在門前徘徊了十幾分鐘。他納悶這個女孩子怎麼會住在這麼一個大宅子裏，莫非像林黛玉一樣寄人籬下？

在一對石獅子的注目下，陳西瀅懸着心、大着膽，拍打大門上的鋪

首銜環。門開了，隨着門房兒的引領，有位老媽子出來迎接，他們穿堂入廊，又不知走了幾時，出來一位丫環說：「小姐在裏面」，這陣勢把陳西瀅搞得有點兒懵。[11]

第一次相見的時間，遠不如陳西瀅在凌府門前躊躇的時間長，至於說了什麼早已忘得乾乾淨淨，但過程卻記得清清楚楚。相見是在 1924 年的春季，凌叔華只比陳西瀅小四歲，可那時一個是大三的學生，一個是大學的教授，兩相比較，陳小瀅說「還是母親主動的成分似乎多一些。」[12]

此時的泰戈爾全然不知凌叔華為何激動，他雙手拉着凌叔華：「真高興你讓我來，這園子的花真是可愛極了。」詩翁身後的畫家波斯以及代表團的其他隨行人員也和凌叔華打了招呼。

陳西瀅此刻顯得很淡定，他是有準備而來的，並率先打破了尷尬局面。陳西瀅一一介紹起自己的朋友，說徐志摩、張歆海都是中國的大詩人。

「我們大隊人馬不請自來，你嚇了一跳吧？方才就在你家後門對面的公寓吃午飯，聽說有畫會，就隨着詩人過來了。」徐志摩笑着打斷了陳西瀅的介紹，他對誰都一見如故，而且對誰都和氣親切的勁兒，給了凌叔華最初的良好印象。[13]

「志摩與人認識十分鐘就像二十年的老友，從跑堂、司機、理髮師⋯⋯甚麼人都是朋友。」[14] 與他們相識晚幾年的葉公超談起徐志摩都感同身受，徐志摩就是這樣的人，不怕他不認識你，就怕你不給他相識的機會，哪怕只有十分鐘。

穿過後花園，眾人來到十小姐的書房，一股濃郁的書香氣息撲面而來，憑窗擺放着一台紫檀大案，中間縮腰，厚重的四腿，馬蹄內翻，牙板主題紋飾為螺鈿鑲嵌的螭紋和纏枝牡丹，案台一頭的紅木托盤裏擺放主人常用的文房用具：線刻山水紋八角紫檀筆筒，裏面倒插着大小不等的羊毫、狼毫畫筆，還有豇豆紅的印盒、「石叟」款的銅水呈、仿汝窯的匜型水洗、湘妃竹的臂擱、架筆用的玉山子、青金石筆添、水草紋的瑪瑙紙鎮，另外一個「百花不落地兒」的粉彩小缸，那是主人作畫時涮筆所用；

盤內還散放眾多名人鐫刻的印章，其中使用最多，也是伴其主人一生的是齊白石陰文篆書「叔華」款的雞血石方章和紅木天地蓋的竹節紋雙面端硯。[15] 此外，案台上有一盞中西合璧的檯燈，燈座是康熙郎窯紅的玉壺春瓶，底座打了眼，瓶口安裝燈頭，支上西洋人常用的帶穗兒的八角綢緞燈罩。雖說與書房整體裝飾不大合拍，但新穎別致，據說流行於西方，西洋人有時喜歡「中為洋用」，是那個時期的一種時尚；不合拍的還有座椅，主人作畫時喜歡坐在軟凳上，高矮適度，而黃花梨的官帽椅則放在一邊，用它堆放宣紙；軟凳背後的西牆排列着三截推拉門的畫櫃，裏面插着大部頭的外文書；兩個屋角的花架上，分別擺放着硃砂梅和玉蘭；臨窗放着一張美人榻，榻旁花盆垂着的蘭花，那是女主人的最愛，她常常以此寫生，在以後的作品中，蘭花和山石是她最擅長的題材。

牆壁上懸掛着八大山人繪白眼朝天的鸕鷀和鄭板橋的竹石掛軸，那應該是父親凌福彭的藏品。只是新近增添了一幅《九秋圖》顯得格外耀眼，女主人凌叔華就從這幅畫向來賓們娓娓道來：

那是幾個月前的例行畫會，剛巧輪到在她家舉辦。那天的天氣非常好，低矮的陽光透過花稜窗，灑滿在整個書房，凌叔華早早叫人將爐火燒旺，茶也沏上，只等客人到。

來得最早的是齊白石，他環視四周，沒見一位客人，以為自己又記錯了時間；隨其後的是陳師曾和陳半丁，再其後是叼着煙卷的王夢白，他身後是姚茫父等人；最晚來的是金城，一身兒紳士打扮，他是畫會的創辦人，他的到來意味着活動開始。

畫家們三三兩兩商議着合作題材，凌叔華與好友江南蘋聯合做東，實際上也就是裁裁紙，研研墨，做些輔助工作。陳師曾大概有感於午飯時的筍尖燜肉，對夢白說：「你畫隻肥豬，我來題字。」幾分鐘後，《豬竹圖》躍然紙上，陳師曾提筆道：「無肉令人瘦，無竹令人俗；若要不瘦亦不俗，莫如竹筍燒豬肉。」前兩句為蘇東坡的詩，後兩句是師曾有感而發，引來大夥兒一陣哄笑。

接下來每人各自做畫，連最吝嗇的齊白石都有求必應，凌府的女傭也

1924 年初，齊白石、陳師曾等為凌叔華繪《九秋圖》

討到了一張。畫會是以為女主人合畫的《九秋圖》結束的，姚茫父題記：「九秋圖，癸亥正月，半丁海棠，夢白菊，師曾秋葵，屋泉松，白石雁來紅，養庵桂花，拱北牽牛紅蓼，茫父蘭草，集於香巖精舍，叔華索而得之，茫父記。」[16]

泰戈爾一行人津津有味地聽着凌叔華的講述，看着眼前匾額所題「香巖精舍」的書房，更別提那一堂紫檀、花梨家具和令人眼暈的文房用具，人們嘖嘖感歎女主人的情愫及品位。

就在這時，遠處傳來丫環的招呼聲。原來凌母叫傭人訂購了新鮮的玫瑰老餅、藤蘿花餅和蘿蔔絲餅，又用自家的小石磨研磨了杏仁，給每位客人沖了杏仁茶。期間，凌叔華還邀請了一位朋友彈了幾首琵琶名曲，有《高山流水》《瀟下吟》《寒鴉戲水》等，大家吃得開心，聽得盡興。[17]

凌叔華拿着事先準備好的紙筆，走到泰戈爾面前，像是將詩翁的軍，又像是小輩兒對長輩兒撒嬌地問：「今天是畫會，請問您也畫畫嗎？」泰戈爾笑而不語，拿起筆，面對宣紙的尺寸上下打量了一番，信手畫了在一望無跡的茫茫大海之中，在天際的邊緣，一隻孤帆在飄蕩。他邊畫邊說：「多遊山水，到自然裏去找真、找善、找美，找人生的意義，找宇宙的祕密。不單單黑字白紙才是書，生活就是書，人情就是書，自然就是書。」這些話不但凌叔華聽進去了，在場的陳西瀅也聽到了，日後特地用毛筆書寫成小橫幅送給凌叔華。

凌叔華聽着詩翁的教誨，看着他那銀白的長鬚，蘊涵神祕思想的雙目，彷彿自己神遊在宋明畫本之中，不但不會使人厭倦，反而感到如飲醇醪，如聽流水的神味。[18]

當然，凌叔華沒有忘記另外一位印度畫家南達拉·波斯。她拿着準備好的檀香木片走到波斯面前，波斯似乎已有準備，信手畫了蓮葉和佛像。

凌叔華也為詩翁和波斯等客人畫了拿手的山水畫，二十一年後，波斯在給凌叔華的信中還談到畫軸一直掛在家中，那上面不但繪有美麗山水，還有他做客凌府時的美好記憶。[19]

對凌叔華存有美好記憶的遠不止波斯一人，另一位則是浪漫詩人徐志

摩。那天下午發生的一切是那麼的不可思議，滿園的春花，小姐的書房，在傭人中穿行的凌叔華，用流利的英語、信手拈來的筆觸，極盡東道主之責，使所有客人都摒住呼吸，一時安靜，只有那飄浮不定的目光在隨着凌叔華的身影晃動。這是一幅圖畫，一首無聲的詩，作為詩人的徐志摩不可能熟視無睹。

當時，徐志摩的激情還在林徽因身上，就是讓凌叔華忿忿不平的以「千金麗質」，「與泰氏周旋者」。若不是半個多月後，林徽因約徐志摩在北海公園松坡圖書館（今快雪堂）見面，坦然告訴他，自己不久將和未婚夫梁思成一起去美國，今晚之約是將兩人的情感做一了斷的話，恐怕就沒有徐志摩與凌叔華以後的諸如「通信員」、「八寶箱之謎」[20] 等至今都令粉絲們着迷的話題。

不過，詩人畢竟是詩人，感情去得快也來得快，詩人的創作靈感是靠不間斷的激情來催化的。文光果樹下的凌叔華，以及她迷離的眼神、做畫的神態都讓詩人久久不能忘懷。即便三天後徐志摩陪同泰戈爾離開北平去太原，面對前來車站送行的林徽因，徐志摩簡直快要發瘋了，可僅過了三個月，徐志摩與凌叔華的頻繁通信，稱謂已由「叔華」變為「華」了，徐志摩甚至探尋過泰戈爾對凌叔華的看法，得到讚美的反饋：比林徽因有過之而無不及。[21]

徐志摩為什麼要徵詢詩翁的看法？原來被凌叔華美貌與氣質所吸引的還有這位德高望重的泰戈爾先生，他毫不掩飾地對身邊人講述自己對凌叔華的好感，説她是自己想象中的中國姑娘，並慶倖能遇到她。

那天下午發生的一切，給泰戈爾的感觸實在太深了，以至回到克利飯店仍不能平息自己的情緒。他作了一首小詩，唸給在場的徐志摩和陳西瀅，並寫在一柄有中國特色的團扇上，轉交凌叔華，表示由衷的感謝。

林徽因作為泰戈爾接待團隊的翻譯，經常伴隨詩翁左右，加上在北平時恰逢泰戈爾六十四歲生日，學界聯袂排演了泰戈爾的戲劇《齊德拉》，連對泰戈爾很有些保留的魯迅都前去助興。[22] 劇中林徽因扮演女主角齊德拉公主，徐志摩扮演愛神，這使才貌雙全的林徽因聲名鵲起，更是成為小

報記者追逐和曝光率最高的女子。林徽因的容貌是有口皆碑的，才藝也是有目共睹的，她「周旋」在泰戈爾身邊，卻沒引起詩翁的化學反應。

那徐志摩對兩位女子又有什麼反應呢？一個與自己相知多年並且仍是自己追逐的首選對象；一個僅相識半天，甚至都來不及搭訕，更別說了解人家家世的在校女學生，林徽因和凌叔華，這兩位才女讓徐志摩著實費盡了腦筋，不得不請教更加睿智、更富哲理的泰戈爾，這就給了詩翁將兩位女子做一番比較的機會，雖說有些偏激，但蘿蔔白菜各有所愛，男人的目光永遠是女人捉摸不透的。

此時泰戈爾與凌叔華的交往仍在繼續，即便泰戈爾離開中國，這種交往也未終止。凌叔華按照中國祝壽有逢五逢十之說，早早預備好泰

1925 年泰戈爾為凌叔華繪《印度婦女汲水圖》

戈爾六十五歲生日的禮物，那是一頂精緻的中國式便帽，與眾不同的是帽額鑲有一塊來自邊陲和田的白玉。而詩翁回贈的禮物仍然是一幅畫：兩個印度婦女頭頂着水罐，相互挽着對方的腰，肩並肩地走在鄉間的小路上，畫上有詩翁的題句和 1924 年的日期。這比一首小詩更形象，它與那頂便帽有異曲同工之處，都是為了讓對方時時看到，將自己念在心中。

和那幅《孤帆圖》一樣，兩幅畫軸凌叔華一直掛在書房顯眼的地方，從北平掛到了武昌珞珈山、四川樂山，又掛到了倫敦的書房，掛到自己離世。

女兒陳小瀅曾久久凝望這隻「孤帆」，希望從中看出什麼寓意，最終她還是沒能看出答案。[23] 反過來泰戈爾也如是，那天整個下午對於詩翁來說真是太難忘了，他不止一次地對徐志摩說，凌叔華是他「不能不懷念的人」。[24]

凌叔華因泰戈爾的到訪出盡了風頭，社會由此多了一位女性明星，讓眾多男性為之傾倒，僅此一點就不輸林徽因。凌府的「十小姐書房」，在以後的若干年不僅是藝術家筆會的場所，更是新月社男人們走動最勤的地方。胡適、徐志摩、丁西林、金岳霖、楊振聲、葉公超、沈從文等常常以借書或聊天的名義光顧此地，凌叔華也曾提到：這些男士「來時常帶一二新友來，高談闊論，近暮也不走。有時母親吩咐廚房開出便飯來，客人吃過，倒不好意思不走了。」[25]

連比他們小得多的正在讀大學的學生都對「十小姐書房」懷有一種好奇的想法。1933 年，正在燕大就讀的蕭乾便是跟隨沈從文去史家胡同「做客」的，[26] 那時凌叔華已經落戶武漢大學，只因為不習慣那裏的「家眷」生活，她常常滯留北平。

可人們都忽略了一個人 —— 陳西瀅，他最先進入凌叔華的眼簾，在徐志摩與凌叔華的情感糾葛中，他作壁上觀，當徐、凌二人暴風雨般的情感平息後，人們發現陳西瀅仍在凌叔華的視野中，一刻也沒有消失過。

注釋：

1　松岡洋右致凌叔華信，1940 年 3 月 15 日（筆者收藏）。

2　凌叔華：《寫在周年祭的前夕（未完稿）》。

3　陳學勇：《高門巨族的蘭花 —— 凌叔華的一生》。

4　凌叔華：《解悶隨記》，1924 年 7 月 5 日，載陳學勇編《凌叔華文存（下）》，四川文藝出版社，1998 年版。

5　凌叔華：《解悶隨記》

6　蘇雪林：《其人其文凌叔華》，《蘇雪林文集》。

7　凌叔華致陳西瀅信，1945 年 6 月 23 日，信中說：波斯「回了我一封很親切的信，歡迎我去訪問他的藝術學院，他對北平的訪問，記得很清切，直到此時他還掛了我的一幅山水畫云云。」（筆者收藏）。

8　陳西瀅日記，1946 年 3 月 24 日（陳小瀅收藏）。

9　陳洪：《陳源一家》，載《海鴻鄉音》，江蘇文史資料第 37 輯（陳洪為陳源胞弟）。

10　陳小瀅：《回憶我的母親凌叔華》，《三聯生活周刊》2009 年 11 月 23 日第 43 期。

11　陳小瀅：《回憶我的母親凌叔華》。

12　陳小瀅：《回憶我的母親凌叔華》。

13　凌叔華：《寫在周年祭的前夕（未完稿）》。

14　葉公超：《憶徐志摩二三事》，《葉公超散文集》1982 年台北出版。

15　部分印章、硯台等文房用具仍保留下來（筆者收藏）

16　凌叔華：《回憶一個畫會及幾個老畫家》，《時與潮》文藝半月刊，1943 年 7 月 15 日。

17　鄭麗園：《如夢如歌 —— 英倫八訪文壇耆宿凌叔華》，台北《聯合報》，1987 年 5 月 6 日。

18　凌叔華：《我的理想及實現的泰戈爾先生》，1924 年 5 月 6 日，載陳學勇編《凌叔華文存（下）》。

19　凌叔華致陳西瀅信，1945 年 6 月 23 日（筆者收藏）。

20　轉載陳學勇注釋：「1925 年徐志摩去歐洲之前將一個裝有徐的日記和信函的提箱存放凌叔華處，戲言若出意外，要凌為他寫傳記，提箱裏便是傳記資料。徐從歐洲歸來與陸小曼成婚，提箱仍留凌處。1931 年徐果真飛機失事，為編徐的全集徵集提箱裏的資料，凌顧慮日記中有涉他人私事，不宜公開。

但胡適一再函催，凌不得已送至胡家。結果全集未能編成，提箱幾經轉手，不知下落（有謂在林徽因處）。這便是有名的『八寶箱之謎』。」陳學勇編：《凌叔華文存（下）》後記第 4 頁。

21　徐志摩致泰戈爾信，1925 年 4 月 30 日。信中說：「還有一個偷偷愛慕而使你不能不懷念的人，就是女作家凌叔華小姐；你曾經給她很恰當的獎譽，認為她比徽因有過之而無不及。凌小姐給你做了一頂白玉鑲嵌的精緻便帽，還有其他物品，備給你作六十五歲壽辰的賀禮。」虞坤林編：《志摩的信》，上海學林出版社，2004 年版。

22　《魯迅日記》1924 年 5 月 8 日：「逮夕八時往協和學校禮堂觀新月社祝泰戈爾六十四歲生日演《契忒羅》（又譯《齊德拉》）劇本二幕，歸已夜半。」人民文學出版社，2006 年版。

23　陳小瀅 1996 年將兩幅畫作轉存於中國文物信息流通中心，現存中國國家博物館。

24　徐志摩致泰戈爾信，1925 年 4 月 30 日。

25　凌叔華：《回憶郁達夫一些小事情》，載陳學勇編：《凌叔華文存（下）》。

26　《落葉歸根的凌叔華》，見文潔若：《風雨憶故人》，上海三聯書店，2011 年版。

情滿雙佳樓

泰戈爾走了，喧鬧的北平暫且平靜下來。老詩翁到底給青年學子留下了什麼，這要等徐志摩、張歆海七月中旬在廬山上翻譯整理泰戈爾沿途的演講稿後才能做定論。但他留給幾個年輕人的感情糾葛，卻暗流湧動，一刻也沒有消停。

林徽因的離去，使凌叔華填補了徐志摩寂寞的情感空間，這似乎對於凌有些不公允。但詩人的吸引力有如烈火遇乾柴，哪有不燃的道理。徐志摩跟隨泰戈爾到訪凌府的當天，就給女主人留下了好印象，你能只說烈火，不提乾柴嗎？數一數這期間徐志摩寫給凌叔華的七八十封信，明眼人都看得出詩人追求凌叔華那種急迫的心。譬如：「你肯答應常做我的『通信員』，用你恬靜的諧趣或幽默來溫潤我居處的枯索，我惟表泥首！」又如：「假如我們能到那邊去過幾時生活 —— 只要我多帶詩箋畫紙清茶香煙（對不起，這是一樣的必需品），丟開整個的紅塵不管不問，豈不是神仙都不免要妒羨！」

這樣的話流瀉而出，對於詩人徐志摩或是司空見慣，放在還是學生身份的凌叔華身上就未必。徐志摩甚至採用了激將法：「這是要肩背上長翅膀的才敢說大話，華，你背上有翅膀沒有；有就成，要是沒，還得耐一下東短西長！」何謂「東短西長」，說白了就是耐得住局外人東家短西家長的閒言碎語。

俗話說，來而不往非禮也。凌叔華應該也回覆了數量相當的信才對，

只是徐志摩意外去世，那批回信的下落不得而知。十年後凌叔華有選擇地公開徐志摩寫給她的包括上述內容的六封信。[1]那時，凌叔華已成婚，孩子都快上小學了，公佈這些信已無關乎「情」，這符合凌叔華的一貫做法，之所以選這幾封，大約也是因為它們大致還是發乎情止乎禮吧。

有人議論徐志摩在凌叔華與陸小曼之間是腳踏兩隻船，最後選擇了外形更漂亮的陸小曼，似乎話裏話外凌叔華是被徐志摩「拋棄」了，其實未必。且不說二十四歲的凌叔華本身已經出落成大家閨秀，僅就她的家世，對於注重名分的凌福彭，這一關就是道難以跨越的鴻溝。

徐志摩「拋棄」了張幼儀，自己又被林徽因所「拋棄」，此時他選擇的餘地其實是很窄的。難怪陸小曼與徐志摩成婚時也心懷戒心：「你不能拿辜先生茶壺的譬喻來作藉口，你要知道，你不是我的茶壺，乃是我的牙刷，茶壺可以公開用的，牙刷不能公開用的！」這裏提到的「辜先生」，即凌叔華的英語啟蒙者─辜鴻銘，羅家倫對小曼的這段話做了注：

> 當時在他們舊式社會裏，逛妓院與娶姨太太並不認為是不正當的事，所以辜先生還有一個日本籍的姨太太。他是公開主張多妻主義的，他一個最出名的笑話就是：「人家家裏只有一個茶壺配上幾個茶杯，哪有一個茶杯配上幾個茶壺的道理？」[2]

邵洵美漫畫：《一個茶壺、一個茶杯、一個志摩、一個小曼》

　　為此，邵洵美還畫了張漫畫「一個茶壺，一個茶杯，一個志摩，一個小曼。」[3]意在警示徐志摩，又像是在為「娘家人（同是上海籍）」站台助威。其實那個時代，連眾人仰慕的魯迅先生在上海酒後，「青蓮閣邀妓來坐，與以一元」的事也是有的。[4]

　　凌叔華及時止住了與徐志摩的感情糾葛是很明智的。凌府的大家閨秀，才貌雙全，何須屈尊做人家的「填房」。朋友間的交往是可以的，若當真，徐志摩的前妻張幼儀便是前車之鑒，況且志摩與幼儀已有一子，幼儀當時又懷有身孕，這種「拖油瓶」的事後患無窮。即便叔華有意，也絕過不了父親凌福彭這一關。晚年凌叔華曾說：「我對志摩向來沒有動過感情。」[5]這話或許可信，有時「感情」與「肢體」並沒有必要的關聯。我們至今尚未找出凌叔華真格兒動過感情的人，或許非松岡洋右莫屬？但也難作定論。

　　在徐、凌之約上較真兒的，恐怕只有徐志摩的父親徐申如了，他是真心希望能與凌家攀親的。即便徐志摩去世後，徐申如仍執意請凌叔華為志摩書寫墓碑，看來是把她當准兒媳看待了。凌不負重託，寫了「冷月照詩魂」，代用《紅樓夢》中詩句來表現詩人的歸宿，令後人看了唏噓不止，感慨繫之。

　　就在徐志摩與凌叔華感情糾結時，看似作壁上觀的陳西瀅其實並沒閒着，只不過表現方式不同罷了。徐志摩有着詩人的浪漫，**轟轟烈烈**，風一陣雨一陣；陳西瀅則內秀於中，他從不張狂，也不外露，默默地為凌叔華做着她高興的事。泰戈爾為凌叔華寫的小詩是他唸給她聽的；泰戈爾寫詩的團扇是他代交給她的；泰戈爾對凌叔華的美好印象也是他告訴她的。陳西瀅甚至寫了一封長信，介紹「情敵」徐志摩的才幹，讚美之意躍然紙上。[6]明明是自己喜歡的女人，可去信談論的卻是別人；都在一座城市，居處相去不遠，哪有這麼多的話要在信裏說。

　　那時陳西瀅早已是凌府的常客，不單自己來，有時還約上兩三個朋友。這就是陳西瀅的大智所在，既然沒有徐志摩激情奔放的語言表達能力，何不用自己「晶瑩透剔，清可鑒底」（梁實秋語）的文筆來表達心聲

呢？沒多久，凌叔華收到陳西瀅的信捆紮起來足足一大包了。[7]

　　陳西瀅對於凌叔華在文學領域的成長起到至關重要的作用，那就是將她帶入了《現代評論》的陣營。如果説周作人是凌叔華初進文學門檻的指引者，那麼陳西瀅便是凌叔華成名的助推器。

　　凌叔華作為在校學生，發表幾篇作品是可喜可賀的，但她在文學創作上遠未形成自己的風格，正像陳西瀅評述凌叔華時所説：「在《酒後》之前，作者也寫過好幾篇小説。我覺得它們的文字技術還沒有怎樣精煉。」[8] 陳西瀅根據凌叔華的寫作特點和個人家世，鼓勵她多看契訶夫和曼殊斐爾的作品，還贈送了幾十本短篇小説供她參考。他勸凌叔華將作品投稿到《北京晨報》（副刊）和《現代評論》，並調侃道：「《現代評論》是無稿費的，《北京晨報》是不會欠稿費的，總之你不會太吃虧！」[9]

　　果然，在陳西瀅的提攜下，凌叔華的作品接二連三地發表了。1925年新年伊始，《現代評論》創刊僅一個月，便刊登了凌叔華的小説《酒後》，為她一整年的創作開了個好頭。此文不但得到周作人的讚許，朱自清、錢杏邨、楊振聲、沈從文等都有點評，真是好評如潮，劇作家丁西林甚至將它改編成同名獨幕劇。更可喜的是，恰逢日本著名的《改造》雜誌社記者到北平訪問，了解五四後的新文藝信息。他們「不知如何正選上我的《酒後》。那次是我第一次收到的最高稿費，『大洋五十元』，那時五十元可以買不少東西，至少可以買到二三十雙皮鞋吧！」[10] 晚年的凌叔華寫到此事還沉浸在美好的回憶之中。

　　這一期《改造》（七月號）不但刊載了凌叔華的《酒後》，有作者的簡單介紹，稱她是「北京內外社交界的明星」，還配發了一張該刊記者拍攝的照片，凌叔華和陸小曼端坐中央，她們兩旁及後排站立的除幾位《改造》雜誌的記者，悉數為《現代評論》的精英，如：王世杰、馮友蘭、丁西林、馬寅初、楊振聲、陳西瀅、徐志摩、陶孟和、高一涵、任鴻雋、周鯁生、唐有壬等，一副「眾星捧月」的態勢。[11] 照片下標注人名次序，特在凌叔華名下注明「閨秀作家」，明眼人一看便知場面的主角是凌叔華，而陸小曼由於和徐志摩的關係，也端坐中央，那才是活脱一個「花瓶」。

該期還登有陳西瀅《中國新文學談瑣》，文章簡單介紹了中國新文學運動的過程，裏面提到胡適、陳獨秀、蔡元培、吳稚暉、梁啟超等，未涉及《現代評論》、《語絲》的其他人，也還算公允。

凌叔華的創作一發不可收，這一年她共寫了九篇小說，其中三篇發表在《北京晨報》（副刊），其餘均刊載在《現代評論》上。她的文風最終選擇了契訶夫和曼殊斐爾，這應該歸功於陳西瀅的指點。只是令人不解的，凌叔華當時只承認受契訶夫的影響。

譬如在是年五月七日寫完小說《再見》後，凌叔華致信胡適：

> 原來我很想裝契訶夫的俏，但是沒有裝上一分，你與契老相好，一定知道他怎樣打扮才顯得這樣俊俏。你肯告訴我嗎？通伯說此篇深刻，好好的寫，可以成為我的 master-piece（傑作），所以我存了奢望要仔細打扮一下。[12]

在另外一封給胡適的信，凌叔華說：

> 有人勸我拋了契訶夫讀一些有氣魄的書，我總不能拋下，契的小說入腦已深，不可救拔。[13]

可見凌叔華當時是多麼想「裝契訶夫的俏」。

果然在同年 11 月 7 日寫完小說《花之寺》，一個星期後便有人在《京報》副刊登出署名文章，批評《花之寺》是抄襲契訶夫的《在消夏別墅》。還是陳西瀅的及時相助，在《現代評論》上發表「閒話」，專談抄襲問題，不指名地為《花之寺》辯護。

但曼殊斐爾就不那麼幸運了。徐志摩留學英國時崇拜兩個人：一個是羅素，再一個便是曼殊斐爾。徐是她的「粉絲」，不但欣賞她的文采（回國後翻譯了她的八篇小說），也欣賞她本人的麗質聖潔。他曾拜訪過曼殊斐爾，那時她已病入膏肓，還能躺在床上和他講了二十分鐘的話。徐志摩

如此近距離地與他的偶像相處,連相貌、髮型、聲音都觀察得細緻入微。半年後曼殊斐爾病逝,年僅三十五歲。徐志摩寫文章悼念,稱「那二十分不死的時間」。[14]

大概因為有了這個心結,當凌叔華新作《寫信》刊登當日,徐志摩便興衝衝地上門道賀,稱凌叔華是「中國的曼殊斐爾」,不料遭到凌的搶白:「你白説我了,我根本不認識她。」[15] 不知是同性相斥,還是不滿於徐志摩嘴上讚譽的是她,心裏惦念的卻是曼殊斐爾。晚年的凌叔華曾對女婿秦乃瑞説過,其實曼殊斐爾和她都是學契訶夫的筆法。[16]

五四運動與其説是由文學起步,莫若説是由戲劇發軔。那時真正唱主角的是新劇,而並非是文學,即由「文明戲」向真正意義上的話劇的過度。

凌叔華所在的燕大也不例外,教她的英語老師詹姆斯曾學過戲劇,在她的鼓勵下,凌叔華在畢業那年嘗試用英語寫成兩部短劇。第一部《嫦娥》(*Golden of the Moon*) 是在本校禮堂演的,不賣票;第二部《七夕》(*The 7th Day of 7th Month*),是在六國飯店小劇院上演的,因為是做慈善事業,門票一元兩元不等。導演仍是她的英語老師以及張彭春,演員都是燕大的學生,服裝是凌叔華通過表哥馮耿光向梅蘭芳借的,舞台佈景也是凌叔華一手繪製的,可以説基本上沒有花什麼錢。

那次演出非常成功,一晚上居然賣出二千元的票款。[17] 陳西瀅也水到渠成地在《現代評論》聊起了「閒話」:

> 一個中國的故事,由中國的演員,用中國的排演方法、佈景服裝,表演出來。它與純粹的中國戲不同之點,不過言語是英文,也沒有樂器和歌唱。這個試驗似乎很受觀眾的歡迎。[18]

若不是他倆的戀愛是處在「地下」,恐怕「婦唱夫隨」的把柄又要被人利用了。既然是以慈善名義演出,票款當然被人拿走了,當凌叔華毫無保留地告訴陳西瀅時,陳淡淡一笑:「我還沒想到你真的同初中學生一樣天真。」[19]

　　此事應了中國的老話「無巧不成書」。十九年後，即 1943 年 10 月 19 日，陳西瀅在大洋彼岸美國波士頓的哈佛大學訪問，招待他的是趙元任夫婦。那幾天和陳西瀅在一起的有周鯁生、金岳霖、費孝通等。傍晚，陳西瀅一行人返回住處途中，在月台等車時，走來一位老婦人，問他們當中可有在燕大就讀過的學生？無人應答，陳西瀅說：「我太太是燕大的學生。」那時的凌叔華叫凌瑞唐，這位老婦人正是當年她的英語老師。這段趣聞記在了陳西瀅當天的日記裏：「我們同行的人及月台上的人都覺得有趣得很。我問她的名字，她說那時叫 Miss James（詹姆斯小姐），我說我知道。」日記的末尾，陳西瀅還追記了一筆，「她談起她曾導演 Golden of the Moon（《嫦娥》），佈景是叔華自己畫的。」

　　說起凌叔華像「初中生」，《現代評論》圈裏的人都愛與陳西瀅開這玩笑。那時的凌叔華從不化妝，永遠一身學生打扮，陳西瀅與她交往，常被熟人誤以為一個大學教授「在和一個初中生交往」。而凌叔華恰恰很受用這句讚譽，「我那時倒很高興你稱讚我的天真！」[20]

　　就這樣，這位「初中生」被陳西瀅領着走東家串西家，沒多久便和「東吉祥」的人混熟了。一次，丁西林、楊振聲請陳西瀅凌叔華去他們的住處喝咖啡，據說楊振聲試着用宜興紫砂壺沖咖啡很成功，屢屢請人來家品嘗。凌叔華對此記憶猶新，晚年寫書曾還原了當時的場景：

　　　　正在倒咖啡的時候，一個年青女人拖了個小女孩推門進來，高聲笑道，「你們偷偷的吃咖啡，也不請我，豈有此理？」她說的話是很重的無錫口音。

　　　　「昨天才請過你的，忘記了嗎？」楊振聲笑說。

　　　　「昨天沒有洋點心，只是空口喝咖啡，那能算真請客嗎？」這女人就是許淑彬，李四光的妻子，西瀅小學時同學，人是十分直爽而熱情的。她的小女兒熙芝是丁西林的乾女兒。因為住在隔壁，天天見面。後來一個穿着做工（考究）的西裝，高大，三十幾歲的敲門進來，他笑道：「我猜的不錯，原來淑彬在這裏。她人鼻子很尖的，

她可是聞咖啡味兒一定會在這裏的。」他們走後，我問李四光是哪裏人，因他的面顏輪括，像有歐洲人樣子。

「我們都說他像西藏人，或是中東血脈，他的皮膚也有點那樣顏色。」大約是楊振聲說。

「楊振聲倒是道地的山東大白菜，色香味都好。」丁西林開玩笑的說。

「人家是楊小樓」，陳西瀅說：「場場滿座的，在北大，可見他的人緣真好。」[21]

那段時間，「東吉祥」的這幫年輕教授們仍保持當年在海外留學時的習慣，彼此不分你我。北洋政府每月只付他們四分之一的薪水，大約三四十塊錢，但他們並不因生活困窘而懈怠工作，反而更加勤奮，他們辦報、辦雜誌，寫文章，介紹一切新知識。當時丁西林的《一隻馬蜂》上演正酣，楊振聲的《玉君》也成了暢銷書，陳西瀅照例每周一次在《現代評論》上聊他的「閒話」，已成了許多讀者翹首以盼的時刻。

被後人羨慕並津津樂道的是他們發起的周末聚餐會，這原本是幾個「筆桿子」為商量下一期《現代評論》要用的稿子，臨時找個餐館小聚一下，餐費也都是寫文章的人均攤。王世杰當主編時通常選在豐澤園聚餐；丁西林接手後則在自己家裏。後來大家發現這種聚餐會很有意思，要求參加的人越來越多，便固定下來，每周一次，通常選在周末。召集人是「臨時家長」周鯁生夫婦，主持人大多是胡適，緣於他的號召力，正像徐志摩稱讚他是一根「社會的柱子」，否則聚餐會「早已嗚呼哀哉了」。[22]

凌叔華參加聚餐會是和陳西瀅一起去的。凌府什麼好吃的沒有？但氛圍不一樣，凌叔華很快融入這個文人圈子，並且很享受其過程。陳西瀅惟恐凌叔華口味上不習慣，還特別開玩笑說：「你別以為這些窮教授不會請人吃好東西，你去看看，我們吃得還不差，我們的朋友對吃的喝的都很在行，別看他們穿得很寒傖。」[23]

凌叔華被他們安貧樂道的精神所感染，他們雖不富有，但過得很快

1925 年陳西瀅、凌叔華與胡適、周作人等在中山公園合影（左一胡適，左四凌叔華，左五陳西瀅，右二周作人）

活。有一次她竟把父親凌福彭帶到了聚餐會，凌父對於年輕人的新派做法還是認同的，胡適為寫文章曾借閱過凌府收藏的《宋元學案抄本補遺》，文章寫成，還特地拿給凌福彭過目。[24] 凌叔華也為自己景仰的「胡聖人」（凌叔華語）有些許幫助而感到高興，她說：「好書沒人懂比好花沒人賞還可惜。」[25]

　　1925 年 4 月 20 日是陳西瀅的三十歲生日，人到了而立之年，事業有成，婚事有望，喜得陳西瀅夢中都要笑出聲來。新月社的好友忙着張羅着，每人都想着送個小禮物。胡適選擇送一部自己喜歡的《秋蟪吟館詩鈔》，拿起筆題詞，一時想不起妥當的句子。還是周鯁生的女兒周如松腦子快，小小年紀張口就來：

　　　　這是我很佩服的一部詩集，送給我很佩服的一位朋友，祝賀他
　　至少活三個三十歲。　十四，四，二十（乙丑，三，二八）

今天是通伯的三十歲生日，承周如松女士替我做了這幾句頌詞，我要謝謝她。　胡適[26]

為了撮合陳、凌這一對，胡適沒少在凌老爺子面前疏通，加上表哥馮耿光的遊說，凌福彭終於認可了這門親事。凌叔華隨即去信：「適之，我們該好好的謝你才是。……老父允說商量，這事就有邊兒了。」[27]

此時只有徐志摩的內心五味雜陳，想到通伯兄如此順利，而自己幾起幾落，不禁感慨：「會捉老鼠的貓不叫」。[28]

感慨歸感慨，做事歸做事。朋友之事對於愛張羅的徐志摩來說豈肯輕易放過。1926 年 6 月 24 日，徐志摩在致丁文江的信中告知：「通伯叔華已定本星六訂婚，七月十四結婚，老哥送禮須從速，如不及寄即加入我等公份何如？」從這信的首句「小弟小頑皮，果然急了老阿哥，告罪告罪！」看，徐志摩的好人緣是一以貫之的。

1926 年 7 月 14 日，陳西瀅凌叔華的愛情經過兩年的努力，終成正果，瓜熟蒂落。婚禮選在歐美同學會舉辦，到會賀喜的自然有「東吉祥」的才俊們，如李四光夫婦、陶孟和夫婦、周鯁生夫婦、唐有壬夫婦、皮宗石夫婦、胡適、丁西林、徐志摩……值得一提的，「當然也有『語絲』派的教授們。」[29]

新娘凌叔華穿着一身白婚紗，伴娘是陳西瀅的妹妹陳汲；新郎陳西瀅照例長袍馬褂，自他從海外回國後就不再穿西裝，也不吃西餐了。舉止容儀，也儘量不帶一點洋味兒，「也許因為你這些不同風俗的品質，贏得我最初的欽佩與愛慕吧？」[30]凌叔華晚年如是說。

胡適作了陳西瀅凌叔華的證婚人，他說：「中國夫婦只知相敬而不言相愛，外國夫婦只言相愛而不知相敬，陳君與凌女士如能相敬又能相愛，則婚姻目的始得完成。」

這種場合還能講出一番哲理，也就是胡適有這個資格。這段證婚詞連同中西合璧的婚紗照登在了《晨報》的「星期畫報」，成了京城文化人茶餘飯後的談資。

　　吳昌碩不失時機為這對新人鐫刻了陰文篆書「雙佳樓」方印一枚，至今不知是誰起的齋號，應該不是他倆的想法，但絕對符合眾人的意願，能夠擔當得上「雙佳」稱號的，當時寥寥無幾。

　　梁啟超也在這一年的中秋佳節，為這對新人在只有 6.3 厘米寬、400 厘米長，引首為凌叔華繪製的《折枝牡丹圖》手卷上題寫了辛棄疾的《鷓鴣天》六首，算作「開篇」；小萬柳堂主人廉泉（號南湖）則寫了首「命題」詩：「造化為師妙入神，畫樓一角淨無塵；朱英玉蕊繁如錦，翠葉瓊枝別作春。豈為風狂心欲醉，也因香甚蝶難親；千花爭似宜男鬥，沒骨傳燈要有人。」署名「寒崖白廟」賦詩「小說說完話閒話，幾生修到此夫妻」，更是將陳西瀅凌叔華在文學上的作為畫龍點睛。在以後的十多年中，這個小手卷「漫遊」國內外，上面載着太多名人的墨跡，如任鴻雋、陳三立、郭紹虞、胡適等。

　　凌叔華何嘗不知自己的綜合價值？論相貌她與林徽因、韓湘眉、謝冰心並稱文壇四大美女；論才藝各有各的優勢，凌叔華似乎還全面些；若論家庭的強勢背景就無人可以比擬的了。在男人眼中，凌叔華是無可挑剔的，堪稱中國閨秀的典範：溫婉賢淑，中庸和諧，精緻優雅，甚至略帶一點小鳥依人的憐楚。

　　但是戀愛與結婚畢竟是兩回事。胡適的證婚詞中「相敬又能相愛」前加上「如能」二字，似乎看出一點端倪。以凌叔華的擇偶水準，陳西瀅似乎遠沒有達到，但文學名氣在其之上且沒有成家的，一時又找不到，這對於二十六歲女人是一種潛在的危機。況且，那時的「西瀅先生是我國文壇的怪傑，陳教授的大名幾乎沒有人不知道。」[31] 相信凌叔華在兩年不算太短的戀愛中，戀人的「名氣地位」與「經濟狀況」一直在腦海裏糾結着，凌叔華曾對陸小曼說過：夫妻間沒有真愛可言，倒是朋友的愛較能長久。若是婚前就有此言，婚後的前景該不會被看好。

　　與凌叔華相比，陳西瀅的情感來得更實在些。他家境一般，父母為供五個孩子上學，自己住在狹小、潮濕的老房子裏。作為長子的陳西瀅常年在海外學習，就職於北平算是個「外來戶」，娶凌叔華猶如「天上掉下

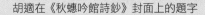

「這是永很佩服的一部詩集，送給永很佩服的一位朋友，祝賀他至少活三个三十歲。」

古四十十（二五三二）

今天是通伯的三十歲生日，承周如松女士替永做了這致，尚頌詞，承要謝她。胡適。

胡適在《秋蟪吟館詩鈔》封面上的題字　　　陳西瀅凌叔华婚后照片

翠木千尋上薜蘿東湖
経雨又增波只因買得
青山好御恨歸來白髮
多　明畫燭洗金荷主
入起舞客齊歌醉中只
恨歡娛少無奈明朝酒
醒何
敲枕婆娑兩鬢霜起聽
蒼溜碎喧江那邊玉笛
銷嚛粉這裏車輪特別
腸　詩酒社水雲挪可
看醉墨氣淋浪畫圖卻
似歸家萝千里河山寸
許長
　稼軒詞鷓鴣天六首
　料華世誼簃書
西寅中秋
梁啟超 [印]

梁啟超題手卷

個林妹妹」，沒有不知足的道理。但蜜月歸來後，他一副「灰鬱鬱」的樣子，怎麼看也沒有新婚燕爾的感覺，徐志摩對胡適説：「很多朋友覺得好奇，這對夫妻究竟快活不，他們在表情上（外人見得的至少）太近古人了！」[32]

無錫老家的蜜月之旅，讓凌叔華多少感到了兩家在經濟上的落差，特別是當她得知丈夫每月將微薄工資的四分之三補貼老家之用，嘴上不説，心中還是過不了這道坎。二十年後，人到中年的凌叔華回想起婚後初始的窘迫，還是道出了心扉：「我結婚第一年就得賣稿子拿私房出來過日子？我在那樣窮困時也沒有叫你沾過別人一點光，也沒有錯待過你們家中一個人或勸你不寄錢回家。」[33]

即便凌叔華與英國情人朱利安・貝爾紅杏出牆多少年後，女兒陳小瀅仍舊為爹爹打抱不平，問「父親為什麼要和母親結婚，發生了這麼多事情之後，為什麼仍然在一起」，陳西瀅也只是淡淡地説了一句：「她是才女，她有她的才華。」[34]

儘管月有陰缺，兩個人還是「堅守」了一生，他們似乎都娶嫁了同一個「戀人」——文學。

注釋：

1　《武漢日報》副刊《現代文藝》，1935 年。
2　羅家倫：《回憶辜鴻銘先生》。伍稼青：《民國名人軼事》，學生書局，1982
　　年版。
3　邵洵美漫畫：《一個茶壺、一個茶杯、一個志摩、一個小曼》。
4　《魯迅日記》，1932 年 2 月 16 日，人民文學出版社，2006 年版。
5　《凌叔華文存（下）》第 934 頁。
6　凌叔華：《寫在周年祭的前夕（未完稿）》
7　凌叔華：《寫在周年祭的前夕（未完稿）》
8　陳西瀅：《花之寺》編者小言，原載 1928 年 1 月新月書店初版《花之寺》。

9　凌叔華:《寫在周年祭的前夕（未完稿）》

10　凌叔華:《寫在周年祭的前夕（未完稿）》

11　日本《改造》雜誌，1925 年 7 月，刊凌叔華等人照片。

12　凌叔華致胡適信，《凌叔華文存》

13　凌叔華致胡適信，季羨林編:《胡適全集》第 23 卷，安徽教育出版社，2003 年版。

14　徐志摩:《曼殊斐爾》，上海書店版《徐志摩全集》第 3 冊。

15　鄭麗園:《如夢如歌 —— 英倫八訪文壇耆宿凌叔華》

16　根據秦乃瑞對筆者談話記錄，1996 年 9 月 23 日。

17　凌叔華:《寫在周年祭的前夕（未完稿）》

18　載《現代評論》1926 年 6 月 6 日。

19　凌叔華:《寫在周年祭的前夕（未完稿）》

20　凌叔華:《寫在周年祭的前夕（未完稿）》。

21　凌叔華:《憶李四光（未完稿）》，二十世紀 80 年代（筆者收藏）

22　徐志摩致胡適信，1924 年 2 月 1 日，季羨林:《胡適全集》第 23 卷。

23　凌叔華:《寫在周年祭的前夕（未完稿）》。

24　陳學勇:《高門巨族的蘭花 —— 凌叔華的一生》。

25　凌叔華致胡適信，1925 年 4 月 7 日，《凌叔華文存（下）》，第 898 頁。

26　胡適寫在《秋蟀吟館詩鈔》封面，30 歲是按虛歲算。生日似有誤，按陳源胞弟陳洪筆述，陳源出生為 1896 年 5 月 10 日（筆者收藏）

27　凌叔華致胡適信，1926 年 4 月 1 日，《凌叔華文存（下）》，第 906 頁。

28　虞坤林編:《志摩的信》，學林出版社，2004 年版。

29　周如松（周鯁生之女）致皮公亮信，2000 年 9 月 11 日（陳小瀅收藏）

30　凌叔華:《寫在周年祭的前夕（未完稿）》。

31　梅生:《陳源凌叔華軼事》，載《上海畫報》1928 年 7 月 12 日。

32　徐志摩致胡適信，季羨林編:《胡適全集》第 23 卷。

33　凌叔華致陳西瀅信，1945 年 6 月 23 日（筆者收藏）。

34　陳小瀅:《回憶我的母親凌叔華》。

 # 「公理」與「私情」：陳西瀅擱筆之謎

在二十世紀二十年代學人中，很少誇獎人的徐志摩在評價陳西瀅文章時用了天津的一句土語「有根」，大概是很有底蘊的意思：「像西瀅這樣，在我看來，才當得起『學者』的名詞。」差不多同時，陳西瀅在談論新文學運動中的作家常常借鑒外國文學時，也以徐志摩為例，説：「尤其是志摩，他非但在思想方面，就是在體制方面，他的詩及散文，都已經有一種中國文學裏從來不曾有過的風格。」這讓魯迅抓住了把柄：「中國現今『有根』的『學者』和『尤其』的思想家及文人，總算已經互相選出了。」[1]

半個多世紀以來，人們關注陳西瀅的作品為何如此少，即便他文字生涯中唯一的《西瀅閒話》，已經使他躋身中國現代散文大家之列，但過早的擱筆還是讓後人詬病。就連「最善催稿擠稿的徐志摩遇到通伯也無法可想，新月雜誌上只登過他兩篇通訊。他就是這樣的一個人，有話説時他可以滔滔不斷的講，沒有話説時他寧可保持沉默。不輕發言，言必有中。」[2]這是梁實秋對陳西瀅的評價。

其實梁實秋對於新月社算是後來者。他初識陳西瀅是在 1926 年夏，「那時候他正在獨立評論上寫《閒話》，和魯迅先生打筆墨戰正殷。魯迅的文筆潑剌刻薄，通伯的文字冷靜雋雅，一方面是褊激徼幸，一方面是正人君子。翌年新月書店在上海成立，《西瀅閒話》便是最早的出版品之一……一直是新月的一部暢銷書，不僅內容豐富，其文筆之優美也是引人入勝的。通伯惜墨如金，《閒話》之後擱筆甚久。」

　　為此，上世紀六十年代梁實秋還專門寫信勸說凌叔華，以通伯「那樣的學養才華，而竟不肯動筆，實在太可惜了。你們在外國這樣久，心情一定寂寞，須知寂寞正是最好的動筆的環境。」[3] 那麼，陳西瀅是「惜墨如金」還是另有原因？此事還得從陳西瀅與魯迅的論戰說起。

　　最讓魯迅至死都不肯寬恕陳西瀅的大約只有兩件事，一是「女師大學潮」，二是「抄襲」事件。若前者是道義問題，後者便是道德問題了。兩者陳西瀅似乎都不佔理，被魯迅罵也是有些咎由自取。

　　1925 年，圍繞「女師大學潮」以及後來的「三一八慘案」，陳西瀅和魯迅在《現代評論》和《語絲》上持續了八個月的激烈論戰。表面上，他們的分歧都是為了維護一個「公理」，即支持校長還是支持學生，是溫和還是激進地推動中國社會的變革。但私下裏，雙方都有拿不到檯面上的「私情」。魯迅那時正在女師大當兼職講師，意外地萌生了一樁「師生戀」，戀人是當時被女師大校長楊蔭榆開除的六名學生自治會成員之一的許廣平。

　　其實不論是女師大學潮，還是以後的三一八慘案，魯迅私下裏的觀點與陳西瀅不分伯仲。特別是三一八慘案發生的當天，許廣平正在魯迅家

《西瀅閒話》

裏為老師整理資料，她本有機會去段祺瑞執政府門前與自己的同伴一起請願，但遭到魯迅的呵斥：「請願請願，天天請願，我還有東西等着抄呢！」於是許廣平改變了初衷，留在老師的南屋抄起資料來，直到鐵獅子胡同傳來槍聲，她才跑回學校。[4]

三一八慘案後，魯迅也曾表現出異常的激動，私下裏「説出了對當時領導純真的學生的部分領導者的利己行為感到憎惡的話。」[5]魯迅「一面飛快地伸出手臂，一面表演着指揮學生群眾的人物的模樣，説：『他們發出前進！前進！的號召，叫純真的學生朝着槍口衝擊，可他們決不站在前面把胸膛朝着槍彈，只從旁邊發出號召。這就是中國領導者的姿態。你以為這樣就能救中國嗎？』」[6]

這些鏗鏘的話在《華蓋集》是找不到的，也應了以後學者寫這類文章常引用的一句話，魯迅沒有把他的學生引入「壕塹」，他的學生卻把他從「壕塹」中引出來了。

只是在女師大學潮上，魯迅嘲諷陳西瀅與楊蔭榆都是「無錫籍」，這一擊顯然沒有打到陳西瀅的「七寸」上。陳西瀅説自己從不認識楊蔭榆，之所以替其説幾句話，只是不願意學生們作無謂的犧牲。況且楊蔭榆並不是魯迅筆下描繪的形象，她的人生結局，最終為保護中國女學生免遭日寇蹂躪，「被敵人踢下橋去，又加上一槍致命的。」[7]

言外之意，陳西瀅打抱不平似乎出於「公理」，至少比魯迅更靠譜。但考究到細微處，也還不能説陳西瀅沒有自己的「小九九」，只是客觀現狀像個迷宮，把世人帶了進去，當然也包括魯迅。

在女師大學潮中，曾出現一位本應該與事件不搭界，或者説是被動捲進去的人，他就是地質學家、北大教授、京師圖書館副館長李四光。

1925 年 7 月 31 日，被學生們發起的「驅羊（楊）」運動趕出學校已有時日的楊蔭榆，突然打電話給李四光，邀請他和另外兩位教授來校參觀。這樣，楊蔭榆自己便以當職校長的身份陪同客人毫無忌憚地進入學校，學生也奈何不得。這是楊蔭榆為進校打的如意算盤，在將這個「好消息」告訴李四光的同時，不忘賣個關子：「到時，一切你就清楚了。」[8]

　　次日，李四光如約而至。但令他始料不及的是，楊蔭榆入校後，立即張貼解散女師大預科四個班級的佈告，電話線被割斷，伙食被停止，用學生的描述，是「楊氏率打手及其私黨肖友梅、李仲揆（李四光）、夏蓮芳洶湧入校」。李四光嘴上不說，心裏應該清楚自己是被人家利用了。

　　李四光為何要助楊蔭榆一臂之力？這就牽出了他的夫人許淑彬。楊蔭榆是無錫人，許淑彬也是無錫人，又恰恰在楊領導下的女師大附中任教。出於這個因由，李四光與楊蔭榆有過幾面的交往。楊蔭榆的電話誠邀，李四光礙於夫人的面子，不好不應。

　　此事最終惹惱了魯迅，他接連撰文，不但對李四光進行冷嘲熱諷，還牽出一樁「案中案」，說李四光在任北大教授的同時，違章兼職京師圖書館副館長，月薪「達到五六百元」。本來就與魯迅有嫌隙的陳西瀅指責魯迅「一下筆就構陷人家的罪狀」，李四光也在澄清對自己的誤解後，敦促魯迅要十年讀書、十年養氣，說天下人不盡像魯迅鏡子裏照出來的模樣。

　　陳西瀅為何要為李四光站台，這不單因為他倆在留學英國時結下的友誼，還是和李四光的夫人許淑彬有關。說來又是巧合，許淑彬和陳西瀅不但同鄉，而且還是小學同班同學，兩小無猜，情誼尚好，曾有好事者撮合兩家，幾乎差一點就成就了這段姻緣。有了這兩層關係，要想讓陳西瀅閉嘴幾乎不可能。

　　陳、李兩家的友誼一直保持到新中國成立之時。身為國民政府派駐海外的要員，陳西瀅最早得知台灣方面已派人「緝拿」正準備回大陸的李四光，便冒死通知他及時跑到中立國躲避，然後轉道去北京。那也是他們交往的最後一次，從此兩家的友誼只保留在剛解放時的通信上。以後，隨着國內政治形勢日趨變化，這種「兩地書」間的友誼也劃上了句號。

　　晚年客居倫敦的陳西瀅與洋女婿秦乃瑞談及魯迅無端地把他和楊蔭榆的「無錫籍」牽扯在一起時，仍耿耿於懷。但喜好研究魯迅的秦乃瑞並不認同丈人的說法，事情總有前因後果吧，若不是你首先在「閒話」上含沙射影地攻擊魯迅，說這次風潮是「在北京教育界佔最大勢力的某籍某系的

人在暗中鼓動」，何來人家的反唇相譏？老丈人和女婿往往談及魯迅便意見相左，各有各的說辭。

更讓魯迅堵心的是有關「抄襲」一事，這是陳西瀅首先挑起來的，緣由還是為「私情」，為與他熱戀中的情人凌叔華打抱不平。

1925 年 10 月 1 日，執掌《晨報》副刊的孫伏園，因是否刊登魯迅新作《我的失戀》與代理總編輯劉勉己發生衝突，劉認為魯迅的詩意在諷刺剛剛失戀的徐志摩，極為不妥，二人爭執起來，孫伏園在氣頭上打了劉勉己一記耳光，同時也就打翻了自己的「飯碗」，取而代之的正是徐志摩。

新人新氣象，徐志摩首先更換了以往使用的刊頭，採用英國畫家比亞茲萊的作品《揚手的半裸婦人》。他求凌叔華為副刊的新面孔出力，半天內寫出小說《中秋晚》，還要抽空勾比亞茲萊的畫作刊頭。當然，徐志摩沒有忘記在編輯的「附言」中對凌叔華的勞作「一併道謝」，其中包括刊頭的「圖案也是凌女士的」。

看似短短的幾個字，誰也沒有料到竟然掀起軒然大波。僅隔一周，有人在報刊上披露凌叔華剽竊琵亞詞侶（注：比亞茲萊）的畫；沒隔多久，又有署名文章指控凌叔華的《花之寺》是抄襲了俄國契訶夫的《在消夏別墅》。這兩篇文章都發表在《京報》副刊，而該刊的編輯恰恰是為魯迅兩肋插刀，且剛剛被《晨報》副刊免職的孫伏園。

凌叔華這位冉冉上升的文藝新星委屈大了，儘管徐志摩趕忙「滅火」，嘮裏嘮叨地把責任全攬到自己身上，但讀者不買賬，人們的興奮點全在這兩份代表不同學者群的刊物，看他們怎麼說。

熱戀中的陳西瀅自然對情侶的委屈不能不聞不問，他懷疑《京報》副刊後面有魯迅等人的影子，於是說起了「閒話」：

> 很不幸的是，我們中國的批評家有時實在太宏博了。他們俯伏了身軀，張大了眼睛，在地面上尋找竊賊，以致整大本的剽竊，他們倒往往視而不見。要舉個例麼？還是不說吧，我實在不敢開罪「思想界的權威」。[9]

　　這裏，陳西瀅雖然沒有指名道姓，但明眼人都看得出「思想界的權威」說的就是魯迅，正像「正人君子」是魯迅賜予陳西瀅的封號，「資本家的乏走狗」注定要與梁實秋聯繫起來一樣。

　　也許是看到對方沒有什麼反應，一兩個月後，陳西瀅乾脆公開地指責魯迅在挖苦別人抄襲的同時自己也在抄襲：

> 　　他自己的《中國小說史略》卻就是根據日本人鹽谷溫的《支那文學概論講話》裏面的小說一部分。其實拿人家的著述作你自己的藍本，本可以原諒，只要你書中有那樣的聲明。可是魯迅先生就沒有那樣的聲明。[10]

　　這就牽扯到了個人的文德，魯迅當然不依不饒，他以《不是信》開始了全面反擊：

> 　　我才悟到陳源教授大概是以為揭發叔華女士的剽竊小說圖畫的文章，也是我做的，所以早就將「大盜」兩字掛在「冷箭」上，射向「思想界的權威者」。殊不知這也不是我做的，我並不看這些小說。

　　十年後，還是胡適還了魯迅一個公道，說：「通伯先生當日誤信一個小人之言……說魯迅抄鹽谷溫，真是萬分的冤枉。鹽谷溫一案，我們應該為魯迅洗刷明白。」

　　魯迅卻不依不饒，他曾對高長虹發狠說，要「春秋兩季罵西瀅」，並回答胡適：

> 　　我負了十年「剽竊」的惡名，現在總算可以卸下，並且將「謊狗」的旗子，回敬自稱「正人君子」的陳源教授，倘他無法洗刷，就只好插着生活，一直帶進墳墓裏去了。[11]

陳西瀅雖只是傳播者，卻對「源頭」三緘其口，引得眾人猜來猜去。直到顧頡剛的女兒顧潮晚年回憶父親，提到魯迅《中國小説史略》的所謂「抄襲」一事時，説魯迅是「以日本鹽谷溫《支那文學概論講話》為參考書，有的內容就是根據此書大意所作，然而未加以注明。當時有人認為此種做法有抄襲之嫌，父親即持此觀點，並與陳源談及，1926 年初陳氏便在報刊上將此事公佈出去。」[12] 至此真相大白，可惜當事人都已作古。

應該説陳西瀅對自己的「不慎」所招惹的麻煩是深有感觸的，也與他一貫的正人君子的形象是相悖的（曾幾何時，「正人君子」在魯迅的筆下成了貶義詞），不説出顧頡剛正是他的厚道之處。

陳西瀅曾對徐志摩説：「魯迅先生的文章也是對了他的大鏡子寫的，沒有一句罵人的話不能應用在他自己身上。」[13] 陳西瀅認為一旦與魯迅結了「樑子」，再有理的事，只要魯迅出來點評，原意便大相徑庭。

例如 1925 年 8 月 29 日，張歆海目睹百餘名中國人跟在兩個醉酒後撒野的美國兵後面，一路喊「打」，卻始終隔着六七丈遠，當美國兵轉過身來，百餘人不到兩分鐘便跑得無蹤影了。陳西瀅聽後發表「閒話」：「打！打！宣戰！宣戰！這樣的中國人，呸！」[14] 陳西瀅「呸」的是百餘名中國人所表現出的怯弱。

二十天後，魯迅針鋒相對地「呸」了陳西瀅。[15] 魯迅「呸」陳西瀅，是瞧不起他那種高高在上且以留學英國自居的紳士態度。魯迅此「呸」，偷換了主題，這與他先入為主的看人有關。還是同鄉同門的錢玄同剖析得透徹，「多疑」、「輕信」、「遷怒」實在是魯迅固有的難以克服的個性弱點。就這樣，兩位當時聲望極高的文人學者，像小孩子似的「呸」來「呸」去。

留學歐美優於留學日本，這在當時也是《現代評論》與《語絲》兩大陣營對壘的一個緣由。留學歐美者的優越感本能地相互感染並傳播着，這種感召力甚至傳導到沒有出過國的人身上，凌叔華便是其一。檯面上不好講不等於枕邊上不講，凌叔華晚年回憶此景，對故去一年的丈夫喃喃不已：

　　那時《現代評論》撰稿人多為北大、清華教授和他們的朋友，俗語說「識斯文重斯文」，不久便由朋友拉朋友，人才濟濟了。北大原是一個清高前進的理想的根據地，歐美回來的學者、藝術家或在國內學有成就的人都被吸引了去。你常很得意的說：「我們有了今甫、西林，什麼才子都會拉進來，有了適之、孟和、仲揆，科學家也會乖乖的跑來的。」你說的話，此刻想來，沒多久都實現了。我記得不久就常看見徐志摩、鄧以蟄、馮友蘭、梁實秋、聞一多、葉公超等寫的文章（陳寅恪、顧頡剛其實也常見面，但他們寫的文章是歷史上的問題居多）。在政治、經濟方面的人材也很充實，有王雪艇、周鯁生、高一涵、唐有壬、彭學沛等人主持，亦為當年最出色的。[16]

　　不僅陳西瀅有這種優越感，其他人亦有。徐志摩在一篇文中說：「你們沒到過外國看不完全原文的當然不配插嘴，你們就配偏着耳朵悉心的聽。……沒有我們是不成的，信不信？」這一派留學歐美的，不僅有着博士的頭銜，甚至還與世界著名文人有着交往。如陳西瀅在英國時，曾居住在史學家威爾斯家中；他還與羅素、蕭伯納關係密切。這些年輕人回國後，自恃其才，年輕氣盛，形成圈子是很自然的。一旦形成了圈子，便不免黨同伐異，在論爭中夾雜義氣，雙方都免不了偏離事實了。

　　愈演愈烈的論戰，最後在情緒的支配下，越來越過頭，待到想要拔足泥潭，那私怨也仍在延續。

　　在與魯迅過招半年後，陳西瀅下決心拔足泥潭。他對徐志摩說：

　　　　中國人和人相罵，誰的聲音高就是誰的理由足。所以我寧可受些委屈，不願意也不能與人相罵。打筆墨官司的時候，誰寫的多，罵得下流，捏造的新奇就誰的理由大。所以我也寧可吃些虧，也不願意也不能與人家打官司。……這一次我想，我已經踏了兩腳泥！我覺悟了。我大約不再打這樣的筆墨官司了。[17]

但這樣的姿態仍是一種別樣的攻擊，在拔足最後帶出的一束泥漿。

陳西瀅和魯迅論戰八個月，留給讀者是尖酸刻薄的印象，就算陳西瀅發表《新文學運動以來的十部著作》，君子風範般地將魯迅的《吶喊》收入其中，也還不忘在點評時捎上幾句：「我不能因為我不尊敬魯迅先生的人格，就不說他的小說好，我也不能因為佩服他的小說，就稱讚他的其餘的文章。」

這就是陳西瀅的文風。應該說，論戰並非敵我之間的較量，而是是非曲直的辯白。「公理」與「私情」，或兼而有之。論戰的雙方都受傷害，卻也都呈現出各自筆下的鋒芒與風格。在新文學運動的初始階段，出了一個魯迅而沒有陳西瀅，文壇就不會那麼熱鬧了。

陳西瀅退出與周氏兄弟的論戰，其主要原因還牽扯到凌叔華這一層。當時還在燕大讀大三的凌叔華就已經成為周作人的弟子。但命運注定是要捉弄人的，就在此後，周氏兄弟開始與以陳西瀅為首的《現代評論》交上了火，周作人並不亞於其兄，指名道姓或含沙射影攻擊陳西瀅的文章就有二十多篇，可見火力之猛。

可偏偏凌叔華這時鬼使神差地愛上了陳西瀅，雙雙墜入情海不能自拔。此時的凌叔華陷入了兩難：一方為恩師，一方是戀人，夾在中間的尷尬窘態可想而知。

晚年凌叔華撰文回憶夫君，談到自己的「第一短篇小說登在《現代評論》的是《酒後》，出版第二天，魯迅即在《語絲》上特別提出來稱讚，這使得你的朋友覺得好玩，因為那時魯迅正在找岔罵你。」[18]

凌叔華是否也覺得此事「好玩」？應當不會。一個剛出道的大學生面對眾人仰慕的文聖、恩師，要想止住這場論戰，其影響力畢竟有限，甚至根本就談不上，但說服戀人休戰的可能性還是存在的。

二十年後，陳西瀅寫給女兒的信中，多次談及年輕時的衝動，讓女兒問問母親，她能告訴你：「我因為寫文章罵過人以至吃了不知多少虧。」[19]陳西瀅還常以年輕時好教訓人為例，說此舉招致「許多人都覺得討厭，恐怕就是現在，有時還不免。姆媽來信，說我教訓她，好不生氣。其實我現

在已經不存心教訓人了。」對於女兒來信訴說自己在學校堅持正義卻遭到嘲諷，陳西瀅說：「一個人有了正義感，覺得我是對的，我的動機是正當的，便不顧人們的難受不難（受），受得了受不了，是不好的。這樣的結果，弄得什麼朋友也沒有了。……我在這裏又是用教訓口氣了。勸女兒這樣說話是可以的，但也不好太多。打住吧。」[20]

可見，筆戰的負面影響大大有損於陳西瀅正人君子的形象，他時刻引以為戒，不斷警示自己。為還正人君子的本色，陳西瀅管住了自己的筆，卻帶來了令人惋惜的寫作水準的止步。往日犀利的筆鋒不見了，俏皮的語言沒有了，甚至連文章都少之又少，薄薄的一本《西瀅閒話》便躋身散文大家的行列，這讓著作等身的蘇雪林多少有些想法：「即使這部書字字珠璣，篇篇錦繡，我們尚有未盡其才之憾；何況以今日文學標準來衡量，有些文章也不見如何出色呢（恕我對死者的不敬）。」[21]

「拳不離手，曲不離口」，中國的老話兒在陳西瀅身上顯現了。1943年9月，被派到美國做文化宣傳的陳西瀅寫了一篇《中國人如何看戰後重建》的文章。十幾年的擱筆再拾起來，讓陳西瀅有些力不從心，他一拿筆，便感到手生得很，區區四千字，陳西瀅從9月19日寫到27日，直到交給同在美國的周鯁生去修改，才「如釋重負」。他在日記中記述：「下午打了半頁餘。晚十時至十二時，又打了一頁多一點。我寫英文真是慢。平時不肯慢慢的用功，臨交卷來趕又無法趕快，如何說起！」[22]不僅僅限於英文寫作，就連使用中文，陳西瀅都覺生疏：「不知怎樣我近來文思更澀，寫短短一信都得花不少時候。」[23]陳西瀅在日記中如此感歎。

這期間還有一段小插曲，陳西瀅將周鯁生改過的稿寄給胡適，希望他再把把關。幾天後，陳西瀅登門去取，看到胡適喬遷新居，一切都亂糟糟的，客廳的牆還在油漆，東西都堆放在中央，便猜想寄給他的稿他並沒有看。果然胡適一邊收拾，一邊說有鯁生看，何必再寄給他，又說明日中午乘車去波士頓，自己在哈佛大學有六個演講，可如今一個字都還沒寫。當胡適聽說這是份底稿，西瀅自己也沒有保留時，也有些着急了，好在從故紙堆中的一個夾子裏找到。

　　第二天上午，胡適將底稿快信寄給陳西瀅，對其文章進行了點評，說「此文似因係初稿，故不如上次駁 Baldwin（鮑德溫）一文的精闢；文字亦頗鬆懈。若加修改，當更好」。他還提議「我們今日作論 Post War（戰後）的文字，似宜看的遠一點，膽子放大一點」。他主張採取幾個假定，如英國在東亞出力、蘇聯參加太平洋戰爭等等。陳西瀅由此感歎道：「他今天中午乘車去 Boston（波士頓），（昨天）夜間要收拾行裝等等。可是居然分出時間為我將文章看過，文字不妥處紅筆指出。另外另紙提出幾個商榷之點。他的精力真是可驚，忠於為人也真可感激。」[24]

　　也許種種原因，我們真的很難看到貼有「西瀅」標籤的好作品問世，儘管後來人將陳西瀅以後寫的文章、譯著，編輯了《西瀅後話》，但都無法和《西瀅閒話》相媲美。

　　1963 年，在台灣的舊時老友梁實秋寫信給陳西瀅夫婦，提議重印《西瀅閒話》。苦於沒有原書，陳西瀅答應從大英博物院圖書館借。但梁實秋拿到書稿時，發現他將與魯迅論戰的那一部分刪除了。

　　《西瀅閒話》在台北出版，梁實秋告訴凌叔華：「這一次一共出了十五本書，其中以通伯的這本《閒話》預約數目佔第一位，可見讀者們還是要看他的作品的。」[25]對於陳西瀅刪去的那部分，梁實秋感慨道：「其實是很精采的一部分，只因事過境遷，對象已不存在，他認為無需再留痕跡，這正是他的忠厚處。以視『臨死嚥氣的時候一個敵人也不饒』的那種人，真是不可同年而語了。」[26]

　　其實，陳西瀅對於早年與之論戰的對手，特別是周氏兄弟是懷有敬意的。1944 年 5 月，已在英國中英文化協會任代表的陳西瀅，答應為某大學演講中國文學史，苦於手邊沒有資料，「到東方學校的小圖書館，想找幾本魯迅的『小說史略』一類的書，一本也沒有找到，」[27]最後還是託了朋友從他處借到。

　　晚年的陳西瀅顯得木訥寡言，只有在酒酣耳熱之際才會談興盎然。後來他被國民政府派到巴黎任常駐聯合國教科文組織代表期間，有些人不知道陳源就是當年活躍於《現代評論》的西瀅先生，竟多次當着他的面議論

魯迅跟西瀅的筆戰。這種時候，這位陳代表總是合上雙眼，叼着煙斗，靜靜地聆聽，就像在聽人講述遙遠年代一個與己無關的故事。[28]

類似的記載也出現在陳西瀅日記中：

> 胡天石請我們去吃飯，……齊小姐（齊如山之女）也在那裏，他們的老媽子學會了做中國菜。今天是沒有肉的（一三五無肉），可胡家有肉，有大鍋雞湯。齊小姐是崇拜魯迅的，發現我是誰，大有趣，胡夫婦實在並不知道。[29]

那時，胡天石正在國民黨元老李石曾創辦的日內瓦中國國際圖書館做館長。

注釋：

1　魯迅：《無花的薔薇》，《魯迅全集》第三卷，274 頁，人民文學出版社，2005 年版。

2　梁實秋致凌叔華信，1970 年 5 月 26 日（筆者收藏）。

3　梁實秋致凌叔華信，1964 年 2 月 4 日（筆者收藏）。

4　許廣平：《魯迅回憶錄》，長江文藝出版社，2010 年版。

5　【日】辛島驍：《回憶魯迅》。

6　辛曉徵：《國民性的締造者魯迅》，湖北教育出版社，2000 年版。

7　蘇雪林：《悼女教育家楊蔭榆先生》，選自蘇雪林《浮生十記》，江蘇文藝出版社，2005 年版。

8　李四光：《在北京女師大觀劇的經驗》，《現代評論》1925 年 8 月 22 日。

9　陳西瀅：《剽竊與抄襲》，選自《西瀅閒話》，江蘇文藝出版社，2010 年版。

10　陳西瀅致徐志摩信，1926 年 1 月 28 日。

11　魯迅：《且介亭雜文二集・後記》，《魯迅全集》第六卷，465 頁。

12　顧潮：《歷劫終教志不灰 —— 我的父親顧頡剛》，華東師範大學出版社，1997 年版。

13　陳西瀅致徐志摩信，《晨報》副刊，1926 年 1 月 30 日。

14　陳西瀅：《參戰》，選自《西瀅閒話》。

15　魯迅：《並非閒話（二）》，《魯迅全集》第三卷，132 頁。

16　凌叔華：《寫在周年祭前夕（未完稿）》。

17　陳西瀅致徐志摩信，1926 年 1 月 28 日。

18　凌叔華：《寫在周年祭前夕（未完稿）》。

19　陳西瀅致陳小瀅信，1946 年 5 月（陳小瀅收藏）。

20　陳西瀅致陳小瀅信，1945 年 6 月 14 日（陳小瀅收藏）。

21　蘇雪林：《陳源教授逸事》，見《蘇雪林自選集》，台北黎明文化事業股份有限公司，1975 年版。

22　陳西瀅日記，1943 年 9 月 19 日（陳小瀅收藏）。

23　陳西瀅日記，1943 年 7 月 29 日（陳小瀅收藏）。

24　陳西瀅日記，1943 年 10 月 3 日（陳小瀅收藏）。

25　梁實秋致凌叔華信，1964 年 2 月 4 日（筆者收藏）。

26　梁實秋致凌叔華信：《悼念通伯先生》，1970 年 5 月 26 日（筆者收藏）。

27　陳西瀅日記，1944 年 5 月 22 日（陳小瀅收藏）。

28　陳漱渝：《陳西瀅人生的最後一程》，《新文學史料》2006 年第 3 期。

29　陳西瀅日記，1946 年 3 月 4 日（陳小瀅收藏）。

落戶珞珈山

1927 年是中國動盪的一年，它注定在中國近現代史上值得史學家大書特書。孫中山生前頒佈的《北伐宣言》的實現，在這一年有了長足的進展，「打倒列強，打倒列強，除軍閥……」，這首歌從南唱到北，國民革命軍也從南打向北。在北平，學人們聞到了軍閥的血腥味，從李大釗的被害到邵飄萍的慘死，讓他們嘗到「秀才遇到兵」的滋味，於是紛紛選擇南下。胡適、徐志摩等到了上海，魯迅、顧頡剛去了廈門，王世杰、李四光、周鯁生等「東吉祥的一部分朋友，逼得無處安身，想到武昌去辦大學」[1]。

陳西瀅凌叔華新婚不到一年，北平便呆不下去了，必須在人生的十字路口做出抉擇。這一年暑假，陳西瀅跑了趟上海去見朋友，商量諸如《現代評論》、新月社今後的去向，順便在東南大學英文系謀了個教授職位預留後手。

此舉遭到凌叔華的反對，這位祖籍廣東番禺，卻在北方長大的十小姐，對南方生活有着天然的排斥情緒，在她人生旅途中，不管是在武漢，還是在樂山，亦或是在英國倫敦，她心中掛念的始終是北平，這種對兒時美好記憶的嚮往與留戀，凌叔華至死不渝。

最後，還是以陳西瀅爭取到北京大學研究院駐外撰述員的資格，獲得了該校贊助旅日一年的費用，算是了結雙方的爭議，達成了共識。去日本，凌叔華欣然接受，原因或許與松岡洋右有些關連。

　　這一年的深秋，陳西瀅凌叔華抵達了日本，住在京都東山腳下的一所旅館。由於有田漢、歐陽予倩的介紹，他們不缺朋友。日本著名小說家、劇作家谷崎潤一郎專程到京都看望了他們；次年仲夏，日本著名詩人與謝野寬和妻子與謝野晶子也看望了陳西瀅夫婦，並各自在凌叔華收藏名人墨跡的小手卷上題了自己的近作：

　　　　酒覺春宵心欲泣，窗前雨霽樹猶濕；
　　　　喚僮消燭更鈎簾，獨見落花同月入。

　　　　十歲紅顏粉未加，短裳齊髮素巾斜；
　　　　含羞常倚阿孃側，半面偷看客與花。[2]

　　當然，凌叔華最想見到的人應該還有松岡洋右，幾年不見，他如今狀況如何？他的家是什麼樣？他當年對自己的情感是否會因自己結婚而有所改變？五年前答應送自己的那份厚重「禮物」進行到什麼程度？現在他榮升了滿鐵副總裁，應該有了實現的可能吧。這些疑問都是凌叔華想得到答案的。

　　松岡沒有食言。五年前的承諾，隨着職務的升遷變得更加容易，但也需要程序與步驟，譬如土地的劃分、徵集、轉讓等手續並非一蹴而就。另外，土地轉讓證書上不能使用自己的名字，這都需要縝密的策劃。

　　1928 年（日本昭和三年）6 月 29 日，松岡和他的心腹經過幾年的精心安排，終於水到渠成，「南滿洲大連民政署」簽署了一份轉讓給宇佐美寬爾一塊 1238 坪（約 4000 平方米）面積，名曰「黑礁屯」的土地轉讓證明[3]，松岡兌現了自己的諾言。

　　陳小瀅在孩提時就常聽母親講過松岡把一座「島」當作禮物送給她，地點就在大連。松岡送給凌叔華一座「島」以及十二年後又送給小瀅一輛自行車，這些凌叔華都沒有瞞着女兒，自然也沒有必要瞞着丈夫。有資料顯示，在日本生活期間，陳西瀅通過妻子的介紹與松岡相識，而且不是一面之交，他們英語都非常好，交流沒有障礙。最終陳西瀅與凌叔華一樣，

成為了松岡的「朋友」。不過那段時期，日本侵華戰爭還未爆發。

　　種種跡象都説明松岡與凌叔華的聯繫從來沒有中斷過，在凌叔華那裏或許是難事，對於松岡領導下的滿鐵調查中心，這簡直就不是問題。松岡甚至對於凌叔華的文學創作都伸出了援手。在大連發行的日文雜誌《滿鐵》(1923—1943)，1929 年刊登了凌叔華的短篇小説《太太》。這本刊物表面上是由中日文化協會創辦的，但實際滿鐵公司在幕後給予了支持。

　　轉眼，派往日本當撰述員的期限已到，陳西瀅又面臨新的選擇，「北京不能去，實在是使我們十分傷心的事，……上海我們又不想去。我本不喜歡上海，而叔華最厭惡上海。」陳西瀅對胡適説，他們更願意去歐洲呆上兩三年，叔華很想在法國對繪畫下一番功夫，他自己也想對德法文學好好研究一下，但前提是要弄到一筆錢。

　　此時，王世杰等人籌建的國立武漢大學已有眉目，學校正招兵買馬，陳西瀅也在被召之列。但他們都不看好武昌，「然而除了上海，有哪裏去找教書的飯碗呢？也許歸結還是去不願去的武昌。」[4] 陳西瀅無奈地對胡適説。

　　就這樣，1928 年 9 月他們回到了中國，先到北平收拾妥當，僅在家休息了幾天，便不得不硬着頭皮去武昌報到。這個被陳西瀅稱為「一個人到了不能不去的時候才去」的武昌，陳西瀅居然在那裏生活了將近十年。

　　1929 年 5 月，王世杰出任國立武漢大學校長，而武大初始是沿用武昌東廠口，前國立武昌中山大學舊有校舍的四十餘畝彈丸之地，這顯然與王校長理想中的目標相距甚遠。王世杰的雄心：不但要使武大成為華中最高學府，而且要爭取與英國的劍橋、美國的哥大等世界名校並駕齊驅。他計劃由創建初期的文學院、社會學院、理工學院發展成文、法、理、工、農、醫六大學院。於是，當校舍選在武昌郊外東湖之濱的落駕山時，教員們懸着的心算是放下了。

　　武漢大學有多大？現在的人説不清。有人説從卓刀泉到街道口往北全是武大的轄區，至今立於街道口的武大老校門便是佐證；也有人説解放前曾在東湖磨山挖出一塊界碑，上面標明武大的北界，如此算來半個東湖都要歸入武大的版圖。只在武大呆了不到兩年的聞一多，面對碧水如鏡、青

山如玉的入畫景色，卻因傳春秋時期楚莊王平叛到此，故名「落駕」之山頗為不滿，説：「玉懸於身為瓔珞，飾於首為笄珈，珞、珈皆是形容堅硬之玉，又與『落駕』諧音，不如更名為『珞珈』」。這一字千金的神來之筆，也許是他對武大最有價值的貢獻。不知底細的郭沫若曾猜測：「大約在前一定有什麼詩人在這裏留連過吧，山名『珞珈』不也就可以想見了嗎？」[5]

武大校舍的建築規劃出自美國設計師凱爾斯之手，他將中國傳統建築的美學思想與西方建築的文明因素融合到了一塊兒，根據珞珈山的地形地貌，依山而建，達到和諧統一。譬如：四棟男生宿舍，又稱「老齋舍」，便是由三座羅馬式拱門串聯在一起，拱門頂端配以中國古代單簷歇山式的亭樓，既傳統又古雅；圖書館跨度空間大，有廡殿頂、八角垂簷，像一座皇冠嵌在獅子山頂；圖書館左翼是文學院，右翼為法學院，它們組成一個建築群，共同的特點便是大屋頂孔雀藍琉璃瓦，在陽光下熠熠生輝。武大只有一棟女生宿舍，造型別致，向東湖方向兩角分開，遠望像隻蝴蝶，故又稱「蝶宮」。

武大打造得如此成功，難怪胡適只去過一二次就感觸良多：

> 雪艇諸人在幾年中造成這樣一個大學，校址之佳，計劃之大，風景之勝，均可謂全國學校所無。人們說他們是「平地起高樓」，其實是披荊榛，拓荒野，化荒郊為學府，其毅力真可佩服！[6]

以後胡適當了駐美大使，曾對一位來華的美國外交官說：你如果要看中國怎樣進步，去珞珈山看一看武漢大學便知道了。

郭沫若也在《洪波曲》中記述他曾下榻珞珈山的印象：

> 宏敞的校舍在珞珈山上，全部是西式建築的白堊宮殿。山上有蔥蘢的林木，遍地有暢茂的花草，山下更有一個浩渺的東湖，湖水清深，山氣涼爽，……我生平寄跡過的地方不少，總要以這兒為最接近理想了。

　　聞一多辭去文學院院長後，陳西瀅接任。從那以後，陳西瀅把他的時間和精力都用在了武大的創建和教學上。為了支持王世杰的辦學計劃，把文學院打造成武大的「招牌」，陳西瀅不遺餘力。他除了要擔任行政工作外，還先後開設了短篇小說、英國文化、翻譯、長篇小說、世界名著等課程。特別是武大從武昌曇華林遷至珞珈山後，校舍有了極大的改觀，教授們的一棟棟小別墅，星星點點分佈在珞珈山上，後面是一望無際的東湖，打那以後，再也沒有聽到陳西瀅有離開珞珈山的念頭。

　　那時的武大，從校長王世杰到眾多名教授如王星拱、周鯁生、皮宗石、李四光、楊端六、羅家倫、楊振聲、吳宓、沈從文等人，可謂人才濟濟，名家雲集。而其中女性人才只有幾位。袁昌英是教授，教外國戲劇，但她熱衷於文學創作，劇本《孔雀東南飛》是她的代表作；蘇雪林初到武大只是高級講師，她的散文頗具特色，並專注於研究楚辭和唐詩，是位高產作家；唯獨以寫小說享譽文壇，且被魯迅稱為「來自高門巨族」的凌叔華，初到武大卻背着「家眷」的名分，這讓她十分的不開心：

　　　　僕役一聲「太太」，小孩一聲「媽媽」，丈夫的同事、朋友、親戚一聲「某夫人」，你都得豎着耳朵（不管你正在出神寫什麼！），他們要你怎樣你怎樣，一不留神便有彆扭出了。

　　這是凌叔華的心結所在，她把這些想象出的場景，都歸結為「自己名義上沒有按月按日的正當收入，故一切人都把你當作被人豢養的。」[7]

　　沒有事做，便換不來資歷，沒有資歷，更不易找到理想的事，這種連帶關係，凌叔華把它列為自己「婚後的第一錯處」，十幾年後，她回想初到武大時的尷尬，仍對陳西瀅不依不饒：

　　　　任你比誰都強百倍，沒有資格是不易找到差事的。同時我想做藝術家也沒有機會深造，也沒有地方給我發展。你做了文學院長十幾年，沒落下什麼，你自己也是費力不討好。我呢，工夫白墊在孤寂無聊，有時還得應酬一些俗人。[8]

果然，全職太太的生活讓凌叔華精神險些崩潰。沒多久，她寫信向胡適發起了牢騷：「可憐活活一個人，整天關在三四丈大的幾間小房裏，除了吃睡之外，看書看得眼也發黑了！」[9]又過兩月，胡適接到陳西瀅的「告急」信：「叔華在這裏，卻實在是活埋。她時時悶得要哭，我也沒法子勸慰。」[10]

其實不是凌叔華水平不夠，她當講師或助教應該綽綽有餘。但武大有個不成文的規定：夫妻二人不能同在一所學校教書。校長王世杰、教務長王星拱等率先示範，別人也不好再説什麼。

只有袁昌英一人是特例。她到武大是在 1929 年 9 月，屬於被授以教授頭銜「開山」的那一批，蘇雪林到武大還是通過袁昌英的介紹。那時袁的丈夫楊端六還在北平中央研究院編他的《六十五年來中國國際貿易統計》，他到武大任職時，妻子授課已有時日了。

楊端六的名聲遠高過袁昌英是不爭的事實，他是中國稀缺的理財專家，曾給蔣介石上過課。楊端六在 1930 年出版的《貨幣與銀行》，一直是各大專院校經濟系的主打教材。這樣的人才武大不可能視而不見，當然，也不可能為爭取到楊端六而辭退任上的袁昌英。

大家都要有事幹，頂着「家眷」名義的凌叔華在丈夫及友人的幫助下，在《武漢日報》開闢了副刊「現代文學」，並自任主編。由於有投稿《現代評論》的經歷，又有老熟人的鼎力相助，凌叔華駕輕就熟，知名作家、學者紛紛投稿。如胡適、朱光潛、陳西瀅、朱東潤、孫大雨、沈從文、卞之琳、楊振聲、蕭乾、俞平伯、巴金等。女作家作品差不多佔了一半篇幅，可説是又一特色，作者除蘇雪林、袁昌英、凌叔華外，還有陳衡哲、冰心、羅洪、沉櫻、楊剛等。

但是凌叔華始終認為編這種副刊不是正當職業，儘管有一時期，她編的副刊也曾風生水起，甚至聯絡在北方《大公報》編副刊的蕭乾，想一南一北覆蓋全國。但到頭來，凌叔華還是輕看了它。

除了編副刊外，凌叔華另一項「副業」便是翻譯名著。1930 年成立的中華文化基金會下設編譯會，胡適任主任委員，陳西瀅、聞一多、梁實

秋、趙元任、陳寅恪、傅斯年等受聘委員，這為凌叔華提供了近水樓台之便。如英國作家簡·奧斯汀的代表作《傲慢與偏見》，陳西瀅在課堂上每講到英國文學時必提到該作，他有心將它翻譯成中文，但看到妻子在譯便作罷了。後又聽說葉公超打算翻譯此作，便於 1931 年 12 月 24 日寫信告訴胡適，凌叔華正在譯，已有萬餘字，請葉公超另換一本，還說如果三人同譯，兩年之內可把奧斯汀的書全部譯出。凌叔華也寫信告訴胡適，說她已致函葉公超，請他「割愛」，自己已譯了一半，只是沒敢告訴旁人罷了。

胡適請凌叔華轉告陳西瀅，由於雜事纏身，且分身乏術，他打算將編譯會交西瀅負責。陳西瀅忙推脫：「這件事只有你做最好，最相宜，最勝任，只有你才做得下來。」他對胡適說：「對於翻譯我比較感到興趣。所以很久我對叔華說過，要是學校有甚麼風潮，學生不想讀書，我打算換一換活動，不教書了。我打算關起門來，專門給你譯書去。」[11]

那時的學人，經濟都不寬裕，能給編譯會譯書是件名利雙收的事。編譯會給出的譯酬每千字五至十元，非一般商業出版社能比。王丁就說過：「熊偉先生曾經聊過他家裏那段時間供他很充足，『一桌酒席也不過一元』，我問酒席是甚麼概念，他答：『應有盡有，十個人吃嘛』。」

儘管陳西瀅想盡辦法讓妻子有事幹，有錢賺，還寫信讓胡適每月送一百五十元給凌叔華，說這方法可以催促她自己不斷譯書，以此留住妻子。[12] 但凌叔華還是無法忍受寂寞，選擇返回北平，受聘兼職北平古物陳列所的專門委員。以後的光景，雖然夫妻互往平漢之間，但總是聚少離多，各人都在忙各人的事。

1930 年 4 月 21 日，陳西瀅凌叔華第一個孩子出生了，這也是他們唯一的孩子。女兒起名叫「小瀅」，應該是隨了父親的意思。陳西瀅對「瀅」字有獨到的見解和偏愛，他說「瀅」是澄清的意思，清澈如水，不管是做人還是寫文章。

陳小瀅的童年過得並不如意，此時的凌叔華已對相夫教子的家庭瑣事厭煩至極，對上帝贈予的禮物 —— 小瀅，並未表現出充分的母愛，而是完全照本宣科地管教孩子。譬如：幼兒的啼哭，一般被看作是要求母親的

珞珈山時期的陳小瀅（右一）

陳西瀅、凌叔華居住珞珈山 18 棟舊址

特殊照顧，但凌叔華從不管小瀅是否哭鬧，均四個小時看一次。有一回，小瀅大哭整整四個小時，直至哭啞了嗓子，粗心的凌叔華才發現，自己用別針將尿布別在了女兒的背上，送到醫院，腰部已是血淋淋的一片。以後，凌叔華從北平老家找了一個李媽，專職照顧小瀅。

童年的小瀅，似乎沒有感受到家庭的溫暖，在她的印象中，母親很少抱過她，感覺自己就像是個「野孩子」。倒是鄰居湯佩松（中國植物生理學奠基人之一），曾對凌叔華讚許過只有五歲的小瀅，説「珞珈山有兩個可愛的景致：校舍前的桃花同山前的陳小瀅。」還有一次，聽母親喊她過來「洗小貓貓手」，這句帶着童謠般的話，像是聖母的天籟之音，溫暖着孩子的身心，只此一句，小瀅終生難忘。

與母親形成反差的倒是父親的關愛有加。在小瀅的童年記憶中，父親遠比母親更可親。「每天晚上，在父親改學生的卷子之前，都先讀一篇兒童小説給我聽。一次，有一個故事太慘了，我哭得不止，他趕快過江從武昌到漢口去買另一本書給我。」[13] 這本過於悲慘的讀物書名，小瀅至今還記得是英國小説《窮兒苦狗記》的中文譯本，而過江更換的另一本書叫《鵝媽媽的故事》，之所以陳西瀅為一本兒童讀物折返於武昌、漢口，因為那天是小瀅的生日，而這本書則是父親送給女兒的生日禮物。

但是父親實在太忙了，武漢大學的初建，從校舍規劃到教學計劃的制定與實施，陳西瀅忙得不亦樂乎，加上凌叔華平漢兩地間的奔走，就這樣，小瀅在放養式的環境下成長起來。

陳小瀅清楚地記得，她周圍鄰居家都是男孩兒，整日和他們摸爬滾打，玩耍到天黑，使她多了男孩的陽剛，少了女孩的陰柔。那時珞珈山上有許多孤墳，他們最喜歡的遊戲是「偷營」，藏在一個墳頭，偷襲另一個墳頭；他們也喜歡玩「轟炸東京」，壘幾個土碉堡，撒尿將它擊垮，小瀅不能像夥伴兒那樣站着撒尿，為此還哭過一場；回想起幹的最「驚天動地」的一件事 —— 撬開一位教授家的窗戶，搬出一輛小自行車，一直玩到被物主家發現。結局自然是遭到父親的斥責，在門外罰站了很長時間。

直到上中學，小瀅仍喜歡與男同學一起玩，不但稱兄道弟，結拜金

蘭，甚至將名字改為「鐵雲」，被男同學「鐵哥」「鐵弟」地叫着，這恐怕都與小時候的放養成長不無關係。

筆者自 1996 年初識小瀅，雖然知道她會幾種外語，還會講國內的幾種方言，如無錫、湖北、四川話等。但筆者最喜歡聽她說標準的京腔，字正腔圓，略帶有北京人說話時的兒化音。小瀅在北平生活的時間其實很短，加起來大概不超過三年，卻比筆者這個土生土長的北京人說得還標準，這引起了筆者的好奇。

聽小瀅講，其實並不是她有多麼高超的語言天賦，她出生後，成了母親的一個「累贅」，沒辦法，只好從北平凌府挑選了一個傭人，就是李媽。小瀅說她其實是跟着李媽長大的，李媽待她甚至勝過親媽，尤其是她一口標準的「京腔」，讓小瀅受益匪淺。至今小瀅記得兒時的童謠都是李媽教的，「小小子兒，坐門墩兒，哭着喊着要媳婦兒……」

小瀅那時淘氣，像個男孩子，常常惹禍。有一次她不知因為什麼事大哭不止，聲嘶力竭，誰勸都不行。凌叔華一氣之下將她鎖進了大立櫃，任憑李媽怎麼勸都無動於衷。聽着小瀅的哭聲漸漸減弱，李媽抄起一根木棍要與凌叔華以命相搏。小瀅被放出來了，以後的結局可想而知，李媽被解僱了。

望着小瀅呆滯的、若有所思的目光，筆者為李媽打抱不平，感覺她對孩子掏心窩子的好，才是真正的好，這一點凌叔華不會不知道，她的小說中就有描寫女傭的。

有例為證：胡適在北平請徐志摩、丁西林和熱戀中的陳西瀅凌叔華來家做客。胡適說高一涵對他講起他家老媽（女傭）的故事，簡直可以寫一部小說。在座的人聽了也有同感，於是達成一個「約定」，丁西林用戲劇、徐志摩和胡適用詩、凌叔華用小說的方式各自寫一個自己理解的「老媽」。

話是這樣說，在座的除了凌叔華誰也沒當真。四年後，胡適收到凌叔華從武昌曇華林寄來的小說稿子，題目是《楊媽》。看來只有凌叔華有使用女傭的太多經歷，寫起來水到渠成。

李媽走的那天，小瀅記得很清楚，她將自帶的包袱攤開讓小姐（對凌

叔華的稱呼）過目，這是做下人的規矩，又讓大姑娘（對小瀅的稱呼）幫她繫好脖領的紐扣，便一步三回頭地走下了珞珈山。那時小瀅還小，不知道那是最後的一別，看她走了很遠還在擦拭着眼淚。

小瀅對筆者說，她以後又經歷了與陳媽、聶奶奶等人相處的日子，但都感覺遠不如李媽對她好。至於母親為什麼要趕走李媽，小瀅肯定地說絕對不是因為李媽總袒護着自己。

那又是因為什麼呢？小瀅欲言又止，像是對筆者，又像是自言自語：「李媽大概看到了姆媽與那男人的一幕。」[14]

那麼，這個男人是誰呢？

注釋：

1　陳西瀅致胡適信，1928 年 7 月 30 日。

2　凌叔華繪：《折枝牡丹圖卷》，（筆者收藏）。

3　《黑礁屯土地轉讓證書》（陳小瀅收藏）。

4　陳西瀅致胡適信，1928 年 7 月 30 日，耿雲志主編：《胡適遺稿及祕藏書信》第 35 冊，黃山書社，1994 年版。

5　郭沫若：《洪波曲》，人民文學出版社，1979 年版。

6　《胡適日記全編》第六冊，安徽教育出版社，2001 年版。

7　凌叔華致巴金信，載陳建功主編：《中國現代文學館館藏珍品大系‧信函卷》第一輯，文化藝術出版社，2010 年版。

8　凌叔華致陳西瀅信，1945 年 9 月 13 日（筆者收藏）。

9　凌叔華致胡適信，載中國社會科學院近代史研究所中華民國史研究室編：《胡適來往書信選》，社會科學文獻出版社，2013 年版。

10　陳西瀅致胡適信，載《胡適來往書信選》。

11　陳西瀅致胡適信，1931 年 12 月 28 日，耿雲志主編：《胡適遺稿及祕藏書信》第 35 冊。

12　陳西瀅致胡適信，1932 年 3 月 24 日，《胡適遺稿及祕藏書信》第 35 冊。

13　陳小瀅：《我的父親陳西瀅》，附在《西瀅閒話》後記，江蘇文藝出版社，2010 年版。

14　筆者採訪陳小瀅錄音記錄，2006 年。

布魯姆斯伯里走出的英國帥小夥兒

享譽世界的大英博物院坐落在英國倫敦的市中心，是那個地區的地標性建築，與它毗鄰的布魯姆斯伯里地區，在上世紀前半葉曾滋養過一批具有「無限靈感，無限激情，無限才華」的精英，那是一群「英國最有才智的人」生活、工作過的地方。他們來自劍橋大學國王學院和三一學院，人數雖不多，研究的領域卻很廣，像文學、藝術、政治、經濟等，無一不涉及。他們常常相聚在「周五俱樂部」和「周四晚餐會」上，分享各自的新發現和體會。慢慢的，這個地區形成了布魯姆斯伯里文化圈。這個圈子裏包括凱恩斯、羅素、喬伊斯、艾略特等大家。

曾在英國留學的徐志摩、王世杰、周鯁生、陳西瀅等回國後創辦的「新月俱樂部」和「周末聚餐會」，應該說是受到其影響的。

布魯姆斯伯里文化圈的核心人物是一對「姐妹花」，姐姐瓦內薩·貝爾是位畫家，她是這個「小世界」的重心和軸心，但說了算的還是專事寫作的妹妹弗吉尼亞·伍爾芙，她才是這個圈子裏的「國王」。她天才的頭腦與智慧的心性讓她無法容忍平庸的世界。倫敦才子才女們被姐妹倆大浪淘沙般地篩了一遍又一遍，留下來的就成了布魯姆斯伯里的常客。姐姐瓦內薩生有兩個兒子，其中一個是朱利安·貝爾，他血脈裏流動着布魯姆斯伯里精英們在智商和情商方面的遺傳基因，長大成人後將父輩的「風花雪月」演繹得惟妙惟肖。

1935 年初秋，朱利安·貝爾踏上去往中國的「伏見丸」號郵輪，臨

行前特地照了一張身着白色熱帶服裝，頭戴太陽帽，手握一杆長槍的照片，表明他此行的意義。

那時，日本人已經佔領了東三省，九一八的慘劇世人皆知。朱利安與千千萬萬和他同齡並渴望見世面的年輕人一樣，帶着獵奇的心態，在戰火燃燒的西班牙和中國之間，選擇了古老中國作為走出家門支援世界反法西斯鬥爭的目的地。

朱利安與武漢大學簽訂了三年的合約，年薪七百英鎊，武漢大學和庚子賠款基金會各出一半。朱利安任教三門課程：英語寫作、莎士比亞、英國現代主義作家，每周十六課時，是很繁重的，但朱利安有着布魯姆斯伯里文化圈學人的底蘊，高傲地認為教授這些課，他遊刃有餘。在武大的僅僅十六個月，朱利安‧貝爾的一再「出軌」，改變了許多人的生活軌跡。直到二十一世紀來臨，這些「豔史」被編排成小說還在發酵。

由於朱利安教授的課程隸屬於陳西瀅掌管的文學院下的外文系，所以當他10月上旬一到武大，接待他的自然便是院長陳西瀅和夫人凌叔華了。

朱利安在凌叔華的陪同下，花了一個下午在珞珈山上轉來轉去。那蜿蜒的山道，兩旁植着一碧參天的懸鈴木，鬱如濃黛的松林、槐樹覆蓋着珞珈山，林中隱約露出紅瓦灰牆的小樓錯落有致，幾條羊腸小路曲曲彎彎連接着山下到山上的十八棟三四層的小樓。

朱利安知道越往高處，房子主人的職務也就越高，雖說上下山確有不便，但高高在上的感覺以及俯瞰珞珈山全貌和依稀聞到山後萬頃東湖飄來的陣陣湖水的氣息，還是讓人心曠神怡，他不由得與劍橋大學做了一番比較。

晚上，朱利安在寫給母親的信中將自己的感受一一道來，並饒有興趣地描述了陳院長及陳夫人，說與他們交談很隨便，也很自由，無拘無束，「簡直是內地的劍橋」。

陳夫人為了幫助朱利安安置寢室，帶着他挑選窗簾，買生活必備品，所挑之物很有藝術水準，就像她本人一樣，有着藝術的細胞，還有着院長夫人的氣質。

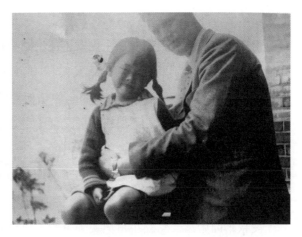

朱利安‧貝爾與陳西瀅
夫婦合影

朱利安‧贝尔與陳小瀅

　　但也不過如此，陳夫人偏大的年齡以及她的相貌，最初並未引起朱利安過多的注意，或者還沒有達到西方人審美的標準。倒是家裏的小主人——不到六歲的女兒陳小瀅使他印象深刻，說她「非常可愛迷人」。[1]

　　朱利安準備登上武大的講堂之時，凌叔華也另有盤算。早在朱利安來中國之前，她就已做足了「功課」，從陳西瀅那裏了解到朱利安的背景，特別是他有一個強勢主宰倫敦布魯姆斯伯里文化圈的姨媽——弗吉尼亞‧伍爾芙。姨媽沒有孩子，這讓朱利安一出生就享有「王子」般的待遇，他的任性、率意加上他的極為聰穎，使母親和姨媽對他從小寵愛有加，若不是有意外的發生，朱利安有可能是布魯姆斯伯里文化圈的第二代核心人物。

　　面對這樣一個絕好的機遇，凌叔華是不可能輕易放過的。

　　自從她嫁給陳西瀅，當年婚慶熱鬧的場景餘波尚未消盡，隨夫從無錫的公婆家蜜月歸來，凌叔華的感覺就像捱了一記悶棒。她怎麼也不會相信，留學在外十年的陳西瀅，家境竟然如此寒酸。他的表叔，大名鼎鼎的國民黨元老吳稚暉居然比夫家還窮困潦倒，用凌叔華的話，「結婚第一年就得賣稿子拿私房出來過日子」，這有苦難言的滋味，讓好面子的她硬是

把委屈嚥回了肚裏。

　　但幾年後隨夫來到珞珈山，她既不能上講台授課，也不能在武大應聘其他工作，成了名副其實的「全職太太」，這無疑是打在凌叔華頭上的第二記悶棍。回想 1923 至 1926 年間，她是何等的風光，還只是大三的學生，便聲名鵲起，頭頂着高門巨族的光環，遊走於知名男人之間，她的小說一篇接一篇地發表，她的名望與日俱增……

　　可是之後的八年，夫君逐漸淡出了文壇。加上父親的去世，使她顯赫的身世一去不返，這是凌叔華最不甘心和無法容忍的。

　　凌叔華開始為一點點小事與丈夫爭吵，以至陳小瀅自小看到母親無休止地向父親發難，她害怕極了，極不情願但又不得不站在母親一邊，總是喋喋重複着一樣的話：「爹爹不對姆媽對，我是姆媽的小走狗。」[2] 似乎只有這樣，才能平息母親心頭的怨氣，家裏才能出現短暫的平和氛圍。

　　凌叔華自恃高貴血統和與生俱來的優越感，使她不會自甘寂寞、自甘沉淪，正像她幾年後直面夫君，道出了憋在心中的塊壘：

> 　　只要沒有貧困、戰爭壓迫我，我能埋首做我的小說，畫我的畫，我的名字不會不流傳下去，一二百年以後，（你）同我的名字，誰大一些，都還未可知呢？得了，你也許在抿嘴笑我可憐，沒有自知之明。不過，你得看清楚，我是說的一二百年以後，人家不用查問我做過教授或院長或留過歐美，人家是看作品定一個人的！[3]

　　這是凌叔華在向陳西瀅挑戰，也是在發泄積壓在她胸中多少年揮之不去的鬱悶。如今機遇降臨，可謂正逢其時，凌叔華不可能再讓它擦肩而過，她要接近朱利安，要解讀他的內心世界，最終的目的 —— 通過朱利安，走進布魯姆斯伯里文化圈，成為那裏的一員。

　　朱利安在陳西瀅夫婦的幫助下，教學、起居、餐飲等日常生活逐漸走上了正軌。他開始投入極大的熱情，向學生們講授英國文學等課程，同時，朱利安也感受到少有的成就感。他對姨媽伍爾芙說起學生們在聽他講

課時的情景：

> 簡直是目不轉睛地盯着黑板，還不斷地埋頭做筆記。他們對你本人和作品已經有了相當程度的熟悉和了解。他們都是很友好的學生，但還是需要不斷地鼓勵和刺激。他們並不能理解思考問題的樂趣，也並不能自由隨意地進行智性層面的談話。他們有很好的藝術品位，但又天生過於敏感柔弱，缺乏探討形而上問題的興趣。[4]

看來朱利安對於所教授的課程還是上心的，對於中國特有的「填鴨式」教學，他也是很早就察覺到，但要徹底扭轉這種局面，他以為這「將是一條漫長的道路」。

一邊是朱利安信心滿滿地開始將西方文學介紹到東方這個古老國度，一邊是凌叔華開始有條不紊地向他發起了「情感攻勢」。

凌叔華邀請朱利安來家吃茶，排解他剛到異國他鄉的不適。當凌叔華因報社有事需要進城時，常託付朱利安陪女兒小瀅玩，朱利安成了隨意進出陳家的常客。

小瀅只有五六歲，看到這位高高的個子，金髮碧眼説着一口「鳥語」的陌生人害怕得要命，特別是當他做出一些危險舉動時，小瀅除了大哭外，對這位「叔叔」一點兒辦法也沒有。

至今能想起印象最深的兩件事：一次是朱利安抓着小瀅在二樓陽台上，讓她懸在空中，嚇得她發出尖叫；另一次是他駕駛遊艇到東湖中央，把小瀅和另一個小夥伴（湯佩松之子）扔到水裏，看小孩如何反應。兩個孩子都不會水，大嗆了幾口，被他拉上船，拎起雙腳頭朝下，拍着後背將水吐出。此事造成陳小瀅終生見到湖水就有莫名的恐懼，也是她一輩子不學游泳的原因之一。

長大後小瀅從伍爾芙的文章中，看到朱利安小時候就喜歡搞惡作劇。譬如，將小雞放在深水裏，看它如何掙扎。總之，小瀅對朱利安從沒有好感，而且恐懼，見到他來家裏，就躲到大衣櫃裏不肯出來。[5]

　　當然，由朱利安「導演」的惡作劇，作為母親的凌叔華是不知道的，她仍然一如既往熱情地接待朱利安。她給他看自己創作的畫，並說要看懂中國的文人畫，必須理解古代詩詞。她為他講解李白、杜甫詩的意境，還教他如何使用毛筆⋯⋯

　　凌叔華也去認真聽朱利安講關於如何用英語寫作以及布魯姆斯伯里文化圈裏的著名人物。一切都做得不溫不火，水到渠成，既注意了分寸，又讓朱利安時時感到她的存在。果然，當講台上的朱利安，目光過多地停留在這個「旁聽生」身上時，凌叔華「閃」了。

　　未來幾天的課時，朱利安沒能看到凌叔華坐在他目光所及的位置上，甚至近在咫尺的宿舍周圍，也很難看到凌的身影，這個情場老手有些沉不住氣了，他在寫給母親的信中，排解難以忍受的相思情懷：「她，叔華，是非常聰穎敏感的天使⋯⋯毫不造作，非常敏感，極其善良極其美好，生性幽默，生活堅定，她真是令人心愛。」[6]

　　在給朋友的信中，朱利安的言語就更露骨了，他甚至把凌叔華與姨媽弗吉尼亞・伍爾芙做了比較，說「她和弗吉尼亞一樣敏感，很聰明，與我認識的任何人一樣好，甚至更好。她不算漂亮，但是很吸引我，她稱得上是中國的布魯姆斯伯里成員。」[7]

　　布魯姆斯伯里，凌叔華嚮往的地方，她感到離這個「文化圈」越來越近了，只是火候尚未到，還需加溫。

　　凌叔華有意避開朱利安欲火中燒的目光，甚至不給他與自己偶遇的機會，以至朱利安在向朋友抱怨：「她敏感而細膩，聰慧而有教養，有時還有點使壞。」[8]

　　何為「使壞」？單相思的男人都會有不同的體驗：當你渴求見到她時，她巧妙地躲開了；當你試圖忘掉她時，她不期而遇地出現了；你與她談情感，聽到的卻是不相干的瑣事；她「言談舉止都顯得害羞」，卻又「狡黠」地「擋去了無數花招」。朱利安承認「這是迄今以來我最奇特的一次戀愛」。[9]

　　凌叔華看到朱利安像熱鍋上的螞蟻般急不可耐時，她確信機會到了。

乘陳西瀅外出、李媽忙着給小瀅洗擦並哄她睡覺之時，凌叔華悄悄地走出家門，獨自敲開朱利安單身宿舍的門。

凌叔華走進去，若無其事地環視着整個房間，一切簡單明了，垂地的窗簾把整個窗戶遮得嚴嚴實實，那素雅的紋飾還是出自她的眼光，整個房間佈局盡顯中國味道。凌叔華知道這是朱利安有意為之，也猜得出是在迎合自己的審美取向。她找到離朱利安最近的一處沙發坐了下來。

此時的朱利安也在觀察着凌叔華，他還不清楚這麼晚來到單身男人屋裏的用意。不過，已經很知足了。幾天的「冷處理」，讓朱利安在課堂上失去了以往的熱情，甚至有些心不在焉。此刻凌叔華的「偶然」出現，使他感到幸福來得如此突然。他目不轉睛地看着叔華，靜靜地聽着她用悲傷的語言講述着家長里短的瑣事，這次他不厭煩了，甚至還隨着叔華講述的情節起伏而心潮湧動。

凌叔華述說着遠在北平家人的遭遇，特別是年邁且多病的母親，他們生活在日寇妄圖踐踏古都的危險之中，而作為女兒，她無時無刻不在惦念着，卻又想不出絲毫辦法幫助她們。

朱利安望着愁容滿面的叔華，想找一些合適的言語安慰，同時報以憐憫之心試探着握住叔華的手，憑着難以名狀的微妙感觸，朱利安察覺「她在回應我，幾秒鐘後，她就被我摟在懷裏……」[10]

燈熄滅了，一彎明月掛在了空中。

自從這層「窗戶紙」被捅破，二人的感情急劇升溫，讓凌叔華大惑不解的是，西方人對待「性」的態度與東方人迥然不同。朱利安作為布魯姆斯伯里的一員，不但承襲了上輩人在文學方面的造詣，在兩性的交往上，更是青出於藍而勝於藍，朱利安甚至「天生就不相信一夫一妻制」。瓦內薩是朱利安的母親，也被視作自己精神上的「情人」，朱利安不厭其煩地向母親講述自己與凌叔華交往的過程，甚至連「性」事的細節都不遺漏。

凌叔華此時也戲演成真，和朱利安一樣，墜入情海不能自拔。他們幾乎無話不談，凌叔華講述自己曾經愛過徐志摩，朱利安出於好奇，特地從母親那裏要來了徐志摩寫給罗杰·弗萊的英文信，讀後說，被稱為「中國

雪萊」的徐志摩，其文采「不過爾爾」，看來是對凌叔華老拿徐志摩説事兒，心中多少懷有些醋意，而罗杰‧弗萊正是母親瓦內薩的一個情人。[11]

凌叔華還對朱利安講述了松岡洋右的故事，並告訴朱利安，松岡是陳西瀅和她共同的朋友，[12] 等等。從朱利安寫給母親的信可以想見，他是很在意凌叔華的，以至凌有針對性提到的異性，都會招致朱利安浮想聯翩。譬如：談到松岡洋右時，他對母親説：

> 陳家也為那個日本人苦惱，松岡是他們的一個朋友，他們曾經住在北平，現在那裏還有套房子。面對野蠻勢力，他們感到恐懼無助。但這我也是半猜的。還有，作為一個外國人有個特點 —— 交流的語言障礙導致更真誠：叔華的英語還不夠掩飾她的想法和感受。[13]

珞珈山此時顯得小了，容不下他倆火一般的熱情，凌叔華和朱利安決定一先一後到北平聚合。

凌叔華把朱利安安置在離史家胡同不遠的一家德國旅館，為此，她平生第一次燙了髮、化了妝、摘下眼鏡，陪伴着朱利安遊逛在故宮北海、西山廟宇、古玩市場、酒樓茶肆……在沈從文家的茶會上，她把朱利安介紹給了朱自清、聞一多、朱光潛、梁宗岱等當代名家，還幫朱利安從齊白

作畫中的凌叔華

石那裏討到了便宜的畫。

朱利安則利用二十天的假期，首次領略了古都厚重的文化底蘊，他抑制不住內心的激情，寫信給母親，讓她一起分享與西方不同的東方情調：

> 北平是這世界上最棒的首都之一 —— 有時奇妙地感到它像巴黎；你能夠想象到，有什麼比跟一個如此熟悉這個地方而且完全屬於你一個人的情婦一起去巴黎更完美的事情嗎！她又那麼迷人，何況在美食方面還有獨特品味。這是一個全世界最浪漫的男人的夢……我遇到的是一個不論在中國還是在外國文化方面，都充滿學識和情趣的中國女性，我們一起去劇院，一起滑冰，一起享受魚水之歡。

朱利安習慣將與他有「性」方面交往的女人用英文字母排序，凌叔華排到了 "K"，朱利安說：

> 這段瘋狂的時間讓我腦子一片空白。你能猜到我們是怎樣的快活和愚蠢。K找不到回去的路了，而我竟丟掉了隨身攜帶的東西。[14]

「魚水之歡」使戀人抓狂，也使戀人忘乎所以。不需時日，二人的戀情便在珞珈山傳了出來，凌叔華和朱利安開始考慮退路。

凌叔華自認為和陳西瀅離婚後生活應該不成問題，還暢想先去美國看望妹妹凌淑浩，再去英國與朱利安匯合。

但朱利安那裏卻出現了麻煩。首先是母親的反對：

> 你說叔華，即將離婚 —— 但是孩子怎麼辦？然而，即使如此，實際上我很確信，你並不想跟她保持長期的關係。……她比你長十歲，哪怕不算悲慘，那樣的情況下，她也不易再找到別的伴侶……[15]

母親太了解自己的兒子，正如了解她們這個家族的每一個成員。

果然像瓦內薩預料的那樣，朱利安在和凌叔華熱戀的同時，還在和另外兩位女性保持着性關係，一位叫英斯・傑克遜，也是應聘來武大教書的英國人；另一位叫廖鴻英，中國人，她早年留學英國學農藝。有諷刺意味的是：正是廖鴻英將朱利安引薦到了武大，等她學成回國，「位置」已經被凌叔華取代了。只是我們還不能確定英斯和廖鴻英在朱利安的英文字母排序上，究竟是在 K 之前，還是之後。不過，這已不重要了，一場「奪人」大戰已經展開。

凌叔華預備了滅鼠藥、蒙古刀和一根繩子，學着小時候父親的姨太太常使用的一喝藥二割腕三上吊的「法寶」，威脅着朱利安，不許他再與其他女性接觸。浪漫的西方小夥兒沒見過這樣的陣勢，敗了下來，答應繼續維持原有的關係，但熱情已大減，朱利安對好友埃迪說，像英斯甚至叔華這樣的人，「已不再合我的口味了」。[16]

為了奪回心上人，廖鴻英扮演了「告密者」的角色，她將凌叔華與朱利安約會時間、地點不失時機地告訴了陳西瀅。

1936 年 10 月下旬的一個夜晚，陳西瀅衝進了朱利安的住所，朱利安事後承認「事實是我們被抓住了 —— 無人可以相信的一種荒謬可笑的場景。」[17]但讓凌叔華和朱利安都沒有料到的，陳西瀅君子般地提出一份「臨時協議」供他倆，或者是只供凌叔華選擇：一、協議離婚；二、分居但不離婚；三、與朱利安斷絕關係，回歸從前。

應該說這份「協議」是陳西瀅早已深思熟慮的，也是給凌叔華一個任意選擇的空間，表現出他作為正人君子坦蕩的襟懷。

凌叔華明智地選擇了第三條，她自己都不相信與朱利安會有白頭偕老這種事，何況當初她接近朱利安，為的是走入布魯姆斯伯里文化圈，如今這個目的已經達到。

朱利安在等待凌叔華表完態之後，「處在一個完全理虧的境地」，他只好承諾徹底與凌叔華分手並辭去在武大的職務。餘下的時間，朱利安和陳西瀅仔細地探討如何向校方和學生們解釋提前一年辭職的理由，為的是

給對方留足面子的同時，自己也不會太顯尷尬。

朱利安在中國只生活了十六個月，便以「一些政治原因必須回國」為由，向校方提出辭呈。

陳西瀅在文學院最大的第一教室為朱利安舉行了歡送晚會，他君子般地向學生們介紹朱利安在文學特別是詩歌方面的成就，儘管有學生質疑陳院長有「公報私仇」之嫌。

半年後「質疑」坐實，仍是在這間教室，外文系為在抗擊法西斯侵略的西班牙戰場上犧牲的朱利安舉行追悼會。他的遺像掛在教室的中央，周圍擺滿了花圈和輓聯，其中一幅很刺眼，上面寫着「一方面是嚴肅的工作，一方面是荒淫與無恥」。

陳西瀅仍以院長身份講了一點朱利安‧貝爾的家世，他用「promising（有前途的）」這個詞形容這位青年詩人創作上的成就，對青年詩人不知因何忽然跑到西班牙，並且犧牲了性命而感到驚詫與悲哀時，會場的一角發出噓聲，一位學生衝上台，大聲吼叫：貝爾先生是為主義而死的，不懂得他為什麼跑到西班牙去，就是不了解，也不配來紀念貝爾先生。

接下去有人朗誦輓詩，有人呼口號，蕭穆的追悼會變了質，成為群眾大會了。陳西瀅坐在會場的第一排，不動聲色，一直到散會，才默默地走出會場。[18]

從陳西瀅為朱利安「歡送」到為他「追悼」的兩會之間，還伴隨着一段小插曲。在開完歡送朱利安回國的晚會後，凌叔華因父親遺留在廣州的地產需要她親去處理而離開了武漢，朱利安佯裝乘船去南京再從上海出境，結果雙雙在半道拐了個彎兒，偷偷去香港約會。

又是被廖鴻英探得了祕密，告訴陳西瀅，陳西瀅的信追到了倫敦，斥責朱利安不是個君子。凌叔華的信也追到了倫敦，她告訴貝爾：

　　（陳西瀅）見到我的時候，樣子很難過，沒說什麼。恐怕他恨我，但我能怎麼辦？我不承認去見過你，我說如果他想見我，我負不了責任。我不想說謊，但在這種情況下，我能說什麼？我得呆在

中國，直到有足夠的錢後才能找一個時間離開。我必須努力爭取我
父親遺產裏我應得的份額⋯⋯我得用功，我必須寫作和畫畫⋯⋯這
裏還是冬天，我的心情也是冬天。

朱利安・貝爾以自己的死，了卻了所有與之有關聯人的尷尬，廖鴻英
不知是否因此事得到陳西瀅的賞識。許多年後，陳西瀅被派往英國從事中
英文化交流時，廖鴻英應該是這個團隊後來者的一員。陳西瀅日記中，那
段時間常提到她，如「請鴻英夫婦。鴻英現在 BRITISH COUNIL（英國
文化協會）做事，抵了 Mrs Benal（貝納爾夫人）的缺。」[19]

陳西瀅晚年收到女兒為他買的一本名為《往前線之旅 —— 通往西班
牙的兩條路》的書，那是女兒送給爹爹六十八歲壽辰的禮物。書中講述的
是兩個死在西班牙戰場上的英國年輕人，其中一個是朱利安・貝爾。儘管
小瀅不喜歡貝爾，但他畢竟是父母的朋友。

一天，小瀅生病在家，閒得無聊，拿起了這本書隨意翻翻，不料卻看
到了書中描寫朱利安與母親交往的全過程。可以想象女兒是以何種心情看
完「朱利安在中國」這段章節，又是以何等地內疚，忍受內心的煎熬與掙
扎。她不知道父親是如何度過這漫漫時光，也為自己的無知舉止讓父親蒙
羞而感到慚愧。

但讓小瀅不可思議的是：在書中，她看到父親用鉛筆在書頁邊上寫的
英文批注，還以學者的視角糾正了某些單詞的拼法。

小瀅問父親為什麼不和母親離婚，陳西瀅像是自言自語，又像是回答
女兒提出的問題：「你姆媽是個才女。」轉身緩緩地走了。[20]

許多人，「包括西方人，應該會深深同情凌叔華，她不幸遇到一個年
輕的情場老手，好不容易地傷痕累累脫身。她對不宜託付情感的登徒子付
出了太多，幾乎不能自拔。如果自殺如願，她無異於中國的安娜・卡列尼
娜。」[21]

這是善良人對凌叔華的些許感慨，但凌叔華未必這樣認為。她利用了
那個時代，「男女交往吃虧是女人」這個中國傳統的道德理念，連瓦內薩

因兒子這個「破心人」對凌叔華造成的傷害，都希望取得她的原諒。

　　然而，凌叔華是惜命的。她從父親那裏繼承的房產、地產、文玩書畫還在移交進行中；她心中存念的許多創作（小說、繪畫）元素尚在構思中；她以一生為一個周期，要與丈夫「豪賭」──百年之後誰的名聲更大，有待歷史之檢驗。最終，凌叔華成不了中國的安娜·卡列尼娜。

　　1937 年 7 月 18 日，朱利安在西班牙戰場上駕駛救護車搶救傷員時，被敵機擊中。在生與死的間隙，朱利安還不忘對身旁的護士「炫耀」兩件事：「擁有一個情婦，還得到一次上戰場的機會，現在都實現了。」[22]

　　難道是宿命的必然？徐志摩、朱利安·貝爾、松岡洋右，他們都曾與凌叔華有過非同一般的交往。在以後的歲月裏，一個死於飛來的橫禍；一個死於抗擊法西斯的戰場；一個死於戰爭元兇所應受的懲處。他們只享受了與凌叔華交往的過程，而凌叔華贏得了結果。

　　十年後，漂洋過海來到英國的凌叔華在瓦內薩的幫助下，利用布魯姆斯伯里文化圈一切可利用的關係，最終完成自傳體小說 ──《古韻》。

　　《古韻》發表後大獲成功，被翻譯多種語言，一舉享譽歐洲。出版這本讀物的恰恰是弗吉尼亞·伍爾芙生前與丈夫創辦的霍加斯出版社，凌叔華不忘在英文版的扉頁上，向給予她深深影響的弗吉尼亞致以敬意。

　　僅此一點已足以說明，凌叔華笑到了最後。

注釋：

1　朱利安致瓦內薩信，1935 年 10 月，摘自【美】木令耆（劉年齡）：《凌叔華與〈瓦內薩·貝爾書信集〉》，香港中文大學中國文化研究所《二十一世紀雙月刊》，1996 年 4 月號。
2　陳小瀅對筆者講述，1996 年 9 月 23 日。
3　凌叔華致陳西瀅信，1945 年 6 月 23 日（筆者收藏）。
4　朱利安致伍爾芙信，1936 年 3 月 12 日。
5　陳小瀅對筆者講述，1996 年 9 月 23 日。

6　朱利安致瓦內薩信，摘自《凌叔華與〈瓦內薩‧貝爾書信集〉》。

7　朱利安致埃迪‧普雷菲爾信，摘自【美】魏淑凌著，張林傑譯，李娟校譯：《家國夢影：凌叔華與凌淑浩》，百花文藝出版社，2008 年版。

8　朱利安致巴黎女友信，《家國夢影：凌叔華與凌淑浩》。

9　朱利安致埃迪‧普雷菲爾信，《家國夢影：凌叔華與凌淑浩》。

10　朱利安致瓦內薩信，摘自《凌叔華與〈瓦內薩‧貝爾書信集〉》。

11　趙毅衡：《對岸的誘惑：中西文化交流記》，四川文藝出版社，2013 年版。

12　朱利安致瓦內薩信，1935 年 10 月 23 日，摘自 Julian Bell: *Essays Poems, and Letters*, Hogarth Press, 1938。

13　朱利安致瓦內薩信，1935 年 10 月 23 日。

14　朱利安致瓦內薩信，摘自《凌叔華與〈瓦內薩‧貝爾書信集〉》。

15　瓦內薩致朱利安信，摘自《凌叔華與〈瓦內薩‧貝爾書信集〉》。

16　朱利安致埃迪‧普雷菲爾信，摘自《家國夢影：凌叔華與凌淑浩》。

17　朱利安致瓦內薩信，1936 年 10 月 31 日，摘自《凌叔華與〈瓦內薩‧貝爾書信集〉》。

18　吳魯芹：《哭吾師陳通伯先生》，台北《珞珈》雜誌第 26 期。

19　陳西瀅日記，1945 年 6 月 18 日（陳小瀅收藏）。

20　陳小瀅對筆者講述，1996 年 9 月 23 日於倫敦。

21　陳學勇：《"K"中的身影 —— 凌叔華的異國戀》，《人物》雜誌 2010 年 11 期。

22　魏淑凌：《家國夢影：凌叔華與凌淑浩》。

陳西瀅西遷遭「躺槍」

　　自從凌叔華與朱利安之事曝光後，她和陳西瀅的聲譽都受到了影響，以往家庭的和諧氛圍也只維持在表面。好在受「煎熬」的日子不太久，盧溝橋的槍炮聲打亂了人們平靜的生活，也改變了人們平常的思維，各大院校的校長想到的是往何處遷校，教師們想到的是如何安置家眷，學生們想到的是到哪裏繼續讀書，那些「花邊趣聞」來得快也去得快，沒有人再去理會。

　　陳家此刻也發生了變故。1937 年 8 月初，任江蘇教育經費管理處會計主任之職的陳西瀅父親陳育，恰遇日軍飛機轟炸南京，一枚投彈在管理處門前爆炸，七旬老人受到驚嚇，十八日便撒手人寰，家中老母和沒有結婚的大姊需要人照顧。陳西瀅向來「孝於父母，篤於友人」，是出了名的孝子。蘇雪林曾說：「陳源教授其實是個外冷而內熱的人，他對家人骨肉的情感是很深摯的。他雖是個自少留學西洋的人，腦子裏中國倫常禮教的觀念卻保留地相當深厚。」[1]

　　父親去世後，陳西瀅便把母親和阿姊接到了珞珈山。由於凌叔華將使用多年的李媽辭退，又從北平找來一位陳媽，陳媽應聘的條件便是要帶着一個半大小子。這樣一來，三口之家變成了七口之家，人數增加了一倍還多。

　　人多矛盾自然就多，從陳西瀅凌叔華新婚燕爾無錫老家一行，便注定了兩親家日後「老死不相往來」的結局。凌叔華萬沒料到夫君的家境如此

之差，在娘家被寵慣隨性的她，在婆家卻要按照老禮兒服侍公婆，要上得了廳堂，下得了廚房，「三日入廚下，洗手作羹湯」。沒有見過這陣勢的凌叔華徹底亂了方寸，只好裝病躺下，沒兩天假病成真，油米不沾了。有了這次經歷，凌叔華對婆家人採取的方針是：敬而遠之，井水不犯河水。

陳家門裏自然也是針鋒相對：人窮志不短。不管你來頭有多大，嫁到陳家做媳婦，就要從伺候公婆做起。凌叔華當然做不到，婆媳間的「戰爭」也就在所難免。那時小瀅還小，尚不懂事，母親有時叫她拿一些吃的用的，送到奶奶大姑那裏，卻經常被她們扔出門外。婆媳不和、姑嫂反目，不要說在一個鍋裏吃飯，甚至不能同行，這可苦了陳西瀅。

1938 年 4 月間，武大西遷樂山，陳西瀅只好先行一步，將老母和阿姊送到重慶暫時寄宿在二弟陳洪處，他則趕去樂山，與先遣人員匯合，忙於文學院師生的安置、教學等事宜。

凌叔華攜小瀅離開珞珈山是在六月，面對生活幾年的家，她似乎有了眷戀之情。她是那麼的愛山，又趕上天遂人願，她居住的地方都與山有關：北平的西山、武昌的珞珈山，現在又要西遷到樂山，以後還會住在哪座山？

凌叔華來不及多想，離開十八棟前，她回望了一眼不知何時再能回到的這個家時驚愕了，幾年前手植的兩株紫玉蘭，竟開了許多花，這遲開三個月的花究竟寓意何為？她不知，但也不會忘。

凌叔華到達樂山已是八月份了，陳西瀅早已安排妥當，在繁華的鼓樓街租下一座院子。武大院長級別，如周鯁生、楊端六、劉南陔都住在這裏。

這是一座很大的院子，以中間水井為界，分前後兩院，前院陳家與周家為鄰，後院是劉南陔和楊端六兩家作伴。因房屋是平行格局，陳西瀅的母親、阿姊與妻子朝夕相處，日子久了難免會生出口舌。於是，好面子的陳西瀅還是選擇離開鼓樓街，搬到城北嘉樂門外半邊街五十七號。雖然地點有些偏，但偏有偏的好處，那裏遠離武大的同事，家裏的那些事兒也就無人知曉了。

　　所謂半邊街，緣於一半是街，一半是水，當年沿江而建的都是茶樓，一座挨着一座。

　　樂山人有兩大愛好：搓麻與喝茶。往往一壺茶可以消磨半天的時光，邊喝邊擺「龍門陣」，幾天下來，上到國家大事、名流新聞，下至鄰里不睦、雞鳴狗盜的花花事兒，全都了然於胸。如今戰爭期間，光景不佳，茶客日漸稀少，茶樓難以為繼，紛紛改成民居出租。

　　陳西瀅選擇此處的最大好處是有上下樓之分，有些像珞珈山的住宅格局。母親、阿姊及陳媽住在樓下，他們一家住在樓上，各自開伙，陳媽上下照應着，暫時避開了家庭內部的隔閡。凌叔華每天外出買菜、辦事，進出時向婆婆請個安，與阿姊搭個訕，大家都後退一步，表面給外人的印象倒也其樂融融。

　　武大校本部設在樂山文廟內。一進山門一溜兒的台階直至廣場，兩邊皆是教室。東邊為文學院，西邊是法學院，這是各院院長通過「抓鬮」確定下的。拾階而上，正中為圖書館，其後即校本部辦公處，它是武大運轉的中樞。向北是大禮堂，開學典禮、各種講座都在這裏舉行。禮堂西側有一個小後門，外有一座小山，山上有形像酷似炮樓的一座小廟，這是樂山城內的制高點，名曰「老霄頂」。

　　武大的遷來，讓半開化的樂山突然有了朝氣。有學校就會有男女學生，同學間談戀愛，成了當地的一道風景，凡在此時就讀的學生，日後憶起彼時彼景仍回味無窮：

　　　　最好的地方是在岷江渡船上。從西岸上船，說聲「單推」（推，意即划船。包了這船，不要再上其他人，是為「單推」），船工老漢心領神會，不緊不慢，將小船向下游划去，再一轉向上游而去，快達東岸，又調轉船頭，由它飄悠，這樣一繞圈子，兩人暢所欲言，說了不知多少話，反正船工聽不清，也聽不懂。船工找到一片樹蔭之地，靠穩船，說聲我去喝碗茶，便走了。男女又笑又唱，忘乎所以，而至「二硫碘化鉀（kiss 吻）」。[2]

樂山風景的美麗毋庸置疑，江對面矗立着大佛寺、烏尤寺，大一點兒的孩子爬到大佛的頭頂上或耳朵裏照相。遊峨眉山可以乘滑竿上下山，有的轎伕有勁，有的不行就靠抽點鴉片提勁。遊客中有人做了一首打油詩：「分明坐在人頭上，為何叫我腳底人。」原來樂山人稱從長江下游來的人叫「腳底下人」[3]。

初來乍到的武大師生被樂山的美景吸引，紛紛舞文弄墨，唱和詩句。尤以文學院為最，如陳登恪《詠樂山大佛》：

> 一篙波送到中流，百轉回瀾敵萬牛；
> 逝者如斯渾見慣，千年屹立大江頭。[4]

偶到武大教書只有一個學期的民國才女馮沅君對烏尤寺發生了興趣，感慨道：

> 爾雅高台半就荒，坡仙洗硯事茫茫；
> 勞人恰似失巢燕，來向蠶叢覓畫梁。[5]

陳詩氣勢磅礴，馮詩用典準確，兩詩讀來朗朗上口，很受歡迎。

文學院長陳西瀅也不甘示弱，嘗試着寫七絕類的古詩，他常和朱東潤結伴出遊，遇到美景詩興大發時，寫上幾首。如他倆去成都青城山，回來時陳西瀅已有了新作 ——《自成都水道返嘉定》：

> 齊唱榜人踏棹歌，正南江上見微波；
> 村煙漸近山居遠，便下嘉州可奈何。[6]

蘇雪林認為西瀅的詩「很夠水準」，卻遭到朱東潤的大潑冷水，說：「中國詩歌想成家很不容易，你既沒有根柢，何必在這個上面多耗心力，還是弄你的西洋文學算了。」陳西瀅聞之興趣索然，從此果然不作舊詩了。[7]

凌叔華繪《嘉州古渡圖》

遷到樂山的武大文學院

　　朱東潤與陳西瀅的友誼可追述到孩提時代，他們是上海南洋公學小學的同學，又在英國留學時相遇，現如今又是武大的同事，幾十年的交友，讓朱東潤説起話來從不過腦，陳西瀅也從不在意。

　　教學方面，陳西瀅原本只教授高年級的課，因為系裏幾位老師沒能隨校西遷，教員緊缺時，陳西瀅也兼代低年級的「短篇小説」課。許多年後，有學生回憶這段往事仍記憶猶新：

> 　　我開始領略到徐志摩一再推崇先生的根底，絕非天才詩人的興之所至，絕非朋友間的捧場，實在是由衷之言。那時候宿舍擁擠如輪船中的大統倉……逃課已成習慣，唯有先生的「短篇小説」從不肯逃課，而且每去總有所得，所謂如坐春風，那時我是真的嘗到了。有時候先生接連幾個「這個……這個」，不用任何其他字眼，就叫人茅塞頓開，原先走不通的路，也豁然開朗了。[8]

　　連楊端六的女兒，陳西瀅的乾女兒楊靜遠在她的《讓廬日記》中都有這樣的記載：「下午上英國文化課，乾爹的笑話真多，每課都要講幾個，我們笑得要命。」[9]

　　武大西遷樂山八年，比起浙大、西南聯大等校，屬於遷移幅度較小、相對穩定的院校。這期間教授少則百餘人，多則近一百二十人，人才濟濟，蔚為壯觀。曾在武大任教的清華大學教授曾秉鈞坦言：「就教師質量來説，清華不如武大。」英國學者李約瑟也説：「武漢大學的學術水平很高，即使與昆明的國立西南聯大相比毫不遜色。」[10]

　　然而，武大表面的繁榮景象掩蓋着內部人事間的深層矛盾，也就是中國人習慣的「窩兒裏鬥」，很長時間困擾教職員工的是「安徽幫」與「湖南幫」之間的爭鬥。

　　朱東潤在他的《自傳》中形象地稱這是「淮軍」與「湘軍」間的爭鬥，「淮軍」首領是安徽籍校長王星拱，「湘軍」首領是湖南籍教務長周鯁生。既然朱東潤把這兩派喻為清末兩江總督曾國藩統領的淮、湘兩軍，那

麼，武大「兩軍統領」間的爭鬥，就不得不提起始作俑者 —— 前校長王世杰了。

　　1933 年，王世杰應招赴任教育部長，離開武大之前他打算將校長的職位交給周鯁生。這緣於他倆早年留學英國時的友誼，又先後獲得法國巴黎大學法學博士學位。回到北平，二人同在北京大學教書，又一起辦《現代評論》，學識相近、志趣相投，將位子交給周鯁生亦在情理之中。

　　可皮宗石有顧慮，認為王星拱當時是教務長（曾任副校長），周只是教授，若讓其繼任校長，恐眾人不服。無奈之下，王世杰「不得已允之」。[11]

　　就這樣，王世杰麾下的「淮湘兩軍」的首領王星拱、周鯁生從此結下了「樑子」，從珞珈山的暗鬥，到樂山明爭，矛盾也隨之表面化，「老兵新傳，各有各的天下了」。[12]

　　有道是「當事者迷，旁觀者清」，朱東潤甚至把學校各類人等分為五級：校長為一級；教務長、院長為二級；系主任為三級；教授、講師為四級。助教等不分級，專聽系主任指揮。王星拱的策略是拉攏系主任，順便也就拉走了不分級的助教；周鯁生的策略恰恰相反，他眼裏只有院長級別的人，自然常常處於下風。

　　教授們又因專業研究領域不同，互相看不起，這在中文系尤為突出。研究中國傳統小學的被稱為舊派，帶頭人是劉博平、劉弘度、譚戒甫、徐天閔等；新派是從事新文學的研究和創作，像聞一多、沈從文、蘇雪林、葉聖陶、馮沅君等。兩邊高手如雲，雖說新文學運動方興未艾，但比起有數百年歷史的考據學，連講台下的學生都分得出「新派」、「舊派」，哪一派更吃香。

　　其實，關於這個問題早在 1934 年陳西瀅便看出來了，他讓蘇雪林承擔每周兩課時的「新文學研究」，蘇雪林連連擺手，表示「不願教，不能教」，理由是：

　　　　新文學比古文學史更難上數十倍。那些古文學家死去已幾百年

或數千年，他的作品，優劣久已評定了，所謂「蓋棺定論」，教時拿來加一點自己的意見，即可向學生敷衍。至於新文學自五四至今不過十四五年，作品並不多，況作家都健在，新著作層出不窮，替他們編個著作目錄都無從着手。[13]

說歸說，做歸做，蘇雪林再有怨言，也奈何不了陳西瀅的「強之不已」。陳西瀅當年為攬沈從文到武大教書，曾給胡適寫信：「我極希望我們能聘從文，因為我們這裏的中國文學家的人，並不多，個個都是考據家，個個都連語體文都不看的。」[14]

陳西瀅所言極是。一位叫宋光奎的學生，1935 年 9 月從清華大學轉學到武大，他回憶說：「北平是五四運動發祥地。我在北平，便不寫文言文了。而一進武大唸中文系，中文系的教師，只有講中國文學史的蘇雪林教授屬新派，其餘均屬舊派。」他列舉系主任劉博平是講聲韻學、訓詁學的，劉異講金文，徐天閔講詩，劉弘度講詞，譚戒甫講諸子百家。「這時候，我又回過頭來寫文言文。」[15]

當年的學生吳魯芹這樣評價兩派老師：「在那個時代，新文藝作家插足在中國文學系，處境差一點的近乎童養媳，略好一點的也只是『局外人』，夠不上做『重鎮』或者『台柱』之類的光寵。」[16]

學生們都這樣看老師，難怪蘇雪林差一點和劉弘度「破臉」[17]。僅此一點便可窺得兩派爭鬥之一斑。

在王世杰看來，校長王星拱「為人太和緩，寡決斷」[18]，「湖南幫」甚至認為他肚量狹小，不能容人，「他在我們朋友中的外號叫王倫（《水滸》上的），嫉才妒德，不一而足，且聽信小人，不擇手段行事。」[19]凌叔華作為家眷的局外人，在對胡適說起王星拱時，心中的不滿情緒顯而易見。

兩派對壘，「安徽幫」優勢顯著，王星拱手握太多的行政資源。1941年部分學生發起了「倒王」運動，從他們寫給教育部告王星拱諸多「罪狀」中，「濫用同鄉」便是其一：

本校教職員及工友共有六百餘人，而籍隸安徽者約有一百餘
人，幾佔總數四分之一，安徽人中，又以安慶人為最多，……只須
一入辦公室大門，安徽語音即盈盈於耳，故時人對武大常有安徽同
鄉會之譏。[20]

這裏面雖然品出調侃的味道，但言之鑿鑿，也讓安慶人王星拱有口
難辯。

兩派爭鬥引發的內耗，受影響的不單單是學校的聲譽，最終受損失的
還是在校的學生。他們接二連三寫給教育部「控告」王星拱的信，讓實際
幕後人王世杰很是難堪，他對王星拱的看法愈來愈帶有傾向性。可當時，
王世杰也只能電告王星拱，「促其信任各院長及教務長（鯁生），謀校務
之改進」[21]。但天高皇帝遠，王星拱是否聽得進去，兩邊是否願意罷手，
都是未知數。

1939 年 9 月中旬，浙江大學校長竺可楨訪問武大，有人告訴他：「撫
五與鯁生、端六及通伯不睦，而與通伯尤甚。」[22]竺可楨是陳西瀅的妹夫，
此次樂山之行，必定要拜見岳母。所以陳的一舉一動，竺格外關注，寫在
他當天的日記中也就不足為奇了。

陳西瀅是江蘇無錫人，只因與周鯁生、楊端六、劉南陔都是留英的，
與周鯁生關係尤為密切，對方順勢將他劃入了「湖南幫」範疇。就這樣，
陳西瀅苦撐近十年院長一職，還是被中文、外文、哲學三系的系主任聯手
拿下，後人評價他即便躺着都「中槍」。

1939 年 10 月，陳西瀅辭去文學院長一職。可院長職位卻讓文學院下
屬四個系中最不起眼兒的哲學系主任高翰得到，這讓中文、外文兩系的主
任大為不滿。外文系主任方重的夫人出來打抱不平，說「反對陳通伯是中
文、外文兩系的功勞，高某只不過是在旁邊湊湊熱鬧，現在文學院長給了
他，那不行。」[23]好在高翰知趣兒，幹了一年多便讓賢了。

這期間劉南陔辭去法學院長之職，邵逸周辭去工學院長之職，楊端六
辭去圖書館長之職，教務長周鯁生 1941 年隨中國學術界出席太平洋學會

赴美，後因胡適幫忙，滯留駐美使館搞些研究，為的是暫避鋒芒。

「湖南幫」中，特別是周鯁生、楊端六、劉南陔加上在此之前已調離的皮宗石，這四位湖南長沙籍領軍人物的辭職、出走，加上份量很重的文學院長陳西瀅的辭職，標誌着「湖南幫」的大潰敗。

有道是「覆巢之下無完卵」。仍以文學院為例，馮沅君、葉聖陶、高亨、王鳳崗、李儒勉、高翰、朱東潤等教授相繼離開了武大，「安徽幫」掌控着武大各院系的大部分實權。朱東潤是 1942 年暑假離開樂山的，行前，他面對着大渡河、烏尤寺、老霄頂大聲吟誦：「萬里西來幾斷腸，一生人海兩茫茫；自甘蠖屈同秦贅，不道鳳衰嗰楚狂。……」[24] 乘船前往重慶的中央大學任教去了。

即便在陳西瀅出國後，他從妻子的來信中仍能品出兩派爭鬥延續的餘味：

> 張挺新近得三十年教書獎金二萬元（看來很多，不過值十石粗米），今年「安徽幫」似乎特別拿這老頭兒做招牌，前幾日替他做三十年紀念大會，很賣氣力。林春猷因未應付好他老人家，竟被臨時開除（張挺壓着不發聘書）……[25]

「湖南幫」仍不甘心，抬出德高望重的楊端六與之抗衡。他們選在楊端六生日那天大造聲勢，想利用「為他做壽在校舉行端六基金儀式，連渝方所捐只到數萬，老吳（吳學義）說都是對方嫉妒在內搗亂，故到的人只有百數，不及張挺卅年教書紀念之小半（他的會到了七八百人）。聞端六事後亦頗不快云云。」[26]

連楊端六的女兒，武大學生楊靜遠都看出其中的「緣由」，她在當天（1943 年 6 月 6 日）的日記中寫道：

> 今天是爹爹的六十壽誕慶祝會，其實他才滿五十八歲。武大畢業同學創設了端六獎學金，大舉募捐，校內於是也響應來這麼一個

慶祝會。我沒去，一則明天考文學史，不考，也不會參加這樣一個半公半私的會。[27]

兩派之爭的風波，不但在武大師生中蔓延，甚至傳導到家眷及社會上。連十四歲的小瀅寫給父親的信中都不加掩飾地表達其不滿：

王倫輩總散謠言說乾爹（指楊端六）怎樣，周鯁生伯伯怎樣，你又怎樣，一會又說你要趕回搶校長，一會又說你們欲作官了。整日的受閒氣，看臉色，而社會上又是如此的黑暗。[28]

「王倫輩」成了王星拱和他的「淮軍」的代名詞。

直到 1941 年初，王星拱以伯樂的眼光終於覓得「良馬」，聘請由川大轉來的教授朱光潛當教務長，這一招收到奇效，用朱光潛的話：「我是皖人而和湘派較友好，王星拱就拉我當教育長來調和內訌。」[29]

朱光潛當教務長兩派都能接受，學生們也都贊成，學校出現了少有的平和景象。只是苦了朱光潛個人，他看到周鯁生、陳西瀅等紛紛去往美國，而自己像個「維持會長」，專門來調解武大兩派矛盾似的。看來此景終非長久之計，他開始考慮到自己的前程。

從朱光潛寫給陳西瀅的信中看出他此時的無奈和迫切想擺脫眼前的尷尬局面，哪怕出國重新當一名「年紀這麼大」的學生：

學校還是在「維持」着，大困難沒有，大希望也沒有。……明年夏天我決意擺脫此間教職，想到美國再讀兩年書。如果謀得官費，最好，否則向［親］戚家挪借，大概不成問題。我的志願是進哈佛聽點哲學和文學課程，另外自己做一點研究工作。如果經濟允許，我還想到牛津去住一年。年紀這麼大，再做學生似乎有點可笑，但我自信假我三年，還可以有一點收穫。我現在要託你的是代我打聽進美國大學有什麼手續。我的證件都丟在北平，如果武大給

我一封證函，能不能拿去申請入學允許證。聽說有入學證才可入境，是否明確？沒有行不行？如必須有，你能否代我申請？在美國過學生生活，每月約費多少美金？有沒有機會做一點合宜的工作（性不相近的工作不願做）？這事務請你勞神，你可以把我的情形和志願和適之先生談一談，看他贊成不贊成。[30]

朱光潛除了當好教務長，還要兼外文系教授，授「英詩」全年課。有一次，教到華茲華斯較長的一首《瑪格麗特的悲苦》，寫一婦女，其獨子出外謀生，七年無音訊。詩人隔着沼澤，每夜聽見她呼喚兒子名字。朱光潛唸到最後兩行：「若有人為我歎息，他們憐憫的是我，不是我的悲苦」時，「取下眼鏡，眼淚流下雙頰，突然把書合上，快步走出教室，留下滿室愕然，卻無人開口說話。」[31] 可以想見朱光潛那時對自己前途的無望、尷尬與觸景生情的悲哀。

朱光潛沒能如願出國緣於他的心臟有問題，醫生告誡他不能高空飛行，但僅憑朱光潛個人要想平息湘皖兩派結成的十餘年宿怨幾乎不可能。

1945 年 6 月 18 日，在政府高層人士與校內「湖南幫」殘留勢力聯袂推動下，教育部以「國立武漢大學校長王星拱因病請辭，擬調任教部工作，所遺校長一缺，擬以周鯁生繼任」一紙呈文，得到蔣介石的批准。

這場「倒王」，在陳西瀅日記中有記載，1945 年 4 月 24 日，陳西瀅接到周鯁生來自美國的電文，說王世杰、杭立武來密電，告知教育部長朱家驊要他回國主持武大。還說胡適和蔣夢麟也勸他回國「接應」。周鯁生本想先參加成立聯合國的舊金山會議，但「驊先（朱家驊）要他不出席即回，別人又勸他出席云云。」[32] 可見此事原與周鯁生並無干係，也看出王世杰等人的作用不可小覷。

1945 年 8 月 8 日，新任校長周鯁生正式到校視事，而事前毫不知情的王星拱只得「因病請辭」，住到峨眉山「調養」去了。王星拱無奈地對友人說：「這事他不當不先告我一聲就調我，我不是不願離開武大，而只是將武大遷回珞珈山，使我做事有始有終，我就如願了，我不是蟬聯

武大。」[33]

此時再說任何話不但顯得多餘，而且蒼白無力。只是言語中的「他」，究竟是指老校長王世杰，還是教育部長朱家驊，也只有對話者自己心知肚明了。

與幾年前周鯁生出走引得「湖南幫」潰敗相類似，在王星拱進入峨眉山報國寺的同時，教務長陶因、總務長徐賢恭、訓導長葉嶠均以課務繁重為由相繼辭職。已經離校多年仍在關注武大的朱東潤評價這次易人：「王星拱辛辛苦苦培植起來的淮軍，現在垮了，還得由湘軍掌握武大的大權。」[34]

這話怎麼聽都有些坐山觀虎鬥的味道。

注釋：

1　蘇雪林：《陳源教授逸事》，摘自張昌華編：《蘇雪林散文》，浙江文藝出版社，2001 年版。

2　章心綽：《武大樂山時見聞》，武漢大學北京老校友會《北京珞珈》編輯部編《珞嘉歲月》，第 654 頁。

3　劉保熙：《從珞珈山到樂山》，陳小瀅講述、高豔華記錄整理：《樂山紀念冊》，第 299 頁，北京：商務印書館，2012 年版。

4　原載陳小從：《圖說義寧陳氏》，第 167 頁，山東畫報出版社，2004 年版。

5　馮沅君：《嘉州烏尤寺》

6　《朱東潤自傳》，東方出版中心，1999 年版。

7　蘇雪林致凌叔華信，1979 年 6 月 30 日（筆者收藏）。

8　吳魯芹：《哭吾師陳通伯先生》，台北《傳記文學》第 16 卷第 6 期。

9　楊靜遠：《讓廬日記》，武漢大學出版社，2003 年版。

10　摘自武漢大學校史館陳列。

11　《王世杰日記》（手稿本）第二冊（民國二十八年一月—民國二十九年十二月），第 75 頁，台北「中央研究院」近代史研究所 1990 年編印發行。

12　《朱東潤自傳》，第 233 頁，東方出版中心，1999 年版。

13　蘇雪林：《任教國立武漢大學》，《浮生九四 —— 雪林回憶錄》，台北三民書局，1993 年版。

14　陳西瀅致胡適信，1930 年 7 月 16 日，《胡適遺稿及祕藏書信》（35）。

15　宋光奎：《珞珈留爪印》，武漢大學北京老校友會、《北京珞珈》編輯部　編《珞嘉歲月》，第 601 頁。

16　吳魯芹：《記珞珈三傑》，楊靜遠編：《飛回的孔雀 —— 袁昌英》，人民文學出版社，2002 年版。

17　蘇雪林致凌叔華信，1950 年 7 月 26 日（筆者收藏）。

18　《王世杰日記》（手稿本）第二冊，第 42 頁。

19　凌叔華致胡適信，1939 年 2 月 1 日，《凌叔華文存（下）》。

20　吳驍、程斯輝：《功蓋珞嘉「一代完人」—— 武漢大學校長王星拱》，內有《武漢大學學生聯名報告該校校長王星拱違法失職各節有關文書》（1941年）。山東教育出版社，2011 年版，

21　《王世杰日記》第二冊，第 83 頁。

22　《竺可楨全集》第 7 卷，第 161 頁。上海科技教育出版社，2005 年版。

23　《朱東潤自傳》。

24　《朱東潤自傳》。

25　凌叔華致陳西瀅信，1943 年 9 月 3 日（筆者收藏）。

26　凌叔華致陳西瀅信，1943 年 6 月 18 日（筆者收藏）。

27　楊靜遠：《讓廬日記》。

28　陳小瀅致陳西瀅信，1944 年 9 月 7 日（陳小瀅收藏）。

29　商金林編：《朱光潛自傳》，江蘇文藝出版社，1980 年版。

30　朱光潛致陳西瀅信，1943 年 7 月（筆者收藏）。

31　齊邦媛：《巨流河》，北京：三聯書店，2010 年版。

32　陳西瀅日記，1945 年 4 月 24 日：「接鯁生電，說接雪艇、立武密電，騮先要他回去，主持武大。適之、夢麟等勸他接應。本定四月回去。金山會議事發生。騮先要他不出席即回。別人又勸他出席云云。」（陳小瀅收藏）。

33　以上文字摘自周邠致馬同勛信，2002 年 6 月 14 日。《功蓋珞嘉「一代完人」—— 武漢大學校長王星拱》，第 539 頁。

34　《朱東潤自傳》，第 281 頁。

凌叔華北上爭家產

　　自武大西遷樂山後，「安徽幫」與「湖南幫」的爭鬥日趨表面化，陳西瀅院長的位子岌岌可危，他回到家裏也並不舒心，母親、阿姊與妻子凌叔華的關係比之文學院更是難以化解，他甚至不知該偏袒哪一方。

　　凌叔華此時也為如何處理婆媳關係而犯愁，加上一個信佛吃素的阿姊，滿眼望去全是陳家門裏的人，自己倒成了外人。這種日子湊合半年一年也就罷了，但抗戰才剛剛開始，何時結束只有天知道。在珞珈山時她還可以「院長太太」自榮，如今這種稱謂也是有一天算一天了。

　　凌叔華絕對忍受不了這遙遙無期的等待，她要想出一個萬全之策：既能及時抽身，又不讓陳家說三道四，要有一個合理的說辭。凌叔華大主意已定，就差一個理由，這個「理由」也就如期而至了。

　　1938 年 11 月，凌叔華接到從上海親戚處轉來北平的電報，稱生母李若蘭病危。作為女兒回家見母親最後一面無可厚非，但要帶上八歲的女兒一同去，問題就出來了。

　　北平是淪陷區，樂山是國統區，交通極不方便，往返通信慢則要一兩個月。若是人員往來，則要經過重慶轉道香港，再乘船到上海轉塘沽，這一趟大約需要幾個月的時間，前提是每個環節都要有熟人相助，若有不慎，拖滯半年也是常有的事。

　　凌叔華這趟旅行不但舟車勞頓，作為女人本身就需要被人照顧，還拖帶一個正讀小學尚未能自理的娃娃，於情於理都說不通。在這個問題上陳

西瀅與凌叔華有過爭論，但顯然未能達成共識，若是加上婆婆與大姑子的幫腔，反倒促成凌叔華非帶走小瀅不可的決心。

帶上女兒是有些累贅，凌叔華不會不知道，但小瀅是她此行不可或缺的「理由」，這也是多年後小瀅一點點品出來的，每當父母起爭執時，母親總是拿小瀅「說事兒」。可當時，一切都由母親掌控，她對這個家已經沒有什麼可留戀的，甚至不再打算回來。

大人之間的糾葛孩子是不知道的。在小瀅眼裏，這倒是一次難以忘懷的旅行，即便到老，一談起這神奇的旅行，許多細節還歷歷在目。

首先乘坐的交通工具是一架水上飛機，當地人沒有見過這類東西，也有叫它飛艇的。小瀅還記得飛機停在河中央一塊裸露的沙灘，說明雨季尚未來臨，否則早已河水湍急，登飛機便不是一件容易的事了。飛機上只有她們母女二人，幾乎和駕駛員一樣多，這讓她不可思議，母親的本事實在太大了，這等同於「專機」。此時的小瀅倒還不懂得優越感，只是覺得新鮮、好玩。

童年的陳小瀅

飛機直抵重慶，有在政府部門工作的二叔陳洪接應，並順利登上南下香港的飛機。在香港等待船期的那段日子，小瀅和母親住在王雲槐的親戚家，他親戚在港經商，生活還算寬裕。過了一段時間，她們便登上北去上海再轉換去塘沽的輪船，那時，已是來年（1939 年）的早春時節了。

凌叔華乘船到塘沽算是進入了淪陷區。一下船，小瀅便緊張得要命，因為這是她第一次見到日本兵，兩排士兵手持「三八大蓋」，明晃晃的刺刀讓人眼暈。一個軍官模樣的人走來走去，所有旅客自覺將行李打開接受檢查。小瀅拚命揪着母親的衣服，躲在她的身後，腦海裏閃現着學校老師在課堂上講述的鬼子兵、狼狗、刺刀⋯⋯

輪到檢查母親了，小瀅的心都提到嗓子眼兒了，但看到母親面目表情泰然自若。她打開皮箱，都是一些衣什雜物，最上面擺放着一封信。軍官把信匆匆看了一遍，突然一個立正，行了一個軍禮，兩排手持「三八大蓋」的士兵也立正站好，點頭致意，嘴上不知說着什麼，但意思是可以通過了。小瀅完全驚呆了，不知道母親何來如此的神通，居然讓不可一世的日本兵在她面前行禮。[1]

很快到了北平的外婆家，説是「奔喪」，小瀅既沒有看到逝去的外婆，也沒有看到棺材，甚至沒有舉行任何儀式，她感覺不到悲哀的氣氛。

院子裏停放一輛紅色的小自行車，上面插着兩面旗子，一面是日本國旗，一面是「滿洲國」國旗，聽母親講這是她的日本朋友松岡洋右特地送給小瀅的禮物。從那時起這個名字永遠記在小瀅的腦海裏，連同塘沽過關的一幕，她憑直覺母親和日本人關係不一般。當然母親也講過，她早年曾兩度在日本生活過，或許有些朋友。

直到晚年小瀅才知道，塘沽的日本軍官被嚇成那個樣子，正因他所看到的是松岡洋右 1923 年在北京飯店寫給凌叔華的信。

從 1923 到 1939 年，相隔十六年，此時的松岡非彼時的松岡，他早已是日本民眾心目中的「國民英雄」。1930 年松岡出版他的「傾心」之作 ——《興亞之大業》，書中說日本大和民族的使命就是挽救人類，日本就是「東亞新秩序的領導者」「『大東亞共榮圈』實際上的盟主」。

1931 年，松岡洋右又出版了《動亂之滿蒙》，書中首次提出：「滿蒙不僅在我國的國防上，就是經濟上，也可以說是我國的生命線。」

也就是這一年，日本關東軍打着「保護日本生命線」的旗號，發動九一八事變，佔領了中國東北。當國際聯盟於 1933 年 2 月 24 日作出決定，對日本扶植下的「滿洲國」，「不給於事實上或法律上的承認」。作為出席「國聯」的日本全權代表松岡洋右立即宣讀退出「國聯」的宣言書，之後趾高氣揚地離開了會場。他隨後去了意大利，見到了心中的偶像 —— 法西斯黨魁墨索里尼。

當松岡回到日本，《東京日日新聞》發表了《歡迎松岡全權代表》的長篇文章，讚揚他是「凱旋將軍」。其他各報也都把松岡捧為「國民英雄」，並把松岡退出「國聯」的行動稱為日本「自由外交的里程碑」。

弄清楚剩下的線索應該是研究者的事了。那時的陳小瀅實在太小，除了知道幾個日本人的名字，她甚至沒有見過松岡。來得最多的是宇佐美和阿部，但他們似乎都在執行松岡的指令，不管是問候或是託帶東西，前面都要加上松岡的名字。

令人費解的是，這十六年間凌叔華與松岡的關係一直沒有間斷，即便中間橫插一個英國戀人朱利安・貝爾。若不是凌叔華自己有意「暴露」，她與松岡交往之事必定是椿死案，永遠石沉大海。

其實，還有許多是小瀅根本不知道的。此時的松岡已是滿鐵第十三任總裁，在他的任內，滿鐵大調查部的情報網遍及中國，甚至在國外都設有分支機構，應該說凌叔華與松岡之間的聯繫是暢通的。

這裏，筆者僅以法國駐華武官卡瑟維爾少校於 1931 年 7 月 1 日寫給法國國防部的信為例，其中涉及日本在華情報業務的內容：

> 日本人傲慢、多疑且吝嗇，對歐洲人不信任，熱衷於間諜活動，又善於說謊。日本的軍官都是流水線製造下來的，都具有上述所有缺點，他們卻認為這是自己民族的優點。……日本在華情報業務十分發達，幾乎每一個在華的日本人都是日本的間諜特工。[2]

此話雖然有些偏頗，但是當時日本間諜在華活動之猖獗，卻是不可否認的事實。

凌叔華回到北平已是春季，路途耗費了三四個月。母親李若蘭已長眠柏木棺中三月有餘，喪事早已了結，甩給她的是一屁股債務。

按照中國傳統做法，「有錢出錢，有力出力」，既然母親病重和去世期間，作為女兒凌叔華沒有盡到孝道，那負責償還債務的重任就擺在凌叔華面前。

此時松岡伸出了援手：

> 得知山口先生已將你急需的令堂喪葬錢帶給了你，我很高興。等你有能力還了，再通過山口先生把錢給我，不要着急，何時都可以。[3]

凌叔華欣然接受，照單全收。她按照自己設計的「路線圖」，先將屬於自己名下的史家胡同甲五十四號十九間房出租給宇佐美的公司（滿鐵株式會社駐華北的分支機構），用於職工家屬的住房，自己搬到了海淀區冰窖十一號[4]，以此堵住各房之口。當然用租金償還喪葬欠款，顯然杯水車薪，無濟於事，但她的姿態是做足了。

第二步，將乾麵胡同父親凌福彭（凌福彭已於 1931 年病逝於廣東番禺）留下的七十多間房，連房帶院一次性賣給滿鐵總部，所得款項除了還喪葬的虧欠外，自己和其他各房一樣，平等分得一份遺產。這就是凌叔華念念不忘的，如她寫給朱利安信中所講的，「我必須努力爭取我父親遺產裏我應得的份額」，如今這項行動開始實施了。

松岡的借款似乎是在配合凌叔華的行動，他看中凌福彭的套院，以「還債」的名義迫其就範，又使凌叔華個人得到比她預想更多的實惠。只不過這一次凌叔華「動靜」有些大，凌叔華與家族的「戰爭」拉開了帷幕。

凌叔華這兩步險棋被各房識破了。首先凌福彭有五位夫人，十五個子嗣。史家胡同甲五十四號院的十九間房，外帶一個花園，早在 1925 年

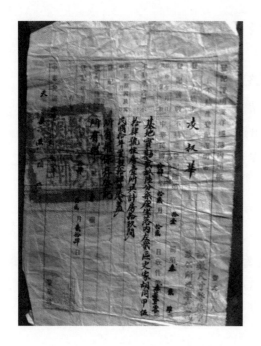

史家胡同 54 號房契

底，凌叔華和陳西瀅結婚之前就已過戶到凌的名下。有《不動產登記證明書》為證：「基地實勘貳畝陸分柒厘，坐落內左貳區史家胡同甲伍拾肆號，住房壹所共計房拾玖間。」時間為中華民國十四年 12 月 24 日（1925 年 12 月 25 日），[5]可見那已是財產，並非遺產。

其他太太和她們的孩子都沒有這個福分，都還住在乾麵胡同的老宅。逝去的原配夫人、李若蘭和妹妹凌淑浩（遠嫁美國）不在分配名單。

凌叔華盤算着讓各房自己想辦法先行解決住所，等房款到手後再按繼承關係逐一分配。這是凌叔華的一廂情願，各房卻不這麼看。李若蘭的去世，家人上下都出了力，而且喪事辦得風光、妥帖，無可挑剔。凌叔華不遠千里奔喪，家人為的是讓她想辦法籌錢彌補虧欠，不承想她出了這麼個主意，反倒讓各房有家難回。

明眼人都看出凌叔華的「算盤經」，若要真心彌補虧欠，何不賣掉屬於自己的房產？但各房知道買主是日本人，也清楚凌叔華和他們非同一般的關係。當今，整個北平是日本人的天下，這個啞巴虧只能往肚裏嚥，於是他們推舉一位代表與凌叔華談判。

　　誰是合適人選？自然是李若蘭的大女兒凌淑芝，在諸位子嗣中她排行老五，小瀅通常叫她五姨。五姨與凌叔華乃同胞姊妹，也在被「攆」之列，各房認為她出面最合適，說輕說重都無妨，況且在利益面前，手足之情就顯得不那麼重要了。

　　果然，談判才剛剛開始，雙方就怒不可遏地幹起仗來，分歧點在於房地產的出讓價格。凌淑芝代表各房找到的買主出價十萬大洋，言稱一次性付款。凌叔華沒有同意，她堅持以八萬大洋低價賣給滿鐵，並且拒絕說出理由。[6]

　　「戰鬥」在所難免，場面還是讓小瀅看到了：五姨手拿菜刀要與母親搏命，後經眾人勸阻，母親半點沒傷着，倒是把小瀅嚇得夠嗆，躲在紫檀桌下瑟瑟發抖，事完許久都不肯出來。[7]

　　凌叔華放着多出二萬元的巨款不要，偏偏要低價出售，這個理放在哪兒也繞不過去，可她偏偏在這個問題上三緘其口，就無怪乎族人的群情激奮了。

　　筆者還是從松岡寫給凌叔華的信中找到了答案。

　　　　明天，宇佐美先生就要離開東京了。昨天在餐館吃午飯時，我偶然又遇到了他。他回北平後，會交給你一筆錢。這筆錢完全是給你個人的，是我送你的禮物，自然不用還我。無論何時，你若手頭拮据，請一定讓我知道，你可以直接告訴我，或者通過宇佐美、山口或者牛島。昨天我還收到了一封來自山口的信，信中通報了執行我要求的情況。[8]

　　這封信很值得玩味。松岡送去了兩筆錢，第一筆是「急需的令堂喪葬錢」，是要還的；第二筆錢是作為禮物贈送凌叔華個人的，「自然不用還」。這多少有些蹊蹺，松岡完全可以贈送一筆錢作為凌家的急需之用，既可顯示自己雪中送炭的誠意，又可省下第二筆錢，而意義完全相同。

　　松岡送給凌多少錢和凌將父宅以八萬元售與滿鐵，自己又能從分給各

房的份額中得到多少錢，中間的利差只有凌叔華本人知道。當然，看懂了這封信，也就看懂了凌叔華與松岡的這場「雙簧戲」。和十六年前一樣，二人的「心理感應」（松岡之語）又一次結合得如此之密。

結局不出所料，凌叔華勝了，雖然有些勝之不武。各房代表在房契上簽名、畫押，隨之找房子、搬家、分財產，忙得昏天黑地，凌叔華成了最大的贏家。

我們從凌淑芝寫給十四妹凌淑浩的信裏，可看出這場鬧劇的大致輪廓，全信充滿了對十妹（凌叔華）的控訴：

> 先忙於辦先母葬山事，又受十妹迫我搬家，終日往各處找房子，均找不得一間。可是彼終日用手段擠我，甚是難堪之極。想不到他如此深的學問，不念親情……如此下毒手，真令人不服。姊意如他再如此相迫，只有到公堂講理了。[9]

這封信很快由嫁到美國的凌淑浩轉給了凌叔華，這讓叔華很擔憂，信中發出了威脅的信號——「姊也想拿相當手段報他的。」

凌淑芝「揮菜刀」一幕，已讓凌叔華有些膽顫，加上再有一個鐵路當局長的姐夫撐腰，凌叔華不得不為自己的身家性命考慮了。當年凌福彭挑選了清廷委派出洋考察五大臣之一戴鴻慈的兒子當凌淑芝夫君，如今這個姐夫也混出個人樣，出行時身邊的隨從前呼後應，好不神氣。

凌叔華把這家長里短的瑣事告訴松岡，松岡於 1940 年 6 月 12 日回覆了她：

> 我完全理解你為什麼不願對宇佐美或其他人吐露那件牽扯到你親戚的事。但我離你如此遙遠，幫不上什麼忙。所以還是不要瞞着宇佐美了吧，向他諮詢一下。就把他當作我，你完全可以信任他。告訴他，是我回信要你這麼做的，如果你願意的話，還可以把這封信拿給他看。他會照顧你們，你絲毫不用擔心你的姐夫，如果他真是——！[10]

以松岡當時的地位，無論是淪陷區的中國百姓還是駐紮當地的日本憲兵，一個驚歎號足矣，無需再說什麼。

凌叔華這次回到北平，史家胡同凌宅門前人來人往，熱鬧非凡。來訪者不僅有家族之人，親朋好友，還有宇佐美、阿部這樣的日本「朋友」和奉命保護凌叔華人身安全的日本憲兵，這些人同時出現在凌宅的幾率很大，她如何向外人解釋，曾是筆者困惑的事。

二十世紀八十年代，台北作家鄭麗園在英倫八訪凌叔華，筆者看到凌與鄭的對話，才搞清楚當年凌叔華是如何向外人解釋清楚，並使自己全身而退的。她把自己與日本人有染之事一股腦兒全推到了八竿子打不着的丈夫陳西瀅身上：

（陳西瀅）他在重慶為中央日報猛寫罵日本的文章，這些社論很受人注意。陳先生善於用犀利的字句批評時勢，所以他很過癮，可把我害慘了。因為當時我回北平替母親辦喪事，我三番兩次囑他以筆名發表，他就是不聽，結果害我在北平一年時間，日本北平特務、憲兵等，不時探問我回北平的真實目的，還要我寫信給陳先生叫他來北平……反正惹了不少麻煩！[11]

有了松岡的承諾，又有了說得過去的「理由」，此時的凌叔華心裏得到最大的滿足。她眼中的松岡已不是十七年前的官銜，再過半個月，他將出任日本國外務大臣。

注釋：

1　根據陳小瀅口述錄音。

2　孫有晉、朱曉明：《30年代日本在華的情報業務》，摘自《國家人文歷史》第17期。

3　松岡洋右致凌叔華信，1939 年 8 月 25 日（筆者收藏）。

4　1939 年 8 月 19 日松岡洋右致凌叔華信的地址：「中華民國北京東城史家胡同甲五十四號陳夫人凌唐女史親剪（航空）。」1939 年 8 月 25 日松岡致凌的信，地址：「中華民國北京東城燈市口七十一號孫文雪女士轉交陳夫人凌唐女史親剪。」兩封信間隔 6 天，期間，凌叔華剛剛搬到海淀冰窖 11 號（筆者收藏）。

5　根據《不動產登記證明書》（陳小瀅收藏）。

6　凌淑芝致凌淑浩信，1939 年 8 月 16 日（筆者收藏）。

7　根據陳小瀅口述錄音。

8　松岡洋右致凌叔華信，1939 年 8 月 25 日（筆者收藏）。

9　凌淑芝致凌淑浩信，1939 年 8 月 16 日（筆者收藏）。

10　松岡洋右致凌叔華信，1940 年 6 月 12 日（筆者收藏）。

11　鄭麗園：《如夢如歌 —— 英倫八訪文壇耆宿凌叔華》，台北《聯合報》1987 年 5 月 6 日。

樂山轟炸：八一九慘案

　　凌叔華帶着小瀅離開樂山，婆媳之間的矛盾暫時得到緩解。陳西瀅掐指一算她們走了已有八九個月了，雖然從信中已得知老太太的葬禮辦得很妥帖，小瀅也很順利地上了學，但他思念女兒的心情有增無已。可惜小瀅還太小，他寫的信女兒還看不懂。直到小瀅上了中學，那時陳西瀅已到美國、英國任職，其間父女倆的通信已足足可以編成一部《家書》了。

　　1939 年 8 月 19 日，樂山雖已進入秋季，但「秋老虎」的威力一點兒不減，連續十幾天豔陽高照，不見一抹浮雲。這個時期是西陲最乾燥的季節。在郊外半邊街的陳宅仍像往常一樣，靜悄悄的。隨着凌叔華離去，家裏的「冷戰」氣氛以及陳西瀅在三個女人之間受的「夾板氣」頓時化為烏有。

　　陳母的心態漸漸趨於平和但又略帶一絲遺憾，凌叔華帶走了小瀅，同時也就帶走了祖母與孫女間割捨不斷的親情，往日的「隔代親」就此劃上了句號。待到小瀅再次回到樂山，奶奶已經駕鶴西歸，小瀅隨着母親在北平與樂山之間往返，既沒有見到外婆，也沒能最後伴隨祖母一程。當然小瀅還小，她自己未必有那麼多的感受，但對於兩位老人，在世之日雖然嘴上不說，心中的遺憾是顯而易見的。

　　陳西瀅自從去年聘請葉聖陶來執教和整頓中文系，教師和同學們反響極好，許多青年教師原以為來到大後方只是權宜之計，說不定哪一天班師回朝了。但看看戰爭遙遙無期，遠沒有停下來的可能，也都沉下心來，寫

書的寫書，搞研究的搞研究了。

離秋季開學還有半個月，陳西瀅難得有閒心，約上朱東潤一起遊峨眉山。那時上山的交通工具只有滑竿，他倆在峨眉縣城住了一晚，次日上山。因心情格外舒暢，玩得盡興，又在牛心石、洗象池各住了一宿，直到8月19日他倆下山，步行走到峨眉縣城時，朱東潤聽到一陣轟鳴聲，抬頭眼望，天空掠過三四十架飛機向西飛去。

陳宅裏，只有傭人陳媽陪着陳母在家，因天氣格外晴朗，大姊午後端着一大盆衣服到河邊去洗。本來這些瑣碎事應該由陳媽來幹，但是大姊總覺得貼身衣物還是自己洗得放心，這是多年養成的習慣。

武大遷到樂山，給這個寂靜的小城帶來了生機，一下子湧出那麼多的文化人，教師們穿着長袍，夾着書本，學生們男男女女，有說有笑，讓「半開化」的村民（凌叔華語）感到既驚奇又新鮮。這裏是三等縣城，既無駐軍，又不設防，若不是位於岷江邊上的那尊大佛和不遠處有座峨眉山，這個西陲小城斷難被世人記住。

但這一天，它被全世界人民記住了。

午飯前後，防空警報響起，人們都感到詫異，這景象發生在陪都重慶不足為奇，在樂山還是頭一遭，或許又像之前搞過的防空演習也未可知，所以誰都沒當回事。

蘇雪林正在陝西街「讓廬」——她的家裏，躺在榻上邊看着《大風》旬刊，邊思忖着午飯吃啥。遠處傳來飛機的轟鳴聲，她斜眼瞟了一眼窗外，一架銀色飛機自南飛來，在小城上空盤旋幾周後向東飛去。轉瞬間，機聲隆隆，由遠而近，共三十六架飛機成梯隊編制撲面而來。

起初，人們還以為是國軍的「神鷹隊」過境，一些人甚至歡呼雀躍，搖動着手中衣帽向戰機致意。然而，黑壓壓的燃燒彈從天而降，飛機以城區的商業中心和旺地土橋街為目標，進行了閃電般的轟炸，人們的期望破滅了。

人群四處奔跑，尋找一切可以躲避的地方，撕心裂肺的哭喊呼救聲像怒潮般，一浪高過一浪，漸漸消失在騰空而起的火焰之中。街口的防

火水缸深二米，許多人為了躲避轟炸，紛紛跳進去，結果被燃燒彈活活「煮」死。

武大在日機的轟炸中損失慘重，一枚炸彈正落在位於土橋街的武大第二男生宿舍，六名學生二名工友罹難，七十餘名師生被炸傷，二十多戶教職員工家庭被毀。此次日機轟炸，投擲炸彈幾十枚，重點是土橋街的銀行所在地，投擲燃燒彈百餘枚，都落在了繁華的市區，以校場壩、東大街、土橋街一帶為最，相對而言，玉堂街、鼓樓街一帶傷亡還算少的。

但也有例外。這個例外偏偏讓周鯁生、楊端六和劉南陔三家趕上了。他們租賃的宅院是鼓樓街上最氣派的，縱向很深，院落很大。由於周鯁生借調到重慶工作，家人大都住在重慶，只留一個上中學的兒子周元松在家，房內存放一些書籍和不常用的雜物。陳西瀅家也早早搬到了半邊街，供四家使用的院子，如今只住兩家，應該說相當寬裕。

此院原是富裕人家居住，其標誌是院落兩側和北面壘砌了高高的封火牆，即便左右鄰居失火，也絕對不會殃及自己。這種建築樣式流行於明清兩朝，多見於四川的大戶人家和外省駐川的會館。

災難偏偏出在這三堵封火牆上。當空襲警報響徹樂山上空時，三家都有足夠的時間躲避。楊端六袁昌英一家五口正在吃飯，聽到警報，放下飯碗，跑進院內自建的防空洞。防空洞雖建在半地下，屬於木質結構，但是它的周圍以及上面堆着厚厚的沙袋，臨時躲避應該不成問題，不一會兒劉家母女倆，周鯁生的兒子周元松也躲了進來。

可是日機投擲的除了炸彈還有燃燒彈，它的威力恰恰在於燃起的熊熊烈火。火借風勢，風助火威，沒過多久，大家都被從外面飄進來的濃煙嗆得不行，即便用毛巾捂住口鼻，仍無濟於事，大夥兒的呼吸頓時急促起來。還是周元松大吼一聲：逃命吧，向北去，不然全被燒死。他背起楊端六八十多歲的母親衝在前面，楊端六從屋裏搶出部分《貨幣與銀行》手稿與夫人袁昌英緊隨其後，女兒楊靜遠領着弟弟夾在中間，劉南陔的夫人拉着女兒劉保熙斷後，他們向文廟方向跑去，與當時的代理校長劉南陔匯合。周元松等眾人跑出院子，還不忘將大門帶上。

　　街上到處是濃煙、烈火，大地被烤得發燙，到處是燒焦的人形。劉保熙看到一顆人頭掛在樹上，沒有了下身；有許多都是缺胳膊少腿；人形都是小小的，以為是兒童，還要上前看個仔細，卻被母親攔住：「不許看，人被燒後都會縮小，快跑吧，否則我們也是這副樣子。」

　　跑到文廟見到現場忙碌的劉南陔，大家抱頭痛哭。當晚幾家人借宿在余熾昌家。以楊端六家最為困難，人口多，老的老，小的小，當初跑出來時只帶了一條掩口鼻的毛巾，其他便一無所有了，大家只希望明日早點返回鼓樓街。

　　第二天濛濛亮，大約五時光景，三家人迫不及待返回鼓樓街，眼前的慘相讓他們驚呆了。

　　院內夷為平地，不見任何一米以上的物件，不管是建築或是樹木。大地還在散發着熱氣，一枚尚未爆炸的炸彈直挺挺插在廁所的糞坑旁，東西兩側的封火牆已經癱塌，只剩北面尚完好。奇怪的是，在一牆之隔的北邊，幾乎沒有受到損失。

　　原來昨天午時，三家人出逃後，從東南方向燃燒的大火湧進了正門，又被三面封火牆阻擋，沒有其他出路，烈火又調轉過頭，反覆肆虐地燃燒院內一切可燃物體，直到殆盡。

　　面對慘景，大人們抱頭痛哭。正像南方諺語所説：「強盜搶，三回不得窮；天火燒，一場叫你空又空！」

　　劉保熙看到母親在自家的廢墟中撿到兩隻戒指，一個手鐲，一對耳環，她知道那是父母結婚的紀念物；自己則拾起一塊彈片攥在手裏，為的是記住仇恨。還有比他們來得更早的，楊端六家的保姆已經先來一步，將廢墟中袁昌英的首飾據為己有。

　　劉保熙看到周鯁生家，房子已不復存在，卻在廢墟中看到排列整齊的外文書，雖然通體黝黑，但看上去完好如初，甚至最小的一行字母都清晰可見，硬殼書的書脊與邊緣輪廓碼放有序地矗立在那裏，她驚異極了，這可是周伯伯留學海外省吃儉用一本一本積攢出來的，難道是劫後餘存嗎？劉保熙上前，手一觸，「書山」轟然倒塌，地上一堆黑色的粉末。[1]

現在想起，若不是周元松當機立斷讓大家撤出，後果更加不堪想象，這也算是不幸中的萬幸。正像劉南陔對女兒所說：「只要人在，人平安，人可以創造一切！」[2]

日軍戰機僅僅幾分鐘的狂轟濫炸，樂山縣城被毀街道達二十七條，佔全城的四分之三，二千零五十戶人家被炸，死亡四千餘人，重傷一千餘人，三千五百幢房子夷為瓦礫。

武大教職員工和學生，死亡十五人，全部財產損失者二十餘家。「最可惜的，是同仁二三十年來所蒐集之教材，所抄錄之筆記，未殺青之文稿，珍罕之書籍，現也一下子都隨劫灰而俱盡。」[3]

上個月剛剛離校的女作家馮沅君，在雲南的中山大學聽到此訊，幾乎不相信自己的耳朵，僅僅半年前她遊烏尤寺的情景還歷歷在目。她憤然寫詩傾訴：「灘聲日夜蕩離堆，採石江邊知幾回？誰道年時遊賞地，而今城郭半成灰。」

「大火之後第三日縣政府召集人夫開始挖掘死屍，用滑竿扛到城外掩埋。屍體有整個的，有半截的，有僅剩一隻大腿、一隻臂膀的，有頭顱燒去、身體尚全的。有四肢皆無僅剩腹部一段的，有焦黑皮膚綻出紅肉的，有腸子拖在肚子外面碧血直流的，奇形怪狀，目不忍睹。那比較完整的屍體，都舞手紮腳，咬牙睜眼，表示臨死前那一刹那尚在掙扎求生和忍受殘酷痛苦的烹煎直到最後的姿態。」[4]這是蘇雪林目睹這場慘劇後，在《樂山慘炸身歷記》中講述的實情。

楊靜遠後來回憶：「一連好幾天，我站在高西門邊看抬死人。人們用滑竿抬着燒焦的死屍出城掩埋，從早到晚，絡繹不絕。按當地風俗，活人乘滑竿是腳朝前，死人則是頭朝前，據說這樣可以防止他再走回來。」[5]

人們不禁要問，對於毫無設防的邊陲小城，日軍為何要起殺心？日本新聞報道中是這樣分析的：「嘉定（樂山）被認為是繼重慶之後，國民政府的最後避難地，是加緊遷都準備之所。此次轟炸嘉定與之前的轟炸成都一樣，是表明我軍決不讓已在四川無處容身的蔣介石從我猛鷙的羽翼下逃脫之決心的戰役。」

何以證明樂山是「國民政府的最後避難地」？日本《東京朝日新聞》第二版刊登「捷報」《嘉定初空襲》：「空襲隊沿峨眉山周邊悠悠低空偵察飛行約三十分鐘，此時發現附近三隻大型運輸飛行艇正在飛行，確認是蔣介石以下重要政府官員乘坐的飛行艇，於是立即對它進行攻擊。可惜被逃脫了，令我們的勇士切齒扼腕歎息。」日本諜報人員是根據樂山與重慶往來的水上飛機判定的。因為只能乘坐幾個人的飛機，不是特殊人物是享用不起的。

轟炸的第二天（昭和十四年 8 月 20 日），東京《日日新聞》，詳細記錄了日軍川野特派員所寫「海鷲 —— 嘉定初空襲和峨眉山上威壓飛行」的現場報道：「19 日午後，我海軍航空隊對四川省大後方嘉定進行了首次大規模的轟炸。對多數軍事設施，當前正在積極建設中的政府諸機關進行了猛烈轟炸，取得了輝煌的戰果。敵人倉皇失措並無抵抗，我軍機的炮彈悉數命中市街的軍事設施，十餘處火光沖天，嘉定市內一片火海，附近的道格拉斯軍機和大型飛行艇也倉皇逃竄。我軍機掉轉機頭向抗日政府要人別墅所在地的峨眉山方向發動了威壓飛行，全機無傷亡返回。」[6]

川野筆下的「大型飛行艇」就是凌叔華母女倆乘坐的水上飛機，因樂山沒有機場，到重慶的陸路交通十分不便，這種水上飛機多用於郵政方面。

當然，通過關係，搭個「順風機」也是常有的事，凌叔華母女倆並不是唯一的「乘客」。1938 年朱東潤接到學校轉來的電報，告知武大西遷樂山一事，讓他務必來年 1 月 15 日趕到學校復課。家住江蘇泰興的朱東潤走上海乘輪渡到香港，轉道越南，再經雲貴到重慶時已是來年的 1 月 8 日了，那時再想買去樂山的車票已無可能，只好花高價一百二十元，坐了回水上飛機。

另外在抗戰期間，大後方建有許多軍需工廠，這本來是正常的也是必須的。陳西瀅去美國假道印度加爾各答時，偶遇老友周君梅夫婦正在「為印度政府辦一織綢廠，專門織降落傘所用的綢子，他在昆明本來即辦這樣的廠，樂山降落傘廠所用綢一部分即由他們供給。」[7] 或許這些所謂的「證

據」都成了日軍轟炸的理由。

　　日機轟炸樂山時，尚在半邊街的陳母、陳媽正在吃飯。由於住在城外，陳家受到的損失比之楊端六、劉南陔、周鯁生家要小得多。令人不可思議的是，轟炸時大姊恰在河邊洗衣服，愛犬「小黑」不停地狂吠，並執着地咬着大姊的衣襟往家的方向拖。大姊平安了，「小黑」被轟炸時亂竄的汽車碾死在路上。小瀅接到父親的信，為「小黑」的死難過了很久很久。[8]

注釋：

1　根據劉保熙談話錄音，2012 年 10 月 3 日。

2　劉保熙：《日本轟炸樂山的記憶》，載《樂山紀念冊》。

3　蘇雪林：《樂山慘炸身歷記》，此文被發現於美國北卡羅來納大學圖書館。

4　蘇雪林：《樂山慘炸身歷記》。

5　楊靜遠：《我所經歷的 1939 年樂山大轟炸》，《武大校友通訊》，2008 年第 1 期。

6　日本《日日新聞》1939 年 8 月 20 日報道。

7　陳西瀅日記，1943 年 3 月 27 日於印度加爾各答（陳小瀅收藏）。

8　陳小瀅 2012 年 12 月 4 日電話記錄。

凌叔華舊情未了

1939 年樂山發生的八一九慘案震驚了全國，也震驚了世界。人們為遭到日機轟炸慘死的平民百姓悲哀，同時也為日軍的暴行憤怒。在北平奔喪的凌叔華幸運逃過一劫，但她無法知道遠在樂山的丈夫及一家人的命運。無論是電報或通信，對於淪陷區和國統區，如同兩個世界，此刻都顯得無能為力。六天後倒是松岡洋右最先寫來一封安慰信：

> 當從我們報紙上讀到大規模轟炸嘉定的消息時，我為你丈夫和他全家的命運感到擔心。我只希望能有最好的結果。我親愛的孩子，我的確贊同你的看法，但戰爭就是戰爭，而且現代戰爭是有史以來所策劃實施的最野蠻殘忍的大屠殺。人類的道德感在削弱，至少從孔子、釋迦牟尼或者耶穌的時代起就絲毫未曾進步過。然而最近五十年裏科學卻在突飛猛進的發展。大量科學彼此結合被應用於製造破壞性工具上。在人類歷史上，人們（充其量不過是最無良心、道德的動物！）首次使用了最強大、殘酷、甚至可以毀滅他們自己的武器！我們要去自殺嗎？沒有一種方法能阻止這種結果發生嗎？我們能否用某種方式將道德水平提升到至少能和當代科學水平相匹配的高度？[1]

信寫得鏗鏘有力，近似於社論，好像犯下轟炸樂山暴行的不是日本帝

國的空軍而是別人。當然，松岡此次去信不單單是為了安撫凌叔華，重要的是回覆凌叔華於 8 月 21、22 日兩次寫給松岡的信。

凌叔華對松岡說了些什麼？筆者試圖從日本山口縣松岡洋右紀念館找到當年凌叔華寫給松岡的信，希望復原當時的情景，卻一無所獲。但是我們仍能從松岡的回信中清楚地看出凌叔華寫給松岡信的主要內容。

凌叔華的信是 8 月 21 日發出，應該是 20 日寫的，主要是回覆松岡 19 日的來信和感謝他派人送來急需的喪葬錢。寫信時，八一九慘案正在發生，但消息尚未傳到北平，或者說信息尚不明朗。但事隔一天，有關慘案發生的真相、各報譴責之聲便撲面而來。

凌叔華在 22 日又寫給松岡一信，她或許為慘案的發生感到震驚；為遠在國統區的丈夫及家人生死未卜感到擔憂；為日軍轟炸毫無軍事設施的城鎮感到不解；為世界上戰事頻仍，人類為什麼要相互殘殺感到困惑，等等。

對此，把自己當作「局外人」的松岡，回信時只能無奈地表示對於凌叔華家人「希望能有最好的結果」。他雖然敷衍地表示贊同凌叔華的某些觀點，「但戰爭就是戰爭」，日本與中國是敵國，一旦開戰，以松岡的立場，使用什麼方式便不那麼重要了。

當然，凌叔華迫不及待地補上第二封信，也絕不是單單為譴責日軍犯下的滔天暴行，她或許還沒有這麼堅定的正義感和愛國心，甚至比不了在樂山的當事者蘇雪林。

蘇雪林身臨其境，面對日機的轟炸，她長歌當哭，短歌代泣：

這是煉獄最後的一把火了，酷烈無比也壯麗無比的一把火。它燒去了我們的書籍、文稿、衣服、床帳，叫我們全成了才落地的嬰兒，件件都要從頭辦起⋯⋯大家穿起了手縫的土布衣服，吃飯用的是粗陶瓷，住的是茅草蓋的屋。但我們的生活雖極其簡陋，精神反比以前更健旺，更堅實了，因為從前我們還免不了要做物質的奴隸，現在我們都成了物質的主人了。我們可以挺起腰，向自由的天地深深呼一口氣了。⋯⋯我們現在要盡心竭力教育後一代人，叫他

們永遠記着這血海的深仇，向狂暴的侵略者結算最後一筆賬，若是環境不許我們再活下去，將孩子託給保育院讓國家去教養，先生拿起槍上前線，太太加入救護隊，有什麼大不了的事？[2]

比起蘇雪林將生死置之度外，凌叔華反倒希望松岡為了孩子的安全着想，把她們母女倆接到日本。

這個想法應該在樂山時就有了，這也是凌叔華一定要帶走女兒的緣由。但過早地提出，她感覺理由還不那麼充分，自己的底氣也不那麼足。

八一九大轟炸或許是個「藉口」，凌叔華認為此時向松岡提出去日本的勝算極大，過了氣兒，會有時過境遷的感覺。她甚至顧左右而言他，提出：要麼回四川和丈夫家人在一起，同生死共存亡；要麼去上海，那裏租界區多，或許安全些。但凌叔華真實的想法 ── 到日本去，到交戰國躲避戰亂反倒是最安全的選項。

松岡婉拒了：

　　我很想把你和你的孩子接到東京，和我們住得近一些，直到時局好轉，你可以同丈夫重聚。但這樣會引得蔣介石陣營懷疑你丈夫和你的忠誠，甚至可能會給陳先生和他的家庭帶來滅頂之災。我不願這樣的事發生。你們為什麼不能留在北京呢？宇佐美和其他人可以替我照顧你們。不，在現在這種情況下，你們不能回四川。而且我懷疑去上海能否算是一個明智的選擇。不管怎樣，請就此事充分、誠懇地諮詢宇佐美和江藤先生（如果他們去你那兒），並且告訴我你最後的決定。我將為你和你的孩子盡我所能。[3]

的確，凌叔華的過分要求讓松岡吃了一驚，他或許覺得凌叔華為了孩子的安全可以不管不顧是一種母愛的表示。他有必要讓凌叔華冷靜下來，向她解釋這樣做會帶來什麼後果，自己名聲掃地不說，還危及丈夫一家的生命安全。

　　自從 1928 年，松岡在日本結識了陳西瀅，兩個人聊天的深度、廣度不是凌叔華所能比的。對此，松岡把陳西瀅當作朋友，他當然會想到陳的處境。在松岡的思維邏輯中，戰爭是國與國之間的事，朋友是個人之間的事，他不能（或不願）阻止戰爭的爆發，並不等於他不能（或不願）利用手中的權力為朋友排憂解難，哪怕是敵對國的朋友，這也是在後來的幾封回信中，松岡都談到陳西瀅的原因。

　　凌叔華何嘗不知道「滅頂之災」意味着什麼，松岡很委婉地沒有説出「漢奸」這個詞，凌叔華當然知道這頂「帽子」的份量，她的恩師周作人不就頂着這「帽子」在給汪偽政權做事嗎？

　　如果説周作人一開始就想做漢奸似乎與事實不符。七七事變來臨，在北平的各個院校及教師員工紛紛遷校，周作人有家室拖累，儘管朋友、學生紛紛勸其南下，但他不為所動，自有其一番理由。1937 年 11 月 13 日，周作人回覆曾經的學生張一渠「快信」：

　　　　昨得快信，欣慰無似，承垂念尤感厚意。唯鄙人此刻不能移動，因家中人多，北大方面亦特准留平，俟日後再看情形。其實愚夫婦及小兒本來共只三人，而舍弟攜其情婦在滬，妻兒四人捨棄不顧（近一年來不寄分文），不能不由此間代管，日用已經加倍，若遷移亦非同行不可，則有七人矣。且家母亦仍居平，魯迅夫人亦在（並非在上海的那一位），此二老人亦需有人就近照料，如上述七人有法子可以南行，此事亦有問題也。小女已出嫁，現其婿往西安北平大學教書，亦寄寓舍間。鄙人一人即使可以走出，而徒耗旅費，無法籌家用，反不如不動稍可省錢，近來在譯希臘文之古神話，向編譯會支點款（前有希臘擬曲一冊已由該會出版），目下聊可敷衍過去，殊不能有遠大計劃耳。瑣屑家事不宜妄陳，唯此係實在理由，故述一二。[4]

周作人拖家帶口十人之多，能拋頭露面支撐這個大家庭的，似乎也只

有他一人，此言不虛。

胡適從美國寫與周作人白話詩，其中有「夢見苦雨庵中吃茶的老僧，忽然放下茶盅出門去，飄然一杖天南行。天南萬里豈不大辛苦？只為智者識得重與輕」。

胡適以「託夢」的方式規勸周作人「識得重與輕」，趕緊南行。周作人回詩相贈：「我謝謝你很厚的情意，可惜我行腳卻不能做到，並不是出了家特地忙，因為庵裏住的好些老小。我還只能關門敲木魚唸經，出門托缽多化些米麵。」周作人還在幻想關門唸經、出門化緣，以為世間事可以與他並無干係。

為了「多化些米麵」，周作人自 1938 年 9 月始，到燕京大學兼課，每周六小時。不知周作人在燕大授課期間是否與他的弟子凌叔華見過面，從時間計，1939 年初至 1941 年底，凌叔華攜小瀅正在北平，恰巧在燕大兼職授課，每周一二小時。

儘管周作人與陳西瀅有「過節」，但他對自己的弟子凌叔華還是認可的。只是周作人自 1939 年應汪精衞南京政府之聘，出任北大圖書館館長之職，1940 年 12 月 19 日又任「華北政務委員會委員兼教育總署督辦」之職，「化緣」化到了敵方陣營，便一步步從學者走向漢奸了。

與恩師步調有所不同，凌叔華應該早在樂山時就算計到每一步的走法，而且反覆考慮「得」與「失」帶來的後果，她是主動地迎了上去，卻被對方謹慎地擋了下來。

松岡的提醒不無道理，促使凌叔華冷靜了許多。的確，她有太多考慮不周的事尚未完成，如何處置她擁有的房產款和父親凌福彭遺存的一大批古玩字畫，以及數目不等的金條、債券等就是令她頭痛難辦的事，許多財產是以凌叔華名字存在上海、漢口或許還有廣州銀行的金庫裏。[5] 若是此時赴日，「漢奸」的帽子便是鐵定戴上了，她繼承的遺產（有可能是家族的共有財產）一夜之間變成了「逆產」，全在沒收之列，這是她考慮不周的地方。

第一個要解決的是如何處置賣房中屬於自己的那一份房款。這個問題

使凌叔華傷透了腦筋，也是她和松岡往返信中談論最多的內容。最後還是松岡給凌叔華出了點子，告訴她這筆款可以有三個去處：

> 如需把錢寄給你在上海的朋友，則切勿拖延，你可以在那（注：宇佐美處）把錢取出；或者請宇佐美帶到東京交我保管或寄給你在美國的妹妹，如何辦理由你決定。[6]

凌叔華仔細考慮松岡提出的三種方案，認為將錢存在國內的風險最大，時局不穩，到銀行兌現有時是很麻煩的事，加上曠日持久的戰爭搞得物價飛漲，錢到那時也就不值錢了。況且凌叔華如果去了日本，這筆錢很有可能被當作「逆產」沒收；若是匯往美國十四妹那裏，凌叔華也覺得有諸多不便，分家產時沒有十四妹的份，自己卻將如此多的錢存放在她那裏，她又會作何想？十四妹可以把五姊的信轉給自己看，難道不會把自己存錢的事告訴家族的其他人嗎？看來唯一安全可靠的，是將錢存放在松岡那裏。凌叔華相信松岡一定會幫助自己去日本的，這只是時間問題，於是她選擇了全權委託松岡保管這筆錢。

松岡的來信還促成了她另一個想法：通過松岡這條線，將存在上海、漢口的錢財和古玩取出轉移到更加安全的地方。松岡爽快地答應了。

松岡答應幫忙，使凌叔華顯得異常地興奮，壓在心頭的沉重負擔頃刻瓦解。但事情的進展遠沒有凌叔華想象得那樣簡單，過了舊曆新年，只在1940年的3月中旬接到松岡的來信後再無動靜，凌叔華有些沉不住氣了。

凌叔華不停地給松岡寫信，甚至費心思找了一些理由，如送松岡女兒結婚禮物等。直到四月下旬，她終於等到了松岡的回信：

> 這麼長時間沒能回覆你那些急信，真該道一千個對不起。你一定想知道為什麼。事實是，一個多月前我摔傷了右臂，無法寫字，女兒又結婚離開東京旅行去了，找不到人代筆。但是，我已經把你的信轉交給了北澤先生，請他去聯繫在上海的江藤先生和駐漢口總

領事，想辦法把那些東西拿回來。北澤是外交部的祕書、常駐上海（也是我們的親戚），當時恰巧回到東京。幾天前，江藤先生回到東京並帶話給我：事情已經解決，他將親自前來報告具體情況。我尚未見到他（我一直住在山莊，只在前天下午回了一次東京）。

此外，從江藤先生那我知道他們已將解決辦法告訴你了，便也放了心，覺得沒必要太着急回信，這才等到右臂痊癒後才提筆。

真心感謝你送給我女兒的結婚禮物，她非常高興你居然還記得她。[7]

一場虛驚讓凌叔華的神經險些崩潰，她反覆回顧了與松岡相處的時光，自信松岡對她的情感不至於那麼經不住時間的考驗，自己沒有理由沉不住氣。松岡在摔傷右臂的情況下，還能將事情辦得有條不紊，絲絲入扣，況且人家對沒能及時回信已經「道一千個對不起」了，還能說什麼呢？事情辦成是最值得慶賀的。

沉不住氣的倒是小瀅，她不止一次地問筆者，「為什麼松岡會對姆媽百依百順？」「松岡是什麼性格的人，他也會幫助其他人嗎？」

小瀅的擔憂自有其想法。但筆者從松岡寫給凌叔華現存的信中看到，除了1923年的那封帶有浪漫情調的信外，其餘都是充滿長輩對晚輩關懷備至的口吻。松岡稱凌叔華一口一個「我的孩子」，長幼分明，言語適度，無輕佻之語，更何況松岡在關照凌叔華的同時，不忘陳西瀅的處境。

1940年初，在日本人江藤的幫助下，凌叔華先去了漢口大陸銀行，她把貴重物品重新調整了一番，把最有價值的名人字畫帶在身邊，這包括宋人花鳥圖卷、元人倪瓚《山巒疊嶂圖》軸、明末董其昌書畫冊、清初陳老蓮人物畫軸、查士標仿米芾《宿雨霽曉煙欲出圖》軸、石濤山水冊、惲南田山水四條屏、傅青主草書軸、八大山人珍禽圖軸以及清中期揚州八怪金農的「漆書」、鄭板橋的竹子、李復堂的山石、黃慎的人物等，還有一幅乾隆御筆《秋光山水圖》軸，以及謝蘭生《山水冊頁》等。謝蘭生（號

里甫，廣東南海人，嘉慶進士）還是凌叔華的外曾祖父。

幾十年後凌叔華在英國、法國、美國、加拿大、新加坡等地舉辦「凌叔華收藏與個人作品展」時，這些文玩都成了耀眼的「明星」展品，[8] 展覽中也包括她自己創作的文人畫。

據說展覽引起轟動，在法國展出時，舉辦方還專門為凌叔華的文人畫印製了明信片。不知是古人為今人張目，還是今人作為古人的陪襯。如今談這些已不是本文的初衷，它印證當時凌叔華把這些珍玩取回，松岡的及時援手是那麼的至關重要。至於其他信件及不易隨身攜帶的古玩因無處存放（自己名下的房子已經租給日本人，赴日一事暫無定論），無奈之下重新放回了銀行金庫。

直到抗戰結束，凌叔華下決心帶小瀅出國時，寫給陳西瀅的信裏，還在為存在漢口大陸銀行的那批價值不菲的東西犯愁：

> 代存洋行的衣箱內有各種皮大衣，我同你的狐皮、貂皮……據估價差不多三四百萬元了。……有我的一切首飾，值錢書畫及史家胡同房契，這些東西至少也值五六百萬的……[9]

可想當年有一個順天府尹任上的父親，再破敗的家庭也應了那句話：瘦死的駱駝比馬大。

漢口之事辦妥後，凌叔華馬不停蹄地去了上海，住在陳西瀅弟媳王宗瑤家三四日，為的是提取債券、金條。

還有一件最重要的事，是給時任駐美大使胡適寫一封千言長信。這也是凌叔華如鯁在喉，沉思再三的「下下策」，不如此不足以堵住松岡總拿陳西瀅說事兒的嘴。

凌叔華在信中述說樂山的不盡人意之處，陳西瀅被王星拱壓制得很厲害，幾根「台柱子」如楊端六、劉南陔等辭了職，若不是王世杰攔着，怕遲早都得走。

凌叔華做了些鋪墊，然後單刀直入談起了陳西瀅：

通伯為撫五壓迫得也辭了文院事。現在校中一切開倒車，武大
聲譽遠非前比。因為通伯身體不強，我想他這樣犧牲下去，太不值
了，故寫信同你商量。……聽說你很忙，幫手也不多。不知你可否
有機會讓通伯去幫幫你。他是你認識很深的人，新近五六年，他對
世界情形研究很有心得（鯁生常說過，他做的世界政治社評可以放
在外國外交雜誌上，毫無愧色），也有興趣。……通伯頭腦清晰，理
解迅速，觀察準確，是許多人不及的，你也深知，這樣人讓他藏在
角落裏天天聽張三李四話長道短，未免可惜，況在現在缺乏這種人
才的時候，尤為可惜。……我因取物來滬上三四天，明天便北去，
想等天暖再南行，入川入滇均不得知。北方住在燕京，一切還不太
苦惱，知會附聞。[10]

這封長信若能如凌叔華所願，或許半年、一年後會是另一番光景，破
碎的中國已沒有值得她留戀的了。

當存在銀行金庫的珍玩拿到手了，房款錢又有了妥善的存放地，寫給
胡適的信也發出去了，凌叔華開始爭取松岡的幫助，前往在樂山就計劃好
的目的地 —— 日本。

為此凌叔華在寫給松岡的信中，一再述說北平的形勢如何險峻，孩子
的安全得不到保障，她簡直生活在無比痛苦之中，看不到光明和未來，等
等。除了沒有告訴松岡，她與丈夫陳西瀅的婚姻原本是很脆弱的，該說的
都說了，這些都反映在松岡回覆凌叔華的信中：

我完全了解中國北方的嚴峻形勢，因此總在為你和你的孩子擔
心，甚至想把你們接到東京，但又怕引起重慶政府懷疑你和你丈夫
的忠誠，以至給全家尤其是陳先生帶來麻煩。我們也正處在艱難之
中，但比起你那裏，情況要好得多。[11]

在凌叔華收存的松岡給她的回信中，這是我們第二次看到松岡回絕她

去日本的請求。松岡用「忠誠」「麻煩」等字眼，意圖是讓凌叔華領會到自己的要求有多荒唐，事態發展下去有多嚴重，他甚至婉轉地明示凌叔華「我們也正處在艱難之中」，希望她就此打住。

但凌叔華錯會了意，打第一次松岡回絕她赴日的要求時，她就看出松岡似乎有些不耐煩了，於是採取迂迴的手段，談談往事，或介紹自己中意的新書等。如她向松岡推薦法國作家馬爾羅 1933 年寫的一部小說 ——《人的命運》，這是當時為數不多的外國作家描寫中國國民黨和共產黨之間鬥爭的書。當她聽說松岡沒有看到這本書時，便寄去了，這在松岡的兩次回信中都談及了。

另外，凌叔華屢屢談及美好的往日回憶與惡劣環境差距有多大，這是柔弱女子難以承受的，況且身邊還要照顧不能自理的孩子。

每每談及情感話題，常常引發松岡的萬千感慨，這似乎是他的一塊短板，屢屢奏效。如在松岡的回信中就有：「不要沮喪苦惱，儘量振作高興一點吧，你是孩子的守護者，你承擔着將她撫養成人的重任。你本就柔弱，體格並不強健，所以不要再過度勞累、操心。把事情看淡一些，一定要多注意自己的健康。」[12]

又如：「無論現在將來，我永遠會一如既往的待你，我最親愛的孩子！對此，無論何時你都不要有絲毫懷疑。儘管暢所欲言，你的信給我帶來的是快樂，絕不是打擾，不是！」[13]

再如：「你收到了我前天寄出的航空信了嗎？無論何時，想給我寫信了就不要猶豫，儘管暢所欲言，對我不用客氣。」[14]

松岡的表白，使凌叔華甚至覺得松岡對她的情感一點兒不減當年。1940 年 6 月 3 日，凌叔華寫信給松岡，仍是強調她和孩子的困境，遭遇家族甚至姊妹的冷眼不說，即便回到國統區的樂山，情形未必好，生活艱苦，她已領教，只是一個婆媳關係，就讓凌叔華膽寒，再加一位有潔癖的大姑子，凌叔華不敢再想下去。

松岡收到凌叔華的信，「也感到非常痛苦」，從情感上說，他非常樂意將她們母女倆接到日本的東京，由自己親自照顧。這樣的語句他在以往

的覆信中屢次表述過，但理性告訴松岡，要用最明白無誤的語言讓凌叔華明白：「最好不要這樣做，以免你們被懷疑成漢奸，給你丈夫和他的家庭帶來苦惱和麻煩。」[15]

這是松岡第一次使用「漢奸」一詞，他不明白自己心儀的女人居然置丈夫（同時也是自己的朋友）的性命於不顧，只圖個人的安逸，這種做法讓「敵手」都感到汗顏，這絕不是他十七年前見到的「性格上首先要堅定而且堅強」的凌叔華。

當然這只是表像，深層次的想法只有松岡個人清楚：再過半個月他將就任日本國外相，這個檔口，一個小小的閃失就足以讓唾手可及的位置毀於「石榴裙」下，這個政治上的賭注，任何政客都輸不起，松岡也不例外。

凌叔華的幻想破滅了，她可能到死都沒有搞清楚松岡為什麼不讓她去日本的癥結之所在。和十七年前相比，凌叔華與松岡的關係，「情」的色彩漸漸褪去，我們很難看到他們當年在北平探討畫藝或是在大連小木屋聊天時的場景。那時，留在松岡腦海裏的凌叔華，「永遠是那個純潔少女，那個我在北京和星浦見到並喜愛着的聰慧善良的姑娘。」

而在凌叔華的眼中，她早年崇敬的松岡，隨着官階的高升，如今成了炙手可熱的人物，凌叔華更多的是向他索取。

周作人以家累作為託辭有其客觀性，說他不想當漢奸也未必虛偽。當年新文化運動的興起，周作人雖不如其兄魯迅那樣稱得上金剛怒目的戰士，但在與保守派對壘，周氏二人聯手作戰，在年輕人中反響極大，否則當年也稱不上「新文化運動的旗手」。周作人是由客觀現實導致主觀判斷的缺失，做漢奸也是咎由自取。

弟子凌叔華只是主觀上想去日本做個與世無爭的「順民」，換個舒適的環境，著書繪畫，以免空度年華，僅此而已。或許在她的思維理念中，當「順民」與做「漢奸」是截然不同的兩回事。

凌叔華不過是個小人物，她一生都沒有個正兒八經的任職，更別提在社會上有什麼影響力。她是對自己出身於「高門巨族」，而今卻過着「奴僕不如」的生活心有不甘。為了實現年輕時的兩大抱負 —— 當著名作家、

畫家，尋找一個安樂居所也在情理之中，居然被松岡阻止，還被扣上「漢奸」的帽子，這是她始料不及的。或許，情感壓倒理智，往往是女性的弱點——像凌叔華這樣精於計算的女人也不能倖免。

即便沒能去日本，至少在松岡的庇護下，凌叔華也過着通常「亡國奴」所享受不到的生活。

注釋：

1　松岡洋右致凌叔華信，1939 年 8 月 25 日（筆者收藏）。

2　蘇雪林：《煉獄》，《蘇雪林文集》。

3　松岡洋右致凌叔華信，1939 年 8 月 25 日（筆者收藏）。

4　田家英舊藏，見陳烈：《田家英與小莽蒼蒼齋（增訂本）》，第 47 頁，北京：三聯書店，2011 年版。

5　凌叔華名下的金條收據（筆者收藏）。

6　松岡洋右致凌叔華信（部分缺失），1940 年 3 月 15 日（筆者收藏）。

7　松岡洋右致凌叔華信，1940 年 4 月 19 日（筆者收藏）。

8　見當時出版的展覽圖錄（陳小瀅收藏）。

9　凌叔華致陳西瀅信，1946 年 2 月 28 日（筆者收藏）。

10　凌叔華致胡適信，1940 年 2 月 1 日，《凌叔華文存（下）》。

11　松岡洋右致凌叔華信（部分缺失），1940 年 3 月 15 日（筆者收藏）。

12　松岡洋右致凌叔華信，1939 年 8 月 25 日（筆者收藏）。

13　松岡洋右致凌叔華信（部分缺失），1940 年 3 月 15 日（筆者收藏）。

14　松岡洋右致凌叔華信，1940 年 6 月 12 日（筆者收藏）。

15　松岡洋右致凌叔華信，1940 年 6 月 12 日（筆者收藏）。

驚天大魘：她被告知日將對美宣戰

松岡洋右對凌叔華屢次提出去日本的婉拒，多少讓凌感到失望，她無法掩飾內心的巨大落差，甚至拿「回四川」說事兒，講一些不着調的氣話回應松岡。1940年6月12日，松岡寫給凌的信（這是我們迄今看到凌叔華保留的最後一封松岡寫給她的信），幾乎是在發號施令：

> 不，我建議你不要浪費時間和錢財，在一年裏這個時節，千里迢迢趕回四川。你的孩子和你柔弱的身軀怎能承受得了。留在北平。不要沮喪。在任何情況下，無論面對怎樣的艱辛，一定要振作起來。[1]

這一次凌叔華不做聲了。她每每以「回四川」要挾松岡，就是想看看松岡是否還在意自己。其實那段時光，凌叔華已經把租用海淀冰窖十一號的房子退掉，重新購置了一處小院。

小院地處海淀燕京大學南門外的羊圈胡同三號，[2]北房和東房將院分割成前院、後院。前院有海棠樹、梨樹、李子樹，後院有四棵棗樹。秋天，小瀅總喜歡和同學一起，拿着長竹竿打棗，棗子劈劈啪啪落到地上，砸在頭上，孩子們笑着、叫着鬧成一團。羊圈胡同離小瀅就讀的燕大附小十分近便，凌叔華自己也在燕大謀得每周授課一二小時的差事。[3]

這樣優裕的生活條件在戰爭時期是稀有的，但凌叔華仍不滿足，又

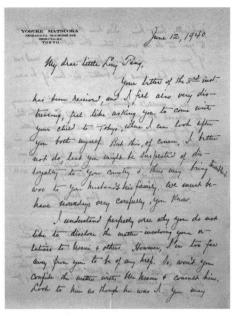

松岡洋右致凌叔華信，1940 年 6 月 12 日（局部）

偏了瓦匠，蓋了間西屋當作書房，透過西窗的玻璃可直接看到西山，這讓喜歡山的凌叔華十分愜意（她以後還專門為自己的書房起了一個齋名「愛山廬」），窗下放置一張楠木大書桌，屋角花架上配有她喜歡的硃砂梅和蘭花。

凌叔華喜歡長久地看着遠處的山景，這習慣緣於她小的時候，常常站在史家胡同後花園假山上的小亭子，看夕陽西下時的西山景色：「巖石似乎鍍了金一般，配着由青變紫，由綠變藍的群山，此時都浸在霞光中，這高高低低的西山，忽然變成透明體，是一座紫晶屏風。」[4] 那時的小叔華只有五六歲，居然能直挺挺地站立着，直看到暮色降臨，看到女傭把她拉扯回屋。

小時候踮着腳眺望西山的印象，此刻在作家筆下已成為優美的散文。在北平的老朋友隔三差五地到家裏作客，還有在燕大就讀的學生時常來拜訪老師。如王世襄就對西山小院（凌叔華有時也稱它為「海淀菜園」）有

着頗深的印象：「明窗對着西山，可覽朝夕變幻之勝。我常走訪，吃過剛摘下來的梨、棗。」[5] 台灣著名作家張秀亞，當年迷戀凌叔華的作品，也是小院的常客。此外還總有日本「朋友」到訪，加上英若誠送給小瀅一隻棕色的小狗，名叫「托尼」，小院更顯生機勃勃。[6]

凌叔華太喜歡自己親手改造的小院，為了不打攪自己的創作思路，她甚至僱了一位王姓廚子和一位聶阿姨（小瀅叫她聶奶奶）當管家。凌叔華若干年後曾多次寫信給陳西瀅，說一旦有機會出國，定將女兒送交丈夫照料，自己回到「海淀菜園」，好好獨自享受繪畫、寫作帶給她的樂趣，哪怕只有幾年也是好的。[7]

在這個小院裏，在這張楠木書桌旁，凌叔華久久地望着遠處的西山，思緒萬千。她想到在珞珈山當家庭婦女時的尷尬；想到在樂山時婆媳間的窘境與生活的艱辛，如今一切都結束了，她回到了北平，回到自己熟悉的環境。北平是她成為作家的成名福地，也是她摯愛生涯的起點，不論是松岡、志摩，還是西瀅，對他們的感情都是在這裏生成的。

深秋的西山更顯妖嬈，葉子由綠轉黃，由黃變紅，遠遠望去西山像是籠罩在垂掛的紅幕之中。下午的陽光是金橙色的，曬在畫室的紙窗格上，一片淡墨枯枝影子投在粉銀牆紙上，有如畫在唐宣上的李成《寒林圖》一般幽雅。一陣秋風吹過，小院的葉子紛紛落下，在地上滾來滾去，發出嘩啦啦的響聲，凌叔華想到了朱利安・貝爾。

凌叔華記得朱利安最喜歡北平冬天的枯樹枝，在低矮平房的天際線與藍天之間的映襯下，它是那樣的遒勁，伴着一絲蒼涼的味道。三年前，她還領着這個小自己十來歲的「大男孩」，逛北平的琉璃廠，喝着豆汁兒，聽着京戲，拜會白石老人，相擁在溫泉的瀑布裏……可如今他們卻陰陽兩隔，一切美好的記憶都定格在那一瞬間。

頃刻，凌叔華對戀人的追思襲上心頭，她拿起筆給朱利安的母親瓦內薩寫了一封長信。在信中，她傾訴了對朱利安的思念之情，講述了自己在北平西山新安置的家，甚至描繪了西山小院的一草一木。當然，凌叔華也沒有忘記向瓦內薩表達，她多麼希望瓦內薩或她的圈內人將自己帶入布

魯姆斯伯里文化圈。為此，她還精心繪製了一張山水畫作為禮物送給瓦內薩。

不久，凌叔華收到了瓦內薩的回信，瓦內薩對於戰時能收到來自遙遠東方的繪畫感到無比的驚奇，甚至不可思議，還專程拿給英國漢學家亞瑟·韋利請教，稱它「是一份不尋常的禮物。」瓦內薩告訴凌叔華：

> 因為長久沒收到我的信，你說我可能把你忘了，我可不會。其實我最近常想到朱利安和你（較以前想得更多），三年前朱利安回國時，我去接他回家，那是一個春天，他的死亡是多麼的可惜。[8]

瓦內薩對凌叔華描繪的西山小院感到十分有趣，說朱利安常對她提起北平冬天的枯樹枝是多麼的美麗。瓦內薩鼓勵凌多寫作，多作畫，千萬不要浪費自己的才華。

精心打理的「海淀菜園」，對於凌叔華是一份傑作，更是一筆不小的財富，怎能是「回四川」一走了之那麼隨意。況且，還有一個難題尚未解決——存在松岡那裏的錢如何處置？

既然去不了日本，錢放在松岡那裏就意義不大了。凌叔華此時比誰都急迫，如果說半年前，她為將分得父親遺產的錢存放何處而急得犯愁，那麼，僅僅過了幾個月，凌叔華一封接一封地去信，又急着讓松岡想辦法還這筆錢，以至於松岡為此事還更改了自己原定的行程：

> 我不得不於十日晚上回到東京，現在還在市裏。我去找了宇佐美先生，並再次同他提起了你和你託付給我的那筆錢。他動身的日期再次推遲了，恐怕本月底才能回去。牛島先生昨天來拜訪我，他將於今日啟程赴北京。他回去以後，請向他諮詢。我也同他談起了你和你的錢的事。[9] 這封信寫於 1940 年 3 月 15 日；
> 另，見到宇佐美了嗎？關於你的那筆錢，你們最後決定怎麼辦？是否需要我把它寄給你在美國的妹妹？[10] 這封信寫於 1940 年 4

月 19 日：

　　我曾考慮同宇佐美見面，而後去信向你說明如何處理你委託我的那筆錢。詢問後才知他已經回北京了。你會很快見到他的，一起決定怎麼處理這筆錢吧。[11] 這封信寫於 1940 年 6 月 9 日。

　　一連三個月，凌叔華與松岡之間往來信件都在討論那筆錢的歸宿。可面對這些繁縟的具體細節，作為大人物的松岡未必清楚，他也需要和宇佐美商量。更重要的是，他沒有更多時間處理這些瑣事了，他施展個人抱負的機遇到了。這也是凌叔華所保留松岡的信為何截止到六月份，以後更多是由宇佐美、阿部或牛島等人向凌叔華轉達松岡的口信。

　　此時的日本，戰備物資對外依賴程度：石油 92%、銅 43%、鉛 92%、鋁 55%，棉花、羊毛、橡膠等皆為 100%。當日本傾全力入侵中國（陸軍三十四個師團有三十二個派往中國），將其撕裂、踐踏時，發現偌大的國度其實一窮二白，能夠實行「以戰養戰」已經很艱難了，沒有多餘的物資再運往本國，特別是石油。

　　於是在日本軍人中出現了「北進派」與「南進派」之爭。以陸軍為代表的「北進派」，他們垂涎於蘇聯貝加爾湖的石油和天然氣由來已久，那裏人煙稀少，軍力不強；以海軍為代表的「南進派」，他們窺視着東南亞（包括荷屬印度尼西亞），那裏有他們想要的石油和橡膠。然而，美國太平洋艦隊像一道屏障擋在他們南進的路上。

　　1939 年 5 月 4 日，日本關東軍決定「小試牛刀」，五萬大軍越過蒙古東部的哈拉哈河，試探一下斯大林的反應，隨後以此為跳板進入蘇聯的西伯利亞，目標直指貝加爾湖，實行蓄謀已久的「北進計劃」。

　　然而，斯大林根據《蘇蒙互助條約》，即刻指派朱可夫率五十七特別軍，僅用四個月，在諾門坎地區大敗日本關東軍，「北進計劃」胎死腹中。這就是「諾門坎戰役」，但日蘇雙方都不願有意渲染它，更願意稱其為「諾門坎事件」。

　　美國《紐約時報》發表文章，調侃日蘇兩支軍隊在蒙古草原上的惡

鬥，説「這是一場陌生的、祕而不宣的戰爭」，他們「在人們注意不到的世界角落裏發泄着憤怒」。直到二年後，日本人把炸彈劈頭蓋臉地扔到了珍珠港，美國人才明白，恰恰是他們認為無關大局的一戰，改變了日本以後的作戰對象。

日本關東軍的大敗，讓時任滿鐵總裁的松岡洋右意識到，儘管斯大林全神貫注對付歐洲事態，仍能騰出空兒，手一揮，不可一世的關東軍便顏面全無地敗下陣來。負有保障關東軍軍餉和物資責任的松岡知道，以日本的實力還不足以應對蘇聯。

其實，松岡比任何人都清楚石油作為戰略資源對於日本意味着什麼。早在 1929—1932 年，滿鐵調查部曾三次地毯式地在東北搜尋石油，重點在齊齊哈爾至哈爾濱之間，之後又尋找了幾年，最接近成功的一次是在北緯 46—48 度地帶，當鑽機打到一千米時，不知為何便收手了。1940 年 8 月，日本石油公司調查部長大村無奈地宣佈：「在滿洲已經很難找到石油，還是馬上到『南方』尋找石油吧。」

1964 年，《中國畫報》刊登一張王進喜的照片引起日本情報專家的注意，他們根據王進喜的穿着，判斷此時所稱的「大慶油田」正處在北緯 46—48 度區域；通過王進喜手握手柄的架勢，推算油井的直徑；從王進喜所站的鑽井與背後油田間的距離和井架的密度，推斷出石油的大致儲量和產量。松基三井打到地下一千三百五十七米噴出了石油，而大慶這第一口油井恰恰在日本當年勘探過的區域，日本沒能成功，就差這「漫不經心」的三百米。為此，報社小編起了一個吸引眼球的標題《差三百米，也許二戰是另一種結局》，[12] 此為後話。

1940 年 7 月，松岡洋右辭去滿鐵總裁職務，榮登日本國外務大臣的寶座。一時到東京千馱馬太谷松岡官邸祝賀的嘉賓絡繹不絕，松岡身穿燕尾服，左手執禮帽，接受來賓的祝福，這種慶賀斷斷續續持續到八月。[13]

松岡表面沉浸在花團錦簇中，但實際上他領導下的外務省已在悄悄地、緊鑼密鼓地進行另一項計劃，這就是「南進計劃」。當時的日本，國

內物資供應已經相當緊張，需要全國範圍內實行配給，這在松岡寫給凌叔
華的信中已有反映：

> 東京現在正飽受水源短缺的困擾。從早上八點到下午四點停
> 水。幸運的是，我們家有兩口井，可以大量抽用。我們也不得不儘
> 量節省食品，但就食物而言，日本恐怕是全世界除美國之外處境最
> 好的了。在英、法、德情況一定糟得多，那裏的人們每天要根據配
> 額領取食物。[14]

日本「北進計劃」失敗後，下一個目標自然對準了東南亞，這種明目
張膽的擴張使得美日之間的矛盾迅速激化，美國實行反制措施，1940 年
7 月 26 日，美國宣佈凍結日本在美的資產；8 月 1 日又宣佈對日本實行戰
略物資（包括石油）禁運。美國的反制措施，其影響大到波及日本本土及
海外所控制的勢力範圍，小到凌叔華存在松岡那裏的私房錢。松岡無奈地
告訴凌叔華：

> 坦白講，我發現我沒法把錢從日本寄到美國或者上海。這違反
> 禁令。所以只能在你那裏辦。問問宇佐美。[15]

日本國內的資源短缺（特別是石油）已到刻不容緩的地步。按照日
本海軍部的分析：若發生日美海戰，其獲勝的概率 1941 年底為七成，若
再過二年，恐怕連五成都難保證。此時蘇聯剛剛與德國簽訂了《互不侵犯
條約》，使得蘇德局勢變得讓世人有些看不清，松岡擔心斯大林有可能騰
出精力對付亞洲，甚至覬覦日本扶植起來的滿洲國，這筆舊賬要歸於早先
的日俄戰爭；而蘇聯方面，斯大林雖然與希特拉簽了《互不侵犯條約》，
但德國的迅猛擴張，特別是納粹黨公開打出反共旗幟，斯大林感到蘇德一
戰是早晚的事，他把陸上兵力的三分之二放在了歐洲，防衞遠東的能力因
此受到限制。為緩解日本「北進」攻蘇傾向，斯大林甚至曖昧地向日本表

示，願以承認滿洲國換取日本接受蒙古的獨立地位。他眼下沒有必要激怒日本，更不願犯兩線作戰之大忌，「諾門坎」之戰的低調處理，顯現出兩國都有點兒「麻杆打狼兩頭怕」的窘態。

松岡就任外相後，於 8 月 1 日召開記者招待會，首先提出建立「大東亞共榮圈」，「包括法屬印度支那和荷屬東印度」。這期間，松岡還促使日德意「軸心國」繼續增強密切關係，並於 9 月 27 日，在柏林簽署了《德意日三國同盟條約》，其中一條是讓德意二國繼續承認日本提出建立「大東亞新秩序」的主張。

松岡為了儘快推行「南進」政策，及早拔出深陷戰爭泥沼的日本軍隊，他隔空向蔣介石喊話，要求與之和談，並放話和談不成，便立即承認南京汪偽政權。松岡的無理要求惹怒了蔣介石，他在日記中一面大罵松岡洋右，一面罵日本是個「無理無信」之國。

是年 10 月 30 日，日本政府承認汪精衛的「南京政府」，松岡還在官邸會見了汪精衛，[16] 使中國戰場進入了相對持久的拉鋸戰時期，以便騰出更多的精力、財力、軍力應對當下最主要的矛盾，那便是與美國在爭奪東南亞的利益上做最後的決戰。

1941 年 4 月 13 日，松岡洋右對蘇聯進行了閃電般的訪問，並在克里姆林宮與莫洛托夫外長簽署了《日蘇中立條約》，斯大林在場見證這一歷史時刻。在雙方簽約後發表的聯合聲明中，「蘇聯誓言尊重滿洲國的領土完整和不可侵犯」；「日本誓言尊重蒙古人民共和國的領土完整和不可侵犯」。當松岡離開莫斯科時，斯大林和莫洛托夫還破格親自到亞洛斯烏拉里車站送行，[17] 並下令終止對華一切援助。沒有了後顧之憂，日本外務省向駐外使領館發出「北方晴」的暗語，表示與蘇聯關係得到緩解。

從 1941 年 5 月起，日本外務省與其駐檀香山總領事館之間的密電陡然增多。電碼的內容主要是了解夏威夷群島瓦胡島南部珍珠港的情況，因為它是美國太平洋艦隊的活動中心。在珍珠港泊艦的艦名、數量、裝備、停泊位置、進出港時間以及夏威夷冬季的氣象資料等，這些都是日本外務省問詢最多的問題。檀香山總領館的武官甚至將美國兩艘航空母艦和其他

1941 年松岡洋右在家中接見汪精衛

1940 年 7 月，松岡洋右
就任日本國外務大臣

1941 年 4 月 13 日，松岡洋右在莫斯科與蘇聯簽訂《日蘇中立條約》

戰列艦停泊的位置都標明得一清二楚。

1941 年 6 月，德國單方面撕毀了剛剛與蘇聯簽訂的《互不侵犯條約》，向蘇聯發起了進攻，大軍壓境，不久便兵臨莫斯科城下。

1941 年 11 月 4 日，日本陸海軍聯席會議遵照天皇的旨意破例在皇宮內舉行。與會者一致同意《帝國國策實行要點》中「建設大東亞新秩序，現決心對美英荷開戰，發動武裝進攻之時間定於 12 月初。」

戰爭迫在眉睫，已成一觸即發之勢，此時的松岡正飽受結核病之苦，這一年他多次住院治療，但成效不大，使他無法正常工作，加上與軍方意見不合，被近衛首相排斥在新組建的內閣之外。

抱病臥床的松岡此時想到了凌叔華。既然已回絕了凌去日本的要求，又不同意她回四川，如今日美大戰在即，如何保證她在戰時的安全，這可是松岡對凌叔華的承諾。他必須明白無誤地告訴凌目前的時局，讓她即時離開北平，一刻也不能耽擱。因為凌叔華每周去授課的燕京大學，正是美英兩國利用「庚款」籌建的，一旦開戰，燕大被襲在所難免。但是對美宣戰的日期，屬特級絕密，是同盟國諜報機構夢寐以求的情報，一旦消息走漏，後果不堪設想，松岡陷入了長久的思索。

此時凌叔華正陶醉在「海淀菜園」——她日思夜想擁有一處屬於自己支配的充滿文人氛圍的住宅。在這裏她可以盡享世外桃源的樂趣，她還有一系列的寫作計劃，還有許多創作有待完成，凌叔華滿以為這種生活會維持到戰爭結束。從日本傳來的信息霎時讓凌叔華陷入驚恐之中，而信息的真實性不容置疑，表明松岡已無法保證母女倆在北平的人身安全，回國統區是此時唯一的選項。

凌叔華非常清楚松岡所冒的風險有多大，是他對自己情感一以貫之最真摯的表露，是拿自己的政治前途甚至生命下賭，目的是說服凌叔華在生與死之間做最後的抉擇。

初冬的北平，天氣已經寒冷了起來，陳小瀅像往常一樣起床、洗臉，準備早飯後約同學容瓘（容庚的女兒）一起去學校。不經意間她看到了家中的現狀：母親幾乎整夜沒睡，蓬亂的頭髮，疲憊的身軀，屋中亂成一

團，到處是翻箱倒櫃，衣物散落四周。小瀅嚇得躲回自己的小屋，露出一條門縫向外張望。只聽見母親説了一句話：

「小瀅，準備好自己的東西，立刻走。」

「到哪去？」小瀅怯怯地問，

「回四川。」母親的回答斬釘截鐵，

「為什麼這樣急？」小瀅又問。

「再不走就走不了了。」母親頭也沒抬。

此時小瀅不知道發生了什麼情況，但這種緊張氣氛幾乎讓人窒息，使她想起了五姨揮菜刀時的情景，想起這幾天晚上，母親不是在發呆想事兒，就是不停地燒信，燒一些稿件。小瀅的心跳得很厲害，她真的不願意離開剛剛熟悉的環境、同學以及英伯伯送的小狗托尼。托尼與她朝夕相處一年有餘，使得小瀅放學後的第一件事便是看她的「小夥伴」。它長大了，站立起來幾乎和小瀅一樣高，棕色皮毛在初冬的陽光下閃爍出綢緞般的光澤。

一切不容分説，也得不到解釋。小瀅迂迴地問起了廚子王叔，母親回答：「他上西山打遊擊去了。」又問起聶奶奶，母親説：「她投親戚去了。」當然，小瀅最終要問的是托尼的歸宿，母親不作答。

當凌叔華牽着小瀅的手走出小院的剎那間，小瀅回頭看了一眼托尼，它被鏈子拴在煤球棚的木樁上，正眼巴巴地望着自己。小瀅又一次看着母親，甚至搖了搖她的手，毫無反應。小瀅絕望了，此時能做的，就是記住：1941 年 11 月 16 日，是她和托尼告別的日子。

當凌叔華領着小瀅乘船經由上海抵達香港碼頭時，那裏已亂成一鍋粥。由於傳聞大戰在即，所有出港的航班、船票早已售罄，許多無法離港的人紛紛搶購、囤積食物，小道消息滿天飛，有説日本要佔領香港，有説「國聯」要介入，許多人把希望寄託於美國的太平洋艦隊。

與凌叔華相約去國統區的好友已提前到了香港。香港至廣州灣（湛江）西營的渡輪一星期只有一班，好在朋友已幫她們買好 12 月 8 日（周一）的票，應該説這是凌叔華下「船」伊始聽到的最好消息。

但凌叔華似乎高興不起來。小瀅看到母親從早到晚忙個不停,託關係、找熟人、請吃飯。目的只有一個:必須搞到兩張8日前,即上一班12月2日[18]的船票。小瀅還記得自己崇拜的電影明星鳳子也趕來幫忙,好像來過不止一次。

在一眾朋友的幫助下,凌叔華千辛萬苦搞到兩張12月2日的加票(站票),至於和她們同路的朋友,因為實在搞不到票,相約下一班船在廣州灣見面。

起航那天,船艙擠滿了人,小瀅和母親站立在艙外的船頭。由於沒有坐的地方,娘兒倆夾在擁擠的人群中,小瀅個子矮,加上窒息的空氣和晃動的船頭,她暈船了。她不明白姆媽為什麼不能多等幾天和朋友一起乘8日的船,至少有座位呀?

第二天,渡輪到達廣州灣西營,凌叔華母女倆搭乘公交車到了赤坎。

> (此地)因是法國租借,且由香港到內地,不必經過敵人防線之路。有此優點,故此兩年地方突然繁榮起來。⋯⋯我們因為要等待一個朋友同行,故在銅臭熏人、賭場林立的赤坎住了近一周。此地店房粗俗而索價昂貴,四望均為作買賣店舖,馬路雖有兩三條,但十分嘈雜污穢,連一處可以散步的地方都沒有。我同小瀅住得悶極了。[19]

這是凌叔華次年發表的文章《由廣州灣到柳州記》中描述在赤坎等待下一班渡輪時的情形。

1941年12月8日,凌叔華在焦急的等待中看到報紙當天的「號外」,就在昨日(12月7日星期日),日本偷襲珍珠港,美國太平洋艦隊遭受重創,與此同時,日本對美國、英國、荷蘭正式宣戰。今天早上八時,日機轟炸香港的啟德機場,「日本已實行攻打香港」[20];

12月8日,羅斯福總統宣佈:即日起美國對日宣戰;

12月8日,丘吉爾首相宣佈:即日起英國對日宣戰;

12 月 8 日，日本陸軍第二十五軍入侵馬來西亞；

12 月 8 日，日本陸軍第十四軍在菲律賓呂宋島登陸；

12 月 8 日，日本陸軍在北平佔領了燕京大學；

⋯⋯

當日本海軍最高指揮官山本五十六向國內發出「虎！虎！虎！」（偷襲成功）的密電，日本舉國歡慶勝利之時，有一個細節被忽視了：12 月 6 日清晨，美國兩艘航母、八艘強力巡洋艦悄悄地駛離珍珠港，去向不明。

在港灣對面監視美軍艦隊動向的日本領事館武官、書記員還未來得及向國內報告，房門便被美國大兵踹開，裏面的人以間諜罪被捕。

偷襲珍珠港是日本海軍的輝煌戰例，還是美國總統羅斯福設下的「苦肉計」，是日後很長時期史學家津津樂道的談資。

凌叔華站在赤坎這污穢的小鎮，遙望只有一日路程的香港方向很久很久，她知道那位同行的朋友不會過來了。誰也無法猜到她遙望遠方時都在想些什麼，是慶倖自己的果斷？幸運？還是感激松岡在危機時刻的鼎力幫助？

這段經歷，凌叔華至死都沒有向任何人透露過。

注釋：

1　松岡洋右致凌叔華信，1940 年 6 月 12 日（筆者收藏）。

2　1940 年 6 月 9 日松岡洋右致凌叔華信，信封上寫明「中華民國北京海淀燕京大學南門外冰窖十一號，包貴思教授轉付陳夫人凌唐女士親展」，三天后，松岡再寫信，信封地址已換成「羊圈胡同三號」，說明此時凌叔華正在搬進新家。（筆者收藏）。

3　陳西瀅致羅家倫信：「叔華仍在北平，寓燕大校門外，本年聞在該校擔任功課一二小時。」1941 年 10 月 2 日。

4　凌叔華：《愛山廬夢影》，1958 年 11 月。載入《凌叔華經典作品》，當代世界出版社，2004 年版。

5　根據王世襄在《文匯報》發表回憶文章（2008 年）。他舊詩中有「瓜脆棗酡懷薊國」「故園漫說西山好」，講述的都是羊圈胡同 3 號。

6　根據陳小瀅的講述記錄。

7　凌叔華致陳西瀅信：「如若東方後幾年方打得完，我希望我同小瑩可以出國找你去，希望你為小瑩存下一點錢，我送她去你那邊，我一個人回海甸過幾時田園生活也不錯。」1943 年 4 月 25 日（筆者收藏）。「如小瑩有你看管，我在那裏都一樣。如外國生活不易，退回海甸菜園中過，我也知足的。」1943 年 11 月 25 日（筆者收藏）。

8　瓦內薩致凌叔華信，1940 年，載《瓦內薩‧貝爾書信集》，1994 年英國倫敦出版。內有十餘封致朱利安‧貝爾，另有三封是寫給凌叔華的。

9　松岡洋右致凌叔華信，1940 年 3 月 15 日（筆者收藏）。

10　松岡洋右致凌叔華信，1940 年 4 月 19 日（筆者收藏）。

11　松岡洋右致凌叔華信，1940 年 6 月 9 日（筆者收藏）。

12　清海：《差三百米，也許二戰是另一種結局》，《作家文摘》摘自 2016 年 9 月 18 日《環球時報》。

13　松岡洋右上任日本外務省大臣時的照片（日本山口縣松岡洋右紀念館藏）。

14　松岡洋右致凌叔華信，1940 年 6 月 9 日（筆者收藏）。

15　松岡洋右致凌叔華信，1940 年 6 月 9 日（筆者收藏）。

16　松岡洋右與汪精衛照片（日本山口縣松岡洋右紀念館藏）。

17　斯大林與松岡洋右照片（日本山口縣松岡洋右紀念館藏）。

18　陳小瀅的記憶為 12 月 1 日，凌叔華在《由廣州灣到柳州記》（1942 年《婦女新運》第 4 卷第八期）記有：「12 月 2 日離香港搭船到廣州灣，三日到廣州灣西營，即乘公共汽車到赤坎。」此以凌文章為準。

19　凌叔華：《由廣州灣到柳州記》。

20　凌叔華：《由廣州灣到柳州記》。

陳西瀅人生轉折的「界碑」

　　凌叔華攜小瀅從湛江出發，僱了兩乘竹轎、七個挑夫（看來此次北上收穫頗豐），和六七個路人結伴而行，相互有個照應，也相互壯着膽。在途經危險地段時，他們還一起湊錢僱了三個帶槍的保鏢。

　　剛開始，小瀅覺得很好玩兒，她發現「自己在十分鐘內走兩省，在廣東吃飯，在廣西睡覺」[1]，慢慢的，就覺得不那麼好玩兒了，坐在轎上顛得要吐，走在泥濘的路上又拔不起腳，累了，倚靠着樹休息；餓了，吃幾粒花生米充飢，順利時搭乘過巡查鐵軌的軋道車，也坐過長途汽車、黃包車、滑竿；不順利時安步當車，一路上遭遇過土匪打劫、安檢人員的敲詐、刁民的勒索。就這樣經過玉林、柳州、貴陽、遵義，用時兩個多月，隨着逃難的人流向大後方慢慢湧動。

　　當凌叔華母女歷經千辛萬苦到達重慶時已是來年的 2 月，即 1942 年初春。她們暫住在上清寺陳西瀅弟弟陳洪家，他時任國防最高委員會專任委員兼祕書，薪水不高，事也不多，是個吃官飯的閒差。之所以能住在上清寺達官貴人聚居區，全憑着老丈人王乃先任中國銀行和中華書局「高管」的關係。

　　凌叔華在重慶停留有兩個心願：找一份理想的工作；若有可能在重慶安家。一想到回樂山，凌叔華就心堵，除了沒有工作外，簡陋的住所，與陳家的矛盾，供應短缺⋯⋯只要戰爭沒有結束，這些都是短期內無法解決的。

　　凌叔華為謀職早出晚歸這段時間，是女兒陳小瀅最開心的日子，她不用去上學，每天除了玩就是玩，剛巧髮小王安士（王雲槐之子）家也住在重慶，他一有空兒就找小瀅玩。有一次倆人突發奇想，準備在院子外的老槐樹上做一鞦韆。王安士找來童子軍的背包帶繫在樹上，但帶子太窄，感覺不管是坐是站都不舒服。小瀅跑到不遠的鄰居家找來一個高個子老頭兒，他三下兩下鋸了一塊長方形木板，兩端纏上鐵絲，將背包帶盤在板下，這樣孩子們或坐或站都很穩當。兩個孩子並肩坐着，老頭兒在後面推，鞦韆便一起一落地蕩了起來。王安士問：「那高個子老頭兒是誰，是你家傭人嗎？」小瀅回答：「不是，是國民政府的副委員長馮玉祥。」那時的馮將軍在眾人眼裏很土，「穿的衣服是那種北方鄉下佬的，上衣是長袍又嫌短，是短褂又嫌長，打膝頭那麼長。」[2]

　　馮玉祥的夫人李德全是凌叔華的燕大校友，又和十四姨凌淑浩是同班同學，所以與凌家的兩位「千金」在校期間就是好朋友。此次凌叔華在重慶逗留，其中一個緣由便是應李德全之邀，在全國婦女指導委員會謀個職。當她倆外出辦事時，馮玉祥就擔當起照顧小瀅的責任，因為二叔陳洪需每日上班，嬸嬸王宗瑤過不慣重慶的生活，早已返回了上海。

　　小瀅常去馮玉祥那裏「蹭」飯。所謂飯其實很簡單，通常是炸醬麵，沒有菜，每人手裏攥着一根黃瓜啃，他的警衛也吃這個。讓小瀅感到新奇的是：副委員長雖然住的是洋房，卻和警衛人員一樣睡在稻草上，這給小瀅的印象極深，也對「高個子老頭兒」肅然起敬，戰爭時期就應該是這個樣子。

　　李德全留住凌叔華，是想讓她加入以宋美齡為指導長的全國婦女指導委員會。該會成立於 1936 年，下設一個班子，其中吳貽芳、李德全等都是指導委員，算是「班子」成員。「婦指會」本意是動員全國婦女行動起來，積極投身於抗日救亡運動。但由於宣傳力度不夠，或是指導方面有欠缺，工作開展得並不盡如人意，這讓李德全想起了在大學期間風頭出盡的「筆桿子」凌叔華。

　　這天，李德全約好凌叔華一起去見宋美齡，並帶上小瀅，為的是讓她

見見世面，這是陳小瀅唯一一次到蔣介石的官邸。她們乘坐的汽車通過一道道軍警的設卡盤查，讓小瀅感到委員長官邸的威嚴。

　　短暫的寒暄過後便是大人間話語的你來我往，至於説些什麼，小瀅並不太懂，但她通過自己眼睛觀察到的卻是另一番景象：宋美齡「用英語叫我坐下，我穿着棉襖，坐在火爐旁熱得要死，我聽宋美齡和姆媽説話，是讓姆媽做一些有關抗戰的事。那天在蔣家吃的飯，四菜一湯，新鮮菜都是空運過來的，飯後吃水果，宋美齡説也是空運來的。我那時已經懂事了，覺得抗戰時期，國家這麼困難，為什麼委員長和副委員長的差距如此之大，我不肯吃水果，不高興的神色全表露在臉上。出了蔣宅，姆媽好一通責備我，嫌我對人家不熱情。」[3]

　　宋美齡、李德全的「盛邀」，相信凌叔華打心裏是不會接受的。剛剛結束的北平之行，凌叔華主要目的是攜女赴日。松岡洋右善意的阻攔，以及在危機時刻的鼎力相助，都讓凌叔華心存感激，但也都存在着後患。

　　凌叔華想到自己在北平期間，對外人時常埋怨丈夫在大後方發表署名抗日文章，現在臨到自己，又該如何拿捏其分寸？畢竟自己也曾賣房、租房給日本人，還與松岡頻繁通信（有些還是通過第三者轉交的），接待宇佐美、阿部等日本「朋友」來家做客，這些並非做得天衣無縫、無人知曉，若隔牆有耳，生出枝節，反倒自己招來禍水，得不償失。

　　思忖良久，凌叔華主意已定，她以不善交際為由婉拒了這份差事。並以此為「統一口徑」，逢人便講，以至後來習慣了，對自己的丈夫也如是説，「應付人，我是最怕的。這也是不去婦女工作指導會原因。」[4]但縱觀凌的一生，「應付人」正是她的強項，反倒是陳西瀅的短板。

　　既然不打算去「婦指會」，再呆在重慶就意思不大了，凌叔華還是攜着女兒回到了樂山的半邊街。

　　一晃三年，陳家發生了太多的事。首先是陳西瀅母親的病故，這讓作為孝子的陳西瀅很難接受，「他哭得像個小孩似的，人家問他衣衾棺木怎樣張羅，他只説我方寸已亂，你們説怎麼辦就怎麼辦，只須從厚就是，老人家苦了一輩子，萬不可再委屈她了。人們只好各分頭去忙碌，讓他一個

人哭去，因為沒法勸慰。」[5]「他守孝一百天不理髮，蓬頭垢面，顯得蒼老憔悴。冬天，他總是身着棉袍、頭戴棉帽上課。他說：『教室裏和外面一樣冷，對不起，我就不脫帽了！』」[6]

同樣講孝道的還有陳西瀅的大姊，她大半生以伺候爹娘為己任，終生未嫁，在母親去世後一年多也無端病故了。那時小瀅已隨母親回到了樂山，她沒能趕上見奶奶最後一面，卻經歷了大姑病故的一幕，這讓小瀅想起許多有關大姑的往事：

> 大姑篤信佛教，一生吃素，有一次我偷偷在她的菜裏放了一滴葷油，想看看她的反應，結果大姑把菜全倒了，這也是她和奶奶從不和我們一起吃飯的原因。大姑也從不去看醫生，無論男女，更不讓人看她的身體。聽二叔陳洪說，他有一次看到大姑洗衣服，鮮血從褲腿流淌下來，二叔嚇壞了，忙問緣由，才知道是爺爺重病在床，大姑從北平專程趕回無錫，去見爺爺最後一面。大姑學着東漢時「割股療疾」之說，片下自己腿上的一塊肉去做藥引子，居然治好了爺爺的病。我自從聽二叔說了這個故事，很想看一下大姑腿上的傷疤，但一直未能如願。
>
> 這年的10月，我親眼看到一輩子與世無爭的大姑走了。記得出殯時，我唱了一首剛剛在學校學會的德國歌曲《催眠曲》，歌詞大意是：寶寶快睡吧，枕邊擺放着鮮花……剛巧，大姑墳旁一棵小樹，正綻放着鮮花，那時已近深秋，不該有這樣的景象，這個印象極深。以後一聽到這首《催眠曲》，我便想到大姑的去世，以至後來害怕聽到這支曲子。[7]

陳家門裏接連故去兩位親人，對陳西瀅的打擊是沉重的，但對凌叔華未必是件壞事，從此婆媳交惡、姑嫂之爭都化為烏有，她又回到了自己所期盼掌控的三人世界。只是凌叔華在名分上仍屬於武大家眷，甚至還不如在珞珈山時期，那時她還兼任《武漢日報》副刊主編，而今只剩下「家眷」

這唯一的名分，所能替武大出力的，也只剩打雜兒這一類粗活兒了。凌叔華日記中在每日「要事特記」一欄中就記有「明日星六下午，本校西洋文學教員借我們房子開會，要供應茶水」[8]字樣，可想凌叔華的心情也好不到哪兒去。

武大皖湘兩派的爭鬥導致陳西瀅辭去文學院長一職，從那一刻起，「爭鬥」就與他毫無關係了，只是辭去院長的失落感讓他的情緒低落到谷底。陳西瀅寫信給遠在美國的老友胡適：「抗戰時期後方生活稍苦，一般人們的脾氣也較大，許多學校都有摩擦或風潮。武大也不例外。」[9]胡適當然聽得出其中的「弦外之音」，勸陳西瀅換個環境，譬如去南開大學任職，這樣凌叔華的工作也容易解決。陳西瀅當時以母親、大姊身體不好，凌叔華和小瀅尚在北平為由，婉拒了胡適的好意。

但兩年後的情景便不一樣了，母親和大姊的相繼故去，使陳西瀅沒有了後顧之憂，如何擺脫或改變目前自己尷尬的處境成了首要問題，特別是凌叔華回到樂山後，看到丈夫鬱悶的心情和自己無所事事的局面，她甚至比陳西瀅更着急，因為只有丈夫的歸宿有了定論，小瀅有了託付，自己才能更自由。不管凌叔華出於何種考慮，在改變陳西瀅現狀上，夫妻二人的看法空前的一致。

當時的二戰情形：在歐洲戰場上，英國、蘇聯與德國、意大利之間的較量已到白熱化，英國擔心美國總統羅斯福出於自身利益的考慮，不願使美國陷入戰爭的泥潭太深，很早便派去「四百多人在美做宣傳。他們與美國名流作家接洽很多，設法影響他們的意見。」[10]再由這些知名人士影響政府，甚至改變當局已做出的決定。

以著名作家、諾貝爾文學獎獲得者賽珍珠為例，遊說她的人即不在少數。相比之下，苦苦支撐東方戰場的中國卻很少和外界交流，這讓外交部長宋子文看到了中國與西方國家的差距，也想效仿英國的模式，派出由學者組成的工作組先期去美考察，為政府下一步派大量學者或留學生去美做準備。這個工作組人選的首要條件，是有在美國留學經歷且有博士頭銜的知名學者，任務落到了國民黨中央宣傳部長王世杰的頭上。

　　赴美考察工作組人員的構成，其實王世杰心中早有盤算，這是美差，人人趨之若鶩，重要的是把握平衡，人選名單很快出爐。組長是金陵女子大學校長吳貽芳，五十歲，留美生物學博士，是小組中唯一的女性；晏陽初，五十三歲，美國普林斯頓大學研究院畢業，碩士學位，後享有榮譽博士頭銜，回國後任中華平民教育促進會總幹事長，是研究鄉村教育的專家；桂質廷，四十八歲，留美物理學博士，武漢大學教授，是中國地磁與電離層研究的奠基人之一；吳景超，四十二歲，留美社會學博士，原清華大學教授，與聞一多、羅隆基被譽為「清華三才子」，三十歲便兼任清華大學教務長，1935 年翁文灝出任國民政府行政院祕書長時，挑選吳作為他的祕書，是胡適欣賞的青年才俊；李卓敏，三十一歲，留美經濟學博士，中央大學經濟學教授，是工作組中最年輕的一員。

　　六人工作組，名額還剩一個，王世杰想到了身處逆境的好友陳西瀅。他有政治經濟學博士頭銜，又是國內知名作家，其考察領域與其他人不交叉，應該說是理想的人選。但也有不盡人意之處：陳西瀅沒去過美國，對那裏的情況不熟悉；武大已經有桂質廷，再增加一個名額恐怕別的學校有意見。

　　王世杰的擔心不無道理，在戰火紛飛、物價飛漲的日子，公派出國無疑對任何人都具有極大的誘惑力，陳西瀅對這次機會的渴求也不例外。陳的簡歷十分過硬，特別是與魯迅論戰使他知名度大增，出版《西瀅閒話》又使他躋身國內散文大家之列。加上陳西瀅人緣極好，為人厚道，在武大皖湘之爭中不幸「躺槍」，讓留學歐美、目前執掌政府權位的舊時好友都唏噓不已，願助其一臂之力。何況駐英大使顧維鈞早已看中陳西瀅，私下說好要陳下半年即去英國，幫助在英的中國學院開展工作，陳西瀅也已一口承應下來。如今去美國考察，不過是先走一步，早點擺脫學校中的「鄉黨之爭」。凌叔華甚至比陳西瀅想得更遠，從王世杰 1943 年 1 月 10 日回覆凌叔華的信中可看出，其「索求」還遠不止丈夫出國這一個要求：

> 叔華夫人惠鑒：九日惠書奉悉。通伯兄既已有教育部正式名義，
> 當可發外交護照。茲已函詢經麓次長關於通伯兄名義之英譯，得覆
> 即飭寄發。囑事俟晤驥先（朱家驊）部長時當再商酌。[11]

什麼「囑事」？信中沒提到，但不難猜得出應與陳西瀅出國後，凌叔華能否以家屬或兼作家身份赴美有關。這是凌叔華的心病，早在六年前與朱利安商量「出走」時，她已有先去美國的計劃。這個泡了湯的計劃即便陳西瀅從美國轉而去英國之後，凌叔華都沒有放棄過。

以吳貽芳為組長的工作組一行在重慶集結，不相識的組員滿心歡喜地相互介紹着，但是此行究竟執行什麼具體任務，據說只有到了美國，見到宋子文才知道，這讓工作組一行人多少有些懵懂，但此時這已經不重要了。跑使館，置服裝，告別親友，還要參加一些外事活動，人人都有許多事要做。

著名學者出國訪問，這在被封閉很久的中國也算是值得報道的事。1943 年 3 月 16 日《讀書通訊》載文《陳源桂質廷諸氏赴英美講學》：

> 英美政府為溝通中西文化交流起見，近曾與我政府商洽，擬聘
> 請我國學術界有名人士前往英美講學。……應聘赴英國講學者為武
> 漢大學文學院院長陳源及理學院院長桂質廷二氏。陳桂二氏現已由
> 嘉定來渝，聞不久即可首途。並聞武漢大學文學院院長一職，已定
> 由劉永濟氏繼任。

報道一出，化解了陳西瀅早在三年前便已解職的尷尬，劉永濟接任也就順理成章了。只是「陳桂二氏」去美國，並非英國，況且也不是講學，至於幹什麼，連他們自己也不清楚。

對於英國，陳西瀅最有發言權，他在那留學十年，英國幾乎是他的第二故鄉。為此，陳西瀅建議能否順道先去英國看看，其理由是：英國在二戰的最前沿，與去美國相比，他們更能發揮聯絡、宣傳之功效。而且像愛

丁堡、倫敦等城市陳西瀅了如指掌，在工作組中佔有先天的優勢。現在如能去英國看看，也好為下半年的英國之行提早做些準備，當然，後一點是陳西瀅自己的「小算盤」。

陳西瀅的提議首先得到吳貽芳的贊同，其他人紛紛響應，這些人都沒有去過英國，此番順道前往何樂不為。他們的一番努力，加上「朝中有人」，外交部 1943 年 3 月 10 日為他們簽發的護照上，赫然有「因公取道印度、伊拉克、埃及、巴西及英美各屬前往美英兩國，應請友邦地方文武官員妥為照料，遇事襄助須至護照者」。用陳西瀅小小不言的歡喜之語，「給了我一個到處優待的護照」[12]。看來萬事俱備，只欠委員長的一個指令。

但是好事多磨，赴英之事首先遭到顧維鈞大使的反對，他回英國前特別提到上半年要接待一個軍事代表團，之後宋子文、蔣夫人宋美齡相繼到訪英國，使館上下忙得團團轉，哪有精力再管別的團隊，顧大使建議他們改在秋天去。

已經動了心的吳貽芳豈肯輕易放過這次機會，她找王世杰幫忙，要求直接面見委員長。王世杰是贊同他們去英國的，只是隨意地改變原有行程，恐怕委員長那裏也難通過，但王世杰還是答應安排這次見面。

陳西瀅赴美、英兩國護照

當大夥兒看到吳貽芳從委員長那裏回來後沮喪的表情，便知道事情進行得並不順利。吳貽芳述說了面見經過，她對委員長説自己對政治毫無興趣，對於到美國各地演講也不勝任。再説那裏的高校並不是校長説了算，校董事會要開會研究，一來二去很難有什麼成果。不如先去英國，那裏是二戰主戰場的前沿，或許能發揮更大的作用。委員長的態度很明晰，去英國的事不考慮，説蔣夫人要去。但同意他們去美國，也算是板上釘釘了。僅此一點，王世杰説這就是收穫，一旦委員長外出，整個考察組的行程又不知延遲到什麼時候了。

吳貽芳還帶回一個當時在社會上傳得沸沸揚揚，關於委員長要「槍斃」經濟部物資局長何浩若的傳言。

何早年留美，獲博士學位，1928 年在金陵大學任教，1942 年剛被蔣介石任命為物資局長，轉年就要被「槍斃」，這讓吳貽芳對半個「學友」兼半個「同事」的何局長多少有些關注。此事起因是物資局轄下的重慶郊外化龍橋倉庫，由於保管員與當地奸商勾結，偷盜物資牟取暴利，被「軍統」線人密報。正當徹查之際，倉庫又被一場蹊蹺的大火燒得痕跡全無。老蔣盛怒之下問責何浩若，一通數落後，何局長幾番辯解，惹得老蔣喝斥他「強辯」。

何浩若是湖南人，聽了以為是「槍斃」，半晌不做聲。蔣問他還有什麼話要説，何浩若説自己「忠心做事，決未作勢，家有老母幼子，請照料。」[13] 片刻，又問是否可回家一次，蔣説回去好了。何浩若出了門，祕書告其誤會，他方恍然。

1943 年 3 月 26 日，是陳西瀅從重慶出國的日子，他清晨四時便起來了，有參政會的汽車接他們去機場。飛機六時半準時起飛，王雲槐半個小時前才到機場，沒來得及説上幾句話，弟弟陳洪袖着手靠在欄杆上，大家都以為此次出國不過是一次機遇，或是一次美差，少則半年，多則一年也就考察完了，陳西瀅應該也是這樣認為。

飛機起飛了，陳西瀅一直透過舷窗看外面的景色，同行的桂質廷因暈機，吐了幾次便昏昏欲睡了。陳西瀅也未能倖免，他甚至將在昆明作短

暫停留時喝的咖啡，吃的點心都吐了出來。但他精神卻出奇的好，聚精會神地觀察飛機是如何在雲霧中穿行，甚至在日記中用大量篇幅描述目擊的景致：

> 　　飛機漸進雲中去了，完全在霧中，又漸從雲中出。雲在機下，真是一種雲海，還有波浪起伏。可有的時候卻有些山崗的形象，最像許多棉花鋪在底下。上面的太陽很好，可是有散雲。後來散雲漸多，飛機在兩層雲中飛。又入雲中，再出來時完全在雲上了。約飛了一點多鐘，雲海中前面凸出山峰來。過了山峰，那面便沒有雲海，是高山峻嶺，下面即可見深谷，可沒有雲，大都是石山，然而即在頂上附近也有耕植的痕跡。再過去山上有林木，如香苔，漸有平地，山亦不高了。上面又漸有雲，時入雲中，但不重，所以有孔隙漏日光。……
>
> 　　中午十二時飛機飛越在喜馬拉雅山脈，仍然一路都是雲，在上面，在下面，在前面，但時聚時散。我想看一看高山頂的積雪，沒有看見雪，沒有看見山。[14]

陳西瀅用了很長的篇幅（日記寫了七頁，後面缺失）描繪飛機飛越國境時的景致，這是很少有的。在喜馬拉雅山脈上怎麼會沒看到山呢？每每看到這句話時，總讓人感到詫異，難道陳西瀅所要看的山是珠穆朗瑪峰？但珠峰上怎麼會沒有雪呢？

或許陳西瀅是想尋找一下喜馬拉雅山脈上是否會聳立着「中國界碑」，體會一下飛機越過國界時的感受，他沒能如願，至少在日記中沒有看到。

如果放到陳西瀅一生的「坐標」中衡量，這確實是不小的遺憾，霎時的飛越終成歷史，陳西瀅永遠沒有機會再飛回大陸，他一生七十四年只在大陸生活了不到一半的光景，他發誓要用晶瑩剔透的筆觸，將西方先進的文化介紹到中國這個宏願，最終化為泡影。

　　陳西瀅確實沒有料到，此次飛行他拿到的是張「單程票」，他還在詩意盎然、滿心歡喜，大段大段描述着與他一生都再無緣的喜馬拉雅山上漫天的浮雲。

注釋：

1　凌叔華：《從廣州灣到柳州》。

2　楊靜遠：《讓廬日記》。

3　陳小瀅講述、高豔華記錄編選：《樂山紀念冊》，第 965 頁，北京：商務印書館，2012 年版。

4　凌叔華致陳西瀅信，1943 年 8 月 19 日（筆者收藏）。

5　蘇雪林：《陳源教授逸事》。

6　王陸：《樂山時期的武大外文系》，摘自張在軍：《苦難與輝煌：抗戰時期的武漢大學》，329 頁，台灣秀威出版公司，2012 年版。

7　陳小瀅電話講述，2015 年 2 月 15 日。

8　凌叔華日記，1942 年 3 月 27 日（筆者收藏）。

9　陳西瀅致胡適信，1940 年 4 月 21 日，耿雲志主編：《胡適遺稿及祕藏書信》第 35 冊，黃山書社，1994 年版。

10　陳西瀅日記，1943 年 9 月 22 日記有晏陽初採訪賽珍珠時，賽珍珠對他所言（陳小瀅收藏）。

11　王世杰致凌叔華信，1943 年 1 月 10 日（筆者收藏）。

12　陳西瀅日記，1943 年 3 月 25 日（陳小瀅收藏）。

13　陳西瀅日記，1943 年 4 月 4 日（陳小瀅收藏）。

14　陳西瀅日記，1943 年 3 月 26 日（陳小瀅收藏）。

中 篇

 大洋彼岸：開闢另一個「戰場」

1943 年 4 月下旬，吳貽芳、陳西瀅等六人歷經一個多月的多地停留輾轉，分頭抵達美國邁阿密，再轉機到首都華盛頓。

外交部長宋子文除邀請這一行教授外，還廣邀了閒置在美國的中國學者和部分官員，如夏晉麟、周鯁生、徐亦蓁、徐淑希、張歆海、劉迺誠（後借調）等；又聘請了幾位美國學者：羅・伊克曼（Ra Ichman）、亨利・普萊斯（Henry Price）等，宋子文從使館抽調參事劉鍇負責教授們的起居及日常工作，算是臨時負責人。劉鍇根據每人不同的研究領域，先請他們各自擬定考察方案，只等宋子文騰出時間與他們進行一對一的談話。此時，宋正忙於安排宋美齡在美各地的演講活動，以及出訪加拿大的後續工作。

團隊組成，陳西瀅有喜有憂。喜是見到老友周鯁生、張歆海等，憂則是胡適已經從駐美大使的位置退了下來，並且不在他們團隊之中，使向來以胡適為精神領袖的「東吉祥派」失去了主心骨。學人如何在「外交系」中立住腳不被排擠掉，他們心中都沒有底。

回想五年前，正在美國講學的胡適聲望極高，那時的國民政府廣泛延納學界名流，還沒有淪為漢奸的汪精衛在邀請胡適任駐美大使的信函中說：「先生雖不是外交界的人才，但先生對於政治外交，運用豐富的學識與銳利的眼光，極真極遠，無所不燭。試問今日，政治界、外交界的老手，有幾個及得先生呢？」胡適在美同樣博得美媒的好評，《紐約時報》

放言：「重慶政府再也找不到比胡適更合適的人物。」

學人進入外交界並非自己之所願，胡適對朋友表示：「對我來說，進入政府工作，就如同一個矢志做單身漢的人結了婚，雙方都會失去許多自由。對我應該惋惜，而不是恭喜。」但是既然國難當頭，個人榮辱便顯得微乎其微，學人向來以「修身齊家治國平天下」為己任，當中華民族到了最危險的時刻，學人從政就成為知識分子的共同選擇。胡適一開始雖然對眾友好蜂擁進入政府的做法有所保留，但在全面抗戰爆發之後，他毅然充當起了「過河卒子」。

1938 年 10 月 23 日，奉命擔任駐美大使的胡適勉勵使館全體人員不要灰心，他說：我們是最遠的一支軍隊，是國家的最後希望。

然而胡適只做了一任大使便黯然退出，讓所有看好他的人大跌眼鏡，胡適自嘲卸任算是一種解脫，當大使是過着一種「並不快活的生活，是真受罪的生活，做的是我二十多年不願意做的事」。[1] 話是這樣說，但終歸有一種被棄如敝屣的感受，其內心的鬱悶，以及社會輿論對他褒貶帶來的名譽傷害，也只有自己心知肚明和默默承受。

1943 年 4 月 19 日宋美齡到訪美國可謂風頭出盡，她在華萊士副總統的陪同下到華盛頓國會發表演說，之後又到紐約、芝加哥、舊金山、洛杉磯等地繼續講演，僅在好萊塢就會見了二百多名大牌明星，包括羅伯特·泰勒、英格麗·褒曼、凱瑟琳·赫本、秀蘭·鄧波兒等，他們都捐資支持中國抗戰，宋美齡所到之處，常常掀起支持中國抗戰的熱潮，從媒體對蔣夫人到訪所使用的形容詞句，如「宋美齡旋風」、「母儀天下」、「征服美國之旅」等，可看出這是一次載入史冊的出訪。

然而中國駐美機構許多人並不這樣認為。國民黨中宣部駐美代表夏晉麟自紐約來，與陳西瀅等人匯合，等待宋子文下一步的指令。夏滿腹牢騷地與陳西瀅閒聊了幾個小時，都是對第一夫人的不滿。

夏晉麟說蔣夫人在此的演講稿，是她與外甥孔令侃共同起草。孔令侃是孔祥熙宋靄齡的長子，原是個不學無術的紈絝子弟，連他那僅有的哈佛大學經濟學碩士文憑都是一個叫吳方智的人代考的。蔣夫人原計劃在美演

講三次，為此，夫人的智囊霍利（Holly）準備了六篇演講稿，結果一篇也沒有被採用；她特地從中國帶了位英國「筆桿子」普萊特（Prart），連他的稿子都沒派上用場。

夏晉麟特別告訴陳西瀅，蔣夫人的英文還是二十年前在美學的，現代英文演說都避用長字，説話很簡單。夫人卻好用長字，有些字連夏晉麟都得依靠字典，美國人也如是。

夏晉麟説其實蔣夫人來美後應當請胡適、林語堂等幫幫忙。夫人去請教，「他們沒有不幫的，適之是中國從前的大使，她應當請教他」。夏還説：蔣夫人計劃來美時，宋子良、宋子安都要想做她的「manager（總管）」，結果還是被孔令侃、孔令偉奪去，孔家兄妹「居然能打倒兩個舅舅」。

這對兄妹包辦了蔣夫人的一切，一個做執筆，一個當祕書，夫人只相信自己的外甥子女，別人不能向夫人説話，連霍利也不能進言，所以霍利在此很無趣。夫人又不准他在外發言，他連新聞記者都不能見，可又不讓他回去。夏晉麟調侃道：「希望這一來，（孔）回去便可做外長之類。」[2]

劉鍇將一行教授們安排在馬薩諸塞大道的 C.D.S.（中國國防供應公司）五樓的一間沒有隔斷的大房間，靠牆擺放八張桌子，兩個書架，屋子中央是長方形會議桌，十幾把椅子圍成一圈，算作開會之用。因為面積超大，劉鍇隔出一間當作自己的辦公用房，並配有書記、打字員。平時教授們都在各自寓所準備研究的課題，並不常來此處，C.D.S. 成了大家聚會、交流、閒聊和開會的場所。

六月七日下午五時，剛回到華盛頓的宋子文開始了個別談話，先是吳景超、李卓敏，最後輪到陳西瀅。

陳西瀅講述自己來美考察主要是「中國戰時的外交政策」和「戰後的國內治理」兩大類。

從陳西瀅日記中看出，宋子文對他的方案並不十分滿意，「宋説我的計劃，題目太大了，太廣了」。他主張我們與美國的研究團隊一塊兒去研究。他説許多前期的基礎工作人家都做了，大可不必自己重新做，可以沿

用美國人的智慧加以拓寬。

宋子文說其實他的許多主張與美方學者也不盡相同，為此曾經爭論過。「美國有些人怕中國太弱，不能抵抗侵略，又有些人怕中國太強。」宋子文說：「也不必老與一個團體研究，可以替換着與不同的團體研究，如 Harvard（哈佛）。」

此話正合陳西瀅本意，他原就有去紐約及波士頓的打算。宋子文不但要陳西瀅搞些基礎研究，而且多做公開演講。宋說基礎研究有了結果後，說話就有分量。他準備另找些題目讓陳西瀅寫些高質量的東西。

一連三天，大夥兒都忙着找宋子文的空當兒，與他一對一地談話。八日吳貽芳與他談中美教育與文化交流；桂質廷談如何將美國的科學技術引入中國。

就在宋子文與其他教授談話之時，宋聘請的美國智囊羅·伊克曼和亨利·普萊斯也在忙着與陳西瀅等談話，陳西瀅感覺「他請我們到他房間去，很像召見，可是他很客氣的說他房內沒有人，說話自由，不至於打擾別人。據他話中聽來，昨天宋的提議完全是羅·伊克曼的意思。」至此，陳西瀅判定：「羅是宋的智囊，一切事與他會商。宋自己事忙，沒有工夫想事，所以事事都問羅的意見。」

其實陳西瀅並不反對與美國專家合作，畢竟一群新來乍到的學者，方方面面都需要有個熟悉的過程，大家見面討論、交換意見對彼此都有益處。但普萊斯說：「恐 R. 的意思不是如此，而是去參加一個團體的工作，擔任一部分工作。」[3]

當宋子文與教授們談話告一段落，大家湊在一起談到各自感受時，吳貽芳感覺宋子文「現在的意見似乎事事外人好，中國人不行。對於教育文化不感興趣，說教育事將來自有辦法。」對於桂質廷談戰後科技強國計劃，宋似乎也不十分贊同，說委員長臨行召見他時並沒有提戰後問題，只是要他研究科學，說科學很重要。桂質廷無奈地說：媒體上次採訪宋子文，談到科學時，他說國家如亡了，科學有什麼用？目前還是救急。[4]桂質廷至今不知自己來美的研究對象究竟是什麼。

　　話說到這個份兒上，大夥兒滿腹狐疑，懷疑宋子文招徠國內學者其實是在輔助美國人搞研究。陳西瀅不滿地說：「這種工作，也許不是我們所要做的，而且我們與他們的觀點不同，我們從中國出發，他們從美國出發。」其餘人的回答也大致相同，感覺「羅的建議，也許是根本瞧不起我們，他認為我們一定得有人指導工作，像大學畢業生的實習，李（卓敏）吳（貽芳）等對於羅的干涉很不高興。」[5]

　　另有消息說，美國人早在中國學者到來之前就有計劃：「打算組織三個研究會，一個研究英美，一個蘇美，一個中美的戰後計劃。每一個會，美國方面與對方國的人各半，如各為六人。」[6]種種跡象都不樂觀，大家考慮着開會要解決的當務之急，究竟是獨立自主地搞研究，還是做人家的幫手。

　　三天後（6月10日），宋子文召集第一次會議。除了國內來的學者外，在美國的劉鍇、夏晉麟、張歆海、徐亦蓁、徐淑希等也都參加，連駐美大使魏道明也來聽會。會議要討論的議題有三項：一、給團隊起名字；二、各人研究的課題如何與美方對接；三、當下美國社會盛傳中國政府的許多弊政（有人列了單子），也希望宋子文給團組對外演講時有個統一的答覆口徑。

　　劉鍇說：每次開國際會議，中國代表直到會前才發現對於要討論的問題毫無準備，平時不研究，手頭又無參考資料，深更半夜，臨時抱佛腳，到處找材料。他希望國內來的學者能夠腳踏實地，利用美國家圖書館的資料，訪問各大學的人才、社會名流，真正研究出成果，寫出有分量的東西，特別是能應用於戰後的中國重建。

　　關於給這個團組起什麼名字，眾說不一，討論了一陣毫無頭緒，有人提議不如沿用美國的做法。

　　在美國，國務院設有多個種類不同的研究小組，專家們的研究成果起先是長篇論文，政治家沒有時間去讀。後來將論文縮為大綱，列成提要，將各方意見（贊成與反對），條舉並列，讓看的人一目了然。總之，美國人的研究包羅萬象，而且研究得很細，做到有備無患。

最後，大夥兒一致同意定名為「中國戰後問題研究小組（Chinese Study group of Post War Problems）」。

第二個議題：如何根據自己的專長有重點地進行考察調研，又如何與美方研究人員對接。李卓敏問宋子文：加入美國團體工作是做他們所研究的工作，還是做自己所研究的工作。也許自己研究的問題與美國人研究的問題並不相同，雙方的出發點也不一樣。

李卓敏開了頭炮，引起共鳴，他的發言與陳西瀅的看法大致相同，陳說只有在大前提達成共識，才談得上與美國人合作。吳貽芳、桂質廷也都有大致相同的發言。

看到自己請來的學者頗有些群情激奮，宋子文打起了「太極拳」：當然是研究自己的問題，讓美國人提供材料。若他們有研究心得，也不妨請他們發揮一下。宋的表態算是平息了大夥兒心中的疑慮，也算是拍板定案了。

這次會上，陳西瀅意外發現：「宋對歆海比較的不客氣。在討論下一案時，叫他把曾說的話記下。歆海記了一會，也就不記了。」因為現場有書記員在記錄。

最後一項比較棘手，學者們來美的工作之一，便是到各大城市宣講中國的抗戰政策或到各個大學、研究機構與美方學者進行交流。讓他們難於把握的是，經常有人提各式各樣的問題，如中國政府權力過於集中，言論不大自由之類，對於有些話題，美國人抓住不放，出言很有針對性，往往搞得他們措手不及，難以應對。

宋子文認為這並不難回答，只須推諉這是戰時的特殊現象。關於美媒刊載蔣介石用的人都是親戚朋友，看不到其他領袖的作用，四大家族控制中國的經濟等，宋子文讓大家按統一口徑答覆：「這得問你們自己的報紙。什麼宋家等等，都是他們造的空氣。他們專門注意幾個人，不注意其他的人，人民自然不會聽見其他的人了。」

像宋子文這樣的政客，對這類事早已見怪不怪，處理起來得心應手。會上有人按單子所列一一提問，宋子文一一作答，從不迴避。從未接觸過

這類事情的陳西瀅不得不佩服:「這半小時的話很中肯,有時很精彩。到今天此時我才認識了他實在是有能力的。」[7]

會議結束時,每人都報上考察所需要去的城市、大學及採訪中外名人等計劃。陳西瀅希望儘早去紐約,與周鯁生編為一組,便於工作。其他人也報出自己的打算,宋子文逐一批准。只有張歆海除外,宋子文點名歆海常駐華府,這讓陳西瀅多少感到有些不解。宋最後總結,像這類會每隔一段時間開一次,有什麼問題統一解決。

陳西瀅是 6 月 23 日晚乘火車離開華盛頓,次日一早安抵紐約,上午見到周鯁生,聊了一陣武大這幾年的情形,即打電話給胡適。

中午胡適請陳、周同來吃飯,算是給陳西瀅接風。此後一連幾天,陳西瀅都和胡適、周鯁生以及在紐約的老熟人聚會,重新體驗到二三十年代在北平時的情誼。

接下來的工作便是採訪中美著名學者和政客,周鯁生已在美國三年有餘,自然對美的情況了如指掌。二人草擬了採訪名單:李石曾、蔣廷黻、趙元任夫婦、胡適、施肇基、林語堂、張靜江、孟治、高宗武、呂懷君、王濟遠、劉廷芳、李平衡等;美國名人也不少:賽珍珠(Pearl Buck)、沙德韋爾(Shadwell)、斯坦利·史密斯、布雷爾(Brell)、喬恩(Jon)等。

採訪各類名人是學者們來美後所做的基礎工作,為今後撰寫論文、外出演講、為政府制定對外政策獲取詳實的第一手資料。但採訪有時並不盡人意,不單單是舟車勞頓,採訪對象的種種想法往往使他們更加困惑。

如訪呂懷君時他就說,赴加美留學的英庚款生們都對英國反感,他們主張中國一定要強,要報仇。甚至提出聯絡日本與白人競爭。陳西瀅周鯁生都力辯懷有這種見解的危險,為此討論了兩個小時。臨走時鯁生憂心忡忡:「這實在是一種可憂的現象。」[8]

在訪問李平衡時,陳西瀅甚至與他爭執了起來。李平衡說美國人打仗,是上了英國人的當。美國參戰也用不着派兵到國外去,只須送些東西去算了。希特拉並不可怕,等等。陳西瀅按捺心中之氣;「忍不住要駁他,只是我沒有失去笑容罷了。」[9]

即便採訪外國友人也同樣遇到互不信任的問題。如沙德韋爾就認為日本在德國戰敗後求和是很有可能的，美國人決不會讓日本保留海軍，他說珍珠港的記憶太深刻了。而陳西瀅所擔心的，也許那時美國人民嚷着要軍人回國。沙德韋爾笑說這決無可能，他倒是疑慮中國半途會與日本媾和，都是相互的猜疑。[10]

訪問高宗武是陳西瀅周鯁生最願做的事，往往得到鮮為人知的信息。

高宗武是個極富爭議的人，他早年留學日本，回國後進入外交領域，二十九歲擔任外交部亞洲司司長之職，是個地道的「日本通」。七七事變後，高宗武主動向蔣介石請纓，要說服日本從中國撤軍。他嘗試通過滿鐵總裁松岡洋右，直接溝通近衛首相未果；轉而撇開蔣介石，與陶希聖聯手嘗試擁戴更為溫和的汪精衛去和日本媾和，並參與「汪日密談」，成為不折不扣的漢奸。但令人費解的是，「密約」簽字那天，陶希聖稱病未往，高宗武亦藉故未出席儀式。當晚，高宗武去陶宅，寒暄中，彼此發現對方早已萌生「脫離」之意，兩人一拍即合，做出了決定。

戲劇性的結局是：就在汪偽政權開場前夕，高宗武、陶希聖出人意料潛逃至香港，在《大公報》全文刊登《汪日密約》，將汪精衛釘在歷史的恥辱柱上。

對於高宗武前後自相矛盾的舉動，後人評述不一：有良心發現說，有蔣介石策反說，有雙面間諜說等。經歷此番巨大波折的高宗武就此告別政治舞台，遠遁美國。高宗武對這段歷史其口三緘，給後人留下種種謎團。

陳西瀅周鯁生都對破解謎團，尤其對高陶聯手頗感興趣，多次會晤高宗武，談的大都是1938年他跟隨汪精衛祕密出走重慶之事。

高宗武說汪蔣決裂，二人分道揚鑣後，汪一行到香港時，高宗武發現陶希聖仍在祕密與陳布雷通信，他給自己留了「後門」。

1939年8月26日，國民黨中常會先開除高宗武等人黨籍，之後又通緝周佛海、陳璧君、陶希聖。但正式發佈的名單中卻沒有陶希聖，蔣把陶的名字圈掉了。

那時高宗武與重慶方面沒有接觸，但是到了上海後，高宗武聯繫到了

重慶方面，而陶希聖卻不知道，似乎兩人各有各的聯絡渠道。高事後感歎道：如最後半年自己不消極，一切接洽事由自己擔任，一切把柄也可以拿在手中了。但是如此做法，對陶希聖似乎不大厚道。他承認還是陳公博說得對：「幹政治切不可消極，一定得永遠是積極。」

高宗武說：「汪精衛的領袖欲極大，氣量很小。陳公博在天津時領銜發了一個通電，汪看了很不高興，對陳說，黨的領袖還是他來擔任吧。陳公博說汪在津整天的喝酒玩女人，是從這裏來的。」[11]

高宗武初到美國，閉口不談政治。可是對於年輕時就好做一番大事業的他，如今沉溺於牌桌舞場，時間長了也覺無趣，與友人閒聊的事還都是與政治有關。

高宗武對陳西瀅說，宋子文在此什麼情報也得不到，美國人大都敬而遠之。駐美大使魏道明也如是，沒有幾個朋友。高說其實不必認識最重要的人，只需認識幾個中間人，但要相當的熟悉。他當年在日本就有幾個極熟的人：「一件事發生前一二星期，他便有情報，所以蔣很相信他的話。……O.S.S 中一科長便希望宗武回重慶，做中美聯絡人。宗武說他從前與日人有關，現在又有美人關係，也引起猜疑。……他說現在葡萄牙非常重要。應當有一個有政治頭腦的人駐在那裏。」

陳西瀅與高宗武接觸幾次，給他的感受是：「宗武對於政治，口頭上消極，實際上還是積極。」[12]

陳西瀅對於到訪美國工作的感受，完全不同於在國內寫寫抗戰文章，或在學校給學生們上課時可以毫無拘束地高談闊論，這通常是陳西瀅作為政經學博士的優勢所在。可是到了美國，他發現自己的優勢全無，不是不會寫，而是不知如何寫。自己的國家就像是個「小媳婦」，一切要看「婆婆們」的臉色行事，其中一位「婆婆」就是英國。

中英關係惡化緣於 1940 年 7 月，那時德國正大舉進攻英國。為了避免兩線作戰，英國迫於日本的壓力，決定對日屈服。英國外交大臣哈利法克斯面告中國駐英大使郭泰祺，勸中國與日言和，否則將中斷中緬交通 —— 這條對中國抗戰至關重要的西南進出通道。消息傳出，中國朝野

譁然，對英不滿的情緒急劇增長。

英國從來都以傲慢與偏見的目光看待中國，曾任中國駐美第一任大使的施肇基，在與胡適、陳西瀅等談中國外交界掌故，舉例說他去華盛頓參加會議時，「英國提出中國在會內不提西藏方准出席」。施肇基在英國任公使多年，對於英國沒有什麼好感，即為此等事。[13]

因而，沒有外交經驗的中國學者對於英國的做法依然是不遺餘力地抨擊。就在抵美的一個月後，他們迎來了第一個在國外舉辦「七七事變」的紀念活動。

當陳西瀅一行到會場時，原北平輔仁大學董事長、南京主教于斌正在演說。陳西瀅形容當時的場面：

> （于斌）他讀時用雄辯家的聲調，口音不大清，反而聽不清；……接着是林語堂，他是有稿子，但並不完全唸，說的話完全是攻擊英國。在七七紀念席上挖苦盟國，實在是不得體。他說英國孤立思想比美國的更可怕。他說美國打仗並不是為了要代英國保有它的殖民地。可是坐下後鼓掌之聲不絕，林居然再立起來鞠一躬，好像唱戲似的。

中國學者的我行我素引起一些同行們的不滿，曾任駐蘇大使的蔣廷黻便是其中一個。胡適周鯁生在與蔣廷黻吃飯時，感到「廷黻的議論非常的驚人。他批評太平洋學會，主張中國應退出。他不滿意中國派出來的教授們，他認為不應亂批評政府。適之說除去岳霖外也沒有人批評政府，如通伯平常不說什麼」。蔣廷黻卻指責陳西瀅寫的《外交政策報告》不應提到香港。胡適說：「像林語堂這樣要以武力奪取香港固不對，但香港絕口不提也不是辦法。」

周鯁生更是不滿蔣廷黻的口氣，好像「政府一切有辦法，政府一點不能批評。這完全是做官人的看法。所以他不贊成什麼人都去做官。廷黻在新官僚中是非常能幹，但是他的見解可常常太不寬闊了。」[14]

　　胡適也持此看法，當次年年初王世杰來到美國，夏晉麟為其接風，請胡適向來賓介紹一下王世杰簡歷時遭到婉拒。胡適私下對西瀅說，如果非要讓他發言，他就說：你們向來看見的是中國的舊官僚，今天你們看到了兩個中國的新官僚 —— 蔣廷黻與王世杰。

　　如何處理好中英關係，學者內部意見也不統一，各執一詞。在宋子文召開的第二次「中國戰後問題研究小組」例會上，爭論還沒有停止。徐淑希坦言，中英關係惡化，都是英國咎由自取。只要它肯出力收復緬甸，打通滇緬公路，關係便立刻好轉。

　　宋子文站在同盟國的高度，視角不同，說話也就大不相同了。他說：「我們現在與英國共同作戰，許多地方要它幫忙，用不着節外生枝的去得罪它。什麼印度問題，緬甸問題等等。我們現在說話，並不發生效力，可是卻使英國人發生惡感。所以我們現在最好一切不關抗戰大計的話不必說，我們與英國保持友好關係。有話等打完了仗再來說。」[15]

　　可惜從國內來的學者並不是人人都有宋的襟懷，深知美國政治複雜的胡適說：「中國人不知道 Blood is thicker than water（血濃於水），以為拉住美國，便可以仇視英國。結果美國人也得罪了。」劉鍇說：「中國人與蘇聯弄得不好，與英國弄得更壞，現在美國也有一種行動，排斥中國。中國是『四強』之一，可是一個朋友也沒有，前途真是可怕。」[16]

　　如何解決滇緬公路這條美國援助中國抗戰物資的唯一陸路通道，胡適曾提出一個設想：「滇緬路運輸量太小，應同時進攻安南（即越南），打通滇越路，建新路通廣西等等。」當然，這種設想沒有實現。胡適說：「現在攻擊中國的分兩派，一派是左派，從賽珍珠到 Baldwin（鮑德溫），恐怕最近是受了 Smedley（史沫特萊）影響，S. 來美已半年了；一派是右派，是受了軍人的影響。」胡適承認自己受到軍人的影響，對此前攻打安南的想法應當負一部分責任。[17]

　　美國真是中國「英才」薈萃之地，陳西瀅沒想到中國飽受日本欺辱之時，會有這麼多高官、學者聚集在這裏。人多嘴雜，似乎每個人都掌握着不為人知的祕密。陳西瀅這個在大學中呆了十多年的文化人，還是第一次

聽到政府高層爾虞我詐的「爆料」，他尤其對兩個人格外注意，一位是吳稚暉，那是他的表叔，有恩於他；一位是宋子文，目前的頂頭上司。

王徵（字文伯）是爆料最多的人，他似乎總有透露不完的祕密。如國民政府主席林森因車禍撒手人寰，有人提議讓蔣介石自兼，蔣再三說他決不任主席，並請王世杰提出候選名單。王擬了幾個人名，如于右任，丁惟汾，張繼，居正等，蔣選擇吳稚暉擔任，吳說自己不行，他看到外國人就要發笑。王徵說：「蔣先生一定要吳稚暉為主席。請去談一次，等結果。又請去黃山，提出這問題，吳老說：『我家裏飯鍋忘記蓋，怕老鼠偷吃，要趕回去。』其他逐鹿者多，蔣先生多不屬意。結果是自兼。」[18]

談起國民黨元老聯合反對宋子文當行政院長，王徵說吳稚暉等曾對蔣介石說不要用宋，說了半天，蔣說還是讓子文做吧！汪精衛提議由蔡元培任行政院長，蔡以不能和宋合作為由婉拒。後來宋子文下台回上海，曾打電報邀王徵來滬，共商反蔣大計，要他南下聯絡胡漢民等。王徵勸宋，沒有了蔣，宋是站不住的，宋子文從此便疏遠了王徵。[19]

王世杰自英來美對宋子文也頗有微詞，他對陳西瀅說，委員長一向不信任宋，說「子文是最自私自利的人」。還說抗戰如都像子文那樣，中國早就沒有了。二人心存芥蒂，所以蔣主政南京時，子文就呆在上海；蔣去漢口，子文跑到香港；蔣在重慶，子文就飛到美國，始終保持兩人儘量少接觸。[20] 同僚們都對宋家人才濟濟，其家庭背景卻讓人唏噓大惑不解，陳西瀅也在日記中對海南島文昌縣一個傳教士培養出的子女，能對民國政治產生如此大的影響心存疑惑。

上面高官有這樣的議論，下面的人自然怪話連篇。有人說宋子文享受慣了，在飛機上還給自己帶一張帆布床，當隨員用跪姿呈給他一封電報時，他躺在帆布床上，用腳趾頭接電報。李璜說他這種大少爺的生活習慣，「在天空中仍不能改」。

俗話說「隔牆有耳」，下面人的閒言碎語很快便傳到宋子文那裏。宋傳話要劉迺誠到華盛頓來，卻只和他談了十分鐘話。宋找他來不為別事，只為了教授們在芝加哥開會時，有人說話不謹慎。宋當然聲明說話者並不

是廼誠，但希望以後大家合作，說話小心，並以此意轉告同人。

劉廼誠只是一名教授，既沒有高層後台，亦沒有朋黨圈子，宋子文找他傳話，傳些什麼，搞得劉一頭霧水。他問宋究竟聽到了什麼，宋說如中國政治是銀行家、官僚、軍閥的 Trinity（三位一體），他接着說：「當然這樣說是反映了一些問題，但是……」，宋子文把話帶住，沒有往下說，但用意很清楚：點到為止。

回到紐約，劉廼誠很是納悶，去一趟華府只聽他說了十分鐘的半截話，感覺很有些「敲打」的意味。劉廼誠與西瀅、鯁生、質廷都是武大派出來的，平時說話很謹慎，他們猜測「三位一體」的話，大約是金岳霖說的，他與費孝通說話一向隨便。[21]

時間過得好快，陳西瀅逐漸適應了在美國工作的節奏，朋友多，交際廣，生活也不錯。多年不寫文章的陳西瀅，經過一段時間的磨練，命題論文寫起來逐漸得心應手。很少誇獎人的胡適曾就陳西瀅所寫的政論文章給予好評：「國際問題非常的好，希望我繼續多寫。」連周鯁生都誇西瀅所寫的戰爭文章，「國內沒有別人能比得上」。[22]

正當陳西瀅有滋有味、按部就班地工作、生活着，9 月 20 日，他意外接到駐英大使顧維鈞發來的一封電文：

> 前商邀兄擔任倫敦中國學院總幹事，現正與該院當局商談進行，彼以工作重要，盼先去，兄能否於年內來英就事？俾免繼續虛懸，請電示為盼。弟顧維鈞。

之後又接到王世杰的電文，內容相同，都是催促他年內到英國就任。

幾封電文使陳西瀅正視到自己年初與顧維鈞的口頭約定：幫助顧負責在英國的中國學院事宜。只是這幾個月在美國呆得習慣了，英國之事早已拋到腦後，如今這一紙電文讓陳西瀅有些手足無措：「接到後不知怎樣好。我近來對於自己的辦事能力愈無把握，而且愛閒暇，不愛活動，似乎去並不相宜。可是從前已經答應下來了，又不好後悔。」

陳西瀅日記所述是他的真實想法，別看他與魯迅論戰時筆鋒犀利，思維敏捷，展現了大家風範。可回到現實生活，陳的優柔寡斷便暴露無遺：在家聽妻子的，在外聽朋友的，表現得毫無自信。陳其實很清楚自己的弱點，女兒小瀅説，父親給她寫信就曾提到過：「每每逢到大事，優柔寡斷，希望我不要像他一樣。」[23]

於是，按照習慣思維，陳西瀅在給顧維鈞回覆之前，必然要聽聽朋友們怎麼説，特別是宋子文和劉鍇的態度。

諮詢一圈兒下來，胡適最初表態是同意陳西瀅去英國，藉此機會可以把凌叔華辦出去，「後來又説這事情毫無意思，還是讓別人去做罷」。

周鯁生大概也有此意，他説：「如要在國外住些時，尤其是讓太太出來，接受也好。這種事根本沒有什麼大意思，沒有什麼大發展。像孟治那樣忙，也實在並無意義。年薪千鎊，扣所得稅只六百餘鎊，合美金二千四百元，數目似乎太少些。如在美，不説一家，即一個人也不夠生活」。

桂質廷也是從家庭團聚、收入多寡替陳西瀅考慮。他説一年的期限轉年就到了，吳貽芳預計明年一月份回國，而他打算在此工作一年，研究物理，一來可利用美國先進的科研成果，二來多少掙點錢補貼家用。質廷説：「許多人在此教課及研究，如周培源等，年薪只二千元。扣百分之三十所得稅，便所餘無幾了。」

再問劉鍇，他謹慎得多，畢竟是主管駐美使館日常工作的大使銜參事，不像其他人有口無心不負任何責任。劉鍇首先問陳西瀅自己的意願，陳説：「對於行政事務不感興趣，只是在中國已經多少答應下來了，而且中英關係也重要，又不好一定説不去。」劉鍇説，以他本人的想法，去中國學院沒什麼意思，從前張歆海在那裏張羅，但實權掌握在別人手中。現在派一個知名學者去，也許會有不同，只恐怕也無大發展，原因在於此。劉鍇説中國學院的那些人不好侍候，他在英國開大學委員會時就知道此事。

外國朋友中只有斯坦利·史密斯力挺陳西瀅去英國，他説「中國在英

方面大沒有宣傳，英方對於中國很願意知道。他與其他地方的情報人員同在英國旅行，到處與新聞記者接談，都是最先問中國的情形。」不過史密斯不主張陳西瀅去中國學院，理由是里希特在那，「這人很把持，恐怕不易合作」。[24]

陳西瀅一時拿不定主意，況且赴英機票緊缺，在他前面已有一二百人在等票，便先給王世杰補了個電文：「赴英機位一時難得，如兄來美，盼在此一晤，請示行程。」

陳西瀅本意是即便去英國也想延遲一下，至少也要在美停留滿一年。到底是初訪美國，機會難得，計劃中的許多地方都還沒有去。

對於顧維鈞讓陳西瀅負責中國學院一事，連王世杰都不贊成，說當年張歆海在那裏弄得一團糟，至今留下許多未盡事宜，「U.C.C（中國學院）裏面的人大部分很舊。與他們作事，不大容易。」為此，王世杰設計了一套折中方案：成立一個中英文化協會，陳西瀅去當代表。這個代表「既不是官，但也不是私人。可以找一個助手，借一間屋子，一切團費，將來由中英文協擔任，每月五六十鎊。」

王世杰說，中英文化協會已經得到蔣委員長首肯：「將來可以全力注意於文化合作事宜。如與文化界聯絡，交換教授，交換學生，介紹英方名人去中國……將來在英或蓋一所屋子，為機關。設法在英陳列中國藝術品。」[25]

有了委員長的「尚方寶劍」，自然可以堵住一些人的議論，也為陳西瀅去英國究竟做些什麼制定了可參照的方案，陳西瀅不好再說什麼。另外，不去中國學院，少了些人事上的糾葛，忠厚老實的陳西瀅抱着受人之託忠人之事的心態，決定去英國，投身到二戰的最前沿，去施展自己的抱負。

陳西瀅於 1943 年 3 月 26 日離開重慶赴美，到 1944 年 3 月 14 日離開紐約赴英，一晃在國外生活了將近一年，這是他唯一一次在美的經歷。

臨別時大家依依不捨，宴請不斷，有送領帶、維生素等小禮品的，也有託陳西瀅捎帶禮物給在英好友的。王際真送的是他新近譯著，順便向陳

西瀅道出這幾年譯書的苦衷：《阿 Q 正傳》只銷了七百本，《紅樓夢》也只賣出了三千多本，「一本書銷不到二千元，簡直談不到版稅」。[26]

在王世杰便宴招待與他同機從英國來美的艾利森時，陳西瀅問他，英美兩國在生活上最大的不同之處是什麼？艾利森說：是雞蛋。他在英兩個月，只吃過三個新鮮蛋。

3 月 14 日中午，胡適設便宴為陳西瀅送行，周鯁生、李卓敏、劉迺誠、王徵、郭鏡秋等十餘人作陪。飯後，周鯁生等送陳西瀅登上北去的火車。

以後的幾天，陳西瀅幾番周轉，越過了美加邊界的尼亞加拉瀑布，來到加拿大境內，在多倫多、渥太華等地小憩之後，在加方的安排下，進入蒙特利爾某空軍基地，登上一架名曰「Liberator（救星）」的飛機。

1944 年 3 月 21 日，陳西瀅乘坐這架編號「AL.592」轟炸機，獨自飛往英國倫敦 —— 他下一個二戰「戰場」。[27]

飛機顯然是經過改裝的，陳西瀅的座椅安置在前排，「艙中只有兩個方窗，兩圓孔。坐了看不見什麼，偶然起立，可以看到下面的樹林及雪地。沒有洗手室，後艙有一桶。」

注釋：

1　岳謙厚：《民國的「學人外交」》，摘自《北京日報》2014 年 9 月 22 日。
2　陳西瀅日記，1943 年 6 月 8 日，（陳小瀅收藏）。
3　陳西瀅日記，1943 年 6 月 8 日，（陳小瀅收藏）。
4　陳西瀅日記，1943 年 6 月 8 日，（陳小瀅收藏）。
5　陳西瀅日記，1943 年 6 月 8 日，（陳小瀅收藏）。
6　陳西瀅日記，1943 年 6 月 25 日，（陳小瀅收藏）。
7　陳西瀅日記，1943 年 6 月 10 日，（陳小瀅收藏）。
8　陳西瀅日記，1943 年 7 月 24 日，（陳小瀅收藏）。
9　陳西瀅日記，1943 年 7 月 24 日，（陳小瀅收藏）。

10　陳西瀅日記，1943 年 11 月 24 日，（陳小瀅收藏）。

11　陳西瀅日記，1943 年 8 月 20 日，（陳小瀅收藏）。

12　陳西瀅日記，1943 年 8 月 23 日，（陳小瀅收藏）。

13　陳西瀅日記，1943 年 9 月 12 日，（陳小瀅收藏）。

14　陳西瀅日記，1943 年 12 月 14 日，（陳小瀅收藏）。

15　陳西瀅日記，1943 年 7 月 7 日，（陳小瀅收藏）。

16　陳西瀅日記，1943 年 8 月 12 日，（陳小瀅收藏）。

17　陳西瀅日記，1943 年 7 月 31 日，（陳小瀅收藏）。

18　陳西瀅日記，1944 年 10 月 20 日，（陳小瀅收藏）。

19　陳西瀅日記，1944 年 1 月 30 日，（陳小瀅收藏）。

20　陳西瀅日記，1944 年 2 月 11 日，（陳小瀅收藏）。

21　陳西瀅日記，1943 年 9 月 4 日，（陳小瀅收藏）。

22　陳西瀅日記，1943 年 6 月 27 日，（陳小瀅收藏）。

23　陳小瀅：《我的父親陳西瀅》。

24　陳西瀅日記，1943 年 9 月 24 日，（陳小瀅收藏）。

25　陳西瀅日記，1944 年 2 月 10 日，（陳小瀅收藏）。

26　陳西瀅日記，1944 年 3 月 9 日，（陳小瀅收藏）。

27　陳西瀅日記，1944 年 3 月 21 日，（陳小瀅收藏）。

「布衣大使」胡適的卸任

1938 年 3 月，根據時任國民政府軍事委員會政治部部長陳誠的建議，蔣介石三次致電在美國進行學術交流的胡適，敦請其出任中華民國駐美大使。9 月 17 日，任命正式下達，胡適抵達華盛頓任職，開始了他的學人外交生涯。

消息傳到日本，日本內閣倍感壓力，當時日本國內的民間輿論曾發起倡議：派以文學見長的鶴見祐輔、經濟專家石井菊次郎、力辯群雄的松岡洋右同時出使美國以應付胡適。三人合力未必是其對手，可見當時胡適的名望如日中天。

可胡適任期剛滿一屆便匆匆卸任，多少有些出人意外。時隔很久，《華盛頓郵報》還在納悶：胡適博士回歸華盛頓，都說他如何受歡迎，還說他是能力最強的外交官，為什麼很快更換，誰都說不清楚。[1]

特別是以胡適為精神領袖，且剛剛步入外交領域的學人，如陳西瀅、周鯁生等一批與胡適有近二十年的交情，更想知道個中原因。因為他們都清楚，學界的人進入外交界被排擠是預料之中的事，張歆海為此有話說：「適之說語堂想做官，其實什麼人不想做官，適之自己也何嘗不想做官。只是學界的人進外交界，常被外交界的人所排斥。他自己如此，適之也是如此。學界的人又不團結。」[2] 張歆海的話不無道理，最初攻擊歆海的人是傅斯年，《獨立評論》上有他的文章。

陳西瀅一行到美國時，胡適已經卸任多月了。1943 年 9 月 17 日，胡

適約陳西瀅、周鯁生、徐大椿等人次日晚到紐約東八十一街一〇四號去做客，慶祝他離開華盛頓大使官邸 —— 雙橡園，遷移紐約整整一周年，坐陪的是他兒子胡思杜。

次日晚，來賓如期而至。他們先在公寓喝了些雞尾酒，隨後到飯店吃飯。酒好飯香，大家滿以為胡適會談及被免職的前因後果，不料，他聊起了 1931 年國民政府首任教育部長蔣夢麟，因得罪國民黨元老而下台一事。雖然政府旋即任命蔣夢麟為北大校長，但此人已在回浙江老家的路上，就是不肯北上。胡適與傅斯年及羅杰‧格林三人商量，想一個辦法請蔣夢麟北上，許諾授權他可以動用一年十萬元的中華文化教育基金、設立研究講座、提高教授薪水等新辦法。蔣夢麟果然上任了，一切準備就緒，學校把慶典定在 9 月 17 日舉行，結果第二天即發生了九一八事變。

胡適為此感慨：「如沒有中日戰爭，北大在十餘年後一定大有成績了。」[3] 説到這，大夥兒才記起去年的 9 月 17 日是胡適卸任的日子，也醒悟到胡適説蔣夢麟因得罪國民黨元老而下台是有所指的。

關於胡適為何被免去駐美大使儘管有不同説法，但從胡適的言談中不難看出都與一個人有關，就是當年國民黨四大元老之一李石曾。李石曾是清末同治皇帝的老師李鴻藻之子，他五歲那年被其父帶進宮，是見過慈禧太后的人。

胡適閒聊時，但凡説到此公便氣不打一處來，李石曾在美國新澤西州的哈德遜河畔購置了三百畝地，打算建造一所大學，最初定名為新光大學（New Light Uni.），胡適説真是庸俗，後又改名為「吳稚暉大學」。這塊地原是熊山國家公園（Bear Mountain）的一部分，景色很美，曾經是某將軍的住宅，李石曾花費兩萬美元購得，現與他新娶的只有三十來歲的猶太夫人茹素住在那裏。[4]

胡適將李石曾撰寫的 *Sage of Bear Mountain* 譯為中文是《熊山大聖》——《西遊記》中的妖怪，説很合其身份。不久前李石曾與吳秀峰曾造訪過胡適，談起打算成立「吳稚暉大學」，但吳稚暉是誰，美國民眾並不知曉，所以他們預備搞一場演講，讓美國民眾了解吳稚暉其人和他的學

術與事業，這第一講非胡適莫屬。然而胡適卻拒絕了，他對王徵説：不能幫李石曾去哄人，還説最看不起此人。

胡、李矛盾由來已久。1923 年 10 月 23 日，馮玉祥將溥儀逐出故宮。顧頡剛在日記中説：「此事係石曾先生向政府建議者……」胡適知道後頗有微詞，稱「這真是民國史上的一件最不名譽的事」。

不久，故宮博物院成立，李石曾任理事長。他從宮中尋到胡適留給溥儀的一張名片，上面寫「臣胡適，今天有事，不能請安」等字，立刻「配起一個鏡框，掛在故宮裏作為展覽品」。

1928 年 6 月 15 日，南京政府召開大學委員會，討論北平九校合一事宜，胡適反對有人提議將北京大學更名為中華大學，更反對任命李石曾為校長。當時坐在胡適身旁的吳稚暉直跳起來，離開座次大聲説：「你末，就是反革命！」[5]

既然胡適與李石曾、吳稚暉都有隔膜，王徵勸胡適，道不同不相為謀，不與他發生關係便是了，「何必逢人便罵，把仇愈結愈深。」[6]

王徵的話讓陳西瀅品嘗到胡、李之間的積怨之深。其實，此中連帶關係盤根錯節，連遠在英國的顧維鈞都看得很清楚：「適之下台，李石曾很有關係。」[7] 但是李石曾究竟如何從中作梗，這層「窗戶紙」至今沒人捅穿。

1944 年新春伊始，王世杰從英國飛抵美國，帶來了胡適被免職的「新版本」，他説其根子在於時任外交部長的郭泰祺。

郭長期出使國外，1941 年回國時風頭正勁，要求加入國民黨，王世杰是介紹人。4 月間郭泰祺意外被蔣介石任命為外交部長，政治生涯達到了頂峰。然而僅僅過了七個月就被摘去了「烏紗帽」，像一曲華麗的樂章在高潮時戛然而止，令人大跌眼鏡。

王世杰説導致郭泰祺下台的最大原因是他的「私行不檢」。郭在重慶有房，上任後又在黃山買了一處住宅，恰好臨近蔣總裁的官邸。郭金屋藏嬌，把某小姐留住在裏面，被耳目眾多的特務機構探知。

另外，郭泰祺住黃山時，覲見總裁並不事先通報，直上二樓書房，使蔣很生氣。為此王世杰埋怨：「由於他私行不檢，結果影響了整個中國的

外交。如他不下台，適之也不會下台。」[8]

當年報紙也印證了此事：「某部長在重慶已有幾處住宅，最後竟用六十五萬元公款買了一所公館。……另聞此君於私行上有不檢之事，不堪揭舉。」[9] 於是，坊間就有了「一吻丟官」的戲說。不明內情的胡適甚感蹊蹺，為「一個報館的言論居然可以趕掉一個外交部長」深感駭異。[10]

胡適的感覺是對的。董顯光說郭泰祺丟官其實與女人無關，是牽扯到貪污宣傳費一事，王徵也贊同此說。郭一上任便向政府提出增加在外交領域上的宣傳經費，老蔣撥去五萬美金，隨後即令戴笠盯住此事。戴與中國銀行總經理貝祖貽是把兄弟，很快便得知郭已將此款匯給了自己的太太。

董顯光的話比較靠譜，他是蔣介石選中並提拔起來的親信、紅人。1934 年老蔣親自介紹董顯光入黨，三年後又破格提拔他為國民黨中央宣傳部副部長，名次緊隨王世杰之後。王徵也從旁證實了郭泰祺下台後曾寫信給太太，口吐真言，不料出門看電影時發現隨身攜帶的信已不見。這讓郭泰祺夜不能寐，第二天即找王徵商量對策，說「裏面有一兩句話攻擊獨裁等，如蔣看到必不懌。他希望此信遺失落地。」[11]

郭泰祺官在高位，有幾位高官朋友也是自然的，王世杰執掌外長之職後，曾設想將顧維鈞調為駐美大使，為的是讓郭補英國的缺。王世杰深知難過總裁這一關，有人提議讓宋子文為其說項，王認為「宋本與復初（郭泰祺字）極友好，最近方知道復初將美金數萬元匯與太太的一件事，很生氣，所以事情極不好辦」。[12]

郭泰祺的下台不論是私行不檢或是貪污腐敗，都屬他咎由自取，與遠在大洋彼岸的胡適沒有關係，即便細查胡適的「朋黨目錄」，郭也不在其中，應該說胡適免職，最終拍板的是蔣介石。

1942 年 10 月 13 日，蔣介石在日記《上星期反省錄》裏有一段怎麼看都有些「討胡檄文」的味道：

> 胡適乃今日文士名流之典型，而其患得患失之結果，不惜借外國之勢力，以自固其地位，甚至損害國家威信而亦在所不顧。彼使

美四年，除為其個人謀得名譽博士十餘位以外，對於國家與戰事毫無貢獻……文人名流之為國乃如此而已！[13]

蔣的一番言論算是徹底宣判了胡適仕途生涯的「死刑」，只是有一項說得不準確（據後人統計，胡適在美共得到三十五個榮譽博士頭銜），《華盛頓郵報》載：「中國駐美大使胡適，最近六個月來曾遍遊美國各地，行程達三萬五千里，造成外國使節在美旅行之最高紀錄。胡大使接受名譽學位之多，超過羅斯福總統；其發表演說次數之多，則超過羅斯福總統夫人。」

美報讚頌胡大使不辭勞苦的溢美之詞，被重慶《大公報》轉載後如南橘北枳，被一些政客品出其酸澀的味道。好事者如孔祥熙就此鼓噪，說胡適書生氣太重，辦事不力，整天只顧到處拿學位，對黨國利益毫不關心。他的言論與蔣如出一轍。

蔣介石指責胡適出使美國四年於國於抗戰「毫無貢獻」，幾乎將胡適的功績一筆抹殺。其實別的且不論，胡適離間美日關係，防止美對日妥協，就是有功於抗戰。

1941 年 9 月，美日兩國政府開始祕密談判中國與西南太平洋的局勢，美國為了自身利益決定向日本妥協，這無疑將與日本血戰十年之久的中國推向崩潰邊緣。

胡適聞訊後，在羅斯福總統與赫爾國務卿二位決策者之間展開攻勢。9 月 24 日，應胡適請求，赫爾約見中英荷等四國大使，極不情願地出示了美國與日本臨時妥協草案的美方定稿。胡適看罷，極為震怒地對赫爾說了一句載入史冊的話：「你賣給日本一滴石油，中國將士就要在戰場上付出一加侖的鮮血。」胡適當場要求見羅斯福出面阻止這一草案，同時又與英國大使聯手，共商阻止美日間的私下密約。

丘吉爾首相權衡利弊，採納了胡適建議，他致電羅斯福：「中國如果崩潰，將大大增加英美的危機。」由於中英方面的強烈反對，羅斯福於11 月 26 日召見日本駐美大使，宣佈美國支持中國，隨之撤銷了與日本的

妥協方案，這就是胡適「在最後一分鐘的強烈爭持」之由來。

僅僅過了十天，即 1941 年 12 月 7 日，胡適接到白宮打來的電話，左眼眉已患上黑色素瘤（絕症）的羅斯福用激憤、顫抖的聲音說道：「胡適先生，方才接到報告，日本海空軍已在猛烈襲擊珍珠港。」

坐在雙橡園大使官邸的胡適，終於熬過「苦撐待變」的極限，看到了自己預測到的太平洋戰爭，其「序幕」正緩緩拉開。他撂下電話機，長籲一口氣，翹起二郎腿，拿起火柴，點燃了銜在嘴邊許久的香煙。

幾年後，美國史學家查理‧畢爾在他的《羅斯福總統與大戰之序幕》一書中概述，美日之戰本來是可以避免的，羅斯福不幸上了那位頗為幹練的中國大使胡適的圈套，才惹起日軍前來偷襲珍珠港，最終把美國拖入了可怕的世界大戰。

查理所言反襯了這樣一個事實，正像胡適兩年前致電陳布雷，讓他轉告蔣介石，未來遠東戰事應該這樣走向：要不惜一切激怒日本，使其發狂，敵人愈發狂，太平洋國際大戰終難倖免。

胡適在大使任內，運用一切方式和力量推動美日交惡，把美國拖進了太平洋戰爭，豈是蔣介石一句「毫無貢獻」所能抹殺掉的，反倒讓旁觀者品出了「兔死狗烹」的味道。

即便辭去了大使職務，胡適對日本的憎恨仍有增無已。美國朋友張伯倫夫婦來看他，談及美英中三國剛剛簽署完的《開羅決議》很是懷疑，覺得太不給日本留餘地了。胡適看法則恰恰相反，他事後對陳西瀅說，「還認為太寬鬆，現在美國左派大都有 C. 氏（張伯倫）相同的感想」。他斷言：「戰爭一停止，一定有許多人出來為日本說話。」[14]

1951 年 9 月 8 日，僅僅過了七年，果然「有許多人出來為日本說話」，置飽受日寇蹂躪的中國利益於不顧，在美國的帶動下，多國（包括日本）簽署了《舊金山和約》。時移世易，這個損害中國利益的「怪胎」，直至今天仍在那裏作祟。

對於拿下胡適，還是老謀深算的顧維鈞懂得老蔣內心的謀略：「中國卻還有一種所謂『內交』，即施於內部的外交。這無疑是更難的，因為不

能摸透政府領袖的真實意圖。」[15]

　　誰能摸清領袖的「真正意圖」？還是他的郎舅之親宋子文。1940 年6 月，宋子文以總統的私人代表身份來到美國，下車伊始，對前來見面的胡適一開口便是：「國內有人説你講演太多，太不管事了。你還是管管正事吧！」宋子文劈頭蓋面的一番話，惹得胡適怒火中燒，反脣相譏在所難免。

　　誰都知道隔水相望的日本對胡適的講演早已有着切膚之痛，甚至發表評論，強烈要求美國政府對胡適的演説活動嚴加限制，稱胡適的煽動性講演，只有一個目的，就是挑起美國民眾的反日情緒，引導美國與日本開戰。日本如此害怕胡適的講演乃在情理之中，而國內有人議論胡適「講演太多」，就令人費解了。

　　胡適在寫給王世杰、翁文灝信中，明白無誤地擺明他與宋子文的矛盾之深，「某公在此，似無諍臣氣度，只能奉承意旨，不敢駁回一字。」[16]

　　大使和外長在一個屋簷下共事（宋子文是在 1941 年郭泰祺被免職後接任外交部長，卻長期滯留美國，美其名曰「為抗戰籌款」），其捋順關係之難可想而知。蔣介石致胡適宋子文的電文，宋不給胡看，自己單獨回覆，胡適早已心生不滿，稱宋為「太上大使」，僅此一點，王世杰並沒有説錯，郭泰祺不倒台，也不會有胡、宋在華盛頓的交惡。

　　令人惋惜的是，胡適與同是哥倫比亞大學校友的羅斯福總統私交甚好，是可直接面見總統陳述自己觀點的極少數外交官之一，王世杰説他親見羅斯福給蔣介石信中寫有「於適之信賴備至」的讚語。直至胡適苦撐到太平洋戰爭爆發，面對宋子文的咄咄逼人，胡適説他「在此毫無用處」了。[17] 胡適的離職，不能不説是當時中國外交上的一個損失。

　　與政府解除「婚約」的胡適何去何從，是大家都關心的事，王世杰擔心胡適會因此對政府有不滿情緒，或對總裁有什麼看法。此時的王世杰已是總裁的智囊之一，又任過國民政府的教育部長，是學人進入政界位子坐得最穩、最得信任的高官。他與胡適有着二十年的私人交情，屬於那種能交心的人。他從倫敦趕到紐約，迫不及待地要與胡適「秉燭長談」。他們

從午後談到子夜，胡適自然清楚王此時的位置，也深知此番談話亦有高層想要知道的內容，所以煮好龍井待客，索性敞開心扉，有問必答。在座者有周鯁生，陳西瀅如實追記在 1944 年 2 月 12 日的日記中。

免職後的胡適是否對黨國心存怨懟是王世杰最擔心的，還好，胡適說他並沒有。王世杰勸他能在戰事平定前回國，胡適以醫生告誡他不適宜作高空飛行為由婉拒，但又留下活話，如不必高空飛行，也不是不能回國。他告訴王世杰：決定到哈佛大學教書，雙方已簽了合同。胡適說他去教書，一方面是為了兩個兒子的生活費用，當時祖望與思杜尚在美國讀書。

周鯁生私下轉達王徵的說法，胡適的津貼一向是由羅氏基金會支付，最近基金會表示兩年後不願再出這筆錢，「如此適之曾大生氣。他的到哈佛去教書，也是萬不得已。」[18]

另一方面胡適也恰恰有了時間，強迫自己在半年內寫完一部英文的《中國思想史略》，也好向基金會交卷。王世杰思忖若按胡適的設想行事，只恐怕明年都回不了國了。

談話到此時，大家都飢腸轆轆，到外邊草草吃了一些東西，回公寓繼續暢談。

王世杰詢問胡適有何長遠打算，譬如，是否再過問政治？如過問政治，是到國民黨裏面去增加新力量，還是在黨外活動？

胡適說他打算走第四條路，即回到大學。治學數十年，所花功夫如不用，實在太可惜了；胡適對於政治也感興趣，打算辦一個類似《獨立評論》的刊物。胡從前曾這樣做過，以後還打算做下去，以這種方式對政府和大眾提出自己的意見和建議。

關於是否一定要加入國民黨，胡適並不覺得王世杰提得唐突。1931年九一八事變後，胡適曾經在北平提出加入國民黨，當時在中央黨部任職的周炳琳聽了很是高興，但是後來不知為何擱置下來，未成事實。如今時過境遷，胡適認為「在外面作獨立的批評，其效力會更大些」。[19]胡適與王世杰的深夜暢談，相信王不但聽了進去，而且如實地呈報了上去。

擺脫了繁冗的事務性工作，胡適有了更充裕的時間和精力做自己喜愛

的事，他更加樂此不疲地延續着先前最讓人詬病的演講活動，只是內容變成了與學術有關的主題。

在美國，有名望的學者，甚至包括剛下台的總統，寫書和演講是他們獲得收入的主要渠道，他們「常常從頭年十月演講到來年五月。然後再到山中休整，重新寫一本書。這樣做雖有意思但也很累。」[20]

張歆海以在海外多年的親歷為證，説靠巡迴演講掙錢是辛苦活兒，演講的主題其實很好準備，到各處也都講同一個內容，只是跑來跑去實在累人。他每演講一次，收費二百五十至三百美元，但是要付給代理人40%，旅費又用去 20%，自己所得也只剩下 40%。這還與演講人的名聲大小有關係，張歆海算小人物，「如林語堂，可以天天巡迴演講，一天也不拉空兒，」但時間久了，「語堂説他便不願意出門到處跑。」

胡適另一項愛好便是著書或研討問題，陳西瀅也有此好，二人見面的話題常常由此展開。一次在紐約，陳西瀅去看胡適，剛好他正在檢視書店剛剛送來的尚未出版的書樣——史沫特萊所著《中國的戰歌》（*Battle Hymn of China*），共五百餘頁，裏面稱頌的人有魯迅、朱德、毛澤東、張學良等很多，胡適將精彩的部分唸給在座者聽，陳西瀅翻閱了稿樣，認為「有些故事是不可能的」。[21]

胡適一有新的發現總喜歡先告訴陳西瀅。例如他看見前人寫的書，考證八股文起於律詩，認為這是不對的，律詩的第一句並非都是「破題」，這與八股文體例不符。胡適認為應是起於律賦，並聲明這是他的發現。律賦流行於唐宋，八股則在明清，二者有相當緊密的聯繫。陳西瀅説，胡適為此事專門「找出《四部叢刊》的某兩種給我看，真是如此，並無例外。」[22]

胡適此時正在為商務印書館編一部高中、大學的國文選，他「計劃有四篇，約六冊（後二篇四冊），材料依年代先後排列。選的文章，一方面注重文學，一方面注重文法。文法不適者，如司馬相如之流便不選。學生讀時並沒有大困難，可以學，而且讀後對於中國文學史有一概念。」胡適説編書之事早在抗戰前便動手做了，拖到今日還只是草稿。

　　陳西瀅翻閱着胡適取出的一摞摞手稿，這裏面「有《詩經》、《楚辭》、《左傳》等。《詩經》的注解，幾個字一注，讀者便能自了解詩意。《左傳》等他（指胡適）則主張加字，改字。許多地方加了主辭或賓辭等文字便清醒得多。加的字用符號標出，並不是改竄原文。但有時也得改竄，他說這在英文中是常有的。」[23]

　　用英文撰寫《中國思想史略》也是胡適當前要完成的緊迫任務，胡適預備先寫中文，之後再寫一英文大綱，由他口述，有人記錄，形成初稿，再細細修改。「他預備先寫兩漢及三國，次寫三國至宋元。他說他這多少年來任外交官等等，他的見解，比從前寬大，所以哲學史壓了好久未寫，未始不是好事。」由於對方催得緊，胡適說如能明年年底交稿就不錯了，他希望戰事不要在明年年底前結束。陳西瀅說：「書不妨慢慢寫，戰事能早完我們還是希望早完。」[24]

　　胡適興趣愛好繁多，之前苦於沒有時間，如今時間充裕了，又想把先前未做完的補上。如「適之從前曾有意一天背寫一首好詩，一年成三百六十五首，編一集。背了百餘首，便背不齊了，要去找書，常常為一首詩找不少時候。」胡適把編輯好的詩稿拿給陳西瀅看，陳粗粗翻閱了一下，「選的絕句，以楊萬里、王安石、陸放翁為最多。大都是重哲學意味。都有意思，但不一定有音調。」[25]

　　對於胡適如何有時間著書，陳西瀅向來不解，特別是在大使任上，每日公務纏身，哪有時間寫書？為此還遭到林語堂的嘲諷：胡適是最好的上卷書作者，意思是看不到下卷。

　　胡適告訴陳西瀅，時間「是偷來的」。有次他「生病入醫院時，起先只是去檢查，還預備出去演講。醫生說他不能再起來了，病情已經非常的嚴重。他覺得那時候國際局面緊急，他的任務至重，如何可以久居醫院，Hombeck（霍姆貝克）等特別通知他，他在院中一切事情當照樣辦理。他在醫院中一切聽天由命。他說他寫了幾百萬字，都是夜間十二時以後偷來的時間寫的。他將精力借來這許多，造化自然要向他取償，所以死是應當的，不死則是幸運了。」[26]

　　胡適除了演講、寫書，還得應酬來自各方審稿、寫序的請求，這也耗費了他不少時間。胡適答應任美國國會圖書館中文部的榮譽顧問，圖書館要付他年薪四千元，他謝絕了。「他說他不受薪，行動比較自由。有時去，有時如華府人多，他可不去。如受酬則不得不去了。他以後也許每月去幾天」。[27]

　　胡適向陳西瀅列舉了國會圖書館恆慕義（Hummel Willium）與中國學者房兆楹等人合作編纂的《近三百年中國名人錄》請他寫序的例子。胡適說寫序並不是件容易的事，單看第一、二冊就用了他兩個月，「因為許多地方也要校一校，找一找書，這樣寫出來的序便不至於言之無物了。」胡適說這樣的書中國沒有，因為有許多材料，非在外國找不可。陳西瀅看了胡適寫的序，也翻了翻拿來的原稿，裏面參加寫傳的有數十人，以房兆楹、杜聯喆夫婦為多。

　　胡適說，《洪鈞傳》中談到賽金花，「以為不可靠，賽並無知識，Wardesee（瓦德西）到北京，在聯軍進京後幾個月。」[28] 言外之意：一個煙花女子用德語勸說聯軍統帥瓦德西下令士兵不得濫殺無辜似無可能。賽金花在民間有「千萬雄兵何處去，救駕全憑一女娃」的美譽更是小說家言。類似這樣不靠譜的杜撰，胡適勸他們改去，換些別的材料進去。

　　胡適喜歡交友聚會，像上世紀二十年代在北平「東吉祥」的「周末聚餐會」，他似乎很懷念也很享受這種聚餐小酌的感受，那時的「臨時家長」是周鯁生夫婦。如今到了美國，胡適發現當年「東吉祥」的許多人又聚在了一起，於是在參加太平洋學會時，他「提議成立一個聚餐會，可名為 Picnic Chat（野餐會），每月一次，交換意見」。只是如今在海外，只能是誰有條件誰便是張羅此事的「家長」。

　　1943 年 10 月 15 日，在位於波士頓的趙元任家裏舉行了一次聚餐會，美其名曰是為慶賀在拉德克利夫女子學院就讀的大女兒趙如蘭順利畢業。但實際上她的畢業考試還有好幾天，要等到畢業典禮後才名正言順，但那時客人又湊不齊了。

　　在哈佛近兩周的演講，搞得胡適筋疲力竭，當晚還要趕回紐約；陳西

澄周鯁生是剛從紐約來波士頓參觀訪問的，作為東道主，接風洗塵這種事趙太太楊步偉是當仁不讓的；加上來哈佛已有四個月的訪問學者金岳霖、費孝通，這些多年相識的朋友難得在此相聚，楊步偉便充當了「臨時家長」的角色。為增加氣氛，她還通知了楊聯陞、張培剛、裘開明以及哈佛的十幾名中國留學生前來助興，加上他們夫妻和四位「千金」，足有三十多人。

陳西瀅真是佩服楊步偉的能力：「每個人有半隻雞，一碗雞湯，此外還有許多別的菜。不知趙太太怎樣做出來的，可是她說今晚並不麻煩。」[29] 不但菜肴豐富，而且程序一點不減，每上一菜，換盤換刀叉，一絲不苟。

閒暇時，胡適也喜串門，時間多在午休後。一天下午，陳西瀅正在寓所看報，胡適來訪，二人閒聊幾句，胡適問起凌叔華收集名人錄的「小手卷」，如今進行得如何？陳西瀅拿出手卷無奈地說：看的人多，題的人少，先前王濟遠專門要去了手卷，送還時一個字也沒題，大約被手卷上的「大名頭」唬住了。

胡適打開手卷，果然沒什麼進展，上一次自己所題：

> 剛忘了昨兒的夢，又分明看見夢裏的一笑。舊作小詩，通伯、叔華囑寫，適之，廿六，七，廿五。

那還是七七事變後，蔣介石電招全國知名人士共聚廬山參加「談話會」，胡適、陳西瀅均在名單內，胡適去訪陳西瀅夫婦時在寓所寫的。如今時隔六年，胡適看到在他之後只多了郭紹虞的題詩，再無旁人，也覺有些凄冷，於是要來筆墨，又錄下一首往日所做七絕用來「湊數」：

> 霧鬢雲裾絕代姿，也能妖豔也能奇；
> 忽然全被雲遮了，待到雲開是幾時！

　　一九三六年七月十六日火車中望富士山，得此一念，七月廿一日在太平洋上寫成小詩，以弔日本。

　　胡適，一九四三，九，四，雲還正濃哩！

　　這是典型的胡適語言。陳西瀅想起前不久金岳霖對他所說，胡先嘯還是佩服胡適，「他說只有四個人寫的白話文寫通了，適之是其一。其他三人為魯迅，潘鳧公與張恨水！」[30]

　　胡適提倡白話文多年，自覺成效不大，「提倡有心，實行無力」，但他還是稱讚了魯迅和周作人，說他們在這方面還是有成就，忘卻了魯迅當年罵人也沒饒了他，胡適「外舉不避仇」，這點和陳西瀅有些相像。

　　筆者曾對胡適的「舊作小詩」感興趣，以為是寫給夫人江冬秀的。一查，不是。胡適晚年說：「我和太太訂婚之後，我們從未見過面。到我民國六年回國，我走了一天的路去看她，還是看不到。」從來沒見她，夢也如何做？[31]

　　後來得知那首「舊作」是寫給曹佩聲的，她小胡適十歲，胡適與江冬秀結婚，曹是伴娘之一。婚禮中曹對胡的「一笑」，讓胡終生難忘。1920年11月，胡適寫了白話詩《一笑》，1924年初，胡適又有了「坐也坐不下，忘又忘不了。剛忘了昨兒的夢，又分明看到夢裏的一笑。」這首詩，不成想14年後，胡適又將它寫在了凌叔華的「小手卷」上。

　　筆者翻閱曹佩聲簡歷。曹有過簡短的婚史，也與胡適多次相遇，曾同遊西湖賞月，在上海品嘗徽州餅。1949年，胡適去了美國，曹留大陸，餘生獨處，1973年病逝。晚年自作詩曰：「徒誇生平多友好，算來終日癡迷。」[32]怨是有的，然而不怒。

　　胡適的娛樂項目是打麻將。他不大喜歡打橋牌，不過打麻將也曾帶給他煩惱。一次在朋友家打麻將，一圈下來，胡適感到身體有些不適，便請人代打，自己稍歇休息，又重新上陣，或許手氣好，此番贏了不少，他反倒不好意思離開。明知自己體力不支還硬撐着，他打算輸回到本金後再體

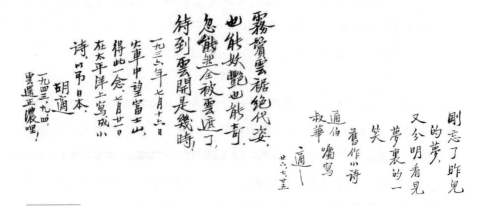

胡適的小詩

面地退出，可一圈下來又覺沒有輸夠，只好再次請人替代。回到寓所，人癱倒在床，三天沒出門，煙也不抽了，整個人瘦了一圈。

　　儘管胡適在美國的日子過得還算充實，但陳西瀅從胡適的懷舊心理看得出來，他的心思還是在大洋彼岸的中國。

　　1946 年 6 月 1 日，胡適果然乘着郵輪（並非高空飛行），行進在煙波浩淼的太平洋上。此時胡適的新頭銜是 1945 年 9 月 6 日國民政府任命的國立北京大學校長。

　　胡適憑欄遠眺，像是欣賞海景，又像是盤算北大未來的遠景規劃。中日一戰刺痛了胡適的心，他十分清楚「中國在這次戰爭中的問題簡單說來，便是一個在科學和技術上都沒有預備好的國家，不得已和一個第一流的軍事與工業強國進行一場近代式的戰爭。」

　　為此，一向不主張在北大設工科的胡適，在接到任命書後着手做的第一件事，便是在美國尋覓工科人才，計劃設立北大工學院，他甚至還設想設立原子能研究中心，並與錢學森、錢三強、馬大猷、吳健雄、袁家騮等保持着聯繫。就這樣，與日本死磕的胡適，懷揣着假我十年，誓把北大「做成一個工業的最高研究中心」的雄心回國了。

注釋：

1　陳西瀅日記，1943 年 9 月 3 日（陳小瀅收藏）。

2　陳西瀅日記，1943 年 9 月 18 日（陳小瀅收藏）。

3　陳西瀅日記，1943 年 9 月 18 日（陳小瀅收藏）。

4　陳西瀅日記，1944 年 2 月 13 日（陳小瀅收藏）。

5　胡適日記，1928 年 6 月 15 日，《胡適日記全集》，人民文學出版社，2004
年版。

6　陳西瀅日記，1944 年 1 月 30 日（陳小瀅收藏）。

7　陳西瀅日記，1944 年 1 月 11 日（陳小瀅收藏）。

8　陳西瀅日記，1944 年 2 月 12 日（陳小瀅收藏）。

9　重慶《大公報》發表《擁護修明政治案》的評論文章，1941 年 12 月 22 日。

10　胡適日記，1941 年 12 月 24 日，《胡適日記全集》。

11　陳西瀅日記，1943 年 11 月 8 日（陳小瀅收藏）。

12　陳西瀅日記，1945 年 8 月 28 日（陳小瀅收藏）。

13　蔣介石日記，1942 年 10 月 13 日，美國斯坦福大學胡佛檔案館藏。

14　陳西瀅日記，1943 年 11 月 8 日（陳小瀅收藏）。

15　《日本時報》評論，1940 年 10 月 30 日。

16　胡適致王世杰、翁文灝信，1942 年 5 月 17 日，中國社科院近代史所編:《胡
適來往書信選》，北京：中華書局，1979 年版。

17　胡適致王世杰、翁文灝信，1942 年 5 月 17 日，《胡適來往書信選》。

18　陳西瀅日記，1944 年 2 月 16 日（陳小瀅收藏）。

19　陳西瀅日記，1944 年 2 月 12 日（陳小瀅收藏）。

20　陳西瀅日記，1943 年 9 月 18 日（陳小瀅收藏）。

21　陳西瀅日記，1943 年 8 月 17 日（陳小瀅收藏）。

22　陳西瀅日記，1943 年 8 月 17 日（陳小瀅收藏）。

23　陳西瀅日記，1943 年 6 月 24 日（陳小瀅收藏）。

24　陳西瀅日記，1943 年 7 月 3 日（陳小瀅收藏）。

25　陳西瀅日記，1943 年 9 月 3 日（陳小瀅收藏）。

26　陳西瀅日記，1943 年 6 月 25 日（陳小瀅收藏）。

27　陳西瀅日記，1943 年 9 月 3 日（陳小瀅收藏）。

28　陳西瀅日記，1943 年 6 月 24 日（陳小瀅收藏）。

29　陳西瀅日記，1943 年 10 月 15 日（陳小瀅收藏）。

30　陳西瀅日記，1943 年 7 月 2 日（陳小瀅收藏）。

31　唐德剛：《胡適雜憶》，第 226 頁，廣西師範大學出版社，2005 年版。

32　石原皋：《閒話胡適》，第 57—59 頁，中國人民大學出版社，2011 年版。

築巢萬景山樓

　　自從陳西瀅去了美國，往日熙熙攘攘的家一下子冷清下來，這讓凌叔華很不習慣，一天到晚心神不寧，總感覺心裏空落落的。回想往日，雖然與婆婆、大姑子維持着冷淡的客氣，那也是鬧哄哄的一大家子人，如今冷清得有些讓人不適應了。加上當地房租的上漲，凌叔華母女再「樓上樓下」的生活幾乎是一種奢侈了。

　　此時，學校在陝西街盡頭的小山坡上平出一塊地，那裏原是一座寺廟，當地人稱它萬佛寺，後因戰亂，僧走寺空，廟也被村民扒得差不多了。學校則利用廢棄的地，為遭八一九日機轟炸而成為「無房戶」的教職員工，蓋了幾排簡易平房。

　　凌叔華找了個理由分到第一排靠左手的兩間房，她設想一間作為母女倆的臥室，靠牆可以碼放一二十個箱子，倚住箱子擺放張雙人床，既睡人，又可看守着價值不菲的財產。床頭立一臉盆架，另一頭是張小桌，供小瀅做功課用，此外再無可用之地；另一間是陳媽和她的半大小子居住，除儲存一些糧食、菜蔬外，馬桶也擱置在這間屋裏。

　　條件比照半邊街差了許多，更差的要數凌叔華的心情。自從離開北平，特別是離開了自己親手改建的西山小院，她心中的苦楚只能自己品嘗，以至一看到當地有類似北平的花草便觸景生情，甚至連當地的氣候若在北平該是怎樣一個光景，凌叔華也常在腦海中「換算」着：

　　早上立欄干前看對面山河，蠶豆已深碧，菜花亦開過，昨到布林斯通家見白薔薇及紫藤均已作花，已是北京五月天氣，聞到紫藤花及薔薇味，惘然欲淚！ [1]

　　這種抑鬱的心情在丈夫走後更加重了，她常常在寫給陳西瀅的信中不由自主地流露出思念夫君之情，情之深，意之濃，這是在珞珈山時期不多見的：

　　你在千萬里外也許不至於苦念家中，不久你便會為新環境新物事佔去你思家之懷了。不過我還希望你能時時念到我們枯寂艱難的生活。自從你走後，我一切繁難都得肩起，例如新近我還得籌備搬家，還是搬學校的房子，以後住房一天不如一天易找。因為小瀅在你走後，她咳嗽傷風有三次了，她的健康不如以前，住南開想來是太苦，且蘭姊（袁昌英）與仲常（吳學義）都不贊成我去渝工作，原因你想猜的到，所以我想也不必去渝去了。[2]

　　今天我們收到你信，真是驚喜欲狂，小瀅用力推我幾倒，兩人搶着先看。這是我們唯一的希望。[3]

　　這兩日忽然起風，天很冷，夜來淅瀝寒雨，三更醒來每每睜眼到天亮，……有兩次我夢見你在家中，醒來憶兩句詞——不知誰的，「夢裏（縱使）相逢應不識，塵滿面，鬢如霜。」新來我是白了不少頭髮！ [4]

　　凌叔華在樂山只有家眷的名分，整日無所事事，她常常跑到萬佛寺工地，呆呆地看着施工的進度，一看便是多半天兒。房子還有一兩個月就竣工了，凌叔華真的不知該如何度過往後這艱難時光。

　　「艱難」不光來自生活的辛苦和物質的匱乏，更是緣於精神上的缺失。倘若她不能繼續繪畫、寫作，她的精神世界還能支撐多久？她又能在哪裏圓自己畫家、作家的夢呢？倚着工地前的老槐樹，望着對面的山，凌

叔華此時又想起了北平的西山小院。

　　那兩年雖說是在淪陷區，可凌叔華卻沒有嘗到戰爭所帶來的痛苦，她像是生活在世外桃源，有管家、有廚師，她面對西山，整日揮毫作畫或奮筆疾書，那是何等的愜意。連小瀅晚年回想一生所住過的居處，其滿意度西山小院也是要排在前面的。可回到樂山，凌叔華彷彿到了另一個世界，孤獨、無奈始終伴隨着她：

　　　　母已長逝，妹又遠隔，朋友也沒有一個真心真意者，家中無一人能憐惜我者，即小瀅也嫌太幼，彼有時懂事有時又毫不顧惜也。戰事似一二年不能了，吾等千辛萬苦跑來後方有何用呢？每日碌碌於衣奔食走，生活重擔已把人壓瘋了！天天做瑣碎事完不了！ 5

　　凌叔華日記中的描述，似乎看見她走到了絕境，甚至幻想若不離開北平，不離開西山小院又能怎樣，後悔之意頓起。

　　此刻她又面對另一群滿目寂寥的群山，即烏山、尤山，著名的樂山大佛與她對面遙相呼應。山腳下，大渡河、岷江河水緩緩流動，漲水時曾漫過大佛的腳面，當地人稱這是給大佛洗腳。晴日裏沙灘綠樹，朝暮時煙雲飄渺，山間開墾的梯田，像盤在姑娘頭上的髮辮。回頭望，山巔上就是老霄頂，有一灰色圓形炮塔，好似中古傳奇故事中神祕森嚴的古堡引人遐想，它是全城的最高點。

　　凌叔華久久看着山水間的變幻，只有在此時她暫時忘記了憂愁與煩惱，以藝術家的審美眼光，覺得這裏的景致一點不輸北平的西山，甚至更富有想象力：

　　　　面臨岷江，正對着蘇東坡讀書居所的凌雲寺。這一帶的江聲山色，就是樂山人所自豪的「桂林山水甲天下，嘉州山水甲桂林」的根據。 6

　　凌叔華越看越興奮，原來造化弄人的是自己的精神世界，環境是中性

的，心情是可以調整的，為什麼要生活在煩惱之中，北平的歡愉同樣能夠在樂山複製。

未來的幾天，她總好倚着這棵老樹眺望遠方，似乎只有這樣她才能排遣心中揮之不去的憂思，只有面對着青山，她才有世外桃源的感覺，才有片刻的安寧。

驀地，一個大膽的設想浮現在凌叔華的心頭：就在此地蓋一座屬於自己獨享的小樓；可看烏尤諸山，可聽岷江水聲，可揮毫作畫的小樓；周圍用籬笆紮起圍欄，內有一叢抱竹，幾堆紅嘴山芋，樹蔭（以身後的老樹為中心）下散養着雞鴨，紫羅蘭的藤蔓沿着室外樓梯爬到二層的小樓。

這「靈光一閃」，讓凌叔華熱血沸騰，她彷彿看到了西山小院的再現，她又可以面臨大山揮毫作畫，又有了靈感繼續完成自己想了多年的首部中篇小說《中國兒女》。

凌叔華鼓起十二分的勇氣，拿出當年改造西山小院的勁頭，說幹就幹。

她找到一位有經驗的泥瓦匠，爭取趕在學校建完宿舍之前完工，這樣便可以隨着眾多無房戶遷移，屆時學校也會提供方便的。

凌叔華親自設計圖紙，小樓面積十四尺長，十二尺寬，樓梯外置，緊靠着老槐樹，樓上東、南、北三面有窗，朝南的一面剛好看到對面山上的凌雲寺和大佛；朝東的一面既能聽到岷江流過的嘩嘩水聲，又能享受老樹枝繁葉茂的遮陰；北窗可看到老霄頂的全貌，享受西方神祕古堡的味道；西面不設窗，免除西曬之苦。

凌叔華將自己的「傑作」詳盡地描述給陳西瀅：

> 我這二十天，忙得頭昏，校屋因不夠住，外邊房價長得驚人，（方欣安的房竟要加到一萬二了。）所以我決定另在院中築一小樓式之屋，即在大樹之旁前面籬笆推出去，先打算用舊料只花三四千元便可，現在花到八九千元，幸賣掉些東西，還可對付，如此加了二間連小廚房，竟多了三間屋，你回來也可以舒適的住下去了。由樓

上望出風景很好，大佛亦可看得見⋯⋯樓下預備為吃飯洗漱之用，亦可擺藤椅休息。樓下只有六尺高，但亦夠高，看去如一支船一樣。許多人都羡慕這房子，大家均說此種年月，花了錢起房明年還可夠本！等於白住。[7]

有道是土木之工不可擅動，雖說在南方建這樣簡易的小樓工程量不是很大，主要是幾根立柱和橫樑要結實，耐承重，牆體多用竹編，內外抹泥，門窗也都是從半邊街住所拆下的。讓凌叔華傷透腦筋的其實與小樓無關，倒是和兩位半邊街房東的漫天要價扯上了關係，特別是家中沒有男人，更是倍受當地人的欺負，這一點凌叔華動工前是不曾料到的。凌叔華向陳西瀅訴苦：

（汪大房東）已來過一次，帶了軍官來嚇我說是賣了給他，催我搬家。我幸應付好，那軍官說了實話，也還客氣。會同我已找仲常看過，說拆掉一些東西毫無問題，所以我在拆門窗過去用。侯二房東也來過一次，他軟硬的說，我應了走時略給他一些東西，但他無單據可以查點，留下的只可算作人情也。我們大約七月初即搬。近日房東侯汪二人，每每來恫嚇逼我們搬，苦極了！我終日須去監工，回家來又須對付此種人！[8]

（小樓）竟做了一個多月，花了一萬二三千元之數，生了無窮的氣，末了我病倒了，（惡性瘧疾），躺了十二三天，吃了七八百元的藥（德國的阿的平）方始告癒。病中大房東夫婦時刻來吵，同時我又得找一男工幫忙，學校又開始扣借三千元的薪水，此月扣末了一次，收到只有九元！這兩個月我賣了不少東西，把重慶存下的錢也用完了。話說回來，人受夠了苦，花夠了錢，房子也搬完了。[9]

1943 年 7 月 11 日，凌叔華搬進萬佛寺的新居。真是苦盡甘來，望着拔地而起的小樓，凌叔華覺得吃這個苦也算值得，她對丈夫說：

　　起了一座小樓，花了近萬元尚不後悔，因為沒有這一間房，東西無處放，每天想片刻安閒光陰也沒有，一個人能活好久，一天有一點半點鐘看玩山水草木，性情也要平靜些。好在此時一萬元只值得一件大衣之價。我覺得只能住一年也未始不算合算，像沈性仁那樣苦到死也就真不值。[10]

這一年凌叔華寫給陳西瀅的信都與這幢小樓有關，前半年述說蓋樓之辛苦，後半年又描繪享用之喜樂：

　　我們院中搭了一雞棚，今天又圍了一片小地種菜用。種了十幾株芋頭，長得非常好，由樓上望下去像是荷葉，一片綠田田的，中間種了幾株各色萬壽菊，兩三株月季花，點綴點綴這一片荒園也是好的。說來可憐，山上十二家，只有我們家還有點花看看！[11]

凌叔華每每說起這座小樓，興奮之情溢於言表。蘇雪林也對小樓有過這樣的描寫：

　　樓之小堪容膝，但佈置精潔，我們幾個朋友，常在樓中茗話，開窗憑眺，遠處山光水色，蘢蔥撲人而來，別有一番滋味。那時候，陳納德飛虎隊屢挫敵鋒，日本的軍力也勢成弩末，敵機不常來，我們客中歲月到過得安閒寧謐。[12]

凌叔華對親手設計的小樓應該說沒有什麼不滿意的，唯獨建在萬佛寺舊址上，讓她心裏總有些不是滋味。她尋訪過許多上了年紀的老人，希望從他們那裏得知建萬佛寺之前這座小山叫什麼名字，但都沒有得到準確的說法，後又查閱書籍，最後在《嘉州縣志》上找到了答案。

原來在建造萬佛寺之前，這座山叫萬景山，寓意站在此山環視四方，名山大川以及它的四季變化盡收眼底，可謂實至名歸。「小樓原來築於萬

景山上，嘉州縣志載的。我的小樓也許可名『萬景山樓』。」[13] 凌叔華得意地告訴丈夫。

從北平的西山小院到樂山的萬景山樓，自幼癡愛山水的凌叔華自己都沒料到，戰爭期間，她以一己之力分別築起兩座「安樂窩」。正如她所述：

> 我是個生有山水癖的人，戰爭原是該咒詛的，但這次神聖抗戰卻與我這樣幸福，使我有機會與山水結緣，我該感謝誰呢？[14]

這篇名為《山居》的短文，應該是凌叔華搬到萬景山樓之後所發表的第一篇作品。

自從搬進萬景山樓，凌叔華的社交活動日益增多，來得最勤的是蘇雪林、袁昌英、吳學義等，連朱光潛在給陳西瀅的信中都對這座小樓以及凌叔華的魄力大加讚賞。

凌叔華的乾女兒楊靜遠（袁昌英之女）是這樣看那時的乾媽：

> 不僅人長得秀美，性格也極柔和。又深又大的眼睛，總是習慣性地眯縫着，目光溫煦，從不鋒利逼人。甜甜的嘴角微微上翹，即使氣惱時，也面帶笑意。一口純正的京腔，輕輕的、絮絮的，像給小孩兒講故事。……儘管人到中年，體態衣着仍保持婀娜風雅，不顯戰時文人的窮酸窘迫。當大多數教書匠都在為柴價米價叫苦不迭時，她卻沒丟掉對藝術品和古物的癖好，曾高價買下一隻三國時代的銅鼓，擺在客廳裏當茶几；女兒過生日，她找樂山惟一西點師做了一個大蛋糕，款待親友。[15]

此時的楊靜遠還只是武大外語系的學生，聽到樓上長輩們的談笑風生，心裏癢癢得要命，卻「奉命」在樓下陪乾妹妹小瀅玩，但瀟灑的場景還是看到了，只是當「茶几」的銅鼓應該是凌福彭的收藏，屬於漢代滇文化的古物，即凌叔華當年存在漢口大陸銀行的那一件。

　　俗話說「主雅客來勤」，凌叔華的熱情好客加上典雅的萬景山樓，鄰
居們你來我往的勤於走動，小樓上下好不熱鬧。若遇到當地有紅白喜事，
朋友們也都願意找凌叔華幫忙。

　　駐樂山的警備司令韓文源與復旦一女大學生訂婚，聽說是何應欽的
侄女，吳學義張羅攢份子送禮，請凌叔華畫張當地的風景畫，由他與楊端
六、蘇雪林、方欣安出錢裝裱，算是五個人的賀禮。

　　凌叔華畫了六尺整宣的《嘉州風景圖》，並題小詩一首：

> 今日樂上樂，攜手凌雲遊，
> 江水碧於玉，江風清且柔。
> 百鳥雙雙舞，青山點點浮，
> 將軍指日平倭寇，偕卿同去訪莫愁。[16]

　　韓司令將大把的銀子花了，結婚的帖子也散出去了。臨辦事那天，樂
山全城車水馬龍，偌大的嘉州公園被各種車輛、來賓以及看熱鬧的人擠得
水泄不通，可這位女大學生來了個「人間蒸發」，不知去向，弄得韓司令
竹籃打水，人財兩空。

　　「有人說她為的是敲點錢」[17]，此說有些像北方民間的「放鷹」，這女
子的「頭牌」便是何應欽的侄女，可知林子大了什麼鳥都有，居然連警備
司令都沒放過，只可惜白費了凌叔華那整張的《嘉州風景圖》了。

　　蓋起小樓，凌叔華似乎找回當年在西山小院時的感覺。平日裏，早晚
間，她在小樓四周的空地忙個不停，今天給蘿蔔間苗，明日又忙着搗鼓那
幾壟芋頭，雖說晚間常有盜賊出沒，折幾根竹子，挖點竹筍，惹得叔華惱
煩，但終歸盜少留多，在物價飛漲的年月，種這點菜也不無小補。

　　每天上午，當小瀅上學時，家中留陳媽料理家務，凌叔華通常一個人
呆在小樓上。她此時最愛做的就是在信中與丈夫聊天，不管是社會上流傳
的小道消息，還是學校裏的兩派爭鬥、人事變動，抑或當地物價飛漲等，
盡言紙上。

　　諸如社會上傳說馮玉祥與韓復榘侄女同居，李德全去上邊告，「他說是抗戰時期將就點吧，聽來有點滑稽」；朱光潛「對我說還是想出國，他對武大毫無興趣，他說如沒有機會他要自費去」[18]；王星拱「新近送了字條一紙給我，此人近日殊得意，但方重設方想法與之為難，我等算是避開了。」[19] 等等，無所不涉。

　　聊得最多的是如何繼續裝點萬景山樓：

　　　此間新雨後窗外龍蓀已高過樓頂，今早我種了一片大蘿蔔，打算找人來種種白菜之類，大約差不多夠吃一年了。院中種了好幾堆芋頭（紅嘴的）中秋可望收成，可惜你不在此，你是很愛紅糖煮芋頭的！不知我告訴過你沒有？我們把院子推出去幾尺，所以我可以種東西。[20]

　　轉年中秋節到了，晚飯時小瀅吃了幾口便早早跑去找小夥伴了。小樓此時只有凌叔華一人，她獨飲當地釀製的白酒，想到這幾年所經歷的曲折變化，不免傷感起來，愈發品嘗到孤獨寂寞的滋味。她拿出印有「雙佳樓」字樣的特製宣紙信箋，寫下了三首《中秋》七言絕句：

中秋　卅三年在樂山
冷酒低酌獨倚樓，自憐寂寂又中秋。
匝天烽火月光好，應照人間萬種愁。

秋日自遣
浩劫餘生草木親，看山終日未憂貧。
忽驚雁陣來天外，漸覺秋聲入耳頻。

又
三間破屋隔紅塵，物外蕭然寄一身。
腸斷故園當此日，菊花如錦上林春。[21]

凌叔華設色《西川嘉定萬佛寺故居圖》

樂山時期的凌叔華和陳小瀅

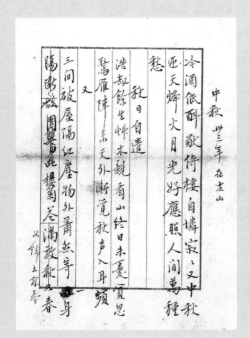

凌叔華詩頁《中秋（卅三年在樂山）》

　　詩寫好了，凌叔華拿給蘇雪林看，據蘇評價，覺得第一、三首過於消沉，第二首很有新意，特別對前兩句「浩劫餘生草木親，看山終日未憂貧」大加讚賞；當凌叔華把詩寄給陳西瀅後，得到陳西瀅友人稱讚的也是這首詩，評價詩的後兩句「忽驚雁陣來天外，漸覺秋聲入耳頻」很出彩兒。[22]

　　凌叔華獨享在小樓上的愜意，也想在萬里之遙的丈夫，先前的恩恩怨怨似乎化為烏有，懷舊之情卻上心頭：

　　　　院中馬蹄蓮開花，柚樹亦開花，黃昏時香得惱人情思，前夕在樓上浸着這種芬香找地圖，我同小瑩想你該到哪裏了。[23]

　　　　今夕有些微月光，風寒如剪，晚上吃糯米煎餅時我同瑩都想念你。我說今晚的飯，爹爹該羨慕我們了。你的冰結凌也許已經厭了吧？吃過飯後我上了小樓給你寫信，在這料峭的黃昏，不知為什麼特別令人懷舊，使我想到乾麵胡同及珞珈山的一串值得珍惜的日子，此時回想真有仙凡之隔了！[24]

　　人們常說「詩書畫一體」。凌叔華的書法堪稱女中翹楚，圈內無人比肩。她擅用小楷，不管是寫信、寫文章，就連寫日記都是用毛筆，以至胡適最顧忌的就是給凌叔華題字，他說在叔華面前動筆有如班門弄斧。

　　凌叔華的繪畫緣於她幼時的啟蒙教育，那時她只有四五歲，很喜歡在自家院落的牆壁上塗鴉，偶然的機會被宮中畫師王竹林看中，認為「孺子可教」，以後又拜慈禧太后的御用畫師繆素筠為師，逐漸形成自己的風格。

　　萬景山樓無疑為凌叔華的創作提供了不可或缺的環境與條件。這一年的秋季，武大校慶，凌叔華送上一幅《水仙》長卷。它給觀眾印象之深，以至二十世紀九十年代，一位同學回憶此景還感慨道：「凌老師的畫力求從淡雅上把捉氣韻，不設色，不渲染，滿幅清麗的葉與花，脫盡塵俗，似乎是供人焚香清賞的那一類。」[25]

　　當然，這幅《水仙》應看作「急就章」，凌叔華生活在樂山斷斷續續也有些年頭，可送上的畫卻無當地特色。這是因為凌叔華奔喪回北平停留

了兩年多，回川後料理大姊後事以及為陳西瀅準備出國都佔去了若干時間，加上建小樓讓她元氣大傷，以至大病一場，隨後又忙於《中國兒女》的寫作，她給自己定的目標是要在當年（1943 年）完成，[26] 這使她分身乏術，沒有更多的時間用於創作。

陳西瀅來信說王濟遠在美國辦畫展受阻，畫也不好賣，凌叔華回信說：

> 王濟遠本來多少是畫匠，他的買賣不好，也不出奇，況且他語言文字都不通，專靠人捧，後面又無背景，如何可以跳上去。我是自量的，這年月沒有大聲望，沒有可靠的人撐場，展覽會開一回只是自作孽。[27]

可見當時凌叔華並不看好靠辦畫展賺錢。話是這麼說，心中未必不惦記。轉年早春來臨，凌叔華已經躊躇滿志地準備一顯身手了。她在日記中寫道：

> 我如要出國似乎有在國內開一畫展的必要，這要看我的努力了。我想在山水及地方畫盡力，此時立志還來得及。我有一個壞毛病即大小事均須自己來，所以終日無暇，此種習慣須努力改去，否則自己不會有工夫畫畫。我有不少畫題在心中想畫的，此後如能一幅一幅畫出，未始不能比他人出色，看看吧。

凌叔華確實構思了許多富有當地特點的題材：如峨眉山的《金頂圖》、樂山的《嘉州之春》《岷江之晨》《岷江上的魚鷹子》以及當地男耕女織、家庭作坊一類淳樸民風內容的，她都記在自己的日記中。[28]

蘇雪林的文章也證實凌叔華在樂山的兩三年中，「趁此大作其畫，在成都、在樂山，接連開了幾次畫展，頗獲好評。」[29]

如同凌叔華「有不少畫題在心中想畫」一樣，作為作家，她同樣也有

不少想寫的題材在心中醞釀，只是她生有潔癖，「每到要寫一篇小說，非得有整潔寧靜的環境，思路才能清晰，看地板上有個泥腳印，或桌上有片水濕，心裏就格外浮躁，一封平常信都寫不成了。」

在半邊街時，婆婆、大姑子都在，一大家子人，整日的柴米油鹽，就別提創作了，既沒心情，也無條件。

如今，她了卻了後顧之憂，置身萬景山樓，遠眺烏尤二山，耳聽岷江水聲，這樣的環境使得創作欲望空前高漲，她一改先前給人印象只是寫幾千字的短篇小說或散文，如今要嘗試寫中篇小說 —— 構思已久的《中國兒女》。

還在北平的西山小院時，構思已初具雛型。情節並不複雜，以日本侵略者鐵蹄蹂躪下的北平為背景，述說了小主人宛英一家的故事：

1938 年秋天，宛英的父親因不堪忍受做亡國奴的滋味，決定從淪陷區的北平出發，步行去國統區的四川。他與家人約定，每過一道敵人封鎖線，便捎信報個平安，可如今到了河南已經有四十多天了，家裏卻只收到一封信，便再無音訊。母親擔心丈夫已在封鎖線上被捕，日夕焦慮，病倒在床。兒子建國一心想跟隨學校的王老師上西山去打遊擊，他不辭而別的出走，加重了母親的擔憂，決定出城找回兒子，不料未能趕在戒嚴之前回城，被鬼子當「嫌疑犯」抓進了大牢。

一家的悲慘遭遇落到了年僅十一歲的小女兒宛英身上，她想通過姑媽想想辦法，她知道姑丈在給日本人幹事兒，是個漢奸，不過為了救母，這些都不顧了。當姑媽聽到宛英為救母，願「把全副家當都給他們也不要緊」時，「方始轉容相看，她心裏又在替丈夫打主意了。……『你看見過你媽媽在銀行存了多少錢呢？你把摺子找出來看看，若不夠現錢，還得找姑丈幫你忙，賣掉一些古玩瓷器湊數吧。』」[30] 但所有努力都化為了泡影，反倒讓姑媽在自己家裏尋找值錢物件兒時，「順走」了母親的翡翠戒子。

正當小宛英一籌莫展，捧着頭伏在書桌前發愣時，日本憲兵廣田弘一走進了家門。前幾天因日本大佐被槍殺，日軍實行全城大搜捕時，他帶領

中國警察挨戶搜查時來過宛英家。當時那陣勢，屋裏十來個，門口二十個警察，全家人大氣都不敢出。那個名叫廣田弘一的日本憲兵目不轉睛地看着小宛英好一陣子，之後，居然從口袋裏拿出一隻藍寶石的手錶作為禮物硬塞到宛英手裏，隨後帶着警察離開了這個家。此時，大夥兒才莫名其妙地鬆了一口氣。

今天廣田又來到這個家，他「見到宛英，眉開眼笑地牽了手」，拿出一個信封，從裏面掏出一張十來歲女孩兒照片，是廣田弘一的女兒。正當宛英一頭霧水還懵懂地愣在那裏，家裏的保姆張媽眼尖，她回頭一望宛英，嚷道：「真像她，兩個人一樣的臉！」

以後的事就好辦多了，對於長得極像自己女兒的宛英，廣田對她有求必應。廣田帶着小宛英跑遍了北平城各大監獄，終於找回了躺臥在收容所炕上發燒多日的母親。

兩天後的一個中午，母親不見女兒回來吃飯，焦急中看到一張字條，那是宛英留給她的。宛英在字條上說，她已不再是小姑娘，長了好幾歲了，在母親失蹤後，自己仔細「研究了許多人情世故」，最終做出大膽決定：保證在幾天之內找回哥哥。宛英讓母親千萬不要派人去找她，字條上說：「我一定不會有意外危險，你知道像我這樣一個孩子，絕不會有人忍心謀害或虐待我的。」[31]

小說以此作為結束，以「素華」為筆名，分四期發表在國統區廣西的刊物《文學創作》上。對於這樣的「另類」作品，當年反響如何已無人知曉，直至 2008 年有研究者考證出「素華」即凌叔華，並集結出版，使之得以重新面世。

研究者認為：

> 就作品本身論，它雖說不上多麼優秀，但在當時小說園地裏卻有與眾不同之處。抗戰尚未結束，淪陷題材小說，身在淪陷區的作家不能寫；國統區、解放區作家想寫卻缺少淪陷生活體驗。前者無法，後者困難，所以都未能留下鐵蹄下同胞們的苦難和抗爭的描

繪。凌叔華因母親病故赴淪陷的北平奔喪，留居一年多以後再回國統區四川，於是她既有了可能創作的生活基礎，又有了允許創作的政治環境，讀者才有幸讀到這麼一部《中國兒女》。[32]

研究者正確地指出，小說的作者是有在淪陷區充分的生活體驗。的確，不管是在地理位置，還是人物原型應該有據可查。譬如對西山的描寫：「天邊的西山，披着金紫的晨裝，高高羅列踞坐，地上一片平原，疏疏的點綴着幾堆大樹，幾處田家，高粱稈子的籬笆裏時時有碧綠的一畦春韭，柴門外有紅衣小娃娃，黃的牛，黑的狗來往着。」

對位置的描述：「燕京大學附近，就有不少這樣的車伕，他們嘴裏儘管數說日本許多壞話，以便接收你相同的意見，他可以據之去報告特務，多領津貼……」等等，這些都源於凌叔華住在西山小院時對景物的觀察。

在對人物的描寫，特別是對日本侵略者，讀者多認為是作者有意刻劃「侵略者人性的一面」。「小說裏破門搜查的日本憲兵廣田弘一本是個兇神惡煞的角色，可當他見到女孩宛英想到自己的女兒，竟免了宛英家這次搶掠之災，還送了宛英一塊手錶，真心地推己及人。」[33]

在實際生活中，凌叔華真有這種體驗，還是她別出心裁地杜撰出侵略者心中也有善良的一面，她究竟要告訴讀者什麼呢？

其實，我們在廣田弘一的角色中似乎看到了松岡洋右的身影，那一時間段（1939—1941 年）正是凌叔華與松岡通信最為頻繁的時期。

小瀅隨母奔喪，回到北平家中，第一眼並未見到外婆的棺材，而是松岡送給她的一輛紅色小自行車；就連小瀅隨母從國統區的四川繞經香港到淪陷區的塘沽上岸，也未見到日本鬼子槍挑中國人，以及大狼狗撲倒孩子的場面。相反，她們得到的是日本軍人的敬禮。

凌叔華把這些總結為「日本兵給北平人惟一的好印象就是不虐待孩子，他們對兒童大致是體憫憐愛的，這是他們的好習慣還未被兇殘的獸性所淹沒。」[34]

凌叔華創作《中國兒女》時，從情感到思維邏輯的推理，都留有受松

岡影響的痕跡。他們間的通信，很難再看到 1923 年初識時的浪漫，而開始討論精神層面的東西，凌叔華在松岡的信中更多看到「大東亞共榮圈」肇始者的口吻：

> 我們將大致談談未來日中兩國之間，乃至與全世界之間的關係。我們，東方人，必須要走到一起，攜手努力，用我們東方的文化、精神、道德和哲學拯救世界。西方文明已經破產且即將垮塌。問題在於過去我們有些太過着迷於它在物質方面所創造的炫目而非凡的成就。現在，我們必須首先棄其糟粕，才能挽留住這個文明所創造的精華。[35]

松岡在用自己的方式詮釋戰爭，詮釋道德水準，詮釋東方文明，他在給凌叔華灌輸自己那一套「拯救世界」的東方道德標準。

這樣，凌叔華在小說中塑造出善良的日本憲兵廣田弘一的形象就有了她獨有的思想基礎，而她筆下讓讀者憎惡的卻是趁火打劫的姑丈、姑媽以及蹲在燕京大學趴活兒的車伕也就不奇怪了。

小說的結尾，凌叔華通過張媽的口到底說出了自己想說的話：「望着這個憲兵的背影，不知怎的只想哭，怎樣這個好人也會是日本人呢？她想。」

注釋：

1　凌叔華日記，1942 年 3 月 27 日（筆者收藏）。
2　凌叔華致陳西瀅信，1943 年 4 月 25 日（筆者收藏）。
3　凌叔華致陳西瀅信，1943 年 9 月 3 日（筆者收藏）。
4　凌叔華致陳西瀅信，1943 年 10 月 2 日（筆者收藏）。
5　凌叔華日記，1942 年 3 月 27 日（筆者收藏）。
6　凌叔華：《愛山廬夢影》，《當代世界》出版社，2009 年版。
7　凌叔華致陳西瀅信，1943 年 6 月 18 日（筆者收藏）。

8　凌叔華致陳西瀅信，1943 年 6 月 18 日（筆者收藏）。

9　凌叔華致陳西瀅信，1943 年 7 月 23 日（筆者收藏）。

10　凌叔華致陳西瀅信，1943 年 10 月 11 日（筆者收藏）。

11　凌叔華致陳西瀅信，1943 年 9 月 3 日（筆者收藏）。

12　蘇雪林：《悼念凌叔華》，載《珞珈》1990 年第 104 期。

13　凌叔華致陳西瀅信，1943 年 11 月 25 日（筆者收藏）。

14　凌叔華：《山居》1943 年 11 月，原刊 1944 年桂林出版《當代文藝》雜誌第一卷第四期。

15　楊靜遠：《讓廬舊事 ── 記女作家袁昌英、蘇雪林、凌叔華》，載武漢大學北京校友會、《北京珞珈》編輯部編《珞珈歲月》，2003 年 11 月

16　凌叔華致陳西瀅信，1943 年 9 月 3 日（筆者收藏）。

17　凌叔華致陳西瀅信，1943 年 11 月 12 日（筆者收藏）。

18　凌叔華致陳西瀅信，1943 年 9 月 3 日（筆者收藏）。

19　凌叔華致陳西瀅信，1943 年 11 月 25 日（筆者收藏）。

20　凌叔華致陳西瀅信，1943 年 9 月 3 日（筆者收藏）。

21　凌叔華詩頁，《中秋　卅三年在樂山》（筆者收藏）。

22　陳西瀅日記，1944 年 11 月 10 日有「周顯承來，要找人代他作詩送海軍中將迪肯森。我謝不敏。出示華（即凌叔華）近作三首。他大稱賞《秋日有感》……尤其是後二句。詩是不差。」（陳小瀅收藏）。

23　凌叔華致陳西瀅信，1943 年 5 月 1 日（筆者收藏）。

24　凌叔華致陳西瀅信，1944 年 1 月 6 日（筆者收藏）。

25　孫法理：《樂山時代的文化生活》，載《珞珈》1992 年第 112 期。

26　凌叔華致陳西瀅信：「《中國兒女》還未寫完，今年打算寫完它。」1943 年 9 月 3 日（筆者收藏）。

27　凌叔華致陳西瀅信，1943 年 9 月 3 日（筆者收藏）。

28　凌叔華日記，1944 年 2 月 26 日（筆者收藏）。

29　蘇雪林：《悼念凌叔華》，載《珞珈》1990 年第 104 期。

30　凌叔華：《中國兒女》，上海書店出版社，2008 年版。

31　凌叔華：《中國兒女》。

32　陳學勇：《中國兒女》前言。

33　陳學勇：《中國兒女》前言。

34　凌叔華：《中國兒女》。

35　松岡洋右致凌叔華信，1939 年 8 月 25 日（筆者收藏）。

凌叔華的理財之道

　　自陳西瀅走後，凌叔華感到最大的擔憂，不僅是精神上的寂寞，更是經濟上的捉襟見肘。小瀅在上學，又處在長身體的關鍵階段，凌叔華沒有工作，也就沒有固定的收入來源。陳西瀅在武大的薪水，隨着他的久去不歸而日益減少，再加上臨出國時借的款，七扣八扣，最少的月份凌叔華只拿到九元錢。

　　再看凌叔華 1943 年上半年和 1945 年寫給陳西瀅的信，所談物價之飛漲令人咋舌。

　　1943 年 3 月陳西瀅出國時，麵粉的零售價每斤不超過五元，大米三元，僅僅過了兩個月：

　　　　米已長到十一元一斤，油到了二十八元，糖卅四元，此外均可類推，比你走時加了三四倍，你的薪水上月只領到二百元，此月九十八元，不夠買一斗米，米已發實物，但柴、油、鹽七件事只有一件也不行。[1]

　　到了 1945 年日本投降之前的 5 月 27 日，凌叔華告訴陳西瀅：

　　　　你做夢都想不到，我們大家此時都常常用一二千元過一天，柴米油鹽不算。昨日我上街買了一斤魚四百八，一斤肉三百，七個小

麵餅二百一十，此外小菜買了三百，水果買了二斤五百。這也許可以吃到明天，但明天小菜還得買二百元方能過下去。這是非常闊的一天了，但還未算早上牛奶及白糖呢，如加上牛奶蛋，又是二三百元了。天是悶熱，一邊寫一邊流汗，蚊子四面叮人，蚊煙香十枝百元，一天至少要點四五支。要上街寄信，還要買香去。這幾天僱了一女傭十六七歲，每月工資二千二百元，還得答應下月加錢方肯做。她吃三餐飯就得不少米及菜，不過夏天沒有人是不行的。[2]

即便僱了人，有些事傭人是不參與的。如每日上街買菜，凌叔華是斷斷不肯交傭人去做，那時的菜一天一個價，許多傭人受僱後都是因為沒有「外水」可掙，僅僅幹幾天便不幹了，另外有些得「找人做事」，傭人也是幹不來的。何謂「找人做事」，凌叔華是這樣解釋的：

> 你也許想不到要找人做什麼事，說說吧，例如劈柴、出賣東西，打聽舟車、賣物、匯款、取款找保等等，沒有一個人來幫你忙的，你的「紳士」友人如端六、蘭紫、南陔之流，有事求他們，不但不幫忙還要打官話，我碰了幾次釘子，氣得頭漲，如劉迺誠之流，他不但不幫一點忙，即最小限度的請求也遭拒絕（例如託他由學校帶七尺布回來，他自己也帶的，他也不肯）。學校的職員素日既毫無來往，現在你不在此，他們更懶得理了。挑水工人以及校工來一次要千謝萬謝還要賞不少錢。劈一次柴便須二三百元，還常請不到。女工是偷得不像話，我怕連盤川都偷走，所以不敢請了。[3]

凌叔華自打結婚後，往日在凌府中安逸享樂的生活情景，恐怕只能停留在記憶和她日後所寫的自傳體小說《古韻》之中，她現在要與千千萬萬的國人一樣，面對艱難的戰時生活。所不同的是，別人可以承受吃糠嚥菜、節衣縮食的生活，而她卻不行，每天牛奶、雞蛋、糖、水果、青菜是要有保障的，魚肉等葷腥搭配，不說充裕，維持人體需要的最低限度，這

一點也是必保的。

凌叔華自幼在凌府長大，老媽子、丫環成群，養成她喝來呼去的習慣，以至到了樂山，特別當陳西瀅出國後，她因一點兒小事，便習慣性地求人幫忙，若遭婉拒，便「氣得頭漲」。

其實，那個時代大家都活得不輕鬆，一挑兒水，一擔柴，每天遇到的不勝枚舉的生活瑣事全部以金錢量化和交易。凌叔華過多考慮自己的需求，如此無償地使用老朋友，時日久了，難免會被婉拒。

但朋友之間的相互幫襯從來沒有間斷過，只是事分大小而已。譬如凌叔華戰後攜女兒出國，告別樂山時她舉辦了一個小拍賣會，擬將多餘的東西處理掉，這不是一件小事，僅憑母女倆是很難完成的：

> 未拍賣頭幾日得找人，找東西，定價，定條子，出廣告，託人種種，唉，有生以來未曾有過這樣疲乏。結果還不太差，得了三四十萬元。只合從前一二千元吧了！過後我足足睡了半日，今天又得出去拜謝人，請人吃東西，送東西！這次幫忙的有蘭子、雪林、胡梅貞、陸維亞，余熾昌、劉南陔、劉廼誠、葉嬌、方壯猷太太。此外還有不少小瑩的同學。[4]

這麼多教授及教授夫人出面幫忙，僅拋頭露面的吆喝，便不是許多知識分子都能做到的。凌叔華就是這樣一個人，她幫助別人出手大方，自然也希望得到回報，若不如她意，「某某之流」的牢騷話張口就來，不過，當朋友出手相援時，她也會「記錄在案」的。

在物資匱乏，貨幣貶值，物價飛漲的戰時，即便擁有金山銀山也有可能落到坐吃山空的窘境，沒有固定收入的凌叔華，卻還能夠保持較好的生活水準，她是如何通過「理財」方式維持生活的呢？這還要從她生的那場惡性瘧疾說起。

為蓋萬景山樓，操勞過度的凌叔華病倒了，得的是惡性瘧疾，又因服用奎寧過敏，一吃就吐。不得已，凌叔華託人買了 Atebrine（瘧滌平）算

是把病止住了。放眼周圍，得這種病及傷寒的大有人在，而且在樂山有趨於蔓延之勢。劉南陔的太太不幸也染上此病，據說用了三針 Atebrine（瘧滌平）也止住了，而一針便索價千元。

更可怕的事情還在後面，1944 年春節前後，武大黃方剛、吳其昌兩位教授死於肺病，蕭君絳、鄔保良兩位教授得了肋膜炎（前者死於 5 月），劉弘度教授右手臂終日抽痛，無藥可醫，無針可打，已數月不能寫字。

半年病死三位教授，一時人心惶惶，人人談「病」色變，恐怖氣氛籠罩着整個武大校區。蕭君絳本人就是醫學方面的民間高手，治癒了無數疑難雜症，卻沒有能力醫治自己的病；黃方剛只病了三天便辭世，多少讓人難以接受。

凌叔華告陳西瀅：

> （黃方剛）因死得太快，醫生證明是心臟衰弱。其實真病都誤在生活壓迫，庸醫無能，如不在樂山，也許死不了！學校這次倒是出了錢為辦喪事，棺木八千元，不如大姊那時的！此時大家均說學校不如先囤積幾份棺木，省得臨時挪不出款來。據說近來連新埋的棺木都有人偷走！[5]

「庸醫無能」，凌叔華想到了通過丈夫從美國設法搞幾支西洋針劑備着，以防不測。由此又聯想到與健康相關聯的衍生品：

> 此間生病便打維他命 B 針之症甚多，我也需要，據云好的一針須五百元，你可否設法帶幾針來。我們現在每日不吃葷也須三十元菜錢。如吃一斤肉則非六七十元不辦！[6]

兩廂一比，一針能頂上一周的伙食費用，在 1943 年各種疾病流行之時，國外進口的西洋藥品就變得奇缺和昂貴了。凌叔華給陳西瀅出了個主意：

聽報上說信封內可寄藥品，望你試試看，（掛號的好）先寄我們一些藥片（如維他命 A 或 B 片）或寄一支 Atebrin（瘧滌平）針來試試。據云貼上綠條便可。Atebrin 針一兩支便要七八百，惡性瘧疾非打不可。[7]

凌叔華希望若有便人回國，一定要託人捎帶諸如「消毒針、去風濕針、肺癆針、退燒針等等皆十分有用。瘧疾針亦好，只是價格不大。」[8]

凌叔華想方設法掙錢除了因蔓延的疾病引起的恐慌，還有出於對戰爭時局不確定性的判斷。

1944 年中秋節剛過，家裏突然來了位「不速之客」，他是陳西瀅的好友皮宗石的公子皮公亮，因湘桂告急，逃難到樂山，想到武大借讀一段時間。凌叔華在家裏接待了他，一邊看他狼吞虎嚥地吞食，一邊聽他講一路逃難的經歷，不禁百感交集，一陣鼻酸，聽聽就要掉淚。

凌叔華對西瀅說起皮公亮講述他們一家出逃的慘景：

皓白（皮宗石）到了渝，太太至今下落不明，他們臨時方知長沙不能守，匆匆逃出，身上只能有萬元，次日便花完了，一路借旅費，方到達重慶。公亮立在火車內三日三夜，風吹雨打不敢下去買吃的或上廁所，三天只吃了一個鴨蛋！幸虧身體還好，他比以前懂事多了。此時住大學借讀，湘桂逃難的人，一路吃食均成問題，有一太太一隻金鐲只換了一餐粗飯。過河一張票，竟要千元一人，但金子要五百元一兩。[9]

看到昔日的好友一家，如今淪落到這步田地，都是因為沒有足夠的錢，凌叔華想到三年前自己攜小瀅從廣東湛江，一路餐風露宿到柳州的情形，她能夠體會到逃難的滋味，更加確信錢一定是不可或缺的。

掙錢採用什麼方式是相互傳導的，很快便在武大家屬圈內由藥品轉到了其他領域。凌叔華聽桂太太說「桂質廷託一個美國朋友帶回很多魚肝油

丸與他們，又帶了襪子（煤絲做的耐用）、手錶、自來筆等」，便急不可耐地告訴西瀅：「希望你能帶些魚肝油片［tablet（片劑）］或別種補品，襪子等如可帶當然更好，可以變錢用也。」[10]

　　起初，出賣自家用品對於出身高門巨族的凌叔華，是難以啟齒和需要承受相當的心理壓力，特別是高價出售救命藥品，有乘人之危之嫌，個人出面就顯得尷尬了。

　　但對毫無收入的凌叔華而言，此時「尊嚴」便顯得不那麼重要了：

> 　　這半年幸好我賣掉不少東西還可維持下來。昨天託馮醫生賣掉一瓶魚肝油精，三千二百元，又可彌補一時了。我打算漸漸出賣家中用品及家具，因為那時一定帶不走的，昨天又送了一批瓷器出去。[11]

> 　　現在我們唯一慰藉安心的是當初我好在愛花錢買東西，此時一件一件拿出去換錢用。以前我怕到寄賣所，此時已成慣去之地，你記得你怨我多買一袋麵粉做什麼用，那時只一百幾十，現在已近一千元了，油好在是買了，此時端六買要六千元一缸！維他命丸十元美金並不貴，此間百粒的魚肝油丸，可賣到四五千元，我新近賣去一小瓶含維他命C、D最多的藥，得價三千二百，為小瑩買了四五件衣服［Bringstool（布林斯通）回國，出賣衣物］。小瑩由平帶來的衣服都小了，自己做一來材料少，一來工價太貴。以後你有機會多帶幾瓶魚肝油精之類便是接濟我們的好辦法。[12]

　　這期間，凌叔華寫給丈夫的信，幾乎封封談到物價問題和購買什麼樣的物品，既利於旁人捎帶又能保證利益最大化。

　　夫人的指令對於遠在美國的陳西瀅沒有不照辦的道理，妻子、孩子在國內受煎熬，自己每天的業餘生活不是會客聚餐便是看電影觀劇等，每每想到這一點，陳西瀅總有一種負罪感。

　　如何賺錢在圈內已經不是祕密，而且從國內傳導到國外，人人都各顯神通，有時還互通「情報」。譬如凌叔華來信說自己的自來水筆賣掉了，

要他務必買一支，指名要派克五一型的。

　　陳西瀅跑到商店詢問，告知沒有，又到紐約商店居然看到有好幾套。他聽金岳霖說，在波士頓為錢端升買一套銀蓋的派克鋼筆，索價四十餘元，比從前長了一倍。而在紐約，價格仍維持在十多元，連上稅方近二十元，比波士頓要便宜一半。陳西瀅即刻「買了一套銀蓋的，又買了一支金蓋的。回寓用 Parke（派克）五一寫日記，覺得並不順手。不懂中國人一定要這筆為何。」[13]

　　陳西瀅的日記中不但記有自家的事，也記有朋友的家事：

　　（周鯁生）因太太說每月收入只有四千元，而支出得萬元。又沒有東西可賣。所以很是發愁。[14]

　　（金岳霖）在我房間及在鯁生房內坐談甚久。我們談昆明朋友情形。岳霖說昆明教授每月收入在二千三百元左右。［張］奚若一家每月得花六千元，所以每月缺少三千餘元。奚若後母在西安有一塊地，張太太在陝也有一塊地，都賣了補充。奚若有一件皮大衣，預備賣三萬元。只是東西太好，在昆明也不容易出手了。梅月涵（梅貽琦）住在聯大辦公處，全家包飯，去年便每人三百元。他一家七人，便是二千一百元。他收入是二千四。全數交給太太。太太說非她自己去做事不可。找了一事，做了一天，對方知道她是校長太太，請她回去。後來她與另一太太做了餅出賣。現在天熱，饃不能留，不知改行做什麼了。[15]

　　陳西瀅從女兒寄來的信中也看到，許多叔叔在寫給母親和她的信中都曾直言不諱地訴說眼前艱難度日的情景，如：

　　沈從文得挑柴，煮飯等，他描寫自己，「回到家去時，擔着個擔子，一邊擱一筐書，一邊是幾束松毛柴火，及一個小爐子」。田漢現在亦得自己挑水，我想我們也快了，重慶的水五百元一擔！[16]

　　與陳西瀅、周鯁生等人頭腦中缺少「生意經」相比，葉公超卻是這方面的「佼佼者」。陳西瀅在倫敦與葉公超閒聊時，常聽他談聞所未聞的發財之道，大到金融領域，小到剃頭挑子都能賺錢：

> 　　公超談了不少如何可以在中國發財的事。甚至說數年前他如在中央黨部理髮處入股千元，現在即可有七百萬。他曾講釋了道理，我還是不能明白如何能如此。[17]

　　葉公超回國述職，見到來重慶辦事的凌叔華，他反覆叮囑，讓叔華把這個賺錢的消息告訴陳西瀅：

> 　　英鎊此時最好同人換成美匯票（Loft），無名字的最好出售。因美匯票到中國來特別值錢，英鎊則無人要。聽他又說英鎊換美匯不久要改，千萬速進行，以免失了機會。如換不到美匯票換美鈔亦可。但匯票可以自由些。此事他提了又提，大約是利害有關，望你莫大意為要。如不能換美匯票，寄到加爾各答買美金亦好，不過此事要有人代你辦。[18]

　　相信凌叔華寫完這封信自己都覺得沒什麼底氣，畢竟對於陳西瀅而言，擺弄金融要比讓他相信投資理髮能致富難上數十倍。

　　其實陳西瀅有太多的賺錢的機會，無奈他的「書呆子氣」，讓機會與他擦肩而過。

　　一次他與英國上層人士共進午餐，閒聊時，陳西瀅舉例國內物價上漲之快，在重慶一塊「力士（Lux）」香皂居然賣到八百元，席間立刻有人響應，願意半價出讓，也有人問，這樣貴的價格會有人要？陳西瀅也只是淡淡地回答，對於富人自然有需求，「普通的人只可 Satisfied with sunshine and water（滿足於陽光與水）了。」[19]

　　在樂山，教授們搞錢已不需要遮遮掩掩了。1944 年，英國著名學者

李約瑟連同牛津大學一行五人受英國文化協會的委託，到中國大後方的幾所大學尋覓人才去英國講學，方重榜上有名。凌叔華寫信告陳西瀅：

> 方重聽說五月底去英，但此時尚無消息成行。此公這一二年行為也太荒唐，據人告我他有種種利用他人來弄錢的事，末了聲名狼藉，蘭子提醒我叫你千萬要留心他，不必為他做介紹一類的事以免自己將來吃虧。因為你是老實人，易為人用且愛管人閒事（這是許多朋友評定你的，不是我一人偏見），望你千萬留心。[20]

方重「利用他人來弄錢」以至「聲名狼藉」，信上儘管沒有舉出實例，恐怕也是無風不起浪，況且凌叔華弄錢招數與方重比，也只是「小巫」與「大巫」之分。

為生活所迫，人人「八仙過海，各顯神通」。蘇雪林在大陸解放之時「倉惶」出走香港，不久又再次赴法國求學，她告訴凌叔華「光是來歐旅費便在美金四百以上。……在四川千辛萬苦，擺攤子囤油囤肥皂，也還積了一筆可憐的數目，這一回完蛋了。」[21]

武大文學院「五老」之一的劉弘度，當年亦在縣城的裱畫鋪裏掛牌代客寫字，「煮字難充眾口飢……一家歌笑萬家啼。」他填的《浣溪沙》道出當年生活的艱辛。[22]

教授們從倒騰藥品、肥皂、絲襪、鋼筆逐漸過渡到真金白銀，凌叔華看到劉迺誠只是短期去了趟美國，便帶回三口箱子，給「太太買了金鋼鑽戒子只花了幾十美金，自己買了二十四K的金鏈，此物在此過數十萬元了，還買了不少值錢東西。他此後不必憂窮了。他的金鏈是紐約唐人街買的，在中國可以多賣錢，洋金則不值錢也。」[23]

凌叔華說此話時陳西瀅早已從紐約轉到倫敦半年有餘，她覺得陳西瀅也太書生氣了，白白浪費了在紐約的大好時機。眼下英國處在戰事的前沿，物資實行配給，人們最關心的是衣食需求，哪有閒錢購買鑽石戒指這類奢飾品，凌叔華痛感錯失了絕好的掙錢機會，她心有不甘，欲罷不能，

希望陳西瀅亡羊補牢，利用身在海外的便利條件，此時尚未晚也。

凌叔華即刻寫信告訴西瀅，讓他匯錢到美國託熟人買，甚至連「理由」都為丈夫想好了：

> 　　鏡湖告我，現在川人有錢的也考究帶鑽石戒子，一支真鑽可賣十幾萬元。如你回時千萬拿你剩下的錢為我們買兩三支大小不一的戒子（白金的）。在戰前我曉得有三幾十元美金，可以買到很不錯的戒子了（這是淑浩告我的），望你寄點錢託劉篤生（劉迺誠）或桂質廷代買兩三支帶回，這比任何物都輕便可帶，如此你可以救濟我們一下。你寄六十元美金託他們買好了。你說我因漢口存的首飾失掉心中十分悲傷，所以託他們帶回安慰我一下。[24]

信寄出去了，連凌叔華都感到有些心虛，讓「夫子」辦這樣的事也確實難為他了，沒隔多久又補寫了一信，說明買鑽石戒指並不是為了自己用，是「以備用錢時變錢就是，此物四川還可賣大價，時髦的，好點的（大約美金一二百元左右的）可賣十幾萬元云云。此外金錶、自來水筆等亦好。魚肝油精等補品也可賣大價（一個月前我出售了一瓶百粒魚丸得七千五百元），在四川如有東西可賣，大約也可過好點日子。我此時方覺悟到我因母喪北去的因禍得福了，不然此時怎樣過啊！」[25]

「因母喪北去的因禍得福」，這種話凌叔華也只能在信中說說，但她確實得益於 1939 年的北平之行。那兩年凌叔華不但繼續擁有史家胡同甲五十四號的獨門宅院，還置辦了西山小院（或稱「海淀菜園」），如今這兩處地產都為她提供了豐厚的回報：

> 　　北平房租收到三千元可兌換到此二千，約值一萬四千元，冬日得此不無小補也。[26]「我今年已由上海北平陸續撥來四五萬元，也就用光了（北平錢值法幣每千元值七八千，我房租收入故有此數）。[27]

凌叔華除收取房租外，還關注黃金和外匯的走勢：

已將金條五兩出售，得廿萬元，已寄次仲（陳洪）為我買美儲券，據云可以帶走。此外如盡售衣物可得五六十萬，大約到渝及出國用用，多者買儲券也差不多夠了。[28]

不過凌叔華這次交易失算了，短短十數天，「本來把金子五兩賣脫後金價忽長到一倍多（售時四萬忽長到八萬—九萬一兩）平空吃虧了二十多萬，等我把錢寄渝買美金儲票，來往一商量，價值上漲了三分之二，這平空又失了十幾萬元了。拍賣東西所得也不過五六十萬，本想買黃金蓄券，不想錢寄到那天便每兩長了一萬五千，這平空又失了不少錢」[29]。

其實並不是凌叔華「失算」，當時的大環境就是這樣險惡，物價飛漲，貨幣貶值，且不說「來往一商量」就損失幾何，直至國民黨政府潰敗台灣之前，物價上漲都以小時計算，人們拿到工錢後，首要的是僱輛人力車，拉着滿車的「金圓券」瘋跑，為的是儘快換回一袋麵粉，若稍一遲疑，有可能只換回半袋了。

相比之下，凌叔華算是幸運的，沒有趕上「幣制改革」，但從她信中還是看到了端倪：「今天幸好售掉一盒魚肝油丸二百五十粒的，得二萬元，賣完又覺得後悔，但我須立刻買東西去。」[30] 這還是 1944 年 10 月的事。

這期間陳西瀅在倫敦的一次借錢行為，惹得凌叔華頗為不滿，寫下千言長信去指責質問。

此事還要回溯到二十世紀三十年代，那時陳西瀅夫婦遇到了住在漢口的英國傳教士華牧師一家，因為他們不會漢語，陳西瀅夫婦曾給予幫忙，久而久之成了朋友，直到華牧師一家回國。1944 年陳西瀅客居倫敦，有時去華家做客閒聊，他們之間的友情就此延續。

當時華家看中了一套要價六百多磅的房子，想向陳西瀅借錢，陳答應借他們三百磅，並在信中告訴了叔華。不料「風波」驟起，凌叔華怒火中燒，劈頭質問：

我昨天同蘭紫她們談起你居然在此時借錢與華家買房，她也

很替我氣惱，因為她目見我在此拍賣東西，許多人幫忙，自己疲乏得不成樣子，結果只有三十萬，恐怕連家中所有都出賣光了，也到不了三百磅錢，現在已賣了所有能賣的東西了，還不到百磅之數。我們先日又拍賣了兩天，加入別人家的拍賣，把餘下所有布類賣光了，只合到六萬元，可是我同小瑩站了兩整天，前後幾天不得好睡，還得東謝人家，西謝人家。六萬元只合到二十五磅錢，你看慘不慘！（注意，現日再不能買官價外匯，黑市外匯一元美金合六七百元了）我們新近因肉已漲到三百元一斤，雞肉已五六百一斤，肉不能多吃，已有好久不吃雞肉了。現日每天半斤肉，再加蔬菜，便需四百元菜錢。牛奶早已五十元一杯，兩杯亦要百元了。一天五百須拿出來的，一月便須一萬五千元了，還不算糖、醬油、油類、柴火、點心、米麵，加上這些項，一個月至少亦得花三四萬元，學校收入，仍是八千幾，連米貼共一萬三四千元而已。參政會新近一個月加到七千五百元也不濟於事。現在女工一個月工資，亦要二千元了。所以我天天得打算出賣東西。心裏想想，如若你可以省一點錢下來，將來日子還不至太難過，戰後日子還是苦的。不意你並未打算省點錢，我們在這裏節衣縮食的苦熬，你似乎也不覺得。我真不明白你為什麼那麼大方，能輕易借三百磅與人？她不還你，你難道好起訴嗎？我同小瑩要去英，難道你不要留些錢給小瑩做旅費，做學費等等嗎？華家人口多，又無正當職業及收入，他們幾時可以還呢？他們一家人很有點像迪根生（狄更斯）的大衛·高伯菲遍（大衛·科波菲爾）裏那一個孩子很多，人卻很老實的人家，借了無數的債，結果也無法還。我們與華家沒有什麼了不得關係，也只是泛泛之交，你就能如此大方借與人錢，卻毫不為我們打算！（你自己生活一切當然比我們好得多了）你似乎還很愛自己的女兒，為什麼不為她打算一點呢？現在漢口的東西已燒光，我的此間東西也賣光，北平的屋子現在也收不到租，將來回去還一定得花錢修理。上稅上捐又都得需錢。你看我們苦苦的全數出售此間的財產也不到二百磅

錢，將來去渝去英又得全部花光（只有千元美儲券而已！！）。你
若不能拿出錢來，我們怎樣過？過去我手邊還有錢貼出來用，這三
年來天天當賣，已經早就光了。我看以後你再不應讓我一個人貼補
家用了吧？你是具有老三（注：陳西瀅二弟）的「大爺脾氣」的，
不在乎錢，可是這種脾氣，你親自看見的，他害得你的父母二親多
苦惱啊！旁人看到他們多不平啊！當然，如手中有的是錢，沒有負
擔，那又當別論了，不過，看《儒林外史》的杜少卿下場！ [31]

二十天後陳西瀅看到了這封信，只是淡淡地在日記上記了一條，叔華
「對於借錢與華家很不高興，把他們 Micawbers（喻為『壞人』），説將來
如何能還」[32]。大約陳西瀅對妻子這樣的信已司空見慣了吧。

其實凌叔華這樣指責丈夫有失公允，陳西瀅再是個書呆子也知道三百
磅的份量，在當時算是巨資了。

其實陳出資並非借錢，華家看中了位於 Fairfax Rind（費爾法克斯 ·
林德）十二號的一座小樓，租期還有十年，索價六百餘磅，華家很滿意，
只是還差錢，便開口向陳西瀅借。陳在華家的陪同下，考察了小樓所在
地。位置還不錯，靠近兩個地鐵站，公交車也方便，陳西瀅很滿意：

我可以出一半錢。我或自去住，如自己不去住，則可將這房出
租。如叔華等來，我可有四間房。房租不成問題，我即回國，她們
也可住下去了。我算算現在住的地方，房租一年便三百鎊錢。我如
買此房，只花了三百餘鎊，以後只消化 Tax（稅），水電等費了。當
然家具也得費一筆錢，Service（服務費）也得花此錢，可是所省一
定是不少，所以差不多便説定了。[33]

此事過程陳西瀅日記中記得很清楚。兩家出資，多少有些「拼房」的
味道，花一年的房租便可買下十年的使用權，説明陳西瀅在理財方面大事
上並不糊塗，這點凌叔華是冤枉了他，儘管這筆交易因其他枝節沒有釐清

最終沒能如願。

凌叔華的理財之道，令周圍好友稱讚不已，連校長王星拱都有耳聞。1945 年春節，武大收到美國援華會匯來的一筆「戰時生活困難補助」贈款，教授每人發給八萬元，唯獨陳西瀅、方重兩家沒有，是因為二位長期不在學校。

凌叔華和方太太找到校長，凌說西瀅在校「雖無功，也無過」，可王星拱卻笑而搪塞：他們人雖不在，「兩位太太都很能幹，生財有道」。方太太反脣相譏：「沒有做煙土生意，如何生財有道？」[34]

這次學校分錢，凌叔華一分未得，她把怨氣撒到了另一人頭上，那人是小瀅的乾爹楊端六，他與王星拱同是委員，佔得一票，居然沒派上用場，凌叔華給出的結論：楊端六有「恐王症」。[35]

吳學義也有信給陳西瀅：「叔華、小瀅均平安，其經濟狀況亦可維持數年。彼頗善經營，精明能幹 —— 掌握實物不受貶值之虧。且能省儉，故生活尚佳。」[36]

凌叔華的理財熱情以慣性持續了下去。1946 年小瀅隨母輾轉到了英國與父親團聚，原以為一家三口從此其樂融融，但小瀅整天撅着個嘴。

已經懂事的她看到母親整日地與父親爭吵，據説要討回送女兒到英國的一切費用（包括她自己 —— 護送人的費用在內），共計五百英鎊。小瀅很不高興，她不明白自己怎麼就成了有標價的「累贅物」，都説親兄弟明算賬，夫妻之間也要算賬嗎？晚年的陳小瀅説起此事還是弄不懂。

直到母親拿走了父親所有積蓄，爭吵的雜音才慢慢平息下來。[37]

注釋：

1　凌叔華致陳西瀅信，1943 年 6 月 8 日（筆者收藏）

2　凌叔華致陳西瀅信，1943 年 5 月 27 日（筆者收藏）

3　凌叔華致陳西瀅信，1945 年 11 月 1 日（筆者收藏）

4　凌叔華致陳西瀅信，1946 年 3 月 21 日（筆者收藏）

5　凌叔華致陳西瀅信，1944 年 1 月 27 日（筆者收藏）

6　凌叔華致陳西瀅信，1943 年 8 月 19 日（筆者收藏）

7　凌叔華致陳西瀅信，1943 年 9 月 3 日（筆者收藏）

8　凌叔華致陳西瀅信，1944 年 4 月 27 日（筆者收藏）

9　凌叔華致陳西瀅信，1944 年 10 月 2 日（筆者收藏）

10　凌叔華致陳西瀅信，1943 年 7 月 23 日（筆者收藏）

11　凌叔華致陳西瀅信，1943 年 10 月 2 日（筆者收藏）

12　凌叔華致陳西瀅信，1943 年 10 月 11 日（筆者收藏）

13　陳西瀅日記，1944 年 1 月 20 日（陳小瀅收藏）

14　陳西瀅日記，1944 年 2 月 9 日（陳小瀅收藏）

15　陳西瀅日記，1943 年 7 月 18 日（陳小瀅收藏）

16　陳小瀅致陳西瀅信，1945 年 7 月 20 日（陳小瀅收藏）

17　陳西瀅日記，1945 年 4 月 30 日（陳小瀅收藏）

18　凌叔華致陳西瀅信，1945 年 12 月 31 日（筆者收藏）

19　陳西瀅日記，1945 年 5 月 23 日（陳小瀅收藏）

20　凌叔華致陳西瀅信，1944 年 5 月 23 日（筆者收藏）

21　蘇雪林致凌叔華信，1950 年 7 月 26 日（筆者收藏）

22　劉永濟：《劉永濟詞集 · 驚燕集》，湖南人民出版社，1984 年版

23　凌叔華致陳西瀅信，1944 年 10 月 2 日（筆者收藏）

24　凌叔華致陳西瀅信，1944 年 4 月 27 日（筆者收藏）

25　凌叔華致陳西瀅信，1944 年 5 月 23 日（筆者收藏）

26　凌叔華致陳西瀅信，1943 年 11 月 25 日（筆者收藏）

27　凌叔華致陳西瀅信，1944 年 4 月 27 日（筆者收藏）

28　凌叔華致陳西瀅信，1945 年 2 月 28 日（筆者收藏）

29　凌叔華致陳西瀅信，1945 年 4 月 16 日（筆者收藏）

30　凌叔華致陳西瀅信，1944 年 10 月 13 日（筆者收藏）

31　凌叔華致陳西瀅信，1945 年 5 月 9 日（筆者收藏）

32　陳西瀅日記，1945 年 5 月 28 日（陳小瀅收藏）

33　陳西瀅日記，1945 年 2 月 25 日（陳小瀅收藏）

34　陳西瀅日記，1945 年 2 月 2 日（陳小瀅收藏）

35　陳西瀅日記，1945 年 2 月 5 日（陳小瀅收藏）

36　吳學義致陳西瀅信，1944 年 4 月 27 日（筆者收藏）

37　據陳小瀅電話講述，2015 年 8 月 6 日

倫敦來了位「陳參事」

1944 年 3 月 21 日（當地時間），陳西瀅乘轟炸機從加拿大蒙特利爾空軍基地起飛，中途暫短停留，24 日抵達英國，乘夜車 25 日到倫敦。

陳西瀅見到的第一個熟人便是葉公超。一晃多年不見，公超給他的印象：「還是像從前一樣，豪氣縱橫，什麼人都加批評。」[1]

在西瀅印象中，葉公超是個性極強的人，有人形容他處世嚴謹，有人批評他遊戲人生。當年魯迅去世，站在魯迅對立面的葉公超寫了《魯迅》和《關於非戰士的魯迅》兩篇文章，評論其歷史地位，並斷言「罵他的人和被他罵的人實在沒有一個在任何方面與他同等的」；甚至認為他的朋友胡適、徐志摩的散文都不如魯迅，惹得一向以宅心仁厚自詡的胡適十分惱火，説：「魯迅生前連吐痰都不會吐在你頭上，你為什麼寫那樣長的文章捧他。」葉公超回道：「人歸人，文章歸文章，不能因人而否定其文學的成就。」

葉公超就是這麼一個直言不諱的人，包括陳西瀅來英赴任中國學院一事，當事人還不明就裏，他已表態不贊成，甚至與駐英大使顧維鈞唱起了反調，替陳西瀅鳴不平了。

葉：通伯到中國學院的主要工作都是些什麼？

顧：第一，學生來時要接船，替他們找房子；第二，外出演講；第三，與英國文化機構接洽。

葉：這事通伯恐怕不能做。

顧：這可是事前說好的，通伯答應了的。

葉：坐辦公室指導學生是一回事，去接船找房子是另一回事，一個人有一個人的地位。再說演講之事通伯未必同意。

顧：在英國，演講是很重要的一環，這裏的民眾太缺乏對中國的了解。

葉：可以從國內請一些學者，如范存忠、方重等，也可考慮請李四光、陶孟和、費孝通、金岳霖等做臨時訪問，總之選項很多嘛。況且，在這裏生活成本很高，能支付通伯的薪水只有一千鎊，而所得稅要去五百餘鎊，一年只有四百五十鎊如何生活養家？

顧：可以「津貼、津貼」嘛。

葉：不固定的津貼，有些人是不願意接受的。

葉公超甚至說服正在英國訪問的王世杰和杭立武，不要將陳西瀅牽扯到中國學院這個是非之地。

最終王世杰接受了葉的建議，利用自己的權限為朋友爭取到最好的結局。當然，王世杰、葉公超為陳西瀅所做的一切，顧維鈞一無所知，還在期盼陳西瀅早日來英幫他收拾中國學院這個爛攤子。他甚至外出巡訪都不忘叮囑葉公超，陳西瀅到倫敦後，切不可動搖軍心，一切等他回來面談。

顧維鈞的叮囑起到了反作用，葉公超在陳西瀅到達倫敦的當天，就對他一股腦兒地和盤托出，包括與顧維鈞的對話和與王世杰的談話過程，讓忠厚寡言的陳西瀅預先有了心理準備和適當的應答。[2]

六天後顧維鈞回到倫敦，約好下午四時半在大使館見面。過程似乎還很正式，陳西瀅先在外客廳等候，由翟鳳陽陪坐，再引入內客廳。顧大使書桌前站起，請陳沙發就座。陳西瀅側目觀察：「他其實大約午睡方起，背心扣子有二三個沒扣，褲子也有一二個扣子未扣。」

二人先談了一會兒美國當前時政和駐美使館的動向，以及王世杰在美國時的酬酢。隨後顧維鈞話題一轉，說起陳西瀅赴任中國學院事，還特別提到去年初兩人在四川時的約定。

由於有了葉公超事前的和盤托出，陳西瀅自然知道該如何應對。他告訴顧大使，來英之前王世杰在美國與他談話，說中宣部和教育部聯署上報

　　成立中英文化協會，讓他去當代表，還特別提到此事蔣委員長已知曉。

　　突如其來的變化使毫無思想準備的顧維鈞有些懵懂，支吾道：也許這兩件事可以兼任？

　　陳西瀅委婉地回應：「一件是中國方面的，一件是英國方面的，兼了不好說話，不好做事了。而且委員長知道我此來是代表中國方面接洽，忽為英方做事，恐不方便。」[3]

　　陳西瀅兩次提到委員長，使得顧維鈞無可奈何，加之葉公超先前提出的補救措施，范存忠、方重、張匯文、殷宏章、張資珙等五位教授的赴英手續正在辦理，亦可幫助解決中國學院的需求，顧維鈞只好無奈地同意了。

　　通過了顧維鈞這一關，陳西瀅鬆了一口氣。

　　駐英使館館址是第一任駐英使節曾紀澤任上購置，之前曾是某人的舊邸，很有些歷史。陳西瀅觀看了當年孫中山英倫蒙難被拘禁的那間屋子，現在依舊保留着，作為「總理紀念室」，陳西瀅看後感慨有加：「他睡的床架及洗臉桌等保存，可是放在一邊，不像樣子。一壁掛總理遺像及黨國旗。一壁掛林［森］主席像。窗左右一邊為孫科全家的照相。一邊為胡展堂（胡漢民）所題的詩，寄給郭復初（郭泰祺）的。這間屋子為總理紀念室，所以紀念周等常在這裏做。可是小得很，不能容多少人。」[4]

　　中英文協的編制不在使館轄制之內，自然使館也沒有義務為這個新成立的協會做更多的事，接踵而來的繁雜瑣碎事務性工作，也只能由陳西瀅自己來做。從找辦公用房到與各方面建立聯繫等，都靠他親力親為、獨來獨往，中英文協就像個「單幹戶」。

　　好在尋聘助手方面還是令陳西瀅滿意的。助手 Gwen Xian（謝格溫）女士是個混血兒，其父是中國人，母親為英國人。她畢業於牛津大學，為人隨和，未來的幾年成為陳西瀅的好幫手。1946 年謝格溫隨同蕭乾去了上海，那一年蕭乾與前妻離婚，謝格溫成了蕭乾第二任妻子，此為後話。

　　陳西瀅初到倫敦主要靠老友葉公超的鼎力支持。葉是國民黨宣傳部門駐英辦事機構的「總管」，也不在使館轄制範圍內，顧維鈞奈何不了他。

葉對陳説，他的工作性質繁簡自便，一人説了算。一方面他正常發稿，另一方面將英國輿論動向報告國內。他説他的做法與在美國不同，一切都不隱瞞，不論好壞都報告回去。但因而也惹出許多麻煩，有些英國媒體發表不利於中國的言論，重慶來電要他反駁，他有時也抗命不遵，該反駁的也不反駁。公超説他很不滿意當前自己的現狀，曾兩次申請辭職，都被董顯光打了回票，「他説幹了六年，實在再不能忍受了。例如他的報告到了重慶，只是一個科員看，所有建議，都無反響。又如，他至今沒有一個地位。」[5]

葉公超提醒西瀅，這裏不比美國，一切事都得問使館，如果使館不出力幫忙，什麼事也做不通。他舉例教育部常務次長杭立武來此與英外交部商談文化合作，事前事後都沒有通知顧大使，由此得罪了使館。

為此，葉公超為陳西瀅着想，主張他去電重慶，明説若沒有教育部的正式任命，實在不易開展工作，「代表」這個頭銜很虛，外人看不出它的官職。陳西瀅對此有些顧忌，擔心不明白的人以為他想在教育部弄一位置，反倒惹出不必要的誤會。[6]

葉公超在政治圈內算是久經沙場，他的經驗老道是陳西瀅所欠缺的，加上陳與生俱來的書生性格使然，並沒有聽出葉公超的「弦外之音」。果然半年之後，這個「非官非民」的「代表」，讓英方某些人很難接受，有人甚至寫信向重慶方面求證這位「代表」的真實性、合法性，並給出忠告：中英文協在此活動必須要有中國教育部的批文，也必須得到駐英使館的認可，這裏的文化人才能與之合作。

當張匯文向陳西瀅透露他所了解的情況後，陳當即給王世杰、杭立武各寫一封長信，「提議教部應正式承認我在此接洽文化合作。我説否則事業無從推進，我並不願在此尸位素餐。」[7]直到陳西瀅接杭立武兩封「中英文化協會正式通過請兄任駐英代表」的來電，他的官方身份才得以確認。

葉公超在英執掌宣傳，與中英文協有着業務上的重疊，這使不善於行政事務，且性格內斂的陳西瀅有了主心骨，甚至連起草請柬落款這類小事

都請葉把關,「他費了一刻鐘來研究,加增了些字。他很不贊成倫敦代表字樣,説不如去倫敦,或改為駐英國的代表。」[8]

葉公超強勢個性我行我素,對於新來乍到的陳西瀅無疑是保護傘,但有時公超的膽子之大,也讓陳西瀅有些擔心。一次到葉的辦公室,他拿出一封致哈維・伍德 (Harvey Wood) 的信給陳西瀅看,其中有介紹陳的簡歷,竟有一半不確實。晚上陳西瀅在日記中告誡自己:「聽公超説話,恐非打折扣不可。」[9]

王世杰為陳西瀅設置「非官非民」的「代表」頭銜,也讓使館的工作人員不知如何稱呼,總不能直呼「陳代表」吧。可偏偏陳西瀅不諳此道,他習慣熟人叫他「通伯」,至於旁人如何稱呼,他並不介意,也從未考慮過。直到有一次顧維鈞宴請賓客,陳西瀅作陪,上菜時,聽差稱呼他為「陳參事」,陳西瀅這才想起之前也聽到有人這樣稱呼過他。回到寓所細想方知,原來他的薪酬一向由外交部支付,恰恰「與參事的薪數相同,使館中傳來傳去,有此結果。」[10]

陳西瀅初到倫敦,如何開展工作,日常都做些什麼,自己也並不明確。「中英文化協會」這塊招牌連當地人都不清楚它的內涵,陳西瀅日記中常有類似的記錄:

> Sir John Pratt (約翰・布拉特爵士) 問我篆書,是他兄弟在某處抄來的。原來是招牌上的「生財」二字,很可笑。[11]
>
> 有一澳洲的中國人,現在澳空軍中,在倫敦很寂寞……他打電話來,要我介紹他認識一個中國的女孩子![12]

直到陳西瀅來英半年後,王世杰託駐荷蘭使館張道行參事帶來一函,還在為其指點迷津:「目前在英推動一切,自較數月前為困難,但似不容因此稍懈,如何設法使英國文化教育界人士重視中英關係,為兄之基本任務。至於方法步驟,自應由兄隨時創意為之。」陳西瀅看後歎了一口氣:「結果是沒有説什麼具體辦法。」[13]

　　陳西瀅決定從與當地文化人的溝通做起，既然他的「基本任務」是向英國文教界人士介紹中國的抗戰情形，喚起他們的同情與支持，那就要走出去，去訪問劍橋、牛津這樣的大學，去和文教界的名人們接觸，同時也要融入英國社會，看看他們是如何接觸民眾、向民眾宣傳的。

　　在參觀劍橋、牛津大學時，給陳西瀅的感觸極深，這些世界知名的大學和國內大學的教學方式完全不一樣，也讓從事教學十餘年的陳西瀅根本看不明白，甚至無法判斷學生一學年究竟能完成多少課時，他們的學分如何評判。

　　為此，他抄了份學校作息時間表：

　　　　早晨八九時吃早飯，十一時吃咖啡，一時吃飯；四時半又喝茶，七時半吃晚飯。下午得運動，如撐船，踢球，打網球之類。晚飯後有種種的會，如學生會，文學會，等等。一個好交際的學生，在學期中簡直讀不了書，倒是要等放假的時候回去做工夫。劍橋與牛津大學的學期也很短。一年三學期，第一第二學期都是八個星期，第三學期只有六個星期，一年上課只二十二星期，放假倒是三十星期。[14]

陳西瀅在牛津河邊

　　即便如此，陳西瀅第一次參觀劍橋後，便喜歡上了這個地方，用他的話說：「劍橋的地方實在好，學校實在好」，以至「走的時候，着實有些依依不捨」，以後他又去過多次。

　　人數最多的一次聚會是 1945 年 6 月 4 日，陳西瀅、熊式一、崔驥、蔣彝、范存忠（從牛津來）與在劍橋大學的交流學者張匯文、張資珙、殷宏章、方重四個教授共聚一堂，住了兩天。為此，陳西瀅感慨道：只差蕭乾一人，在英的中國作家差不多都到齊了。

　　這些人中，陳西瀅的知名度自不待說，熊式一把中國的老戲《紅鬃烈馬》改編為英文戲，起名 *Lady Precious Stream*（用主角王寶釧之名），一經上演，大受歡迎，連演了三年近千場，從此聞名歐美。之後他譯過《西廂記》，也寫過幾個戲，都不很成功。後改寫小說，出了一本《天橋》，銷路還算好。

　　崔驥翻譯謝冰瑩《女兵自傳》，在當時也頗有影響。另外寫過《中國文化史綱》和《中國文學史綱》。

　　陳西瀅最欣賞的其實並不屬於來自中英政府互換的交流學者，而是文化奇人 —— 蔣彝。

　　蔣彝（1903—1977），字仲雅，江西九江人，早年就讀於東南大學化學系。畢業後從政，當過皖贛兩省蕪湖、當塗、九江的縣長。後留學英國，原想呆上一年半載，只為「塗塗金」。誰知一晃十多年，徹底棄政從文了。

　　初來時，蔣彝的英文很淺薄，出門時胸前別一紙牌，上書英文：「請告訴我，旅館在哪兒？」若干年後，蔣彝居然用英文寫了十多本書，如《倫敦畫記》、《兒時瑣憶》、《牛津畫記》等。他寫的大部分是遊記，也寫童話。蔣彝學繪畫起步很晚，功底還是源於小時候的家教，來英後成效顯著，他所寫書中都配有自畫插圖，這或許是他售書成功的最大原因。

　　蔣彝還經常舉辦個人畫展，並出有專著《中國繪畫》、《中國書法》等。但國人至今記住蔣彝的，還是他為 Coca Cola 飲料翻譯的中文名稱「可口可樂」，這一名稱沿用至今，無可取代，可當時給他的翻譯費只有

六磅錢（此說有爭議）。

　　陳西瀅覺得蔣彝在文化交流方面頗有獨到見解，他給女兒寫信，常以蔣彝為例，說一個當過幾任縣長的人，漂泊海外，靠自己的努力，不但立住了腳，而且成為著名的作家、畫家，可見人的可塑性是非常強的。

　　倫敦以西一百八十公里的斯特拉特福小鎮是陳西瀅嚮往已久的地方，它是戲劇家威廉·莎士比亞出生和去世的地方。小鎮不大，只有一萬多人口，莎士比亞故居在小鎮亨利街北側，是一座帶閣樓的二層樓房，房屋斜坡瓦頂，泥土原色的外牆，凸出牆外的窗戶和門廊，使這座十六世紀的老房在周圍的建築群中十分顯眼。

　　陳西瀅看得十分仔細，「有他生身的房子，有他太太生長的房子，有他後來歸老時住的房子（現在房子已沒有了，改成一個花園，可是左旁他孫女婿住的房子還存在）。有他讀書的學校。」[15]

　　陳西瀅覺得房子經過了較大的改造，是否為他的出生地有待考證，但是在附近河畔的教堂裏有莎翁的墓，有莎翁受洗禮和下葬日子的記錄，這是確定無疑的。參觀之後，陳西瀅賦詩《題莎氏故居》以為紀念：

　　　　是乃市井之徒耳，絕代奇才誰識之？
　　　　今日四海爭膜拜，腳跟踏穿此庭池。[16]

　　最讓陳西瀅感興趣並流連的是莎翁紀念劇院。這劇院是焚毀十餘年後復建的，周圍是草地樹木，又緊鄰河岸，選址非常幽雅。此外建築也新式合用，比倫敦的一般戲院都要好，不但看得清楚，聽得真切，坐着也舒服。從4月起到9月止，正逢「莎翁季節」，除了星期日外，天天演莎翁的戲。大約每年有八個戲輪流上演。陳西瀅一連看了四個，直呼過癮。

　　二十世紀四十年代，由英國廣播公司（BBC）舉辦的一檔文化名人與觀眾現場互動節目，有些類似「你問我答」，其形式新穎，很受歡迎，地點常在皇家帝國協會，席間還備有茶點。

　　陳西瀅嘗試去了一次，總的感覺：觀眾提問題的水平良莠不齊，「有

的有意義，有的無意義」。

節目伊始，先是主持人介紹到場的英國著名作家、詩人。到場者有七八個知名作家，羅茲·麥考利夫人，著有《特拉比松的塔》，作品受弗吉尼亞·伍爾芙影響；菲利斯·賓利（1894—1977）；斯特朗（1896—1958），著有 *L.A.G.Strong*（萊奧納多·阿爾佛雷德·喬治·斯特朗文集）；斯蒂芬·斯彭德（Stephen Spender）（1909—1995）；勞瑞·李（Laurie Lee）（1914—1997），等等。

有觀眾提問題：「要是你願意，會與哪一位小說中的角色結婚？」斯特朗、勞瑞·李等都不肯發表意見。斯蒂芬說要娶的是俄國小說中的角色，如屠格涅夫的巴拉莎和托爾斯泰的娜塔莎。（他的太太是俄國人，正叫娜塔莎。）羅茲·麥考利夫人說她願嫁《傲慢與偏見》中的富豪子弟達西；賓利夫人則願嫁《簡愛》中的莊園主羅切斯特。

有觀眾提出一個比較有趣的問題：小說家在開始寫作時是否先立好意？賓利夫人以旅行為例作了回答，她住約克郡，如要乘車到倫敦，當然先看一看地圖，將幾個大城市弄清楚了，而不會事先將一個個的小村子，一路上的樹木花草都記好。如此一路走來，隨時發現，隨筆記下，很有意味。許多作家大都贊成此方法。斯彭德說法國作家朱利安·格林（1900—1998）寫小說時，從第一頁下筆開始，絲毫不知後來結果如何。

「這些作家論說話以斯蒂芬為比較的流暢，意見也中肯得多；斯特朗的話也不少；羅茲·麥考利不大說話，說時也依老賣老，並不用心；賓利有時還有意思。」這是陳西瀅聽完上述作家與觀眾互動後的總體印象。[17]

在戰時的英國，對於名人來說，演講是門不可或缺的「必修課」。各國在英國派駐有記者站，相互間交流也很頻繁。中國也不例外，雖然起步晚，但有陳西瀅等一批富有責任心的文化人苦苦支撐，積極參與，目的就是要喚起所在國民眾對中國抗戰的支持，通過他們影響政府達到援華的目的。

其實演講不是難題，關鍵在回答聽眾提問這個環節。許多人出於不同的目的，提的問題刁鑽古怪，回答得好，贏得滿堂彩，反之，也會噓聲一

片，相信陳西瀅在美國時已有了切身體會。

　　由於陳西瀅身份不同，演講的規格也就不同，主辦方多選在重要的節假日和紀念日。如 1944 年「雙十節」，大使館舉行招待會，來賓除使領館的官員外，還有教授、學生、商人之類，連同太太、小姐、孩子，總共一百多人。陳西瀅演講的題目是《雙十節的前顧後瞻》；中大教授張匯文講《憲政的新發展》。

　　陳西瀅十分看重對英國民眾的演講，他深知喚起民眾的重要，特別是西方式的民主會對政府產生的效應。但有些演講中的提問，中國人自己回答效果不一定好，陳西瀅考慮如若讓持中間立場的當地人講，反倒更容易被民眾接受。

　　沃爾布里奇太太（Mrs Wallbridge）便是其中一位。她喜歡中國，支持中國抗戰，經常義務外出演講，所以遇到提問題的也特別多，每隔一段時間她便請教陳西瀅，看回答得是否到位。如有聽眾提問，「說中國自己不能製造軍火，如何怪英美不接濟。她答：英國如沒有美國的接濟，將如何？聽眾大鼓掌。又如說中國如何與敵人通商，她答：英國最近橡皮大增，是蘇聯由日本購來的，眾又大鼓掌。這話她來說，比中國人來說，比較方便。」[18]

　　讓陳西瀅感到振奮和欣慰的，還有他的學生 —— 畢業於武大外語系的葉君健，此時也在倫敦。這是根據同盟國之間的文化交流協議，牛津大學道茲教授受英國政府委託，邀請一位會講英語的年輕人來英國做戰時巡迴演講，用中國人民抗擊日本法西斯的事跡去鼓舞英國軍民的士氣，葉正是為此而來。

　　葉君健在倫敦的小客棧中將中國人民的抗戰故事寫下來，發表在英國的刊物上。那時生活既艱苦又危險，德軍從荷蘭發射的炮彈有時落到客棧附近，「轟隆一聲，把我從夢中驚醒，旅館的一角被炸傷，但我仍舊睡我的大覺，我沒有本錢大驚小怪，因為第二天我還得做我的戰時工作。」[19]

　　更多的時間葉君健要到英國各地巡迴演講，他演講歸來，陳西瀅必招待聚餐，這在他的日記中屢見。

　　如 1944 年 11 月 14 日，陳西瀅記述在「香港樓」中餐館請葉君健吃飯時的交流：

　　　　他昨天方回。這次在外面兩個多星期，演講了四十多次，至少
　　每天二次，有時三次。聽眾至少有二三百人，多的有千人以上。每
　　次講演及討論至少二小時。有些人跟了他跑，他到某處去講，他們
　　即去聽。許多人心目中的中國仍是有辮子，抽大煙，看了他以為決
　　不是中國人。

　　陳西瀅顯然對自己的學生偏愛有加，他不但將葉君健的事跡報告給國內，還寫信告訴女兒小瀅，並講了許多有趣的事：

　　　　君健在外遊行演講，到處都有汽車接他去會場，送他回旅館
　　等。他起先以為是平常的開車的，與開車的談起來，原來有的是工
　　廠的工程師，有的是律師，有的是貴族夫人。這也是戰時工作的一
　　部分，這車子是他們自己的。有私車的人都得登記，並說明那一天
　　什麼時候有空。到那天如有公事，總機關便打電話叫某人開車去某
　　處接某人等等。為了公事，可以領到公家發的一定數量的汽油，且
　　由坐車人簽字。所以要是一個人不知道，當他們是車伕，就糟了。[20]

　　葉君健向老師匯報他在外地的見聞，談起和當地華僑、留學生也有過交流，「他說在伯明翰有中國人娶一英人，子女有六人；利茲有一中國學生，又胖又麻，娶一太太很有錢，有花園汽車，他國內有妻有子。」當然，也遇到過受良心譴責的，如在格拉斯哥演講時遇到一中國水手，在當地找了女人，就在他們準備結婚之時，水手接到家書，使他「想起家中妻子生活，一間屋，床頭馬桶，覺得不是辦法，即打消結婚的意思。」[21]

　　王世杰設想中英文協的任務，就是發展中英文化關係。中國有着五千年文明，如今又是「四強」之一，但在不少外國人印象中，中國積貧積

弱、腐朽沒落，民眾還像清朝末年那樣愚昧無知、麻木冷漠、留着辮子、手持煙槍。要想讓英國人對中國歷史及現狀有更多的了解，單靠使館難以做到，這也是王世杰說服蔣介石同意建立中英文協，宣揚中華文明、爭取同情與支持的初衷。而舉辦文化展覽無疑是很好的途徑，英國的文化人都有看展覽的習慣。

陳西瀅沒有這方面的經驗，他需要藉助外力，包括英國與中國專家的智慧。

梅傑・蘭登（Major Longdon）是個既懂西方又熟悉東方的專家，他給了陳西瀅許多寶貴的啟示。如他認為中國人不必刻意學西洋畫，越是民族的越是世界的，說中國近代畫家中，他最愛徐悲鴻的作品。關於選館址辦展，他與陳西瀅去了若干家藝術館，每到一處都做一評估：自建當費多少，改建當費多少。他最終的結論是「改建不如自建合用」。

中國方面的專家，陳西瀅最看重蔣彝和葉公超，一個懂藝術，一個能籌到錢。當陳西瀅把籌辦展覽的意圖告知蔣彝，不久便接到他的反饋，還帶來了他的新想法：

> 關於溝通中西文化以及展覽吾國古今工藝作品，想亦當在積極進行中。不過在展會未能立即舉行前，弟意似可由兄領導主持向各大學學院（如倫大東方學院等）、公共教育機關及中等學校（如伊頓、哈若等）分頭接洽，就國內五大教授在英之便，對於吾國文藝、政治、科學等思想作有系統之介紹，依歷史的程序而研究之。譬如（一）「吾國文藝史」可分作四次講演，一學期中講完，請范、方二教授擔任。（二）「吾國政治思想史」可分作三四講，請張教授擔任。（三）「吾國科學史」亦可分三四講，請殷、張二教授擔任。如此如此，則聽眾可以循序而進，對於吾國可得系統的認識，諒為英國各大學及公共機關所樂成者也。[22]

蔣彝此番聯想緣於 1938 年春季，那時他正在倫敦大學東方學院教

授中文。親眼看到日本政府派帝國大學兩名教授，在英宣傳日本歷史與文藝，其中一人由日政府與東方學院接洽，在該院公開講演「日本文藝史」，一學期分六次講完。當時聽眾很多，效果也不錯。蔣彝認為現在應針鋒相對，利用我國在英的五大教授開辦講座，一定可收到奇效。可見蔣彝當時思路多麼的清晰，這與陳西瀅致力於「中西文化交流」的宏大計劃是一脈相承的，也是陳西瀅看重蔣彝的原因之所在。

至於籌辦什麼內容的展覽以及籌展經費的來源，陳西瀅還想聽聽葉公超的想法，他約了蔣彝、謝志雲去葉處。

葉公超的計劃是以現代藝術作品五百幅來此展覽，蔣彝倒是認為舉辦文物展覽最能代表中華文明的傳承，但是他也承認有一定難度，單單是輔助展品，如各類模型、舟車服裝等，此時便沒有辦法在國內解決。葉公超提議可在倫敦或巴黎訂製，至於經費，葉說錢不成問題，宋子文一天花費十萬元，都由中國銀行支付，三五十萬鎊在蔣委員長眼中，不算什麼。蔣曾對他說：「你去做，錢由我負責。」[23]

就這樣，中英文協的「陳代表」，帶着他的祕書，經過日復一日的努力，從剛開始的不明確做什麼，逐漸打開了局面。我們還沒有確切統計中英文協此間到底舉辦了多少次展覽，但從陳西瀅日記和他寫給女兒的信中還是時常看到。

如陳西瀅 1945 年 5 月 18 日寫給女兒信中記有：

> 下星期二我要到英國的西部利物浦去。利物浦是英國第二個大商港。中國水手常常有二三千，……最重要的任務是為了一個中國現代畫展的開幕典禮。這數十幅畫，已經在英國各城展覽了一年多了。到了那裏，自然要看看大學，看看地方，也會會中國人。

陳西瀅執掌的中英文協在戰爭歲月架起了文化交流的橋樑，即便在戰爭結束後國內各大學復校復學過程中，引進教學人才、圖書、實驗設備等，人們都會想到陳西瀅。以北大教授向達、湯用彤、袁家驊寫給陳西瀅

等人信為例。

　　通伯、蕭乾、公超、式一四位先生：

　　　我們這封信的唯一迫切動機是想重重拜託諸位先生，替我們
向于道泉先生勸駕。北大今年秋季遷平復校，文學院添設東方語文
學系，暫設日文蒙藏波斯印度阿拉伯數種語文教席，詳細計劃須俟
所聘教授抵平後擬定，不過有幾點我們曾想到的，不妨加以說明：
（一）這一系的教授可本各自興趣專事研究，倘遇少數學生有志攻讀
某種語文，須經擔任教授之考查與允許。（二）各語言之注重方向不
同，如印度語注重 Vedic（吠陀語），Sanskrit（梵語），Pali（巴利
語）& Prakrit（印度俗語），學藏文的學生（假使有一二的話）同
時得於藏漢語系之歷史比較感有興趣，學蒙語的學生得於元史感興
趣云。（三）圖書設備等須預先設法採購，請應聘各教授隨時通知
指示。我們渴盼道泉先生能允就藏文教授一席，願兼蒙文則更所歡
迎。返國川資校方允設法代籌。返國前並擬勞他駕在英採購一批蒙
藏文書籍。至祈代向道泉先生接洽，不勝感荷之至。

　　敬請
時綏

　　　　　　　　向達　湯用彤　袁家驊拜啟　二月十四日[24]

　　陳西瀅幾乎以一己之力支撐着中英文協的運作，每天忙忙碌碌，送往
迎來的事隨着二戰接近尾聲更顯頻繁。不光是文化團體，連接待國內政府
要人、婦女組織、軍人代表等，都出現陳西瀅的身影。

　　如在緬甸作戰的孫立人軍長到訪倫敦。中國軍隊在海外與英美聯軍並
肩作戰，取得唯一一次戰役勝利便是在緬甸。那時孫立人指揮中國遠征軍
一個團以寡擊眾，擊敗日軍，使七千英軍得以解圍而一戰成名。

　　孫立人此次出訪英美，是去接受英國、美國頒發的勳章。孫所到之
處無不受到歡迎，美國的巴頓將軍、英國的蒙哥馬利將軍都會見了他，倫

敦的華商協會在中國飯店舉行歡迎會，孫將軍當場演說緬甸僑胞的痛苦情形，在座者無不動容。

孫立人，安徽人，1923 年畢業於清華大學，與方重教授是同班同學，後到美國弗吉尼亞軍校學習。清華 1923 級畢業生確實出了很多人才，像王化成、顧毓琇、吳國楨、浦薛鳳、吳景超等。於是在英的清華同學會也當仁不讓地為孫立人當起了東道主，時任外交部條約司長王化成親自主持，在英的清華學子紛紛參加。

孫立人與陳西瀅、葉公超有過兩小時的深談，他「對於遠東戰事很樂觀，相信再有一年，便可完畢。他不大相信日本肯投降，但是他說如日本炸得像德國一樣，到最後也只有一降。他曾到德國去參觀，他說德國的許多大城，幾乎炸得沒有了。」[25]

如果說作為剛畢業的學生，葉君健所作所為已經相當不錯了，他為中國的抗戰做出自己的努力，但他接觸的還都是英國的民眾。而老師陳西瀅便不同了，他是中英文協的代表，接觸的都是英國上層人士。起點高了，思考問題的角度當然也就不同，都要以本國利益為出發點。

陳西瀅曾近距離地聽丘吉爾的演講，「只見他面前擺在桌上很厚一大疊稿子，上面的字都很大，只有幾行，足見是一個大綱，並不是寫好照讀。」丘吉爾花了一小時說的都是戰局，說現在法國作戰的有二三百萬人。對於歐戰的結束，首相不像過去那樣的樂觀，「他說雖然許多專家們說歐戰年內可結束，沒有人，尤其不是他，能保證明年不再打幾個月。」丘吉爾說此話時正是 1944 年 9 月 28 日。

丘吉爾在談到緬甸戰局時，說美國方面有很多誤解。緬甸戰事非常大，是盟國與日本陸上作戰規模最大的，犧牲極大，成功極大。他說印度至中國的空運比滇緬路的運輸量多了好幾倍。還說中國經歷了七年苦戰，最近有幾次敗績很使人喪氣，說打敗德國後，英國將全力到東方作戰。

陳西瀅對於丘吉爾批評中國的言論很是不滿，他與英國的政客、學者、外國使團的朋友談得最多的便是英國的對外政策。

中國學者都認為丘吉爾的本位主義思想，導致一系列方針政策的重大

失誤，之前丘吉爾認為日本僅僅限於侵犯中國，只要不牽扯到英國在亞洲的殖民地，他便不加干涉。以後歐洲戰局吃緊，為避免兩線作戰，丘吉爾對日政策一退再退，即便緬甸仁安羌大捷被孫立人率團救出的七千英國軍隊，他們得到的命令也不是乘勝追擊日軍，而是全線撤退到印度，置中國遠征軍於孤立無援處境，被迫翻越野人山回國，病死餓死的士兵幾倍於戰死的人數。

丘吉爾的對日態度直接影響到他的下屬，在討論戰後日本如何處置議題時，一位英國海軍少將說：「日本將來如何，可以不用管。將他們趕回三島後，讓他們 Stew in their own juice（自食其果），有飯吃沒有飯吃可以不管。飢餓與轟炸有什麼分別？」[26]

丘吉爾對德國政策也如是，只要德國向東不向西，英國便不置可否。可是在波蘭問題上，英國一改之前默不作聲的常態，讓希特拉始料不及，於是戰爭驟起。若英國從一開始態度強硬，德國也許不至於得寸進尺。

如今面對蘇聯，丘吉爾更願意斯大林向東發展，這又是英國從前對日本政策的故伎重演，丘吉爾希望西歐諸國從此便不得不依靠英國了。[27]

從英國的丘吉爾又爭論到蘇聯的斯大林。陳西瀅訪問阿爾弗雷德爵士（Sir Alfred）的夫人齊默恩女士（Lady Zimmer）時，她倒是很客觀地分析東西方的文明進程，她認為西方文明的缺陷是只講速度，只講效率，不問目的，不問思想。她很怕俄國，說斯大林是「ever well intellect（冷酷而才智過人），是世界上最可怕的人。」她希望中國不要模仿西方，陳西瀅的態度倒是很平淡：「這是無法阻止的。這是像鐘擺，現在向西，將來反動一定向東，但最後是在中間。」[28]

宋子文一直想去莫斯科與蘇聯簽訂《中蘇友好同盟條約》，這個想法是中方首先提出的，由來已久，蘇聯方面一推再推。

宋子文去舊金山參加聯合國成立大會，當天晚上見到蘇聯外長莫洛托夫，二人喝酒，宋舉杯祝斯大林身體健康，蘇方很高興，馬上同意訪蘇。宋子文訪蘇目的是說服蘇方同意不干涉中國的內政：「中國軍人目的要用武力解決共黨問題。希望與蘇談好後即可放手幹去。」[29]

　　陳西瀅最關注的還是關於滿洲地位的問題。此時已是 1945 年的上半年，二戰結束只是時間問題，人們關注的焦點是後二戰時期世界格局如何劃分。

　　瑞士某報社記者對陳西瀅明白不誤地指責蘇聯，「說蘇聯決不讓它國境附近有重要資源的地帶落入不親近它的政府的手中。他這意見，現在都不幸而言中。他恐怕滿州將來也是如此。」[30]

　　中國駐捷克使館祕書趙燁謨有自己的一番理論，他「相信日本會把東三省及朝鮮送與蘇聯，請蘇聯出來調停。但是在中國不退兵。」[31]

　　陳西瀅聽庫騰教授（Prof Kuten）的發言，認為見解很平和，「他相信蘇聯必參加對日戰事。至於滿洲問題，是蘇聯須考慮的 alternative（另一種選擇），為長久和平設想乎？還是佔領滿洲，以至與中美英對立，以至引起後日大戰乎？他相信蘇聯是 materialistic（唯物主義的）的政治家，也許會與中國商量合用大連海港［free transit（自由通行）］。他說遠東問題的最後關鍵，全在中國是否能成為 strong united country（強大團結的國家）。」[32]

　　陳西瀅自 1943 年赴美，之後轉往英國，一晃已有三個年頭，不管是在美國還是在英國演講，台下聽眾提問題最多且最尖銳的都與國共兩黨之爭有關，而且幾乎都對國民黨打壓共產黨表示了極大的不滿情緒。陳西瀅在演講後當晚的日記中也不得不承認：「對於女權問題，一夫一妻問題，纏腳問題，鴉片問題，中國文化停頓問題，等等，我都有答覆，而且有時引起哄堂大笑。只有國共問題，說完後座中沒有一人鼓掌。」[33]

　　如何理清「國共關係」成了困擾陳西瀅的一個難題。

注釋：

1　陳西瀅日記，1944 年 3 月 25 日（陳小瀅收藏）。

2　陳西瀅日記，1944 年 3 月 25 日（陳小瀅收藏）。

3　陳西瀅日記，1944 年 3 月 31 日（陳小瀅收藏）。

4　陳西瀅日記，1944 年 8 月 24 日（陳小瀅收藏）。

5　陳西瀅日記，1945 年 4 月 27 日（陳小瀅收藏）。

6　陳西瀅日記，1944 年 5 月 21 日（陳小瀅收藏）。

7　陳西瀅日記，1945 年 1 月 12 日（陳小瀅收藏）。

8　陳西瀅日記，1945 年 2 月 26 日（陳小瀅收藏）。

9　陳西瀅日記，1944 年 5 月 23 日（陳小瀅收藏）。

10　陳西瀅日記，1944 年 12 月 1 日（陳小瀅收藏）。

11　陳西瀅日記，1945 年 6 月 13 日（陳小瀅收藏）。

12　陳西瀅日記，1945 年 6 月 12 日（陳小瀅收藏）。

13　陳西瀅日記，1944 年 11 月 9 日（陳小瀅收藏）。

14　陳西瀅致陳小瀅信，1944 年 10 月 12 日（筆者收藏）。

15　陳西瀅致陳小瀅信，1944 年 5 月 6 日（筆者收藏）。

16　陳西瀅日記，1944 年 4 月 21 日（陳小瀅收藏）。

17　陳西瀅日記，1945 年 3 月 22 日（陳小瀅收藏）。

18　陳西瀅日記，1944 年 12 月 7 日（陳小瀅收藏）。

19　葉念倫：《父親葉君健的反法西斯歲月》，摘自《光明日報》2015 年 8 月 28 日。

20　陳西瀅致陳小瀅信，1944 年 12 月 27 日（筆者收藏）。

21　陳西瀅日記，1945 年 3 月 22 日（陳小瀅收藏）。

22　蔣彝致陳西瀅信，1945 年 2 月 3 日（筆者收藏）。

23　陳西瀅日記，1945 年 3 月 19 日（陳小瀅收藏）。

24　向達、湯用彤、袁家驊致陳西瀅等信，1946 年 2 月 14 日（筆者收藏）。

25　陳西瀅致陳小瀅信，1945 年 6 月 22 日（筆者收藏）。

26　陳西瀅日記，1945 年 1 月 11 日（陳小瀅收藏）。

27　陳西瀅日記，1945 年 8 月 12 日（陳小瀅收藏）。

28　陳西瀅日記，1944 年 11 月 25 日（陳小瀅收藏）。

29　陳西瀅日記，1945 年 7 月 16 日（陳小瀅收藏）。

30　陳西瀅日記，1945 年 2 月 21 日（陳小瀅收藏）。

31　陳西瀅日記，1945 年 5 月 11 日（陳小瀅收藏）。

32　陳西瀅日記，1945 年 1 月 12 日（陳小瀅收藏）。

33　陳西瀅日記，1945 年 3 月 2 日（陳小瀅收藏）。

國共關係：一個繞不開的話題

1945 年上半年，隨着二戰接近尾聲，由羅斯福總統提議，建立一個代表國際新秩序的組織 —— 聯合國，其成立大會正在美國西海岸的舊金山籌備着，於是那裏成了世界矚目的地方。

中國在組建代表團時，蔣介石阻撓中共派代表參加，周恩來分別致函美駐華大使赫爾利和外交部長王世杰，向他們提出質疑。

赫爾利的答覆：「在舊金山舉行的是一個國家的會議。中國共產黨並非一個國家，只是一個有武裝的政黨。」大使的外交辭令聽起來滴水不漏，卻被羅斯福否定了，他說不明白國共兩黨為什麼不能成為朋友，羅致電蔣介石，希望在舊金山聯合國會議上看到國共雙方的代表。

當顧維鈞向蔣介石提議，董必武可替代中共方面提出的周恩來作為備選代表時，董必武忠厚、年長、寡語等特點讓蔣介石多少有些放心，便就坡下驢地同意了。

這樣，一個相對有代表性的團隊組成了：首席代表宋子文，代表顧問顧維鈞（駐英大使）、王寵惠（國民參政會主席團成員）、魏道明（駐美大使）、胡適（無黨派、學者）、吳貽芳（無黨派、婦女界）、李璜（青年黨）、張君勱（民社黨）、董必武（共產黨）、胡政之（新聞界）。

其中吳貽芳和董必武格外引人矚目。1943 年吳貽芳與陳西瀅同去美國，1944 年陳西瀅去英國時，吳貽芳也剛回國。此次重返美國遇見李卓敏，李調侃道：「回去不久，又出來了，真是要人。」吳貽芳說：「你這話

是罵中國女界沒有人，要是中國多幾個人，何必要我來跑？」陳西瀅聽到李卓敏述說往事時，不禁感慨：「中國婦女中人才究竟還是不多。所以什麼事，尤其是國外的事，都得找到吳貽芳。」[1]

董必武出國之事也頗費周折。出席舊金山會議的中國正式代表只有十人，但代表團卻十分的龐大，共七十餘人，其中有四十多人從國內出發。他們轉道印度加爾各答，大部分人需要乘船去，但船少人多，許多人等兩三個月都未走成。「美機每機只准五人。董必武要多一隨員，發生了不少波折。他初以為政府為難，後來方明白。」[2]陳西瀅日記中記載了許多籌建聯合國的趣聞，也算是一段小插曲。

羅斯福對國民黨的失望和對共產黨的好感是此消彼長的。陳西瀅在美國呆了近一年，深知美國內部對華態度之複雜，他離開美國去英國的這一年兩國關係更加惡化。

> 一年半以前，美國報紙提到中國，十九是恭維，現在則十九是批評。報上的新聞、社論、專文，都是一致的批評中國。這種共同的趨勢，多少是出於政府授意。有一美國人說，美國人沒有到過英國的，大都批評英國，可是到英國去遊歷一次之後，回國時大都變了稱讚英國了。美人沒有到過中國的，大都恭維中國，到中國去了一次，回國時大都變為攻擊中國了，其故何在？[3]

顯然，國民黨統治下的中國，其專制與腐敗程度明眼人都看得出來。李卓敏去訪問賽珍珠時也聽她說過類似的話：

> 卡特到華府去提出的報告是壞極了。他們說中國軍隊安坐不打，而且儘量的走私。美國軍人，連高級軍官都很灰心。他們說中國軍隊不打，等美國軍隊來打。對於中國政治也很不滿意。說二陳（指陳立夫、陳果夫）與孔（指孔祥熙）勾結，腐化與反動攜手。自由分子更無生路。教育部操縱津貼，許多學校不敢說話。[4]

連蔣介石都大罵陳立夫:「你弄了幾年,弄得正派人都不願來幹教育了。」[5]

那一時期,外出演講是「中國戰後問題研究小組」不可或缺的活動,聽眾提問也多與國共關係有關。一次吳貽芳與晏陽初同台演講,內容都與教育有關,吳貽芳演講的題目是「中國抗戰以來的教育」,是以各個國立大學戰時現狀為主;晏陽初演講是以鄉村平民教育運動為主,他從不唸稿,說話也很幽默,如他對以「平」字為「平教會」會徽的解釋就很有趣:最上一「橫」,代表人的頭腦,人無頭腦,一事無成。「橫」下兩「點」是兩「眼」,「左眼」代表平等,「右眼」代表公正,中間的「十字架」,是像耶穌基督一樣犧牲自己,拯救世人。早年就是基督徒的晏陽初的這套說法,生活在底層的平民很是受用,時時引來台下人的鼓掌及大笑。有人提問,平民教育運動與共產黨運動相近,雙方可否合作?晏陽初也很外交辭令地解釋,共產黨的主義與國民黨的三民主義也確有相近之處,等等,算是搪塞過去。[6]

中美關係惡化的另一原因是「史迪威事件」。史迪威將軍是美國應中國之邀派來擔任中國戰區總司令蔣介石的參謀長。史迪威上任只有兩年半,於 1944 年 10 月 28 日突然應蔣介石的要求被羅斯福召回。此事引起美國輿論大嘩,直接導致中美關係趨於惡化。

一些從中國回來的美國軍界要人傳回種種說法:如說蔣先生脾氣大,有一次居然把茶杯擲向宋子文(當然是在宋出門後,蔣以茶杯向門擲去)。「說中國有 Concentration camp(集中營)(有人親自看見的),年青作家都送到 Camp 去。」說孫夫人(宋慶齡)失去言論行動的自由;「二陳」非常專橫種種。最奇怪的是蔣夫人對美國某人說:「如中國人民暴動反對他們時,她希望美國人救他們出國!」[7]

在重慶,也有人議論史迪威與宋子文私下有約,為宋訓練部隊,還說史迪威在中國久了,中國習氣都懂得,都學會。他掌握援華軍用物資,由他一手支配,不信中國人。[8]

　　蔣在日記中稱：「史氏之愚拙成妄，不法無禮，可謂無人格已極。」蔣介石要時任外長的宋子文與美國交涉召回史迪威，宋不肯，返重慶時斥蔣：「你又不是野蠻人，為何說話不算話！」

　　史迪威是否與宋子文私下有約尚不得知，但是從史迪威 1944 年 10 月 17 日日記中記載，他和宋靄齡、宋美齡倒有着讓人看不懂的「約定」：

> 　　（姊妹倆）要求我忍耐到底。埃拉（指宋靄齡）說如果我們此舉成功，我的地位將比以前更加強大。「你的星在升起。」她們想我做的是見花生（蔣介石的綽號）……我猶豫了很久，但她們極力主張，我終於同意了。去後，裝模作樣了一番，花生盡力作出和解的表現。

　　姊妹倆最終未能挽回史迪威被「召回」的命運，但可以看出史迪威與宋家的關係比與蔣要好得多。

　　以當今中國學者研究二戰史的成果看，蔣介石與史迪威的核心矛盾似乎只是兩點：其一，史迪威要求有全中國軍隊的指揮權，這樣他就可以把監視陝甘寧邊區的胡宗南四十萬大軍調到抗日前線；其二，史迪威要求將美國的援助物資按照中國軍隊的戰鬥序列分配，共產黨領導的八路軍也會得到部分美國軍事援助物資，這兩條都觸動了蔣介石絕對不能接受的底線。

　　現在的人無法理解，史迪威怎麼會支持援助共產黨的軍隊？其實早在 1937 年羅斯福便派自己的警衛部隊副隊長卡爾遜作為私人特使，祕密考察共產黨領導的八路軍。在山西臨汾，卡爾遜見到了朱德、彭德懷、林彪等；在延安，毛澤東用花生和茶招待了他。

　　1939 年 1 月 1 日，回到美國的卡爾遜致信白宮：「共產黨領導的抗戰方式才是解救中國最大的希望。」[9]

　　1941 年 1 月，羅斯福又派了官方特使——總統助理勞克林·居里訪問中國。居里既和蔣介石談，也和周恩來談，周恩來抱怨美國政府援助的

一億美金物資，八路軍只得到了一百五十挺機關槍，而且沒有彈藥；而蔣介石在日記中對居里也頗有微詞，說他「熱情與誠實可嘉，惜其未能熟悉我國真情耳」。

羅斯福有了對中共的了解，他派史迪威去中國自然希望客觀對待在抗戰中建立起來的國共兩黨的統一戰線。

1988 年美國華納電影公司拍史迪威的傳記電影時，在美國陸軍部的檔案中找到史迪威當年寫給八路軍朱德總司令信件的原件：

> 親愛的朱德將軍：由於我被解除在中國戰區的職務，我謹向您，共產黨武裝部隊的首腦，為我們不能在今後的對日作戰中合作深表遺憾。您在對我們共同的敵人的作戰中，發展了卓越的部隊。我曾期望與您聯合作戰，但現在此事已成泡影。祝您戰鬥順利並取得勝利。我謹向您致意。真摯的 J.W. 史迪威，美國將軍。

這樣看來，在中國生活了十幾年的史迪威和居里一樣，還是沒能摸透蔣介石「攘外必先安內」的深層含義，也沒有弄懂國共兩黨的真實關係。所以，他在蔣介石眼中，只是屬於「未能熟悉我國真情」的一類人，二人間的爭鬥也是遲早的事。

美國記者白修德和外交官戴維斯此時（1944 年 10 月）正在延安訪問，他們有所了解「史迪威事件」後中共的動向。白修德在回憶錄中是這樣記述的：

> 蔣介石剛剛拋棄了史迪威，羅斯福也隨之拋棄了蔣介石。因此，中國共產黨利用這幾周，準備向美方提出全面的且可能是永久的聯盟 —— 涵蓋軍事、經濟和政治三個方面，而他們和我們中的一些人都希望，這一聯盟關係可以持續到未來。
>
> 那幾周是美國戰爭目的與中國革命最契合的時候，無異於二者的蜜月期……共產黨已完全掌握了蔣介石與美國因史迪威關係破裂

之事，對國民黨軍隊的墮落與崩潰更是知道得一清二楚，他們正在準備組建一個獨立政府。[10]

陳西瀅是從當天英國報紙上看到史迪威被召回的消息，報紙引用了中國一位高官的原話，蔣介石與史迪威的關係已是「at daggers drawn（劍拔弩張）」。直到1944年11月1日美國報刊登載羅斯福的講話，意在息事寧人，事態有所減緩，但是英國媒體卻在引述美國政要的言論，如阿力森（Allasison）等攻擊中國極厲害。「英人從前即不甘心中國為四強之一，現在當然稱快了。」陳西瀅等人憂心忡忡，「我們都為中美關係發愁」。[11]

陳西瀅演講也碰到此類問題。如有人問：中國人叫西方人「洋鬼子」，是否看作是對外國人的不信任？陳西瀅回答：「在過去大家都不信任，我們叫他們洋鬼子，他們叫我們heathen Chinese（不開化的中國人）。現在彼此的認識增加了，我希望大家更設法彼此多了解。」[12]這是陳西瀅面對咄咄逼人的提問所採用的防禦式回答。

陳西瀅早年海外求學，在英國生活近十年，見慣了西方民主下的政黨輪替，他從未見到過在野黨會擁有軍隊、地盤、地方政權，這也是他與國外政客爭論時難解的話題。

陳西瀅訪問美國政客布雷爾（Brell）、喬恩（Jon）時，對方談到中國問題時特別提到共產黨，認為執政的國民黨應當大度與寬容。陳西瀅反問：「如在美國有一黨割據土地，擁有軍隊，美國政府是否能容忍。」布雷爾承認這一點很有說服力，但也說共產黨如放棄軍權，他們便會被消滅了。

陳西瀅日記中記下的喬恩所言也很嚴厲：「許多美國作家都說中國共黨是一種agrarian family（農業家庭），為農民謀解放。中國（指國民黨政府）如謀以武力解決，將來恐同盟國將有分裂，說不定引起世界第三次大戰。他說他說的話代表一般美國人的意見。」[13]

曾參加宋慶齡領導的「保衛中國同盟」的愛潑斯坦從中國來到英國，

帶去了有關中國戰場的第一手資料。他演講了半個小時，講述 1944 年與同行記者在中國的大西北住了幾個月，走訪了延安的機關、學校、部隊和農村，又東渡黃河去了晉綏邊區，在汾陽近距離觀看了民兵配合八路軍四天三夜連克日軍的戰鬥場面。

陳西瀅觀察到，大約因為有許多中央政府外派機構的人在場，愛潑斯坦並沒有攻擊中央政府。可是葉公超的現場提問，反而引起他對於中央政府的不滿。葉問中央軍表現如何？愛潑斯坦說：「中央軍很雜，有好的，有很壞的。……貴州之役，中央軍守道路，日軍反從山野攻來，完全沒有情報，足見軍隊與民的隔離。」[14]

許多聽眾對國民黨政府不准許藥品進入解放區很不理解，有位老婦人七十三歲了，精神矍鑠，說話鋒利。她說對於中國的政治，並不關心，也不想干涉。只是希望公平，「邊區的婦女孩子也是人，一點藥品不准運入，是太不人道了。」[15]

葉公超有剪報的習慣，他在使館例行會議上說，許多報紙刊載文章，對英國政府借款給中國政府一事提出批評，說「為什麼不借與共產黨？」[16]

國外媒體幾乎一邊倒地指責國民黨打壓共產黨的態度與做法，使得國民政府派駐國外的外交、文化、宣傳機構的人員「壓力山大」。

那段日子上至使館，下到外派機構，日子都不好過。他們外出演講、採訪名人、為報社撰文，國共關係成了繞不開的話題，加上他們之間在兩黨關係看法上也不盡相同，即便好友之間也常為此事爭吵不斷。

蕭乾是《大公報》派駐倫敦的記者，他在採訪及撰文時，對於國共關係的看法就與眾不同，他與陳西瀅爭論國共合作，蕭乾主張面對日寇入侵，中央政府應以大局為重，一致對外，對於共產黨應無限制讓步。陳西瀅則認為讓步應有限度。結果「二人愈說愈遠，毫無結果。」[17]

蕭乾的態度決定他採訪及發文的政治傾向，這讓《大公報》總經理胡政之很是為難。胡一向對國共之事很消極，如今看到國內國外傳來都是有關國民黨的負面消息，情急之下，血壓升高，推病在家，葉公超就此大為宣傳。陳布雷去看望胡政之，「政之說他沒有病，只是心中悶不過。好像

女人衣已脫了，他那東西硬不起來。」[18]

如何維繫國共關係，國民黨內部也有「鷹派」、「鴿派」之分。王世杰一向主張應以政治方式解決國共問題，他後來與陳西瀅聊天時，就曾以 1941 年初突發的「皖南事變」為例：那時中央軍以新四軍「違抗命令」為由，襲擊了新四軍，使其兵力損失三分之二。雙方報紙彼此攻擊，各地紛紛來電，要求中共方面交出兵權等。共產黨所轄軍隊也有行動，大有一觸即發之勢。

蔣介石召集幕僚開會，會上有人提出討伐新四軍的主張，甚至草擬好了《討伐令》。諸人說話後，無人提出異議，那時情形刻不容緩，只有王世杰一人堅持國民黨方面先停止攻擊。一向被人稱作「居安不苟一笑，臨危不辭三命」的王世杰對陳西瀅說，「他如不說話，違反自己的良心。」堅持此時決不可以武力解決問題，蔣介石沉思再三，說此事要重新考慮。大概迫於國內外形勢的壓力，最後蔣自己擬就了以政治方式解決國共問題的方案。[19]

1944 年 7 月 22 日至 8 月 7 日，應共產黨方面邀請，美軍觀察組十八人分兩批先後到達延安，對共產黨領導的抗日根據地進行考察，其重點有三：一、蒐集日軍情報，為美軍轟炸服務；二、了解中共實力，準備與其領導的人民軍隊合作抗日；三、了解中共與蘇聯的關係，確定戰後是否與中共合作。[20]

毛澤東在接待美國人士時說：「我黨的奮鬥目標，就是推翻獨裁的國民黨反動派，建立美國式的民主制度，使全國人民能享受民主帶來的幸福。我相信，當中國人民為民主而奮鬥時，美國人民會支持我們。」[21]

毛澤東的這番講話，通過《解放日報》《新華日報》以及美軍觀察組，甚至包括赫爾利、謝偉思等美國官員，將共產黨的主張傳遞到世界各地。

即便二戰結束，毛澤東赴重慶與蔣介石談判和平建國問題期間，在和路透社記者甘貝爾談到未來將建成「自由民主中國」的定義時是這樣解釋的：「它將實現孫中山先生的三民主義，林肯的民有、民治、民享的原則與羅斯福的四大自由。」毛澤東在回答記者提問是否贊成軍隊國家化時

說，所謂「共產黨軍隊」，「按其實際乃是中國人民在戰爭中自願組織起來而僅僅服務於保衛祖國的軍隊，這是一種新型的軍隊，與過去中國一切屬於個人的舊式軍隊完全不同。它的民主性質為中國軍隊之真正國家化提供了可貴的經驗，足為中國其他軍隊改進的參考。」[22]

毛澤東清晰地規劃未來中國的願景，作為共產黨當時的策略，它確實起到了異乎尋常的作用，這也難怪西方幾乎一邊倒地譴責國民黨獨裁，贊同共產黨自由民主的主張。

有意思的情景發生在美國。為扭轉國際輿論對中國政府以及國民黨的負面形象，國民黨中央宣傳部駐美代表夏晉麟煞費苦心，想了許多辦法，不惜花錢舉辦招待會，請來知名政客、名歌手造勢。在主席台上就座的有劉鍇、于峻吉、夏晉麟、孫治平等，還有一些美國知名人士，陳西瀅、周鯁生、游建文、潘朝英等坐在領事館的包廂。

招待會辦得很正式，中方主席劉鍇宣讀蔣介石的來電及致辭，美方主席卡爾森上校宣讀羅斯福的致辭。卡爾森雖然沒有直接攻擊中央政府，但卻說共產黨是怎樣的努力。

「Paul Robertson（保羅・羅伯遜）是請來唱歌的。但是在幾支歌中間插了一段演說，是希望中國統一，不要壓迫共黨。言辭中攻擊中央政府、國民黨。」

會後夏晉麟對周鯁生發起了牢騷：一次招待會花了八千元，賣門票等只收回三千元。這會本是應威廉姆斯博士所倡導召開的，「大家覺得可笑的是，他是被僱了來反共宣傳的，而今天的會卻是完全為共宣傳。」[23]

陳西瀅一介書生，從不參加黨爭。在英國期間，他的朋友、同事政治態度各有不同，但並不影響之間的友誼，大家談話都很隨便。

武官處的郭汝瑰、唐保黃說他們年輕時都曾加入過共產黨。「郭說他原來在黨內，那時的立三路線，主張暴動及殘殺。他因某事不肯受命，被除黨籍，他至今並不反對共黨的思想；唐說三一八時他在北平，因貧不能進大學，在好幾個平民大學教課，曾參加種種活動。」[24]

郭汝瑰是黃埔五期的，1928 年祕密加入共產黨，1931 年入日本陸軍

士官學校，郭被開除黨籍大約在這段時間。郭汝瑰回國後被陳誠提升為二十集團軍參謀長，1944 年以駐英使館副武官名義赴英國考察時，與陳西瀅相識，二人關係甚好，郭回國前，陳西瀅請他吃飯，並託帶魚肝油給陳誠。[25]

郭汝瑰 1945 年回國後即與共產黨恢復聯繫，曾兩次祕見董必武，提供最高級情報。1948 年被國民黨授予少將軍銜。

有段插曲值得一提，在淮海戰役中被俘虜的杜聿明當年曾懷疑過郭汝瑰，1948 年 12 月 28 日，蔣介石主持會議商討徐州守軍如何行動時，郭汝瑰面陳軍隊應當向東南方向撤退時，杜聿明當場指斥：「你郭小鬼一定是共諜，發的命令都是把我們往共軍包圍圈裏趕！」

蔣介石詢問杜聿明有何證據，杜回答：我自己已經是比較清廉的官了，可郭小鬼更是清廉得讓人難以理解，他一不好女色，二不貪財，甚至連自己家裏的沙發都是打上補丁的。蔣介石考慮再三，沒有理會杜的意見，那時郭汝瑰正任職於國防部第三廳（作戰廳）廳長。[26]

唐保黃是黃埔八期步兵科學員，後保送英國桑赫斯特軍事學院深造。唐保黃與陳西瀅相識時，是駐英使館上校銜代理武官，期滿回國後，經蔣介石批准晉升少將軍銜，隨即被派往東北指揮暫編五十一師，1947 年 10 月 17 日戰死於國共內戰的戰場。

唐保黃的妻子韓素音卻是中共的老朋友，先後二十多次到訪中國，寫下了諸如《早晨的洪流 —— 毛澤東與中國革命》《周恩來與他的世紀》等書。此為後話。

國民黨方面，張嘉璈被選為國民黨中央委員後對陳西瀅說，其實他原來並非黨員，做了部長之後，蔣介石派人勸他及翁文灝、吳鼎昌入黨，他們都簽了名。張嘉璈說他對入黨並無興趣。[27]

陳小瀅晚年談到父親的政治立場時說過，父親不參加任何黨派有其難言之苦。陳西瀅早年與魯迅筆戰，「反動文人」的標籤一直插到了世紀末；國民黨裏面，陳西瀅一生最恨的人要數陳立夫，大概緣於陳主管教育時兩人間的嫌隙。陳小瀅深愛自己的父親，卻無奈於父親對國民政府的「愚

忠」；陳小瀅不滿於自己的母親，但她迴避不了母親與共產黨高官相識的
客觀事實。

筆者收藏陳小瀅在中華人民共和國成立二十一周年時寫給母親的信，
可看出她當年的心態。

1970 年 9 月 30 日，那一天恰好是東半球的 10 月 1 日，中國人民歡
度自己的節日，天安門廣場彩旗飛揚，鑼鼓喧天。陳小瀅照例收聽實況轉
播，當聽到李四光與毛澤東等黨和國家領導人站在天安門城樓的報道，觸
動了她的思鄉之情，她在愛丁堡寫信給母親。那時父親去世已半年，陳小
瀅不放心母親獨自在倫敦生活，電話交談成了母女倆生活中的常態。其實
那天早上，甚至前一天她都打過電話，因話不投機，惹得母親不高興，自
己心中塊壘無從抒發，於是改為「筆談」。

陳小瀅在信中埋怨爹爹當初沒能及時看清蔣介石政府的腐敗而及早回
國，與像李四光伯伯這樣的朋友為伍：

> 氣你們當初帶我出國，尤其在大不大、小不小的年齡，使我中
> 不中、西不西。我知道你們是出自最好的意思，但是我一直還是嚮
> 往着祖國，一直（等）機會回去。現在回去根本等於是外國人一樣
> 的了。中國這二十年經過多少轟轟烈烈的革命，多少壯烈的事跡，
> 我卻在少年一失足成千古恨（指登上麥琪將軍號郵輪），結果搞得在
> 英國整天和那些市儈打交道。[28]

筆者在整理這些信時曾與陳小瀅有過多次長談：稱頌她年僅十四歲
就報名參軍的豪邁壯舉；欽佩她為報效祖國不惜以血書明志；同情她小小
年紀經歷了無數坎坷，正像她給爹爹信中所講述的，「坐了班房，賣過東
西，擺過地攤，扛過箱子，撿過柴火，而且和蜈蚣同盆洗過澡，和壁虎睡
過一個被窩，被蜈蚣咬過，吃過蝸牛及螞蟻，從過軍，捱過打⋯⋯」[29]；
讚揚她遠離祖國二十多年一直默默關注新中國的變化，仍不忘報國之責；
也理解她對父親「愚忠」的失望和對母親某些做法帶給她的苦惱。

　　筆者也在寬慰她，只是此時，陳小瀅一言不發，雙目茫然，表情呆滯且略顯痛苦，長時間保持沉默。筆者看得出，已過耄耋之年的陳小瀅一生都深陷這個繞不開、理不清的謎團之中。

注釋：

———

1　陳西瀅日記，1945 年 8 月 10 日（陳小瀅收藏）。

2　陳西瀅日記，1945 年 5 月 19 日（陳小瀅收藏）。

3　陳西瀅日記，1944 年 10 月 30 日（陳小瀅收藏）。

4　陳西瀅日記，1943 年 11 月 12 日（陳小瀅收藏）。

5　陳西瀅日記，1944 年 11 月 26 日（陳小瀅收藏）。

6　陳西瀅日記，1943 年 6 月 14 日（陳小瀅收藏）。

7　陳西瀅日記，1944 年 3 月 8 日（陳小瀅收藏）。

8　陳西瀅日記，1944 年 10 月 29 日（陳小瀅收藏）。

9　趙蕾、夏辰：《羅斯福的中國往事》，摘自《南方周末》2015 年 9 月 24 日。

10　白修德：《追尋歷史：一個記者和他的 20 世紀》，中信出版集團，2017 年版。

11　陳西瀅日記，1944 年 11 月 1 日（陳小瀅收藏）。

12　陳西瀅日記，1944 年 11 月 5 日（陳小瀅收藏）。

13　陳西瀅日記，1943 年 7 月 20 日（陳小瀅收藏）。

14　陳西瀅日記，1945 年 3 月 16 日（陳小瀅收藏）。

15　陳西瀅日記，1944 年 4 月 27 日（陳小瀅收藏）。

16　陳西瀅日記，1944 年 5 月 5 日（陳小瀅收藏）。

17　陳西瀅日記，1945 年 2 月 15 日（陳小瀅收藏）。

18　陳西瀅日記，1945 年 2 月 26 日（陳小瀅收藏）。

19　陳西瀅日記，1944 年 2 月 16 日（陳小瀅收藏）。

20　楊東權：《關於 1944 年美軍觀察組考察延安的幾個問題 —— 基於中央檔案館藏相關檔案的研究》，《黨的文獻》2015 年第 5 期。

21　毛澤東 1944 年對到訪延安美國代表團的講話。

22　《毛澤東同志答路透社記者中國需要和平建國》，1945 年 9 月 27 日《新華日報》，中央文獻研究室編：《毛澤東文集》第四卷，人民出版社，1996 年版。

23　陳西瀅日記，1944 年 3 月 12 日（陳小瀅收藏）。

24　陳西瀅日記，1944 年 11 月 27 日（陳小瀅收藏）。

25　陳西瀅日記，1945 年 2 月 6 日（陳小瀅收藏）。

26　姚冰陽：《杜聿明曾揭發郭汝瑰》，摘自 2017 年 12 月 21 日《周末》。

27　陳西瀅日記，1945 年 6 月 16 日（陳小瀅收藏）。

28　陳小瀅致凌叔華信，1970 年 9 月 29 日（筆者收藏）。

29　陳小瀅致陳西瀅信，1946 年 5 月 4 日（筆者收藏）。

與「文化大咖」交往的日子

　　1945 年 4 月，歐洲戰場上德軍潰敗已成定局，亞洲及太平洋戰場，日軍正在作最後的一搏。在中國，主管宣傳教育的陳立夫託施德潛帶信給陳西瀅，點名要英國著名文人蕭伯納等人為中國《當代歷史》撰寫文章，看來他已在考慮戰後樹立大國形象的問題了。

　　陳立夫提名陳西瀅，是看中他與這些「文化大咖」有多年的友好關係。既然陳西瀅是中英文協的代表，陳立夫當然要「佈置」工作，這是權力的體現。至於工作難度有多大，請人寫文章薪酬如何，從哪裏開支等，從來都不是他這樣的官僚所考慮的。還是施德潛深知其中的難處，要想讓這些世界級學者為中國某一刊物撰文談何容易。施德潛在轉達完陳的「旨意」後，順便加上自己的暗示：「不必認真理會。」[1]

　　陳西瀅自打出國那一天起就認定去美國、英國都是暫時的，是戰爭改變了他原有的工作和生活軌跡。一旦戰爭結束，他還是要回國的，還要重操舊業，講他的西方文學史、英國小說及著名作家的傳記，等等。所以陳西瀅一到英國，利用他作為中英文協代表的身份，準備拜見他想見的英國文化名人，甚至這個「名人錄」早在出國前就已在他腦海中醞釀成型，其中像李約瑟、羅素、威爾遜、蕭伯納等他早先認識的自不待說，更想結交新朋友。

　　不成想陳西瀅到了英國，別說結交新朋，見老友都成了一件難事。

　　李約瑟（1900—1995）是世界知名學者，他 1942 年到訪中國，在

1946 年拜訪英國劇壇
泰斗蕭伯納，左為顧
毓琇，右為陳西瀅，
熊式一攝

陳西瀅等拜訪羅素，左起前排凌叔華、羅素、羅素夫人、楊步偉，後排陳西瀅、趙元任，
攝於 1954 年

重慶與陳西瀅見過面，兩人相談甚歡，可當陳西瀅來到英國八個月，仍未能與李約瑟聯繫上，這成了中英文協代表的一件尷尬之事。

陳西瀅請朋友哈維聯繫，誰知哈維打着官腔，説李博士很忙，約他的人很多，反倒問陳西瀅想與李博士談些什麼？談多久？還説李博士常去科學家協會，讓陳去那裏碰碰運氣。陳西瀅説：「那裏許多人，我去拉拉手，説 how do you do（你好），不是我的意思。」哈維説總得先認識才好談話，陳西瀅回答：我倆早在重慶就認識了，「I am supposed to be Dr. Needham's equivalent in Britain.（我的地位應當是與英國的李約瑟博士相對等）我是應當與他交談的。」哈維聳聳肩膀無奈地説，與博士的約會一向由伯納爾夫人負責。陳西瀅只好又託人接通伯納爾夫人的電話，不出陳所料，伯納爾夫人「果然不知道我是誰，説 Needham（李約瑟）很忙，她不知道他何時方有空。」陳西瀅「回寓時一路生氣，半天都不能平息。」[2]

陳西瀅向來知道在英國辦事效率極低，下面的人只會按章程走程序，從不越雷池一步，他決定試着給李約瑟寫封信。信發出後，在中國學院工作的廖鴻英告訴陳，剛好李約瑟 12 月 14 日要來學院演講，那時可直接與他約定見面時間。

14 日下午一時，陳西瀅與廖鴻英早早趕到會場，李約瑟見到陳西瀅忙説信已接到，現在就可以約定下次見面，「星期日晚間去他住的『訪問工程師協會』」。

李約瑟此次演講的主題都是有關中國的，他讚揚「中國的大學，如西南聯大，如浙大，與英國的劍橋、牛津，美國哈佛、耶魯、普林斯頓等程度完全相等。對於武大也稱讚了物理等工作。他對於中央研究院及北平研究院的工作，都很稱讚。」陳西瀅聽得出來李約瑟對於中國的了解，完全出於他前幾年對中國的實地考察，「而且不是口頭恭維，説得很是誠摯。」

例如李約瑟説當今的英國人對中國有兩個誤解應當打消。第一種誤解：英國人以為中國只有藝術，只有人文，沒有科學，沒有工藝。中國的

科學和工藝，都有重大的發明。墨子的科學見解很是高深；中國的羅盤，在宋時即知道指南針並不指正南；中國人發明火藥有時是用來打仗的；中國在宋時即發現治療軟腳病須某種飲食，是高於某種 Vitamin（維他命），充實某種不足的。只是中國沒有脫離依據經驗的階段。

至於中國為什麼沒有產生類似西方亞里士多德式的人物，李約瑟説還要加以研究，並預備在戰後寫一本《中國的科學與文明》。李約瑟指責西方人説中國沒有科學，完全是「胡説」，但讓他感到奇怪的是中國人自己也有此錯誤觀念，馮友蘭寫的《中國人為何不接近科學》一文，簡直是「荒謬」，李約瑟相信在不久的將來，中國在科學方面將有重大貢獻。

第二種誤解：西方人也包括復古的中國人都以為西洋只有科學，中學為體，西學為用，不知道西洋文化中人文學科的重要，「希臘哲學」與「羅馬法律」是西洋文化的基礎。李約瑟為此調侃：「great professor Dodd（偉大的多德教授）在中國勾留的時間太短了。」（注：多德即亞里士多德，柏拉圖的學生）[3]

與和李約瑟聯繫相比較，陳西瀅和羅素相處的關係要簡單得多，可以隨時登門卻不必事前打招呼。伯特蘭・羅素（1872 — 1970）在英國是家喻戶曉的人物，他祖父曾在維多利亞時代兩次出任首相，被授予伯爵，而羅素世襲了這個稱號。

羅素是劍橋大學三一學院出來的高材生，他在哲學、數學、邏輯學、歷史學都有獨到見解，著作等身，可他得到的諾貝爾獎卻是文學 —— 連他自己都覺並不擅長的領域。此外，他還是布魯姆斯伯里文化圈的常客，自然也沾染了這個圈內的風氣：感情豐富，四次婚姻都是因為染指女人所致。

1944 年，當羅素從美國講學歸來，陳西瀅馬上與他接上了頭。9 月15 日，陳西瀅去劍橋訪羅素，在伯爵家裏看到了另一番景象：羅素正和小兒子「談判」，兒子要父親陪他到河上放船，父親説要陪客人説話，而且天還在下雨，最終父子達成共識 —— 結束與客人談話的時間以天晴為限。陳西瀅還沒來得及寒暄幾句，他太太回來，説有一堆家務事要即刻辦

理，如房子簽約等。羅夫人甚至下了「逐客令」，當然，話說得還是很委婉的：「可不可以請朋友等一會來談，因為房子等等的事太多了。」陳西瀅知趣地走了，他看到世界名人同樣也是凡人，有時在家裏的地位其實也並不高。[4]

來年的 5 月 5 日同樣是雨天，陳西瀅再訪羅素家，那時歐戰已近尾聲，陳西瀅此番到訪有太多的事要聽聽羅素的意見，如歐戰後的歐洲重建，第三次世界大戰發生的可能，對日作戰，中英文化合作等等。

陳西瀅與羅素對於第三次世界大戰這個議題有一場討論。羅素說如果對蘇作戰，那麼美國一定會對蘇宣戰，但不知英國站在哪一方。陳西瀅認為英國大約會對蘇宣戰，理由是英美生活方式相同。羅素說根據歐戰各國的表現，現在的英國士兵決不肯對蘇作戰，他們都佩服蘇軍的戰鬥力。但是羅素又擔心若等到蘇聯擴張到了極致，那時開戰又太遲了。陳西瀅說無論誰和蘇聯交戰，中國都將成為戰場，蔣介石能否全力對蘇，取決於蘇聯是否協同中共得到滿洲的控制權。若真如此，中國或許分裂為兩個對立的政府。

羅素對陳西瀅說：「BBC 要他在歐戰完畢後對華廣播。他想不出什麼來。可說的是歐戰一完，英美可全力對日，但這話太平常了。」

陳西瀅希望羅素談談有關蘇聯對東方戰事的態度，因為目前一些報紙登載的謠傳很多，中國人極願知道真實的消息。羅素給予的答覆是：「蘇聯在對日戰事終止前，一定參加，條件是滿洲。」陳西瀅在當晚的日記中寫道，羅素的這番話「證實我們的恐懼了」。

亞瑟‧韋利（1889—1966）是陳西瀅與胡適都欣賞的英國著名文學翻譯家。在東方語言中，他精通中文、滿文、蒙文、日文、梵文等，都有著述。二戰期間韋利服務於英國情報局，主要得益於他通曉東方語言。那一時期，英國情報部門同時懂得中日文的只有韋利一人。於是，這位天才的語言學家主要工作便是看中日文雜誌和與政治有關的書籍。陳西瀅說他看中文報的速度一點兒不亞於看英文報。

陳西瀅與韋利相知，但不相熟，僅限參加各種會議時的寒暄、客套。

　　1944 年 11 月 17 日晚，陳西瀅在「香港樓」中餐館宴請亞瑟・韋利，陪同者有蕭乾、葉君健，以表正式。蕭乾飯前曾打過招呼，說韋利有時不大說話，甚至終席不發言也是有的。陳西瀅有這方面的思想準備，萊曼就對他講過韋利的趣聞：有次韋利與某人在某貴族家過周末，在園中沿湖散步時，兩人恰在橋上相遇，彼此點頭道：「Sorry，you are crossing my way.（對不起，你擋我道了）」可見韋利是個有個性的人。但出乎大夥兒的意外，韋利在飯桌上居然侃侃而談，別人很難插嘴，到十點多才結束，陳西瀅喜出望外。

　　韋利喜歡中文，自然從他的老本行翻譯談起。「他說中文結構與英文相似，翻譯容易。德文、日文便不同，日文的動詞常在末尾，所以譯時有時從前頁得翻到後頁。」他贊同由異國文字譯入本國文字，也贊同合譯，但絕對反對由本國文字譯入異國文字。陳西瀅問像林琴南式的翻譯他是否贊同？韋利回應：小說可以，但譯詩絕對不行。賽珍珠懂中國話，但不識中國字。所以她譯《西遊記》時，是由一位中國老先生唸給她聽，她有不懂的地方，老先生再加以解釋，就這樣書裏還是有不少的錯誤。

　　韋利說中國人一旦將本國小說譯壞了，別人很難再重譯，書舖也不肯再出版了。他舉例：「王際真譯《紅樓夢》，《紅樓夢》便死了。」蕭乾插話，王際真譯《紅樓夢》，正是韋利寫的序。韋利說：「王從美寫信給他，說他如何窮，說得很可憐。他不好不答覆。」韋利說《紅樓夢》裏有許多詩謎、酒令等等，他想西方讀者一定會覺得索然無味；林黛玉的脾氣，他恨不得打她一頓；所以他喜歡最初二十回。

　　韋利說他不願看郭沫若的文學作品。稱「郭的最大貢獻是他花了不少時間，從金甲文研究古代社會。他的理論只是附會馬克思到古代中國社會上，毫無可取。」

　　韋利還說《三國演義》是英國人翻譯的，「但也 Pedestrian（乏味），如譯的好，不至像現在這樣的默默無聞。」

　　其實，在英國持這種意見不止韋利一人，哈羅德・阿克汀（Harold Actin）也不贊成中國人自己翻譯。他也提到王際真的譯文水平「太不

成」。他還提到埃德加‧斯諾（Edgar Snow）的小說選，題材選擇上既不以文學水準為主，譯文也毫無文學氣息。《金瓶梅》的譯本也太糟。

陳西瀅曾向哈羅德詢問過：在中國人譯文作品中，有他認為滿意的嗎？哈羅德說：「梁宗岱的法譯《陶淵明詩》極好。孫太雨譯的《孫過庭書譜》也要得。溫源寧的小文，用字用句頗佳，只不知他能否翻譯。後來他說公超譯的《雲琳》一篇小說也要得。」[5]

招待亞瑟‧韋利的宴席還在進行中，期間，韋利提到謝冰瑩的《女兵日記》，還提到趙敏恆最近出的《採訪十五年》和《新聞圈外》兩本書。

趙敏恆是中國少有的新聞奇才，留美畢業後，於 1928 年參加英國路透社工作，新聞嗅覺極其靈敏。譬如：西安事變前，他曾接到國民黨中央主管宣傳的張道藩電話，詢問西安方面有無消息，路透社在西安有無記者。

張道藩沒頭沒腦的發問引起趙敏恆的警覺，他立即查詢通往西安的鐵路狀況，得知隴海線只到華陰，他推測西安方面出事了，因為蔣介石此刻正在西安。經過來自各條渠道的消息核實，趙敏恆成為向國外報道西安事變的第一人。

又如：1943 年 10 月，趙敏恆赴英國，途經埃及轉機，偶然在街上遇見蔣介石的侍衛長。他第一感覺：蔣介石來了。趙敏恆果斷滯留開羅，與塔斯社、美聯社、路透社聯繫，得知斯大林、羅斯福、丘吉爾此刻都不在國內，他確認同盟國首腦會議正在開羅召開。當路透社將消息披露時，英外交部還在質疑消息的真偽，美聯社也是十四個小時之後公佈的。

但趙敏恆也有「走麥城」的時候，1944 年路透社派他赴非洲報道英國蒙哥馬利將軍的戰績。可趙敏恆看到的是英國對非洲的殖民統治，有感而發寫了不少這方面的通訊。

有好事者將它集結成書，取名《倫敦去來》，在重慶《新民報》連載。此舉觸怒英政府，陳西瀅日記中的「路透社因此解趙職」和「重慶新聞記者對此大騷動」指的就是此事。韋利「將此二書看了，並不覺得趙有多少可攻擊處。有些可以不寫，當時涉人私事只七八條。」[6]

　　陳西瀅與胡適通信，亞瑟・韋利是他倆經常談到的人。陳西瀅對胡適說：「英國漢學者極少，那個韋利從沒來過東方，還不願來，說怕打破對中國的想象。」[7] 胡適對韋利也有好感，有一年胡適途經倫敦，韋利請他到家中吃飯，胡適驚奇地發現，如此知名的學者家中竟然沒有傭人，而是自己做飯，胡適事後逢人便說。話傳到韋利耳裏，他在飯桌上問起這檔事，「不明白為什麼，這有什麼可說。」[8]

　　拜訪英國作家福斯特（1879—1970）一直是陳西瀅的心願，陳西瀅幾乎讀遍福斯特的所有作品，如《霍華德莊園》《印度之行》和《看得見風景的房間》（後兩部被改編為電影，於 1985、1986 年相繼獲奧斯卡金像獎）等，應該說陳西瀅是福斯特忠實的讀者。但苦於二人不相識，陳西瀅來到英國半年多，只是在蕭乾寓所見到來做客的福斯特和約翰・漢普頓。蕭乾備了茶點、水果招待，福斯特「絲毫沒有架子，很隨和。」臨走時，蕭乾讓福斯特嘗嘗新鮮的葡萄，還說中國人臨別吃葡萄是有再見的意思，福斯特說：一定是胡說，並問陳西瀅是否有此說法。[9] 這是陳西瀅近距離與福斯特的暫短接觸，儘管還是被動的問答。

　　蕭乾跟福斯特關係很好，蕭初到英國，人生地不熟，福斯特給予他的幫助最多，有段時間，他倆幾乎每周都要見面。蕭乾爽快答應陳西瀅的要求，安排一次遠足郊遊，去福斯特在鄉下的家裏做客，為的是讓二人有充足的說話機會。

　　1945 年 2 月 18 日上午，蕭乾與陳西瀅出發，蕭覺得時間還早，便到附近的山上轉轉，一路上蕭絮絮叨叨講《大公報》那點兒事，「張季鸞有六七個姨太太，王芸生好賭等等。據說現在重要職員，每人欠報館至數百萬。胡政之希望王芸生出國，不為別的，只因他太高傲，沒有法子壓他。希望他來看看國外的新聞記者是何等樣子。」閒逛了一個多鐘頭，二人下山隨便吃了些東西，便到車站。

　　車行一刻鐘便到了，剩下的路需要步行。

　　轉上山徑，有一小小的木梯，階級有的已動搖。走上兩重小梯，便到坡上。進小門是一片田，進過田，再進一小門，是一小園，向上走，一所

房子在前，這便是福斯特的家。

遠遠的看見中間窗內有白頭伏在案上。走近看見是 F.（福斯特）的母親，老太太正在桌上找東西。我們到了門口，她方抬起頭來，過來開門。她已九十多歲了，不高大，也顯得衰老，走路很慢，可是耳朵、眼睛仍很靈敏。福斯特不久自內走出，很客氣。身上一身衣服，袖口及腳管都破了。襪子也有破洞。房子並不大。四壁都掛了些畫的像，男男女女，大都是上二代的親戚。這屋內的書並不多。

福斯特大約知道這次見面的主角是誰，他讓蕭乾在家陪老母，自己以寄信為由，讓陳西瀅陪他一道去村裏的小郵局，為的是一路聊天方便。

在返回的路上，福斯特選擇從山的另一側上去。當走過一片樹林，福斯特告訴陳西瀅，他寫的散文《我的樹林》就取自於此景。陳西瀅仔細看了這片林子：

樹林大不過百十枝，可是有些也有數十年了，很是高。此樹大都無枝葉。可是已有不少鳥。從此下望山谷，有鐵道經過，對面都是小山。其實，他的屋是在小山頂上，四顧都可以看到高崗。

陳西瀅詢問福斯特的大作《印度之行》翻譯得如何，又問《霍華德莊園》的原型在哪，福斯特一一作答。

這一天陳西瀅過得很充實，見到了自己想見的人，體驗到大作家寫作時的場景。次日追記日記，陳西瀅回憶得格外仔細，筆調也格外的細膩，不放過一絲一毫。譬如福斯特養的兩隻狸貓叫什麼名字，還看見他在和貓說話，「誰來了」，「誰到你身邊來了」等等，包括園子裏種的「藏紅花」「報春花」「雪蓮花」等，陳西瀅都記錄下來，以及半道兒遇見意大利戰俘，福斯特用意大利語與他們攀談的情景。福斯特說戰俘其實也可憐，他們不願住在這，但又不能回去，當地人又嫌棄他們，等等。這篇日記陳西瀅足足寫了八頁紙一千五百來字，可見福斯特在他心中的位置。

1996 年，江蘇文藝出版社的編輯慧眼識珠，單挑出這幀日記，冠以「拜訪福斯特」篇名，把它當作散文，與其他二十九篇一起編入《雙佳樓夢影》[10]，使後人有機會看到它的原貌。

　　與福斯特關係甚密的蕭乾，結局恰恰相反。1954 年英國文化代表團訪華，宴會席間，諾丁漢大學斯普勞斯特教授悄悄告訴蕭乾，他捎來了福斯特送蕭的新書和信，讓蕭乾安排單獨見面的時間。那時「海外關係」像柄利劍，懸在有海外生活經歷者頭上，蕭乾斟酌再三，決定不再回應來自海外的召喚。

　　得罪了朋友，自己也未能「偽裝」妥帖。三年後的反右運動高潮中，《文藝報》用幾乎三分之二版的篇幅，報道批判右派分子蕭乾的「盛況」，並配發漫畫。文章起始一句，「是狐狸，就藏不住尾巴；是狼，就裝不成外婆。」蕭乾既丟了「面子」，又輸了「裏子」，弄得裏外不是人。

　　1984 年蕭乾重返劍橋，特意請人查看福斯特遺物。他們曾經有那麼多通信，福斯特卻一封原件都不存，他已把朋友之情的痕跡消滅得乾乾淨淨。[11]

注釋：

1　陳西瀅日記，1945 年 4 月 3 日（陳小瀅收藏）。

2　陳西瀅日記，1944 年 12 月 5 日（陳小瀅收藏）。

3　陳西瀅日記，1944 年 12 月 14 日（陳小瀅收藏）。

4　陳西瀅日記，1944 年 9 月 15 日（陳小瀅收藏）。

5　陳西瀅日記，1945 年 6 月 12 日（陳小瀅收藏）。

6　陳西瀅日記，1944 年 11 月 17 日（陳小瀅收藏）。

7　陳西瀅致胡適信，1944 年 7 月 31 日，耿雲志主編：《胡適遺稿及祕藏書信》
　　第 35 冊，黃山書社，1994 年版。

8　陳西瀅日記，1944 年 11 月 17 日（陳小瀅收藏）。

9　陳西瀅日記，1944 年 11 月 2 日（陳小瀅收藏）。

10　陳西瀅、凌叔華：《雙佳樓夢影》，江蘇文藝出版社，1996 年版。

11　周立民：《蕭乾的苦澀歲月》，《收穫》2013 年第 6 期。

名人眾生相

在中華民國外交史上，「學人外交」是一個值得研究的現象。一些留學歐美的學界名流，直接以學人身份參與外交事務，像胡適出任駐美國大使，蔣廷黻出任駐蘇聯大使，羅家倫出任駐印度大使，王世杰、葉公超先後任過外交部長，陳西瀅出任駐聯合國教科文組織的常駐代表，等等。

但他們畢竟難免學者本色，工作之餘的喜好，多為學事、書事、文事。胡適喜愛演講和著書；王世杰喜愛收藏，特別對書畫情有獨鍾；陳西瀅喜愛影劇到了癡迷的程度。

愛好古畫的王世杰

1944 年 2 月 10 日，時任國民黨中央宣傳部長的王世杰由英飛美，事前便和在美國的胡適等人打了招呼，請他們聯繫一些收藏家或古玩商，若有好東西一睹為快。

一到紐約，他次日上午便迫不及待地約了胡適、陳西瀅等去古玩商姚叔來的公司看畫。由於事前打了招呼，姚叔來出示了幾個手卷，王世杰看中了其中兩件：一是南宋畫家夏圭的《溪山清遠圖》長卷，分兩卷裝裱。陳西瀅看後有疑：「卷破裂處不少，濃墨處似填過。沒有『臣夏圭畫』的字題。卷後題跋印章很多。有項子京家印多顆」，「覺得筆墨極拙，不像真品。」另一件是明代陳淳（白陽山人）的《八詠樓》手卷，這一件似乎

王世杰伏案像

大家都沒什麼異議，「山水淡墨，學倪（瓚），是白陽晚年筆，後題詩八首，筆墨飛舞。」[1]之後，姚叔來又拿出朱熹、文天祥題詞的《姚氏宗譜》和一些掛軸，王世杰均不認可。下午又去了另外一家，沒有中意的畫。這一天便這樣過去了。

出於王世杰特殊身份，或是當地流行的「規矩」，買賣雙方不便當面出價，免得高了低了沒有迴旋餘地，而是通過中間人從中撮合。王世杰很看好夏圭、陳淳的畫卷，事後託胡適詢價。胡適回覆說，夏圭的畫已賣給了美國人布魯斯，如今主人已故，其夫人有意出讓，定價三千美元，大約可商減一千；另一件陳淳畫卷也已有主。王世杰託胡適再借此兩卷，「細細研究，並設法磋商價錢。夏卷似願出千元。」[2]

就在胡適聯繫之際，王世杰見縫插針去了紐約大都會藝術館看中國畫。館長、副館長親自接待，胡適、周鯁生、陳西瀅、王濟遠、吳毓霖、于峻吉等都隨了去。王世杰的眼力果然高人一等，館裏拿出幾幅畫，他第一眼便看出倪瓚的手卷極精，後面有不少名人題跋。但第二件米芾的字，王世杰認為「偽之至」。許多字畫連館方都莫名真偽，如唐代周昉的仕女圖，鐵線衣褶，王世杰認為雖非周昉，「但斷定為五代時物。」[3]

　　胡適通過姚叔來借到了夏圭、陳淳的手卷，讓王世杰大喜過望，他又仔細看了夏圭的作品，之後說了句「absolute（絕對）」，算是認可了。在場的除胡適外，蔣廷黻、王徵、周鯁生、陳西瀅都來觀看。王徵看了說好，陳西瀅的態度較之上一次有些變化，他認為：「大致不壞，比第一次看的好，但有些地方仍可疑。」[4] 至於是否成交，價值幾何，都是王世杰與中間人私下的事了。

　　姚叔來在此地有許多關係，不幾日又帶着王世杰去摩爾（Moore）夫人那裏看畫，胡適、周鯁生、陳西瀅、王濟遠、高凌百等仍隨往。摩爾夫人已七十高齡，她的藏畫，大部分都已出版，成一巨帙，是夫人的祕書與姚叔來共同編輯的。夫人很得意的是一幅蘇東坡的《墨竹圖》，陳西瀅「細看竹葉明明是鈎出來的，二葉中都有白線。」陳西瀅反倒覺得「比較可愛的則是王元章（王冕）的墨梅，沈石田（沈周）的松菊等。」[5]

　　1945 年 9 月 9 日，王世杰赴英國出席五國外長會議，這是他出任外長後第一次到訪英國，11 日便讓在倫敦的陳西瀅為他聯繫幾家古玩店。陳西瀅笑說一星期前就已經和正在英國訪問的楊振聲掃了一遍貨，名頭都很大，如貫休、蘇東坡、馬遠、趙子昂、仇十洲等，「沒有一個不假，沒有一個不糟。經理說這都是一個英人在中國數十年掃來的。大約此人什麼都不懂，單買名氣。」[6]

　　王世杰與陳西瀅雖是故交，但真正朝夕相處的時間並不多。王世杰創辦武漢大學，拉來了陳西瀅，自己卻走了。此後王擔任過國民政府的教育部長、外交部長，1949 年初，蔣介石下野，王是蔣氏「私人參謀機構」的核心成員之一，隨侍左右。國民黨當局退往台灣，蔣介石復出，王世杰出任「總統府祕書長」，直至 1953 年 11 月 18 日被免職。

　　雖然王世杰與陳西瀅在一起的時間很短，但陳為人忠厚，使他擁有了許多交心的朋友，王世杰是其中之一。王晚年對凌叔華說：「舊友大半凋零，悶時憶念不置，通伯其一也。」[7] 王世杰身處高位時，有人想託葉公超走王的「後門」，葉公超就說過：「他向雪艇說話沒有什麼用，應找陳通伯。」[8]

　　1954 年王世杰辭去與政治有關的職務後，一心撲在對書畫的研究與編著上。1958 年 9 月 10 日，他寫給陳西瀅的信中還提及參與編輯台北《故宮名畫三百種》，從藏品拍照、文字說明、裝幀設計到發行日期及售價，他都一一關注過問。此外，王世杰還為台北故宮編輯了《藝苑遺珍》《元人墨跡集冊》《元鮮于樞墨跡》等圖錄。

　　1959 年 11 月，王世杰赴美考察，歸來後寫信告陳西瀅：「與美國政府及博物院細洽展覽事……芝加哥及舊金山均在展覽計劃範圍內，杰或不能不於回台時便道往各該地察看其博物院。」[9]

　　王世杰自己的收藏水準應該是很高的，他對古書畫情有獨鍾。陳西瀅與王世杰僅在紐約相處幾日，王世杰的眼光獨到，品味高雅，都給陳西瀅留下深刻印象。王世杰對自己的藏品並不是深藏不露，他經常與藏家一同觀賞各自的藏品，交流切磋。有一次，凌叔華介紹給王世杰一位懂行的美國朋友，王世杰以禮相待，事畢，他寫信告叔華：「承介紹美國史坦因夫人，已如囑善為接待。彼在敝家所閱拙藏書畫，不下三四十件，似以此一晤會為快。」[10]

　　1962 年凌叔華在巴黎舉辦個人收藏展，藏品應該是其父凌福彭生前收藏的，其中有蔡之定的作品。蔡之定是誰，作品的說明如何描述，凌叔華並不清楚，特請教王世杰。王回信道：「蔡之定為乾隆進士（似是狀元，但杰已不能記得清晰），為鑒賞家，與吳榮光等友善，係閩人，道光時尚在（拙藏李唐采薇圖卷，有其道光三年題識）。」[11] 由此可知，南宋李唐所繪《采薇圖》曾是王世杰的藏品，其畫後有項子京、永瑆、蔡之定、吳榮光等十幾人的題記。只是不知王世杰所藏李唐《采薇圖》與北京故宮收藏的是不是同一件作品。

　　臨終，王世杰立下遺囑，將其收藏字畫贈與武漢大學。身後，子女遵其囑，在墓碑上去掉所有頭銜，只鐫刻「前國立武漢大學校長王雪艇先生之墓」。當然，他也無需再鐫刻其他，一切官職都是過眼煙雲，王世杰最在意的還是學人本色。

「幽默大師」胡適

「幽默、含蓄」是友人對他們的精神領袖胡適的一致讚譽，也為胡適本人認同。有回徐志摩拿了本德國「色情書」給大家傳閱，胡適説：「這種東西都一覽無遺，不夠趣味，我看過一張畫，不記得是誰的手筆，一張床，垂下了芙蓉帳，地上一雙男鞋，一雙紅繡鞋，床前一隻貓蹲着抬頭看帳鈎。還算有一點含蓄。」

那時徐志摩舉辦新月社周六聚餐會，一定要拉上胡適參加，他説若沒有這根「台柱子」，聚餐會是很難辦下去的，緣由不言自明，朋友們都衝着胡適去的。

以後到了美國，想聽胡適説故事只能是朋友輪流坐莊，湊一二桌在外面請客，像大型的家宴也只是趙元任家有條件辦。

一次，駐紐約總領事于峻吉做東為胡適祝壽，因離正式的生日還有一天，故稱「暖壽」。主賓共到了二十四位，菜也豐富，特地備有北京烤

胡適

鴨。飯後上甜點時，大夥兒都輪番發表感言，輪到胡適，他講了有關自己生日的故事：

那是他任駐美大使第一年，12 月初到某地演講，其中援引 1777 年冬天，華盛頓統率美軍在福奇谷與英軍鏖戰一事，當時士兵吃不飽，赤足在雪地行軍，凍瘡流出來的膿血印在潔白的積雪上……但最終取得了勝利。胡適說中國此時的處境就好比福奇谷戰役，抵抗日本侵略四年，已到了最困難的時期。他呼籲各界人士阻止美國政府將武器和軍需原料賣給日本這個不人道的國家。

當胡適談到福奇谷戰役是發生在 12 月 17 日時，聽眾甚驚異，胡適謙說並不是他對美國歷史有多熟，這一天恰是他的生日，也就記住了。台下一聽眾與胡適同庚，回家告訴太太，記住屆時送些禮物。17 日那天，太太果然送去百元美鈔。當李國欽拿與胡適時，倒讓他犯難了，不知如何處置。於是二人商議，將錢捐給 U.C.R（美國援華聯合會），胡適和李國欽也各捐百元。第二年那位先生去世，太太仍舊送錢，他們二人依隨，「如此者有三年，去年仍然。」[12]

說到在大使任上，胡適還講過一段趣聞。芝加哥大學有一位叫史密斯的哲學教授，胡適留學時和他有過幾面之交。史密斯後從政，當過州長一類的官。胡適任大使時，想起了這段情緣，便託祕書與他聯繫。史密斯接到祕書轉達中國大使邀請吃飯的口信，如約而至。

到了使館，史密斯說話很是客氣，張口閉口「大使先生」，這讓胡適多少有些詫異。席間，史密斯讓大使先生幫他打聽一位朋友，說是他的「志學」，此人在美留學時與他相識，很是優秀、聰慧，回國後兩人失去聯繫。胡適問其名，史密斯拼出 HuShih（胡適的英文拼寫），胡適說此人現在正在與你對面同餐。史密斯大抱其愧，再三說對不起。原來他不知中國大使是誰，上了車才想起如何稱呼的問題。他想來叫 Mr.Ambassador（大使先生），必不會有錯，誰知卻出了大岔子。[13]

胡適飯桌上的故事層出不窮，而且應時應景。一次，陳西瀅、周鯁生去拜訪高宗武。之後，高宗武做東，邀他倆吃飯，請胡適作陪。恰巧胡適

已約了金岳霖、費孝通去喝雞尾酒，於是兩處並一處，地點就在胡適訂下的「大使飯店」。高過意不去，搶着付款，胡適說自己是這家的老主顧，他不發話，誰也搶不過的。果然，茶房頭不肯接受高宗武的錢。

這家酒店的飯堂並不大，其特色是中間可以跳舞，並配有五人小樂隊。高太太和另一位女士都是舞迷，一個勁兒勸大夥兒學。胡適笑說在參加太平洋學會時就有熱心人要教他跳舞，他曾允諾私下先學，下次開會時一定跳，後來不敢出席下屆年會，沒有學會跳舞也是其中一個原因。胡適曾為自己訂了個短期計劃：收復羅馬時，他開始學；攻克柏林時，他正式與人跳；東京光復時，他公開亮相舞姿。[14]

胡適談鋒很健，但也需要有聽者捧場，陳西瀅正適合這樣的角色。徐志摩生前曾這樣評價與陳西瀅的閒聊：

> 我們的談話是極不平等的，十分裏有九分半的時光是我佔據的，他只貢獻簡短的評語，有時修正，有時讚許，有時引申我的意思，但他是一個理想的「聽者」，他能儘量的容受，不論對面來的是細流或是大水。

不過徐志摩也承認，陳西瀅偶爾激出的幾句話：「往往透出極深刻的意義，在聽着的人心上不易磨滅。」[15]

胡適喜歡和陳西瀅閒聊也正是看中他嘴上木訥，其實肚裏「有貨」。胡適曾拿周鯁生與陳西瀅做比較，說鯁生除他自己的專業外，其他閒雜書籍一概不看，自然聊起天來也就沒有多大勁頭了。

陳西瀅雖不善言談，卻很享受閒聊的過程，他喜歡將聽到有趣的事記在日記中。

胡適是安徽人，說起家鄉有趣的事樂不可支，不厭其煩。譬如，徽州茶葉店是他祖上開第一個鋪子的，以後才有了各地的分店；又如，徽州館也是他家首創。緣由是他的祖父老時娶了一個蘇州姨太太，住在上海南市的茶葉店。徽州人歷來很省儉，主人與夥計吃一樣的飯，「這姨太太吃不

慣，徽州人很猶太，捨不得為她專僱一廚子，所以在茶葉店分出一小間來賣菜，一舉兩得，這是徽州館的開始，以後各地都有了。」

再如，胡適說中國有許多姓都是從徽州出來的，如洪亮吉之洪；蘇州潘家是徽州出來的；姓汪的不論在哪裏，一定是徽州的。如廣東的汪精衛，山東的汪敬熙。他不問汪精衛是否徽州原籍，只問他何時搬出去的。汪說他何代遷紹興，又何代再遷廣東。

胡適說徽州人一世夫婦只同居三年，所以他常同太太說他們已不止一世夫婦了。[16]

文人注重自己的形象差不多是那個時代的傳統。有好事者統計過，陳西瀅在國內永遠身着一身長衫，到了國外只有穿西服一種選擇，但他那副圓鏡片的眼鏡和永不離手的煙斗，幾乎成了標誌性形象；徐志摩是最典型的文藝美少年，他的張揚與他炙熱的文風相契合；魯迅面帶秋寒，有着木刻之美；胡適眼大有神，額頭高而闊。張中行說他：「永遠是『學士頭』，就是留前不留後，中間高一些。」還有人評價，一些面善且溫文爾雅的人，到了晚年相貌都像老太太，並舉例：沈從文如是，俞平伯如是，胡適亦如是。

胡適其實很在意自己在外人心目中的形象，許多藝術家為胡適畫像或雕塑，一般他都是來者不拒。陳西瀅也喜歡，只是他在美國沒什麼名氣，就得自己掏錢了。

在美國的許多城市中，都有一處或幾處供流浪畫家為行人畫像的地方。紐約華盛頓廣場旁的格林威治村住着一批落魄的畫家，陳西瀅常去那裏，他說有些像英國的切爾西。

這批藝術家每天聚集在廣場南側的街角及街邊賣畫，作品大多掛在鐵欄上，價位在幾角至二元不等，陳西瀅常駐足觀看，認為有滿意的畫家，便為自己畫上一張，五六分鐘即可，價七角五，「居然還有些相像。」[17]

胡適因身份不同，為其畫像的藝術家檔次也就不同。有一次，胡適邀請好友們來觀看美國畫家史密斯為他畫的像。該像為醬紅色的底子，胡適身穿藍色花緞的袍子，濃豔重彩，很醒目。大家眾說紛紜，連畫家王濟遠

都稱所見胡適的畫像及雕刻，以此為最佳。

胡適看來對畫作也十分滿意，不但招徠中國朋友，還請了十餘位美國朋友捧場，其中不少是畫家。史密斯自嘲，為做畫，他把胡適畫得年輕了五歲，自己體重卻增加了十磅。周鯁生、陳西瀅現場沒有發表意見，沒發表意見本身就是意見。當晚，陳西瀅在日記中寫道：「臉部上半很好，可是下部嘴癟臉縮，像一個老太婆，而且比適之顯得年老些。」[18]

相信「相術」的顧維鈞

顧維鈞本不屬於胡適這個圈子裏的人，他早年在美國哥倫比亞大學獲博士學位後基本上從事外交活動，與顏惠慶、王寵惠、施肇基、王正廷等有英美留學背景的，被國內輿論歸為「外交系」。

在「外交系」諸人中，顧維鈞無疑是最成功的。他歷經袁世凱、黎元洪、馮國璋、段祺瑞、曹錕、徐世昌、張作霖各期政府，以及各屆內閣，總能身居要職，在各派爭鬥中始終吃得開，玩得轉，被後人稱為「外交系的不倒翁」。若深究顧維鈞成功的祕訣，居然可能與他相信「相術」有關。

陳西瀅自從西遷樂山後，就再也沒有樂起來。武大派系之爭使得陳西瀅在事業上處於谷底，如何擺脫窘境，陳西瀅一時也找不出好的辦法。

首先伸出援手的是交情並不深的顧維鈞，這讓陳西瀅始料不及。顧在1943年初主動邀請陳西瀅，去幫助他收拾在英國的「中國學院」這令人頭痛的爛攤子。陳西瀅絕處逢生，從此對顧維鈞總有一種感激之情。

儘管後來王世杰幫陳西瀅先去了美國，陳在美也生活得有滋有味，但他並沒忘記曾經答應過顧維鈞的事，一有機會便讀寫顧維鈞及其家人的傳記，和朋友聊天中凡有關顧的事他都很上心，為的是有朝一日若與顧共事，也好知道此人的癖好和待人接物的習慣。

在美國，顧維鈞也是圈內人茶餘飯後的話題，譬如夏晉麟說顧與夫人不和，見面差不多不說話。顧在紐約時並不住家中，而住在國賓大酒店。

顧太太黃蕙蘭是印尼糖業大王黃仲涵之女，家產富可敵國。據說顧維

鈞娶黃惠蘭時曾有過猶豫，還特地花一英鎊請相面師測算這門婚姻，結論是大吉大利，佳偶天成。婚典是在英國舉行，有好事人評述：顧維鈞以一磅算命錢娶進了黃惠蘭以及她隨身陪嫁的五百萬英磅。

陳西瀅對於顧維鈞迷戀「相術」感到好奇，細查傳承，也在情理之中。顧維鈞的父親早年曾為上海道尹袁觀瀾做過師爺，當時同在袁幕府的還有一位張衡山。此人有一罕見本領 —— 看相，據同僚說十分靈驗。那時袁觀瀾之子袁履登與顧維鈞是好友，又同在一學校讀書。張衡山細觀兩人面相後斷言：此二子非等閒之輩，只是履登面相不正，將來難有善終（後淪為漢奸）；維鈞則一帆風順，富貴雙全。

張衡山看好顧維鈞，出資供他出國留學，並早早將女兒許給了未來的東床快婿。市井傳言雖有演繹成分，但張衡山確實做了顧維鈞第一任岳丈卻是事實，只是是否由「看相」成姻就不得而知了。

黃惠蘭成為顧太太後，隨夫出入政界、商界等上流社會，會過首相，進過皇宮，見過大世面，自覺頗為風光。在其無聊之時，請人幫她寫了《自傳》。

此書出版時顧維鈞並不在意，但看完後甚覺不妥，即託劉鍇及一美國朋友向書店交涉，賠了二萬五千元，設法收回未賣出的書，但有些已售出收不回來了。

此書找人「捉刀」，寫了許多顧維鈞認為不應透露的內情，如張學良槍殺楊宇霆、顧維鈞重新出山是張學良向蔣介石提出，等等。胡適卻認為：「很有趣味，大可以銷。」[19]

英國《每日鏡報》根據顧維鈞收回此書事，寫了一文，認為最大原因是顧太太說自己的父親有十九個姨太太，養育了四十二個孩子，並揭出「顧夫人在嫁顧以前曾嫁給 Stoker（斯道克）先生，在社交界很少風頭，而顧夫人對此事一字不提。寫她嫁顧時好像是初入世的天真女郎，大量毛病。」[20]

即便有顧維鈞的各種「八卦」，受人之託忠人之事的陳西瀅一旦聽到顧維鈞的召喚，還是選擇去了英國。只是王世杰沒讓他去中國學院，而是

去由中宣部與教育部共同把持的中英文化協會擔任代表一職，說穿了便是要陳西瀅對王世杰、杭立武直接負責，每周給王、杭寫信幾乎是陳西瀅工作中的一部分，這在陳的日記中屢見。

性格內向的陳西瀅縱然滿腹經綸，但人情世故以及獨當一面的行政能力卻是他的短板。陳西瀅不歸使館管轄，工資卻由外交部支付，於是顧維鈞也是以禮相待，重要會議都請西瀅參加，之外的事一概不問，使得初來乍到的陳西瀅很不適應，一時不知從何入手開展工作。

看到老友的窘相，只有葉公超為陳着急，他為此專門去找顧維鈞商量，譬如以使館名義請客，使陳多認識些英國的社會名流等。但個把月過去了，葉去查看使館的請客單，顧只請過陳西瀅一次，而且沒有任何嘉賓到場。葉公超催促過二三次，顧的回答總是「慢慢的辦」。

葉公超與陳西瀅分析過此事：顧維鈞是很精明的人，對於中國政治圈內的事諳熟於心。他知道時任教育部長的陳立夫與朱家驊、王世杰之間都有矛盾，故他決不願得罪陳立夫。顧維鈞內心盤算：若是教育部對陳西瀅在英國的使命有個來電明示，或者授一頭銜，那樣他便可以有「章」可循了。

雖然顧維鈞沒能將陳西瀅收入麾下，但「禮數」到了，兩人相敬如友。顧在與陳閒談時，說自己平時愛好便是讀書，這一點與陳西瀅有些像。顧也好收藏，主要以政治類為主，如收藏孫中山的文獻等。

顧維鈞最引為自豪的是經年累月積攢下的，他與各個時期重要人物見面時的《會晤錄》，其中包括共產黨內的高官，他說這些都留在天津寓所的樓上，如今動盪時期，這些東西不知是否還在。[21]

葉公超似乎對別人有不滿時，常借旁人之口說出自己的意思。他說王湧源就對顧維鈞的《會晤錄》常有嘲諷之語，說顧常炫耀這本小冊子，「有時是為自己吹，他與人答話有時說得很漂亮，將別人騙倒；又說他走來走去，想了又想才說，足見是臨時編的；又說顧文章做不出時便放屁，屁愈多，王便知道文章愈糟。」

陳西瀅聽出葉公超舉例王湧源，其實是另含用意，但礙於葉的面子，

陳只用英語説了句黑格爾的話：no me is a Levr to his Nolet.（僕人眼中無英雄）[22]

1945 年 5 月，德國戰敗，歐洲迎來了解放。那時重慶方面傳出宋子文想當財長，擬將外長位子讓與顧維鈞，還傳出二人私下説好，開完聯合國成立大會後，顧將以新的身份與宋子文一起去莫斯科，同斯大林簽署《中蘇友好條約》。

此消息傳到倫敦，翟鳳陽告訴陳西瀅，聽外交部的人講某月某日「下午即可發表了」。於是有人提前向「顧外長」道喜了。

不料天有不測風雲，此事竟成了竹籃打水，外長人選換了別人，顧維鈞被調到美國做大使。使館同仁尤其是提前向顧獻殷勤的，如今個個避之不及，尷尬得要命。

其實顧維鈞入選外長名單並非捕風捉影，只是宋子文反孔祥熙需要有一個人幫忙，何況宋對外交不甚了解，也無興趣，許多事都得徵求王世杰的意見。於是去年宋子文訪問英國後，宋、王二人開始了密切合作。這是事後郭斌佳向陳西瀅透露的，郭曾是武大教授，時任外交部參事，主要工作是為蔣介石起草各類文件。

1945 年 7 月 30 日，在為顧維鈞送行的宴會上，顧有意無意悄悄向陳西瀅透露，王世杰已正式被任命為外長，還說是從路透社今天的消息中得知的，問陳西瀅是否聽到。陳謹慎回答：既不知道，也沒料到。

陳西瀅感覺顧維鈞態度出奇的坦然，大有不屬於你的，爭也沒用，屬於你的，別人也搶不去的豁達態度。

顧維鈞在宴會上大談風水先生看相，篤信靈效與否其實與中醫開藥同屬一類，看你遇到的是半仙兒或是庸醫。

顧以自己的經歷「做注」：1924 年初在上海，那時是顧維鈞的低谷期，心中鬱悶，請一位寧波相士給自己看相，並隱去了自己的職務及姓名。寧波相士相面後斷定顧維鈞今後一定發達，時間為是年的 5 月 8 日（陽曆），而且説此時不必付相費，等靈驗後再付不遲。4 月 22 日顧維鈞去洛陽為吳佩孚五十歲祝壽，當他回到南京，接到孫中山委以他財政部長

的任命書，敦促他立即入京赴任，此時正是 5 月 8 日。[23]

至此，陳西瀅確信顧維鈞是相信命運之說的，這大概也是顧能面對一次次職務變更坦然適應的處世之道吧。

顧維鈞一生四次婚姻，得三子一女，晚年旅居美國。他最後一任妻子嚴幼韻，早年畢業於復旦大學，是有名的校花。她照顧服侍顧維鈞二十六年，並幫助他完成六百萬字的《顧維鈞回憶錄》，顧珍藏一生的《會晤錄》最終派上了用場。

參加整理《顧維鈞回憶錄》的唐德剛日後是這樣回憶的：顧維鈞的個人文件保存得極有條理，「不像李宗仁先生那樣片紙毫無，或胡適文件那樣雜亂，或黃郛文件，像個字紙簍……顧先生幾乎保存了他一生工作的全部資料，豐富到匪夷所思的程度。」[24]

1985 年 11 月 14 日，顧維鈞邊洗澡邊與夫人聊天，討論第二天邀請哪些客人來打麻將，嚴幼韻應答着沒見回音，走進浴室，看見顧維鈞蜷縮在浴墊上宛如熟睡。

顧維鈞無疾而終，享年九十八歲。

張歆海的「氣量」

1924 年 4 月，印度詩人泰戈爾一行到凌叔華府上做客，隨其而來的有幾位未經邀請的年輕人，他們的唐突到來，着實讓凌叔華吃了一驚。好在叔華一眼看到一個熟面孔 —— 陳西瀅，於是，比旁人早些天認識叔華的陳西瀅，像半個主人似的，介紹起身邊的朋友，其中重點介紹了徐志摩和張歆海，可見張那時在陳西瀅心中的地位與徐志摩不相上下。

張歆海是學人走進外交界的翹楚。他出道早，陳西瀅還在珞珈山教書時，張歆海已經出任中國駐外公使，後又繼任駐波蘭公使。但不知何原因，沒幹幾年，張歆海便辭去了公職，於 1941 年攜全家移居美國。

1943 年陳西瀅被派往美國，見到了中斷聯繫十幾年的張歆海。但今不如昔，陳西瀅從旁人處聽到的全是張歆海的負面消息。

　　趙元任的太太楊步偉在與朋友聊天時，對張歆海的評語是：氣量小。她舉了兩個例子：1933 年張歆海被派到西班牙任公使時，年僅三十五歲。蔡元培為他餞行，另請了駐西班牙大使陳介夫婦、梁姓公使夫婦及趙元任夫婦作陪。

　　蔡元培在安排席次時，大使夫婦首座，梁公使夫婦次座，張歆海以為三席一定是他們夫婦的，便想當然地走了過去，不料卻被蔡元培攔住，讓與了趙元任夫婦。張歆海下不來台，漲紅着臉，說了句「另有他約，就不坐了」，與太太喝了杯酒走了，把一桌陪客擱在了那裏。事後，蔡夫人說蔡先生「為人不周到，不能將錯就錯。蔡先生說論年齡、論資歷歆海都是後輩。」[25]

　　另一個例子是畫家張書旂。張書旂與徐悲鴻、柳子谷有「金陵三傑」之美稱，屬學院派重量級人物。1941 年，張書旂以外交使者的身份，隨中國代表團參加羅斯福第三次當選美國總統的就職典禮，他創作的《和平的信使》被作為贈送美國政府的重要禮品，畫上有蔣介石手書「信義」二字。此畫長期懸掛在白宮，後收藏在羅斯福圖書館。

　　典禮結束後，張書旂到華盛頓、紐約、芝加哥、洛杉磯等地舉辦個人書畫巡展。楊步偉認為是張歆海主動找到張書旂，說夫婦二人願為後者的畫展做些宣傳，雙方說好收入平分。辦畫展少不了要請當地領事館或當地名流來撐場子，其間涉及到一些費用，張歆海不肯付，張書旂則認為不付不妥。歆海說那就由畫家自己來付，二人便爭執起來。張歆海說「如不是他們夫婦，他的展覽會開不成。張書旂說要是沒有他的畫，（展覽）會也是開不成。」[26]

　　與楊步偉一起聊天的余銘（曾任駐蘇聯代理大使）對張歆海也有類似看法，說張精於算計，其實吃過不少虧。張歆海從波蘭回國後，旅費賬單送到外交部審核。「外部本擱了不理，余銘為（其）說項，最後批准了。只是部中批此等公事，照例要駁一二項，數目很少。余銘電話通知歆海，歆海堅持非全部批准不可，此事便擱了淺。不久戰事發生，也就沒有下文了。」[27]

辭了公職的張歆海在美國並沒有固定收入，他一方面巡遊演講，另一方面參加宋子文組織的學者考察組，也算不無小補。他那時正在撰寫「蔣介石傳」，即將成稿，來紐約考察可以就近與書商交涉出版事宜。陳西瀅勸歆海「蔣傳很不好寫，因為一不小心，便可以觸犯忌諱。但如處處太小心，什麼都不敢寫，書又不易引起讀者的興味來。」[28]

梁鋆立也説給蔣介石寫傳談何容易。他舉例：1932 年國民政府找了位瑞士記者馬丁，請他寫了一本 *Understanding China*（《理解中國》），書寫得還不錯，滿是對中國的同情。外交部買了數千本，分給各個使館以備送人之需。可是書中有一處是描述蔣介石的頭，「closely shaven, like a monk.（仔細地剃過，如同僧人）蔣看到了，即來電要求更正。這些書只好不分送了！」[29]

為出版自己的書，張歆海費心做了一番調查。當時美國書市最暢銷的要數艾芙·居里（居里夫人小女兒）的書，但也只賣了三萬本，「大多的規矩是二千本以內版稅扣 10%，二千至五千 12.5%，五千以上可以抽 15%」。不過，張歆海有自己的考慮，他「希望書出版後有了些名，找他演講的多些，價錢也可以大些。」[30] 這也算是「堤內損失堤外補」，可是張歆海也擔着風險，如若書出版後沒有銷路，那就前功盡棄了。

轉年入冬，張歆海撰寫的「蔣傳」算是出版了。有人在書店看到此書，共三四百頁，評語並不佳。「林語堂説有一短評，只有一句，説『It is a new book（這是一本新書）』之類。」

對於張歆海費勁撰寫的書，朋友中只有陳西瀅為人還算忠厚，他替歆海想，此書若提早兩年，「如在蔣夫人到美時出版，至少一定可以引起些注意。」[31]

儘管有陳西瀅那樣念舊的朋友，不時地替張歆海打着圓場，但歆海所做不着調的事，卻總把自己置於被冷嘲熱謔的境地。

一次晚飯後，有人提議去看張歆海飾演一中國記者的電影 ——《讓我們感到驕傲》（*So Proudly We Hail*）。這是一部描寫菲律賓的戰爭片子，拍得並不差，內容是講美國女看護的英雄事跡和戀愛故事。陳西瀅看後卻

感到很失望，張歆海「在片中並不重要，而且他的角色在片中可有可無，毫無關係，看得出來是勉強擠進去的。」

陳西瀅的擔憂不無道理，張歆海打着駐波蘭前公使的招牌屢屢出鏡好萊塢，這有損於中國外交官的形象，劉鍇歷來反對這類活動：「看了此片，更不滿意。他說如說一兩句動聽的話，還有可說。」[32] 可偏偏沒有。

陳西瀅臨去英國之前，還在掛念歆海的事，但他從劉鍇那裏得知，張歆海又一次陷在賬目不清上。上面派他去某地採訪，他領了旅費沒去，又沒將錢退回，惹惱了宋子文。「歆海被辭退，不再參加我們這團體，即是如此。」[33] 劉鍇如是說。

「影迷」陳西瀅

陳西瀅在美國應酬多，一周內總有一半以上的飯局，有時飯後大家聚在一起，不是打橋牌，便是玩麻將，遇到人多，往往擺出兩桌，橋牌、麻將各取所需。

雖是在二戰期間，「同盟國」與「軸心國」殊死之戰打得昏天黑地，但是西有太平洋，東有大西洋，天然的地理優勢，使得美國成為遠離戰爭的一方樂土，生活在這裏的人，對於戰爭殘酷的感受，比起生活在歐洲和遠東戰場的人有着天壤之別；再有，一些人在二三十年代就習慣圍繞在胡適周圍，如今到了美國，難得胡適賦閒，以「東吉祥」為首的朋友們又湊到一起，享受「吃大戶」和小賭怡情的滋味。

每當這個時候，最尷尬的要數陳西瀅，橋牌、麻將他均不會，做東的人忙去找一兩本書，陳西瀅便躲個地方消磨起時間。這時，胡適總愛打趣地說陳西瀅是「a saint（一聖人）」[34]。

看似「聖人」的陳西瀅其實也有自己的愛好，他喜愛看電影、看戲，他給常人的標準：「一個人應當每星期看一次電影。」[35] 而他自己，對觀影劇可以用「癡迷」來形容。

陳西瀅在 1943 年 12 月 15 日的日記中有過這樣的記述：

在亨利‧米勒劇院買票看劇，「是 *Harriet*（《哈麗葉特》），演主角的是 Helen Hayes（海倫‧海絲）。這戲情節動人，小小的幽默也有味。適之、卓敏均下淚，我也免不了。在 Harriet 要救一個黑奴，而無能為力時，最難過。這一事件使她決心寫 *Uncle Tom's Cabin*（《湯姆叔叔的小屋》）。她最不願意爭戰的人，逐漸的成為鬥士，很入情入理。Helen Hayes 演主角極自然，喜怒哀樂完全像是真的，一點都沒有做作，已經到了爐火純青的時候了。

當晚陳西瀅又去看了兩場電影：《噴火戰鬥機》和《法文課》，一戰爭片，一喜劇片。一日看三場，這樣的頻率常人很難做到。

粗粗翻閱陳西瀅的日記，觀劇看電影成了他生活的一部分，可以說他走到哪看到哪。從中國去美國的途中，在印度的加爾各答、埃及的開羅等地，陳西瀅都留下觀看影劇的記錄。

在朋友中，陳西瀅儼然是這方面的權威，若有朋友對某劇情節沒有看懂或不明其意時都好問西瀅，他總是如數家珍地說個不停。

但也有例外，一次劉鍇問西瀅，他剛看完桑頓‧懷爾德的代表作《九死一生》，卻不知劇中諷刺意味在何處。陳西瀅一個愣神兒沒答出，讓胡適抓了個正着兒，胡適用英語笑道：「通伯還是搞評論的，居然說看不懂這部戲，我真為他害臊。」[36]

陳西瀅碰到自己中意的影劇，去等退票或買「黃牛票」已成常態。總之，只要有影劇，即便公務在身，只能看個開頭或結尾，陳西瀅都不放過。

1945 年 1 月 28 日陳西瀅日記載：

下午二時許進城。到 Art Theatre（藝術劇院）買今晚票，早已沒有了。去看電影 *Mrs. Parkington*（《帕金頓夫人》），主角是 Greer Garsen（葛麗亞‧嘉遜）和 Walter Pidgeon（澳爾特‧皮金）。片中的角色，不大合 Garsen 的身份，可是片子還有味。批評家對於

此片都沒有好評，我認為太奇了些。

六時半出，又到 Art，希望有人退票。等了一會，居然買到了三張票。等蘆浪、匯文，不至。七時餘戲開場了，他們仍未到。我即將票留下，自己進去。

1945 年 6 月 1 日陳西瀅日記載：「近五時到 Clanic（克蘭尼克）看 *Lady Hamilton*（《漢密爾頓夫人》）電影。……我只看了最後及頭段，中間有一段沒有時間看。」顯然這是計劃好的，時間僅夠看開頭和結尾，中間時間還得忙於處理要緊的公務。

陳西瀅在日記中不僅記錄所看戲劇或電影的名稱，他對主要演員、主要情節也有點評，少則三五句，多則數百字，若將他所看影劇（在千部以上）及影評編輯起來，應該是部不錯的中國人評點西方影劇的專業書籍。

筆者試着摘一二則陳西瀅日記中有關影劇的評述。

其一，1944 年 2 月 4 日：

晚飯後去看一電影，名 *The Hard Way*（《桃李飄零》）。這是紐約劇評家投票公推為 1943 年最好的電影。今天路遇一小電影院，見有此片，特去看看。這電影非常的嚴肅。主角是 Ida Lupino（艾達·盧皮諾）與 Joan Leslie（瓊·萊斯利）所演姊妹二人。她們從貧苦中掙扎出來，得到舞台上的成功。姊這角色是極不平凡，她自己犧牲一切，犧牲愛，扶助她的妹成為明星。另一方面，她對一切人沒有真心，沒有誠意，只是利用，一旦沒有用了，她便棄如敝屣。她使妹丈自殺，使妹自己捨棄愛。最後妹反叛了，誓不與她相見，而跟了她自己所愛的人去了。結果是她自殺。這是一個很有意義的電影。當時為什麼說是 1943 年最佳的片子，還是不大明白。

其二，1945 年 1 月 18 日，陳西瀅寫給女兒小瀅的信：

新近看過一電影，叫《東京上空三十秒》。這就是扮演第一次美空軍轟炸東京的事。片子裏面演如何訓練，如何演習短距離起飛，如何上船，如何在船面上出發，很是逼真。最後飛機在中國海岸降落，多少人受傷，由中國遊擊隊及人民救助。

真是無巧不成書。五天後，陳西瀅去駐英使館，「看見王兆熙等一群人與一美國三個星的將官談話，一問是杜利特（Drolittl）」。此人是位戰鬥英雄，他第一個率領十六架轟炸機從「大黃蜂」號航母起飛，轟炸東京。因航母被日軍發現，不得不先撤回關島基地，杜利特所率戰機完成轟炸任務後，因燃料不足無法返回基地，選擇在中國境內墜機跳傘，等待當地百姓救援將他們送到安全的地方。導演以杜利特真人真事為題材，拍攝了《東京上空三十秒》電影。著名影星斯賓塞·屈塞（Spencer Tracy）飾演男主角，原型就是這位「美國三個星的將官」。所以杜利特所到之處，自然引得一群「追星族」的好奇。

陳西瀅對杜利特說，他本人形象與影片中的男主角差別很大。杜利特笑答，兒子看了電影也寫信來，說從沒有看見老爸有這許多頭髮。原來杜幾乎是禿頂，屈塞的頭髮卻很多。此外一個身材矮小，一個高大威猛；一個是圓臉，一個是長臉。

陳西瀅問起杜利特在中國降落時的情景，杜說：

他落在離衢州四十里的地方，落在田裏，是（晚）九時許，有風雨。他看了一家有燈火，他去扣門，用中國話說我是美國人。他說他的言語也許太不行了，人家關了門，滅了燈。他又走到一個可以避風雨的地方，等到天明。[37]

大約受父親的影響，陳小瀅也喜歡電影，特別喜歡美國童星秀蘭·鄧波兒。苦於國內很少看到有關她的影片，陳西瀅逢到看秀蘭·鄧波兒的片子，便寫信向女兒娓娓道來：

　　秀蘭‧鄧波兒已經好久沒有演電影了。新近她演了一片。我特去看了一次。她長得很高大了，樣子還像她，可是當然不像小時那樣好玩，也似乎沒有小時那樣可愛，她在這片中不是主角。這片子裏的角色，都是名角。這是描（寫）一個普通美國人家，父親出征去了，母親與兩個女兒如何度日子，如何想念父親。秀蘭是小女兒，她的母親是 Claudette Colbert（克勞德特‧科爾伯特）所演。家裏錢不夠，將一間屋子租給人住。家裏用不起人，將黑人媽媽解僱。一切事情得自己動手。黑人媽媽非常忠心，白天去人家做工，晚上還是回來住，幫忙做事。忽然得到政府通知，父親失蹤。母親晚上在房內吞聲飲泣，白天還是照常的做事見人。大姊姊十七歲，與房客的孫兒發生戀愛。孫兒去打仗，便打死了。她非常難過，在醫院看護傷心。最後過聖誕節，女兒去睡後，母親在傷心哭泣，忽接電報，父親無恙，不日回家。這一切都很平常，什麼人家都可以發生。多少人家發生過這樣事故。所以很是動人。觀眾哭的人很多。這樣故事，中國也有。只是中國人實在去從軍的還是不多。[38]

　　在陳西瀅日記中還記有許多他癡迷影劇方面有趣的事，如在美國，1944 年 1 月上旬，陳西瀅脖子長了個瘰子（癘），疼痛難忍。胡適一連數日陪他去醫院排膿、換藥，醫生讓他臥床靜養。陳西瀅反倒溜到劇院，他覺得看劇、看電影是止疼的最佳辦法，看到精彩處，疼痛渾然不知。日記上顯示，陳西瀅僅在當月就看了十四場戲劇和電影。

　　又如在英國，有一次陳西瀅從報上看到一則藝術劇院俱樂部招收會員的廣告，凡交五先令會費者，自動成為會員，享受在該俱樂部購票的專有權。陳西瀅很高興地乘車前往，交了會費後，看到劇院正上演蕭伯納的作品《法妮的第一場戲》，恰恰是最後一場，陳西瀅還在慶倖自己的運氣之好，不料俱樂部的祕書說，新入會的須三天後方可成為正式會員，目前還不能享受購票待遇，於是，一場「舌槍脣戰」開始了。

陳西瀅：會員可否代人購票？

祕書：請客是可以的。

陳西瀅：祕書如是會員，可否代人購票？

祕書：自己是公職人員，不能帶頭破壞法律，英國是守法的，毫無辦法通融。

旁邊有幾位女會員，其中一位願代陳西瀅購票。祕書大怒，要取消這位女士的會員資格。

陳西瀅很是奇怪：不是可以代人購票嗎？

祕書：只能代朋友購票，這位女士和你並不認識，充其量只能算是路人。

陳西瀅：會員代人購票是否要聲明，他的朋友都是老朋友？

在一旁的幾位女士都指責祕書是對有色人種的歧視，祕書感到冤枉，說他已經讓陳先生入會了，「歧視」一說從何談起。

此事鬧得不可開交，有旁觀者抱不平，讓陳西瀅告到俱樂部主任那裏。

陳西瀅問主任：是否每一會員來買票時都得回答與客人的交情有多久？

主任：確實那位女士並不認識你，是法律不允許她代你購票；考慮到這是末場，錯過便沒機會了，我送你一張票，但不能收錢，否則也是違法的，這就是英國的法律。

此時祕書也出來了，邀請陳西瀅喝咖啡，並送了他一張節目單。[39]

這就是陳西瀅經歷的「購票奇遇」，他把事情的來龍去脈記得清清楚楚，用去了日記本的四頁紙。雖說記的都是英國呆板、教條且不通人情的法律程序，但也看得出陳西瀅為自己喜好的戲劇，與人爭執也不那麼 Saint（聖人）或 Gentleman（紳士）了。

1970 年 3 月 8 日，陳西瀅看了他此生的最後一場電影，那時他已經

重病在身，女兒小瀅攙扶他去的影院。小瀅已感覺到爹爹身體似乎很難堅持看完，他在座位上輾轉騰挪，心態全然不在劇情上。

香港船王董浩雲（前香港特首董建華之父）去看望陳西瀅，滿心以為「通伯兄多病，今日則曾看電影，視其無恙。」[40]

不料三天後，陳西瀅因中風住院，二十九日撒手人寰。期間，陳西瀅深度昏迷，不曾說一句話，以至他看的最後一場電影叫什麼名字、有過什麼評論，也就無人知曉了。

注釋：

1　陳西瀅日記，1944 年 2 月 11 日（陳小瀅收藏）。

2　陳西瀅日記，1944 年 2 月 12 日（陳小瀅收藏）。

3　陳西瀅日記，1944 年 2 月 14 日（陳小瀅收藏）。

4　陳西瀅日記，1944 年 2 月 15 日（陳小瀅收藏）。

5　陳西瀅日記，1944 年 2 月 17 日（陳小瀅收藏）。

6　陳西瀅日記，1945 年 9 月 6 日（陳小瀅收藏）。

7　王世杰致凌叔華信，1971 年 10 月 17 日（筆者收藏）。

8　陳西瀅日記，1945 年 9 月 26 日（陳小瀅收藏）。

9　王世杰致陳西瀅信，1959 年 11 月 15 日（筆者收藏）。

10　王世杰致凌叔華信，1970 年 11 月 23 日（筆者收藏）。

11　王世杰致陳西瀅、凌叔華信，1962 年 10 月 9 日（筆者收藏）。

12　陳西瀅日記，1943 年 12 月 16 日（陳小瀅收藏）。

13　陳西瀅日記，1943 年 9 月 10 日（陳小瀅收藏）。

14　陳西瀅日記，1943 年 10 月 2 日（陳小瀅收藏）。

15　徐志摩：《求醫》，刊於 1926 年 9 月 6 日《晨報》副刊。

16　陳西瀅日記，1943 年 6 月 25 日（陳小瀅收藏）。

17　陳西瀅日記，1943 年 10 月 11 日（陳小瀅收藏）。

18　陳西瀅日記，1943 年 11 月 17 日（陳小瀅收藏）。

19　陳西瀅日記，1943 年 6 月 8 日（陳小瀅收藏）。

20　陳西瀅日記，1943 年 9 月 13 日（陳小瀅收藏）。

21　陳西瀅日記，1945 年 7 月 30 日（陳小瀅收藏）。

22　陳西瀅日記，1945 年 9 月 5 日（陳小瀅收藏）。

23　陳西瀅日記，1945 年 7 月 30 日（陳小瀅收藏）。

24　劉周岩：《顧維鈞檔案回歸記》，《三聯生活周刊》2017 年第 31 期。

25　陳西瀅日記，1943 年 10 月 20 日（陳小瀅收藏）。

26　陳西瀅日記，1943 年 10 月 20 日（陳小瀅收藏）。

27　陳西瀅日記，1943 年 10 月 20 日（陳小瀅收藏）。

28　陳西瀅日記，1943 年 9 月 10 日（陳小瀅收藏）。

29　陳西瀅日記，1944 年 11 月 24 日（陳小瀅收藏）。

30　陳西瀅日記，1943 年 10 月 6 日（陳小瀅收藏）。

31　陳西瀅日記，1944 年 11 月 24 日（陳小瀅收藏）。

32　陳西瀅日記，1943 年 9 月 22 日（陳小瀅收藏）。

33　陳西瀅日記，1943 年 9 月 22 日（陳小瀅收藏）。

34　陳西瀅日記，1943 年 9 月 11 日（陳小瀅收藏）。

35　陳西瀅日記，1944 年 11 月 25 日（陳小瀅收藏）。

36　陳西瀅日記，1943 年 7 月 27 日（陳小瀅收藏）。

37　陳西瀅日記，1945 年 1 月 24 日（陳小瀅收藏）。

38　陳西瀅致陳小瀅信，1945 年 2 月 9 日（筆者收藏）。

39　陳西瀅日記，1944 年 10 月 15 日（陳小瀅收藏）。

40　鄭會欣編：《董浩雲日記（1948－1982）》，北京：三聯書店，2007 年版。

陳西瀅眼中的大國博弈

　　陳西瀅初到美國的第一感受：世界格局取決於幾個說話管用的大國之間的博弈與平衡，小國、弱國基本沒有發言權。

　　中國雖是大國，卻是弱國。1937 年 7 月 17 日蔣介石在盧山就「七七事變」發表演說，一千九百字的文稿中有六次提到「弱國」二字，給四億人口的中國定了性，也給不向日本宣戰找了個理由。

　　直到 1941 年 12 月 9 日，在日本侵略中國長達十年之久，半壁江山慘遭淪陷之際，中國終於可以挺直腰杆兒對日宣戰，讓國人長舒一口悶氣。那是因為在此前一天美國因遭日本偷襲珍珠港而對日宣戰，羅斯福決定與包括中國在內的國家結盟共同對抗法西斯軸心國的緣故。弱國之所以「弱」，表現在其政策要依據強國的行動來制定。

　　胡適對陳西瀅說：「顏駿人在俄時，問 Litvinov（李維諾夫）：『俄國的外交根據什麼原則？』L 回答道：『原則？大使先生，俄國的外交政策純粹就是利益，沒原則。』顏聽了如此坦白的承認，大為驚異。」[1]

　　顏駿人名惠慶，字駿人，中國資深外交家，1922 年曾任國務總理，1933－1936 年任駐蘇大使，1938 年 11 月他以蔣介石私人特使身份在胡適的陪同下拜見羅斯福，以後留美協助胡適拓展對美外交。蔣介石曾委他外交部長之職，顏堅辭不就。

　　陳西瀅在美時，經常與各界名人、學者討論時政。一次雷蒙德·比爾（Raymond Buell）在某俱樂部邀陳西瀅、周鯁生吃飯，專談中國與蘇聯

問題。他對於三國會議很悲觀:「美國不能擔保蘇聯的安全,蘇聯必要求邊境保障。最近參議員等發表意見要取冰島、法屬非洲等為根據地,一種 defensive imperialism(防禦帝國主義),這更可以使蘇聯振振有辭,要波羅的海國家、波蘭一部等等了。在英國方面也得在地中海要領土保障。波蘭要東普魯士,這種種使他很悲觀。蘇聯在東方也有要求,有人說它要成為海國,要有暖水港,旅順或將提出為國際港。」[2]

雷蒙德·比爾所說的「三國會議」,即三個不同國家元首於 1943 年 11 月 22 日起,在兩個國家分別開同一主題的會議 —— 開羅會議與德黑蘭會議。因蘇聯與日本締結有《中立條約》,蔣介石不願與斯大林會面。這樣,蔣介石與羅斯福、丘吉爾先在埃及開羅開會。

蔣介石去開羅前一周曾詢問王世杰,會上除要求日本歸還東北外,還應提何種方案?王世杰當即寫一書面意見,「應提出朝鮮獨立問題,不必提香港九龍問題,或南洋問題,以免與英方爭辯。」[3]

中美英三國首腦在開羅討論了與日本有關問題,其成果便是簽訂了《開羅宣言》。在「宣言」起草過程中,三國的專家都明確二戰結束後,日本必須將佔領中國的東北四省(包括熱河)、台灣和澎湖列島歸還中國。然而,稿件送給「三巨頭」,老謀深算的丘吉爾將「歸還」二字改為「放棄」,意思是日本必須放棄佔領的土地。兩字之差被中方資深外交家王寵惠看穿,他質問道:放棄的土地歸誰?「宣言」中不寫清楚,以後又有的打呢。羅斯福也不滿意丘吉爾的小動作,堅持以原稿為準,丘吉爾悻悻作罷。

隨後,斯大林與羅斯福、丘吉爾又在伊朗的德黑蘭舉行會議,解決有關德國的問題,發表了《德黑蘭宣言》,蘇聯提出英美儘快開闢第二戰場,並在西線登陸。由於沒有蔣介石的到會,「三巨頭」談論起歐戰結束後蘇聯對日作戰的可能,美英輕鬆地默允蘇聯進入旅順港作為交換條件。

美英蘇「三巨頭」中只有羅斯福力挺中國,他可以算是「知華派」,其家族在華成功的經商史,對幼小的羅斯福影響頗深,他十歲生日那天,收到母親送的禮物 —— 一本滿是中國郵票的集郵冊。

　　但是美國的傳統盟友英國及美國政府一些官員都對羅斯福的對華政策頗有微詞，認為羅斯福「在中國事務上感情用事、膚淺、不現實」。羅斯福要求美國政府重新定位對華政策，他對副國務卿威爾斯說，殖民帝國的時代早已過去，「為了自身的安全，西方世界必須拋棄亞洲人是劣等民族的看法。平等地對待中國，是防止未來東西方之間產生根本對立的最好辦法」。所以 1943 年 11 月 23 日開羅會議間隙，蔣介石向羅斯福提出中國應該與美英蘇三國擁有同等地位，成為「四強之一」時，羅斯福滿口答應。

　　在之後的德黑蘭會議上，羅斯福說他把中國列為四強之一，「並不是他沒有意識到中國現在的軟弱，而是着眼於將來……畢竟中國是一個有四億人口的國家，我們最好把它當作朋友看待，而不能使它成為麻煩的潛在來源。」他明確指出：「中國要成為大國，至少需要三代人的教育和訓練。」羅斯福對中國大國地位的期許，被丘吉爾斥為「浪漫的中國幻想」。[4]

　　其實，像羅斯福這樣有遠見的政治家並非個例，英國也有政客對陳西瀅道出世界格局的走向：「他說世界大勢，已經很明顯，過後五十年是美國的世界，再過五十年是蘇聯的世界，一百年後是中國的世界。以中國的哲學和人生觀，聯上了近代科學和工業技術，一定是世界的大勢力。」[5]

　　顧維鈞在使館高層官員會議上曾意味深長地說：「中國成為四強之一，實在是一程 courtesy（客氣），是一程 honorable title（名譽頭銜）。」他談到在莫斯科時，凡有中國代表參加的簽字儀式上，往往處在尷尬的窘境，英蘇都瞧不起中國，只有美國務卿赫爾以一己之力排除眾議，他甚至擺出不屑一顧的姿態，只要會場發生諸如對中國不利的舉動，就「預備提了皮包動身」。[6]

　　顧維鈞說：「有一美國的要人對中國的一位要人說，中國坐着一張四強的椅子，完全是出於羅斯福的主張，（他）的一手提拔。中國應當坐牢這椅子，不要時時的滑下去。」

　　顧維鈞本人就是中國的高官，他所說兩國要人交談，這「要人」的地位應該在他之上。顧維鈞為此告誡同仁：「中美關係萬不可惡化，這是大

家都應當盡力的。什麼人都可以盡一點責任的。」顧維鈞最後不忘叮囑在座者：「英國對於中美友好，本懷醋意，所以出去不要說。」[7]

如果說當時的「國際聯盟」（簡稱「國聯」）——第一次世界大戰後的產物，最大的弊病便是體制的鬆散，沒有任何的強制力，未能阻止二戰的爆發。大國的首腦們早就思考着成立一個新的國際組織取代「國聯」，美國在 1939 年最先提出成立一個新世界組織的計劃，羅斯福甚至用「聯合國」一詞來描述同盟國；1943 年 10 月 30 日，美英蘇中四國在莫斯科開會，發表《普遍安全宣言》，擬成立一個普遍的國際組織，用以維護國際秩序與安全；1944 年 8 月 21 日，由美英蘇中四國代表在美國華盛頓郊區敦巴頓橡樹園開會，為即將成立新的國際組織做前期準備，如擬定名稱、綱領、組織架構和職權，特別是成立能夠有效制止未來全球性戰爭爆發的「安全理事會」。中國參加該會的代表團團長是駐英大使顧維鈞。這個馬拉松會議開到 10 月才結束。

1944 年 10 月 28 日，顧維鈞在參加完敦巴頓橡樹園會議後，從美國匆匆趕回了倫敦。兩天後他召集使館主要官員開會，講述了在敦巴頓談判建立「聯合國」的經過。施德潛、陳維城、陳西瀅、王景春、蕭乾、林咸讓等以及海軍、陸軍幾位武官均到場。

顧大使談到會議開得艱難，從程序安排即可看出。由於蘇聯提出英國與日本並沒有直接交戰的理由，會議被分為兩個階段：第一階段 8 月 21 日至 9 月 28 日，由蘇美英三國參加；第二階段 9 月 29 日至 10 月 7 日，由中美英三國參加。

與會代表都對蘇聯的「理由」表示了不解，說此會宗旨「討論的並不是如何作戰，而是戰後和平問題，為何不能四國共同討論？」美國代表試圖採取折中方案，將「兩個會議同時舉行，僅可兩個會場在同一地方，甚至兩間相連的房，中間的門打開着。但這也未成事實。」顧大使說「原因可以猜想」[8]。言外之意，有的國家並不希望中國坐在「四強」的位置上。

中國代表團參加了第二階段的會議，除贊同聯合國設立「安全理事會」外，顧維鈞代表中國提出應設立「經濟與社會合作理事會」，它甚至

囊括教育與文化諸方面。這個提案最終獲得美英蘇三國的認同。

這次會議的成果是通過了建立定名為「聯合國」的普遍性國際組織的議案，期間出現較大爭議的有兩項：

其一，在安理會常任理事國擁有否決權上大家沒有異議，但如何使用，爭議凸顯出來。美英認為，假設其中的常任理事國是爭端的當事國，該國不應享有否決權。但蘇聯則持反對態度，即在任何情況下不得取消否決權；

其二，創始會員國的資格。美國提議除參與二戰的二十六個創始簽字國外，再給他預留八個與二戰無關的國家，其中六個在拉美；英國也提出增加英聯邦屬下的五票；蘇聯的葛羅米柯提出，假如蘇聯十六個加盟共和國都列入創始國，他可以考慮同意美英的提案。

在這兩點上雙方對立得很厲害，互不讓步。顧維鈞説：「要等三個巨頭會議方能決定。現在的只是初步方案。巨頭會議後四國再會，提出正式方案。後將方案附請帖分送盟國，開大會。這最早當在 1 月（指陰曆），或是明年春天了。」[9]

果然來年的 2 月 4 日至 11 日，美英蘇三巨頭會議在蘇聯克里米亞半島的雅爾塔召開，丘吉爾甚至為會議起了代號為「阿爾戈航海者」（傳説中古希臘勇士伊阿宋等到黑海去尋找金羊毛）。會議所列議題，其中就有解決敦巴頓遺留下的兩項爭議。

出乎斯大林的意料，羅斯福和丘吉爾不但同意蘇方提出的「實質問題常任理事國一致同意」的原則（即一票否決有效），還放棄了原來設計增加「八國」「五票」的想法，反倒將烏克蘭、白俄羅斯作為獨立創始國（算作二票）劃入蘇聯的「票箱」。

羅斯福為何如此大方地滿足斯大林的胃口，他當然有自己的打算：德國的潰敗已成定局，只是時間問題，下一步是如何收拾日本。當羅斯福滿眼望去，除了美國，他居然無兵可用。在中國戰場，蔣介石牽制百萬日軍已自顧不暇；歐洲戰場滿目瘡痍，戰後人民和軍隊都需要休養生息，再讓他們勞軍遠征去攻佔日本本土顯然不現實。

　　最終，羅斯福的目光盯在了蘇聯軍隊上。他們有最能打仗的軍隊，有橫跨歐亞的大陸，今天也許還行進在通往攻克柏林的路上，若干天後便可以站在黑龍江畔，用望遠鏡張望彼岸日本關東軍的動向，這天然的地理優勢沒有任何國家可與之相比。

　　羅斯福考慮，美國若要在日本登陸，必須拉蘇聯入夥，蘇軍參戰可使美軍少傷亡幾十萬人。但是最讓羅斯福放心不下的——蘇聯或許會拿與日本簽有《中立條約》作為藉口，儘管在德黑蘭會議上斯大林已有表態，但那時歐戰的形勢遠沒有現在這樣清晰。

　　此番羅斯福的到來，便是說服斯大林在歐戰結束二三個月後，必須對日宣戰。若與蘇聯合力攻打日本相比，滿足斯大林的其他條件簡直就不成其為「條件」了。

　　作為同盟國的一國之元首，斯大林在共同對付軸心國的大是大非問題上並不糊塗，但在利益得失上必須拿捏到位。斯大林不失時機地與「二巨頭」談判起了細節，其中有關中國的有：要求承認蒙古的獨立；大連商港國際化；蘇聯租用旅順港為海軍基地；蘇中共同經營（原偽滿洲國）中東鐵路和南滿鐵路。

　　《雅爾塔協議》在三巨頭的炮製下出爐了。由於會前包括中國在內的其他國家並不知情，世人又稱它為「雅爾塔密約」。這一「密約」，直到1945 年 6 月 14 日，接任的杜魯門總統才指令赫爾利將此內容通知了蔣介石。

　　《雅爾塔協議》以「書面形式」保證了蘇聯在歐戰結束兩三個月後參加對日作戰的承諾，羅斯福滿心歡喜地收穫到了「金羊毛」。

　　從「雅爾塔密約」可看出，中國雖然進入「四強」，可面對其他「三強」，中國顯然還是弱者。陳西瀅日記中有這樣的記述：

　　　　中國雖是大國，但是常常得看別人如何。如他國不和，中國如無意見，可以折衷調和，做不少事；如三國一致，中國有不同的意見，則他們有時假作不聽見，有時則說可提到大會。到了大會，小

國都察言觀色，如南美跟美國；南斯拉夫等跟蘇；英自治領等跟英；中國沒有與國。有一修正案，反對澳大利亞所提修正文字，限制過嚴，事前許多小國勸中國堅持，到投票時只有兩國投中國的票。中國有時提菲律賓，菲卻一切跟美國。[10]

歐洲戰場由於美英軍隊的強勢介入，兩線作戰進展神速，蘇軍以摧枯拉朽之勢直逼柏林。陳西瀅每天晚上守在收音機旁，聽着來自歐戰各個方面的消息，他日記中記載着每天戰事的走向：

1945 年 4 月 28 日，廣播説德國二號人物希姆萊「答應無條件投降，但只是向英美，不向蘇聯。英美答覆是得向英美蘇」。

5 月 1 日晚十一時二十分，德國廣播報道：希特拉已於昨日下午戰死在柏林的戰場上。這條消息引起陳西瀅的懷疑：「我想他是病死的，而且也許不一定昨天死。他的不離柏林，便是病不能行。死不舉喪，是怕人民沮喪。可是 Himmler（希姆萊）的投降，使得主戰派不得不弄出一個繼任人來。很奇怪的是弄出來的是 Karl Doenitz（卡爾‧鄧尼茨）。」

5 月 2 日，在「意大利的德軍百萬人投降了，柏林被克了，歐戰快完了。」

5 月 4 日，「荷蘭、丹麥及北德的德軍已投降，現在所餘的只挪威及捷克兩處的德軍，看來是旦夕間的事了。」

那些日子，逛街是陳西瀅與朋友們最開心的事，倫敦街頭到處是湧動的人群，商店都掛出了旗子，當然以英國的居多，其次是美國，也有蘇聯的國旗，中國旗最少，以至陳西瀅一行看到掛有中國旗便喊：「這裏有一個」。

越往市中心，人越擁擠，汽車頂上都站了人。在特拉法加廣場和皇宮大道有數十萬人高喊着，在白金漢宮門前，人們在呼喚着要見國王，哪怕僅僅是站在陽台上也好。

陳西瀅一行在草地上坐了半小時，「可是宮內靜悄悄的，所有的窗都釘上板子，好像沒有居人似的。」陳西瀅從當天（5 月 7 日）的晚報看到

德國代表已向美國艾森豪威爾簽了無條件投降書，丘吉爾將宣佈戰勝德國日的公告。

陳西瀅知道沒有得到蘇聯的同意，這只能是美英的一廂情願，斯大林要的是德國代表在柏林向蘇聯朱可夫元帥遞交投降書。果然耗到晚上八時，一切悄無聲息，人們漸漸散去。

走到地鐵站口，陳西瀅看到貼有慶祝戰勝德國的廣告很令人欣慰，「中間是美蘇英中國旗列成一長條，上面是藍地的一個白星，左右是其他全體盟國的國旗，顏色極好看。」[11]

5月8日，陳西瀅約了蔣彝繼續在街上轉，比較大的公司或飯店都掛有「四強」的旗子。陳西瀅聽到一個小孩子告訴他的媽媽，這是中國旗，而孩子身旁一位中年人卻認為是土耳其的旗子，可見中國在世界的影響力還是很有限的。

　　倫敦的城心，簡直是人山人海，四郊的人都擠到城中心來了。從前這裏是車龍馬水，過路得非常當心。這一天車子不准開到這裏來。馬路中間都是遊行的民眾。皇宮前面的廣場，人多不勝數。至少有數萬人。他們立的坐的，不斷的叫喊「我們要國王」，或是唱《他是好傢計》，他們等候多少點鐘，指望着一見英王、王后及兩個公主。他們到陽台上立一會，向民眾招手，大家更大叫起來。⋯⋯首相邱吉爾的府邸前面也是如此。因為英國人都知道此次勝利，邱氏的功績最大。[12]

下午三時，廣播裏傳來丘吉爾的聲音，公告很短，「他提到對日作戰，說受日本損害的英國、美國及其他同盟國，並不提出中國來。蔣彝很生氣，說為什麼不肯加一個字？這是丘吉爾看不起中國的最明顯的表示。」[13]

那段日子，剛剛被解放了的歐洲帶給人們的歡愉是難以忘懷的。不勝酒力的陳西瀅被蕭乾等人拉去喝起了葡萄酒，同伴說這是從德國帶來的，

並沒花錢，隨處可取。

剛從德國回來的蕭乾也說，在柏林，美國軍人以至新聞記者等到處取東西，稱為「解放」；蕭乾說他的鞋破了，同行的軍官說，去「解放」一雙吧；新聞記者常常腰掛手槍多枝，作為戰利品。[14]

蕭乾說柏林城中到處都是死屍，引來蒼蠅無數，臭氣熏人。他們住在城外數里。每天出門時各人領一份食糧，早飯、午飯、晚飯各不同，內有香煙，各種食品及飲料。為了這食品盒，當地的德國女子可以失身。黑市很多，新聞記者是不准去的。所以蕭乾每天都到希特拉的總理府找紀念品。他在日本大使館找了不少東西，如《辭海》等，這裏藏書極多，有一間屋都是字典之類，另一間都是地方旅遊資料之類。[15]

德國的無條件投降使得同盟國攻打日本提到了議事日程。此時的蘇聯，其勢力已深入到歐洲中部，當然引起西方的巨大恐慌，如果蘇聯再出兵對日作戰，必將在遠東獲得更大的利益，這是美英最不願意看到的。

與蘇聯勢力急劇擴張相反，大英帝國的衰落大概由此開始，戰爭使英國精疲力竭，經濟崩潰，英鎊貶值，首相易主……美國趁勢又把中東從英國手裏奪了過去。很明顯，這場博弈的主角已變成了美國與蘇聯。

1945 年 7 月 17 日—8 月 2 日，三巨頭在德國柏林郊區的波茨坦小鎮開會，討論落實雅爾塔會議未盡之事。

讓斯大林鬱悶的是：此「三巨頭」非彼「三巨頭」。由於美國總統羅斯福的去世，副總統杜魯門，一個一句外語都不會說的農場主，順利坐上總統寶座；英國人更是離奇地用選票將他們愛戴的，視為拯救民族於危亡的英雄丘吉爾趕下了台。這事連陳西瀅都不解，他親耳聽到羅素對他講：「邱吉爾是 a bad（一個壞人），最好是此時死了。」[16]

但陳西瀅在寫給女兒的信中還是客觀地評述了此事：

> 英國的大選舉，今天（7 月 26 日）已經揭曉。保守黨大失敗，工黨大勝利。這不但保守黨沒有料到，就是工黨也沒有料到。結果一宣佈，邱吉爾已經向英王辭職。英王找工黨領袖阿得里組閣。從

這上可以看得真正民主政治的國家，人民的力量是何等的大。邱吉爾在對德戰爭中，有大功於國家。人民並不因為感激他便投他們不喜歡的保守黨的票。[17]

德國投降僅過兩個多月，丘吉爾首創的 V 型手勢，以及他大聲疾呼「勝利屬於人民」的情景，猶在眼前。

同樣感到鬱悶的是美國新總統杜魯門。此刻，美國正在祕密進行原子彈的研製，其進程已到尾聲，只差一個實驗成功的報告。

美國確實把「賭注」押在了原子彈上，按照美國學者馬丁‧夏爾文的說法，美國將原定 7 月 1 日召開的波茨坦會議一拖再拖，就是為了使會議在原子彈研製成功後召開，以便手裏握有「同花順子」。杜魯門在參加波茨坦會議前十分糾結，他說：「我已經準備好去見丘吉爾和斯大林，可我真不想去，又不得不去，真是欲罷不能了。」

會議期間，斯大林根據《雅爾塔協議》提出了共同佔領日本本土的要求。斯大林的話讓杜魯門左右為難，不置可否。此時，美國陸軍部長史汀生將一份「原子彈實驗成功」的電報適時交到杜魯門手裏，杜魯門異常興奮，他看到偏向蘇聯的天平終於又傾向了自己。

7 月 24 日的會議，杜魯門以非正式方式告訴斯大林，「美國已擁有一種具有空前毀滅性能的新式武器」，斯大林面無表情地表示：「希望能好好利用它來打擊日本。」斯大林的這種態度，令杜魯門決定使用原子彈，「使蘇聯變得更好說話」。另一原因，不依靠蘇聯出兵便能結束太平洋戰爭，對日後解決東亞問題能獲得更多話語權。

於是，會議出現了耐人尋味的結局，三巨頭聚會只有開端沒有結尾，蔣介石在會議結束前趕到了波茨坦小鎮，並於 7 月 26 日代表中國堂而皇之地與美英簽署了《波茨坦公告》，而一直與會的斯大林卻被排除在外。

其實大國間的博弈與排兵佈陣早已在悄悄地進行之中，連陳西瀅這樣的學者都看出每一步的節點之所在。

1945 年 4 月 5 日，陳西瀅日記寫道：「蘇聯莫洛托夫已宣佈廢止日蘇

《中立條約》，參戰的前奏來了。日本小磯國昭內閣已辭職，由七十五歲的重臣 Suzuki（鈴木貫太郎）組閣。鈴木為少壯軍人暗殺目標之一，看來是要準備放出和平空氣了。」

1945 年 5 月 13 日，陳西瀅與英國友人談中日關係。當天英國報刊載有日本求和的消息，「條件為日本放棄一切佔領的地土，只是聯軍不能在日本本土登陸。」陳西瀅問此條件英國是否可接受，在座者不置可否，反倒問日本是否能講和。他們更相信曾任駐蘇代理大使余銘的說法：「日本必與英美作戰，為了它的面子問題。」何況珍珠港一役，日本消滅了美國海軍 80% 的有生力量。

陳西瀅不同意此說，日本與英美作戰，是中國人誰都能預言的，但是日本低估了美國海軍的恢復力量。陳西瀅甚至注意到日本偷襲美國珍珠港時，港灣裏並沒有停泊航空母艦，至少有一艘在澳洲。[18] 為此，陳西瀅更相信日本人是現實主義者，一切憑實力說話。

陳西瀅言中了。1945 年 8 月 6 日，美國向日本廣島投擲了原子彈「小男孩」；9 日午時，又在長崎投擲了一枚「胖子」，兩枚原子彈使日本國民霎時死亡超過二十萬人，傷者無數。

美國投擲原子彈打亂了蘇聯的出兵計劃，大概怕日本過早地投降，蘇聯會一無所獲。1945 年 8 月 9 日清晨，蘇聯比原計劃提早二天，趕在美國向日本投第二枚原子彈之前，出動一百五十萬軍隊，分三個方向，即蘇聯本土、蒙古、朝鮮，以排山倒海之勢席捲而來，殲滅了日本關東軍，趕上了共同對日作戰的末班車（日本天皇 10 日召開御前會議，宣佈無條件投降），儘管蘇軍並沒有如願踏上日本本土。

那幾天，在西方不管是廣播、報刊，最吸引人們眼球的就是有關原子彈的報道，據說其力量比普通炸彈大數萬倍。一個四五百鎊的原子彈，抵得上兩萬噸的炸彈，若以倫敦 1940—1941 年所受炸彈做一比較，還抵不上一枚原子彈。陳西瀅把有關原子彈的說法寫信告訴了女兒：

這幾天報紙上所載，都是原子炸彈。人們遇到了所談的也是原

子炸彈。這個東西太可怕了。一個幾百鎊重的炸彈，投下去，便把四個英方里的城市，化為灰爐，據說這四方里以內，所有生物都沒有命了。並不是炸死的，是非常高的熱度燒死，非常大的空氣壓力窒死的。一位科學家說，一個兩噸重的炸彈，可以把地球打穿一個七英里口徑的孔竇，使地球跳起五十英里來。這東西既已發明，是不能禁止得去的了。即將一切方法都毀去，別的科學家也一定會重新造出來。將來的世界真是太可怕了。以後萬萬不能再有大戰。如再有一次大戰，雙方少不了都用這法寶，人類恐得全部毀滅，文化恐得全部消失了。今後的世界只有兩條路，永久的和平，或是死亡與毀滅。[19]

美蘇兩個大國間的博弈，以美國投擲原子彈而拔得頭籌。美國頤指氣使地同意投降後的日本可以保留天皇制，但日本天皇必須聽命於駐日盟軍總司令麥克阿瑟將軍的指揮。

一個能「使地球跳起五十英里」的原子彈使得懷有非分之想的國家暫時噤若寒蟬。蘇聯也不例外，它不再要求與美國同分一杯羹，像佔領德國「劃疆而治」那樣駐軍日本。同時，另一項計劃也「胎死腹中」：當蘇聯國防委員會詳細向斯大林匯報了原子彈爆炸所產生的威力時，斯大林長時間在辦公室裏踱步，他的手有些不聽使喚，多次點燃手中的煙斗，均告失敗。最後，他環顧在場的政治局委員們，無奈地宣佈了一條命令：「向（土耳其）伊斯坦布爾的進軍取消……讓庫爾恰托夫（蘇聯原子彈研製負責人）到我這兒來！」

不過蘇聯也還是有所得，它在最後一刻對日宣戰，出兵東北，使《雅爾塔協議》中有關蘇聯在蒙古、東北亞擁有各項利益的條款成為可能。8月19日，蘇軍航空兵空降長春，兩天後撬開了「滿洲國中央銀行」的金庫，僅一天就搶走了黃金三十六公斤、白銀六十六公斤、鑽石三千七百五十克拉。

當然，比黃金白銀更令蘇聯人滿意的，是五十九萬名已經投降了的

日本關東軍士兵，他們被命令拆除一切可拆卸的機器設備（包括鞍山鋼鐵廠）。這些機器連同他們自己作為「戰利品」，被押往西伯利亞，這也是東北日俘極少的原因。

縱觀三大同盟國在遠東與日作戰的得失：美國儘管在太平洋戰爭中打得很苦，傷亡慘重，但它憑藉二枚原子彈的威力，英雄般地進入日本本土，號令着日本天皇及屬下臣民；蘇聯拿下了中國的東三省，他們的「戰利品」除了五十九萬日軍戰俘，還有「滿洲國」的黃金、白銀以及能拆卸的機器設備、能拿走的物資。而與日軍奮戰十四個年頭，以三千多萬中華兒女的身軀做代價贏得戰爭勝利的中國，按照當年與同盟國約定，日本名古屋一帶屬於中國進駐的轄區，蔣委員長既派不出一支衣裝齊整的部隊，又沒有運載工具，就這樣放棄了到手的利益，那時他正為搶佔東北，與毛澤東戰鬥正酣。

看來日本投降只是中國又一輪內戰的開始，其「序幕」才緩緩拉開。蘇軍在瀋陽機場抓住了正要換機逃跑的「滿洲國」皇帝溥儀，並押解到蘇聯赤塔的莫洛科夫收容所。

斯大林靜靜觀察着國民黨與共產黨領導的兩支軍隊在東北大地上打得難解難分，究竟哪一支軍隊的勝利更符合自己國家的利益。國民黨政府剛剛與蘇聯簽了《中蘇友好同盟條約》，其熱乎勁兒還未過去；毛澤東的共產主義理念更接近蘇共的主張，加上斯大林手中握有一個中國皇帝，當年日本人不就是靠着這個皇帝建起了一個「滿洲國」嗎？斯大林信心滿滿，他有的是「牌」可打。

陳西瀅驗證了自己的看法：毛澤東搶得了先機，「朱德一天下數道命令，令一軍進向熱河。一軍向滿州等等。」[20] 毛澤東沒有聽從國民黨政府委託斯大林做「調停人」，打出的以長江為界，成立南北分治政府這最後一張「牌」，而是以《將革命進行到底》—— 新華社 1949 新年獻詞，拒絕了來自蘇聯的暗示，最終將國民黨政府趕到了一個孤島。

由於新中國選擇加入以蘇聯為首的社會主義陣營，1949 年 12 月 16 日，毛澤東親抵莫斯科去見斯大林，要求廢止蘇聯與國民黨政府簽訂的

《中蘇友好同盟條約》，代之以與新中國簽一個有實質內容的條約時，卻受到了斯大林的冷遇，一連三十天不理、不睬、不見。用毛的話：「我現在的任務是三個：吃飯、拉屎、睡覺。」

「僵持」持續到來年 2 月 14 日方有了轉機，斯大林等了許久的一條「契卡」情報：英國將於近期承認中華人民共和國。

這樣，「三巨頭」中已有「兩巨頭」改變初衷，讓共產黨中國坐在聯合國「五強」（包括法國）的位置，斯大林不再懼怕美國人來找茬兒了，兩國最終簽訂了《中蘇友好同盟互助條約》。

簽訂儀式的空隙，毛澤東不忘調侃斯大林：

「改變這個條約不是要牽扯到雅爾塔會議的決定嗎？」

「不錯，要牽扯到。」斯大林回答，「讓它見鬼去吧！」[21]

最終《雅爾塔協議》中有關中國的條款，除保留承認外蒙古的現狀外，其餘的蘇聯陸續歸還了中國，連同關押五年的溥儀。

1949 年 8 月 29 日，隨着蘇聯研製第一顆原子彈升起的蘑菇雲，美國一家獨有核武器的局面被打破了，第三次世界大戰被遏制了，取而代之的是長達近半個世紀的東西方兩大陣營的冷戰期。

注釋：

1　陳西瀅日記，引述英文原句為：Principles? Mr. Ambassador, Russian foreign policy is bared an interests, nor principles. 1943 年 9 月 10 日（陳小瀅收藏）。

2　陳西瀅日記，1943 年 10 月 8 日（陳小瀅收藏）。

3　陳西瀅日記，1944 年 2 月 14 日（陳小瀅收藏）。

4　王湘穗:《羅斯福的遺產：中美需平等相待》，《環球時報》2015 年 2 月 11 日。

5　陳西瀅日記，1944 年 5 月 21 日（陳小瀅收藏）。

6　陳西瀅日記，1944 年 10 月 30 日，「在莫斯科時」指 1943 年 10 月 30 日，中美英蘇四國在莫斯科發表《普遍安全宣言》，提出建立一個國際組織。（陳小瀅收藏）

7   陳西瀅日記，1944 年 10 月 30 日（陳小瀅收藏）。

8   陳西瀅日記，1944 年 10 月 30 日（陳小瀅收藏）。

9   陳西瀅日記，1944 年 10 月 30 日（陳小瀅收藏）。

10 陳西瀅日記，1945 年 7 月 16 日（陳小瀅收藏）。

11 陳西瀅日記，1945 年 5 月 7 日（陳小瀅收藏）。

12 陳西瀅致陳小瀅信，1945 年 5 月 10 日（陳小瀅收藏）。

13 陳西瀅日記，1945 年 5 月 8 日（陳小瀅收藏）。

14 陳西瀅日記，1945 年 4 月 5 日（陳小瀅收藏）。

15 陳西瀅日記，1945 年 7 月 24 日（陳小瀅收藏）。

16 陳西瀅日記，1945 年 5 月 5 日（陳小瀅收藏）。

17 陳西瀅致陳小瀅信，1945 年 7 月 26 日（筆者收藏）。

18 陳西瀅日記，1944 年 11 月 27 日，聽美國海軍上尉講太平洋戰爭，附演電影。「中間有一點很值得注意，他說在 1942 年美軍只騰一支航空母艦在澳洲，幸而日本不知道。」（陳小瀅收藏）。

19 陳西瀅致陳小瀅信，1945 年 8 月 10 日（筆者收藏）。

20 陳西瀅日記，1945 年 8 月 13 日（陳小瀅收藏）。

21 亞歷山大‧潘佐夫著，卿文輝等譯：《毛澤東傳》，中國人民大學出版社，2015 年版。

登上「麥琪將軍」號郵輪

陳西瀅白天事務纏身,不覺得時間飛速,但每當周末及節假日,夜深人靜,獨居一室,他的思念之情油然而生:想妻子又在為物價飛漲而犯愁;想女兒的學業經過幾番「輾轉騰挪」,她是否還能跟上班級的節奏;想在美國那麼多的老熟人,如王徵的爆料、胡適的幽默與詼諧以及隔三差五的老友聚會;想吳貽芳等六人教授團隊曾經那樣風風火火地忙活一陣,如今也都各奔東西了(「中國戰後問題研究小組」始建於 1943 年 6 月 10 日,結束於 1944 年 8 月)。吳貽芳在陳西瀅去英國之前就已回國;晏陽初滯留美國,專門從事他的平民教育募捐活動,據說很有成效(1948 年美國會通過「晏陽初條款」議案,將 4.2 億援華款的 5—10% 用於中國農村的建設與復興);桂質廷得到洛氏基金的贊助,已去了耶魯大學;李卓敏跟隨蔣廷黻,做了他的助手;吳景超大約是轉到資源委員會去了。[1]

1944 年 12 月 27 日,陳西瀅迎來了到英國後的第一個聖誕節。

吃飯時從廣播裏傳出英國出征軍人與家屬間的對話,有好幾個小孩叫「爹爹,恭賀聖誕,望你早早回來」,陳西瀅聽了幾乎落淚,讓他想起去年聖誕節是在美國凌淑浩家過的,雖說只是親戚,但畢竟還有家庭味道。如今一人過節,孤寂的心情全表現在他寫給女兒的信中:

> 唐詩人王維有兩句詩道:「獨在異鄉為異客,每逢佳節倍思親。」這真正說到旅人的心事。在平常的時候,大家忙忙碌碌,各有事

做，只有在月下燈前，引起離愁。一到佳節，大家都不做事，關門過節，旅人的日子才正是不好過。英國雖然有許多節氣，但是真是當節過的，只有一年一次的聖誕節。聖誕節前為聖誕晚，節後為節賞日，前後三天幾乎全國什麼工也停了。飯店也大多關門。聖誕節那一天車輛都很少，今年更加上地道車工人罷工，所以路上格外蕭條。恰好這幾天是今冬最冷的天氣（據說五十年來最冷的聖誕），屋頂上，樹枝上，地面上都鋪了白霜，白的如雪似的。聖誕晚早晨有些太陽，霜還是不化，以後天天都是霧。真是愁雲慘霧，堅冰寒霜，難過極了。

去年過節在十四姨家中，還有家庭風味，今年幾乎一個人孤零零的獨過。聖誕晚前一天，武大畢業生，現在英國演講的葉君健來了。他在倫敦找不到旅館，來投奔我。我不是在書房中有一張沙發床嗎？他住了兩三天，我們彼此都有了伴。[2]

在國內的凌叔華此時日子也不好過，丈夫走了不足兩年，凌叔華愈發感到武大的人情冷漠，她作為家眷被邊緣化是遲早的事。戰爭何時結束還看不到盡頭，既然日本去不了，何不想辦法去其他國家？譬如去美國、英國，只要走出國門，就比在樂山苦苦煎熬要強得多。

她決定寫信向陳西瀅「攤牌」：

這幾十天凄風苦雨，真是象徵我們苦惱日子。我已有半個多月未曾睡過三個整鐘頭覺了，白天忙碌衣食，勞苦之外加上悽惶，如此熬下去大約我最多能活一兩年便不中用了。死倒不怕，我怕的是病痛！為此我想來想去，為了小瀅的求學，再不能在此黑暗角落蹲下去了。

學校腐化一天比一天甚。王倫（指王星拱）就不想要你這樣的人回來，（閒話將來再告你）我想你可以不回國便不回也好。我現在還想法自費出洋留學，你可以同適之商量在美方大學找一研究或教

授位置再住一二年嗎？請你同他商量，至少為了小瑩，你可以這樣做。此間不回來看也好，看了叫人頭痛心酸，許多黑幕講不勝講，你想中央社的事還有望嗎？

我在一年半已經消瘦蒼老了十年，生命經不得再折磨了。據劉廼誠講私費出洋學生還是可以去，那裏找 Scholarship（獎學金）還是容易找，我想得到一研究位置便可。如歐戰完了，坐船去大約比較省錢省事。

中國戰事看來一兩年完不了，我們在此又不容易參加工作，小瑩在校終日受那種非理教育，看來不是辦法。你見到了方重大約知道小瑩捱打的事了吧？我提到了便氣，不過像此不合理事，到處都差不多，尤其因為家無男子易為人欺。我與小瑩現在已決意積些錢（靠變賣東西）預備出國去。[3]

陳西瀅對妻子的話大體上言聽計從，只是他的辦法少，又常常拿不定主意。妻子的來信，特別是信中提到她的身體日漸消瘦，女兒的上學也成問題，這些攪得他寢食難安，還是蕭乾出了個主意，何不讓嫂子來英國做他的助手：「她可以在此賣文賣畫。可以演講中國畫、中國園林。可以用幻燈影片。」[4]

蕭乾出的點子提醒了陳西瀅，叔華能寫能畫，英文也不差，來到英國還能協助自己的工作，單憑她的能力，既能文言文，又能白話文，既會講北平官話，又懂得廣東方言，像這樣難得的人才，找一個適合的工作應該不成問題。

蕭乾甚至在提醒陳西瀅之前，已經在為凌叔華聯繫倫敦大學屬下的東方語言學校教員一職，只是小瑩如何出來還是個問題，因為若沒有所在國接收的函調信，就意味着一個不能自食其力的外國人有可能與本國人爭奪有限的資源。陳西瀅決定給王世杰寫封信，聽聽他的意見。

就在陳西瀅為妻子之事絞盡腦汁時，卻收到凌叔華寫給他一封似乎帶有命令口吻的信：

盼你接此信後速去進行，為小瀅在東方語言學校謀一義務教員
事，與彼說明只須他們出一電報來邀請，到了英後我去教一年書盡
義務均可。[5]

凌叔華大概聽了不知是誰的主意，想當然地以中國人思維邏輯嘗試與
東方語言學校做筆「交易」：即將年僅十五歲的女兒以教員的身份辦出國，
然後「狸貓換太子」，她再以義務教一年書的代價將女兒替換出來。

「請小瀅教中國語，這未免太兒戲了。這是中國人心理，以為什麼都
可敷衍，不知英國人是不能説這一套的。」陳西瀅深知英國的法律有多麼
嚴苛，也曾經歷過為一張戲票引起的「法律糾紛」，他很清楚英國那些規
矩的古板與嚴肅。

凌叔華的荒唐想法，連蕭乾聽了也覺得不靠譜，他讓西瀅速告凌：此
話萬萬不可説出來，英方很在意求職人的品行與操守。另外，他勸凌叔華
在與東方語言學校溝通時慎之又慎，因為一旦答應下來，則須有二三年的
束縛。[6]蕭乾為凌的事沒少操心，他讓陳西瀅準備兩張凌的畫作以及她寫
的兩本書（《小哥兒倆》和《當代中國的故事》），預備在東方語言學校
開校務會前託熟人送去。

同時為凌叔華出國事上心的還有王世杰，他甚至設想在駐英使館加設
文化參事一職，這個職位是為陳西瀅專設的。由此，叔華和小瀅以家眷身
份出國就相對容易些。但王世杰也有顧慮，除了操作起來有一定難度，王
世杰「要知道公超是否願意合作，又要知道顧少川是否贊成。」[7]

正當陳西瀅及他的朋友們都在為凌叔華母女二人出國絞盡腦汁出謀劃
策之時，陳西瀅卻收到妻子接二連三寫來的長信：

五月廿一的信昨日到了。不知為什麼你總是沒有看清楚我的
信，這是第三四次了。（一）我上次請你寫證明你在海外工作的信，
是李惟果教我的，那也沒有叫你撒謊，只是說你在海外工作，現在
妻子又在海外工作，希望政府允許帶小孩出去。李說得你在國外來

信證明，你屢次可是扯到什麼「捏造、作假」的嫌疑，那是何必自
貶。若是我如沒有國外工作，也用不到你這一封信，你現在已否明
白？你犯得着把自己的人想到這樣下流，要你去「捏造」什麼！？

　　你每次對於我提出一個問題或計劃，總愛往壞處着想。這是什
麼原故？你想：我不是道地傻子，也不能算壞人，我不是不懂人情
世故，為什麼我會如此糊塗呢？我幾時教過你做過假嗎？幾時教你
沾過人家便宜嗎？你也該記得，我這十幾年來為了你的院長原故，
自己吃了多少虧？……你常說的一個人壞不是一刻壞起的，難道
我現在會變成這樣卑鄙無聊？你太小看人了。說老實話，別人看不
起我，我可以原諒，你竟會如此小看我，我不能原諒你。就說我現
在想到出國也不是我的非份妄想，多少阿貓阿狗不成材的人都可以
去，為什麼我這個像個樣的中國人卻不許去呢，況且我想去的原
因，完全還是為的你的女兒！ [8]

凌叔華的信寫得酣暢淋漓，大有不吐不快之感，一個星期後她又追補
一封，似乎意猶未盡：

　　你來信一次次說我叫你做什麼，這次信又如此說，如若「不
是中國人，就要被人起訴了」云云，真令人啼笑皆非。你究何所指
而如此說呢？我幾時教唆你扯謊嗎？上次原是印度邀請學者，立武
說：我如可去印，便可去英了。我因怕信來不及，所以預先請你寫
好信，以備小瑩隨同出國時之用而已，後來因要在印留半年，我覺
兩個人太過花費，所以不去了。這是瞎話嗎？你知道我又沒有神經
病，為什麼我要你平白扯謊？將來你看杭及李信好了，別太把我看
低了，天啊，我為誰受的苦！ [9]

凌叔華接連幾封連珠炮般的信，讓陳西瀅難以招架，夫妻二人的想
法經常南轅北轍：妻子嫌丈夫窩囊，既不會利用現成的人際關係，又不懂

凌叔華致陳西瀅信，1945年6月23日（局部）

得使用「潛規則」，白白浪費大把的機會，甚至包括掙錢的機會；丈夫則據理力爭，對從未走出國門的妻子講述國外法制社會的規矩，沒有縫隙可鑽。若不是二戰突然結束，兩個人的爭論還不知如何收場。

1945年8月6日、9日，美軍向日本廣島、長崎投擲了兩枚原子彈，其威力之大，殺傷力之強，超過了常人的想象，全世界都在盯着日本政府，是宣佈投降，結束這場罪惡的戰爭，還是準備承受第三枚原子彈的持續打擊？

8月10日，武漢大學電機系力訊社學生通過實驗室電台率先得知了日本無條件投降的消息，便立即告知當地《誠報》，《誠報》馬上印發了大量《號外》，將消息迅速傳遍了整個山城。霎時，樂山沸騰了！

在萬景山樓，陳小瀅剛剛吃過晚飯，正坐在小桌旁看着朱光潛的《談修養》，忽聽到山下繆恩釗家傳出喊叫聲，得知日本投降了，她對母親喊

了一聲，便出去和繆家的女兒抱成一團，一起跑下山去。

沿途小瀅看到越來越多的人加入進來，漸漸匯成人流，人們舉着火把，高喊着中華民國萬歲、盟國萬歲，國共統一、抗戰軍人萬歲等等口號。小瀅看到武大的許多教授也在行進的隊伍裏，蘇雪林手舉床單做成的火把，一馬當先，袁昌英領着兒子楊弘遠緊隨其後，女兒楊靜遠此時「肆意地哭着」，而湯佩松卻手中拿了個大酒瓶，一路狂笑。

就這樣，人群從陝西街湧到樂山公園，又回到玉堂街、半邊街。火把燎燃了小瀅的頭髮、面頰，鞋踩丟了，腳跌破了，嗓子喊啞了，小瀅從晚上八時走到次日凌晨三時。回到家，喝了幾杯白酒，獨自跑到亂墳密佈的山崗，大哭起來。這是她一年來第二次大哭，第一次是因為報名參軍未獲批准，這一次是為了抗戰死去的英靈。

小瀅在凌晨寫給父親的信中描述自己當時的心態：

> 彷彿看到一球火光在我近旁滾動，彷彿看到無數我們的同胞在空中向我呼冤，向我求救。我哭了！爹爹：我當時又立誓，一定報仇！不！今夜我不睡了！我要等到黎明。看那九年來第一次光明的日出。[10]

與女兒亢奮的情緒截然相反，凌叔華沒有上街遊行。她放走小瀅後，自己平靜地做完家務，上樓坐定，習慣地將書桌擦了又擦，開始往硯台內滴水研墨，一是平復心情，二是組織語言，這是她多年養成的寫作習慣。她給陳西瀅寫了一封長信：

> 今晚八點後忽聽鞭炮聲，出去一問原來日本已無條件投降了，小孩子都大聲吵嚷起來，要去街上看熱鬧（其實沒有什麼熱鬧），我也讓小瀅出去了，自己坐在家中收拾廚房，收拾洗的十幾件衣服，收拾完心亂也定了，坐在房中發了一會呆，忽然淚如散線珠一般掉下來。

　　謝謝天，罪可受完了吧？戰爭把多少可親可愛的人磨折死了，你的父母，我的父母（父是九一八後兩個月死的），都完了，這是抱恨終身的事。咳，再不完，還有許許多多的人也沒有了吧。天啊，真僥倖啊！你此時想什麼？一定也知道這消息了吧！使館裏也許有點舉動吧？你也許正在舉杯慶祝吧？你再也想不到我獨個兒還在洗碗洗衣，什麼舉動都沒有！想到這戰事真如一場惡夢，現在回想還在打抖。想到古人名句：劍外忽傳收薊北，初聞涕淚滿衣裳。卻看妻子愁何在，漫捲詩書喜欲狂。白日放歌須縱酒，青春作伴好還鄉。可惜我們把青春都過了。[11]

　　由於時差原因，遠在英國的陳西瀅是在當地時間 8 月 10 日中午與葉公超吃飯時，聽到鄰桌的一群軍官們在議論日本投降的話題，還說是有條件的，即天皇保留其特權。公超認為消息有待證實，特別是保留天皇特權是不可接受的。晚九時，大家乘公交車到皇宮附近，陳西瀅說那裏一定很熱鬧。

　　果然是有不少人，男男女女在擁擠，在笑，在唱，也有人爬上電燈杆。可是最特殊的是到處都有人在放流星爆竹，一個放出去，如火箭似的落到人群中，人們便驚跑走避，一面又笑又叫，［爆竹］倒地又向前射，最後一聲爆炸，如落在衣上也許可以燒一孔窿。[12]

　　八月十五日，英國首相發表演說，宣佈日本投降。當天，英國王、王后親自出席新國會典禮，陳西瀅等三四百人的各國貴賓團隊隨車隊前往。沿途幾十萬群眾目睹盛況，許多不認識的路人看見中國人也會打招呼，說：「這是你們快樂的日子。」

　　正像陳西瀅寫給女兒信中描述的那樣：

　　這天真是舉國狂歡，比起上一次德國戰敗時，又不同了。因

為上一次德國雖然打敗，世界還並沒有和平。這一次，戰事是完畢了，可以不再打仗了，所以所有的興奮都發泄了出來。……倫敦的大廣場 Trafalgar Square 平常容二三萬人是毫無問題的，那天晚上擠得不大好走路。從這裏走皇宮大道向皇宮走去。這大道很寬廣，可是也滿是人，不是來的便是去的，像潮水一樣。走到將近皇宮，人更多了，來的走的擠得誰都動不了。我們好容易才從人群中擠出來。這路上許多大廈，如皇宮等，都用反射電燈照耀着，在黑夜中特別好看。民眾到處放花爆，流星爆等等。一夜不停。[13]

日本投降導致國際格局驟變，軸心國瓦解了，同盟國還能一直「同盟」下去嗎？當然，這是幾個大國考慮的問題，全世界善良的人們都以為：天下太平了，從此可以過戰前平靜悠閒的生活，一切美好的願景展現在眼前。一個月前還在為出國與丈夫爭執的凌叔華，轉瞬間已經有了一百八十度的變化，原來的許多想法霎時變得如此可笑和愚不可及。

她給丈夫的信再也不提出國的事了。

日本已投降，我們是着急去北平比去外國的心更甚，這完全不是為了我個人，你可別只賴我勸你們，到了今天，凡在北平住過兩三年的都想回去那裏！你問問人，你會相信我沒有吹。現在再不要談去外國的事了，將來我袋中夠錢，自己要幾時去便幾時去。我看去鍍金的人以後也不成其為金色了。我很後悔我忽然忍受不住目前苦痛，覷然出來求人找事，許多人還會以為我要到國外享受去呢。若不是樂山這一群人的壓迫，若不是我怕小瑩變得怪僻，我也老不下這份臉子去求人。……

北平的房可喜沒有毀掉，所以還可去住。北方天氣一切都比別處為優，算來老天待我們還不薄。孟實那天喝醉了酒，一定要我答應他在史家胡同之屋讓他三間上房。他怕找不到房子。朱氏夫婦待人接物都厚道，所以我也願租與他們。我覺得他們這種人較之楊氏

夫婦（楊端六袁昌英）令人易近些。鯁生這次回校說不定只是犧牲，
現在很少人願接近他的。除了楊氏、劉氏（三劉，另二為弘度、篤
生）以及蕭絜、陸維亞等，也沒有人去了，像盟軍在日本土登陸的
神氣！楊氏夫婦也把我們除外，我是硬人，開始就不想沾誰的光。
請你同蕭乾、今甫等講我不想出國了，有工夫再去信告他們。[14]

　　凌叔華喝來呼去的大小姐作風，讓為她出國之事忙乎多時的老朋友的
努力，變成了一陣煙兒 —— 來有影，去無蹤。難怪晚年蕭乾一聽說凌叔
華有定居北京的意圖，曾對小瀅說過這樣的話：「她若來，我便走，難於
與她為鄰。」
　　只有陳西瀅無言以對。特別對於女兒的教育，他愧對妻子，也愧對
女兒。所以當他看到凌叔華不打算出國的信後，反倒如釋重負，回信給
女兒：

　　　　姆媽說的很對，自從你懂事以後，我不曾擔負了多少對於你的
教育的責任。我們搬到樂山後，你上了一年學即去北平。你再回樂
山後，不過一年，我又出國了。這七年之中，只有兩年是在一處。
所以現在我決定了，你們如不出國，我便回去了。[15]

　　凌叔華此時滿腦子考慮的是如何儘快回到北平。她住武大提供的房
子，卻和武大毫無瓜葛，若不是從重慶方面時而傳出陳西瀅有可能出任武
大教務長，恐怕凌叔華與校方藕斷絲連的「絲」都不存在。
　　陳西瀅此時的態度愈發明了，他早已厭煩武大「安徽幫」與「湖南幫」
的爭鬥，而他正是爭鬥的犧牲品。如今「湖南幫」重掌大權，凌叔華似乎
感覺到周鯁生在召喚昔日老友陳西瀅，她特別寫信告訴王世杰，說陳西瀅
並沒有重回武大的打算，又告誡丈夫：「文院情形十分複雜，你千萬不要
再上當回來當頭炮，你不是好炮手，如此犧牲也太可惜了。」[16]
　　陳西瀅離開武大的想法，其實早在他和葉公超歡迎楊振聲到訪倫敦那

個不眠之夜就已經生成，三人舉杯共同商定：喚上朱光潛，回北平去，回北大去，和胡適一道重塑一個全新的北大。

只是當時條件尚不成熟，凌叔華出國之事以及葉公超棄政從文都存在變數，過早披露不但於事無補，反倒節外生枝惹出事端，至少凌叔華母女仍住在武大提供的房子，學校也沒有完全斷絕陳西瀅應當享受的那一點點好處。

但現在形勢逆轉，所有制衡陳西瀅的外在因素都不復存在，陳西瀅要回北大的決定，連已經離開武大赴渝就任國民政府立法院委員的吳學義都知道了。吳在重慶寫信向西瀅道賀：「聞先生與孟實先生決返北大，弟甚為贊同。因胡校長最為開明前進，弟亦有追隨左右之機會。」[17] 可見陳西瀅回國的心情有多麼急迫。

可偏偏問題又出在妻子身上。凌叔華只想儘快回到北平，回到史家胡同老宅，重享昔日的生活。但她沒有想到，日本投降帶來的短暫和平，轉瞬間就被國共內戰所取代。她嚮往的北平正成為國共兩黨兩軍未來首都的必爭之地（國民黨也有遷都北平之意），這一仗非打不可，雙方都志在必得。

更讓凌叔華焦慮不安之事：松岡洋右已成為盟軍的階下囚，即將面臨法庭的宣判。

松岡會牽連到自己嗎？凌叔華不能確定她寫給松岡的信以及為他畫的畫、寄的書和禮物是否已落入盟軍之手，若它日移交中國政府，作為日後清算的物證不是沒有可能，凌叔華不敢想下去了。

松岡洋右——這位上世紀三四十年代最張揚的外交家，他在那個時期的「大手筆」：構建「大東亞共榮圈」的理論框架基礎、建立與希特拉德國、墨索里尼意大利的「軸心國」聯盟關係和與斯大林簽訂《日蘇中立條約》，最終被國際遠東軍事法庭判定為十四名甲級戰犯中的第五名，排在東條英機之後。

1946 年 5 月 8 日，松岡最後一次在法庭為自己做了無罪辯護，兩天後，他在巢鴨監獄經東京結核病研究所寺路伝二檢查，被宣佈不適於受

審。1946 年 6 月 27 日，松岡洋右病死。當晚，法庭撤銷了對他的起訴，松岡逃脫了審判和絞刑之懲處。

但是凌叔華清楚地知道：松岡的被捕並不等於他的餘黨以及與他有關聯的人，就自然而然解脫了干係，秋後算賬一定會來的，不管國共兩黨誰掌控政權，清算漢奸（包括她的恩師周作人）都是早晚的事。而凌叔華與日本人往來的那些事，包括將偌大的凌府賣給日本人，不久也會因定性「逆產」提到議事日程。日本投降的短暫愉悅瞬時被恐懼所替代，她此時此刻比任何人都想儘早離開中國。

凌叔華後悔自己不願出國的話說得太早，得罪了為她赴英之事奔走的朋友，而自己當前的狀況和內心的苦楚也無法向任何人吐露，怎麼辦？凌叔華陷入深深的思考。

11 月中旬，盤算已久的凌叔華把小瀅託付給她的乾姐姐楊靜遠照料，動身去重慶「活動」。臨行前，她給陳西瀅去了一信：

> 我打算求人代我辦出國手續，如可能的話。乙藜有信覆我，贊成我先回平再出國。他說：「凡弟所能為力者，皆樂為之。」說得很客氣，我想他這人幫一個小人物出川，大約不成問題吧。至於出國我看如可，直去求蔣夫人或者也會有法子。我去時見機行事。[18]

「乙藜」即錢昌照（字乙藜），早年任蔣介石祕書。據陳西瀅是年 2 月 28 日在「上海樓」請葉公超、范存忠、方重、張資珙、譚葆慎等人吃飯：

> 公超說話最多，餘人幾乎不大作聲。公超說宋子文幕內策劃的是錢乙藜，乙藜是當今中國政治上最有力量的人物，他說乙藜是我的朋友；他又說杭立武如何，又說杭立武是我的朋友；又提到彭浩徐，又說浩徐是我的朋友。果然許多朋友都得發了。「同學少年皆不賤，五陵衣馬自輕肥。」

從陳西瀅日記中可看出錢昌照非等閒之輩，相信凌叔華是不會輕易放棄使用這些關係的。

沒過多久陳小瀅也到了重慶，大約是黃方剛太太去重慶時順便捎帶過來。這在陳小瀅僅存的日記中有記載：

> 卅五年一月六日　陰晴　星期日
>
> 中午和姆媽、黃方剛太太從家中出來到二叔叔房時，看到李姨（即李德全）跟着一群人在石階中間，忽然李姨招呼姆媽，過去一看竟有着鄧穎超在旁邊，穿着男子外衣，及深藍色中山裝，剪短的頭髮，神氣勃勃地，臉呈健康紅色。她與姆媽握手後，我注意到一熟悉的面影走了過來，「周恩來」，哦，在歡迎馬歇爾的影片中不是看到了他嗎？一個樣子，穿了一件長的亮皮大衣，一件長袍，和靄而又氣魄的微笑着，十足的學者態度。我惶惑了，鄧姨卻伸出手來和我相握，「真大了」！周恩來笑着轉身問我（姆媽）：「這是你的姑娘嗎？」亦伸手和我緊握，我一時想說許多話，但卻都說不出來。旁邊的七個人員 —— 大約是中共的人員吧 —— 亦都微笑點頭。他們上了兩部小汽車，擠着坐，一直到開車，周恩來還在裏面微笑向人點頭。
>
> 我微笑着遐想，是的，中共領袖的風度，他們的氣魄，當然叫人景仰、欽佩，沒有官僚架子，沒有那種盛氣凌人的態度，對於人民總表示着關懷與愛護，是的，我見着他們了，我真高興。雖然無數的人誹謗他們，我對於這幾人總表示尊敬的，我要有列寧、克魯泡特金的精神，我要救人民！……[19]

重慶之行，凌叔華應該是收穫滿滿。她找到吳稚暉、王世杰、杭立武、錢昌照等重量級人士。吳稚暉早已將此事託付給李惟果，李與凌叔華溝通後不忘賣好，說：此等小事和他打個招呼即可，何必還麻煩稚老出面；王世杰的態度也很明確：凌叔華本人出國不成問題，只是未成年的女

兒有點難辦；杭立武更是大包大攬，說他手頭就有現成赴印度訪問的五
個名額。不過他也說，既然能去印度，何不直接去英國，一步到位豈不
更好？

　　大概杭立武的思維邏輯啟發了其他人，既然與固執呆板的英國法律
程序打交道如此之麻煩，換一個歐洲小國作為目的地，半道滯留美國或英
國，不是一樣可以讓母女出國嗎？

　　於是，在眾人的努力下，凌叔華攜女出國一事終於塵埃落定。名義上
的目的地是比利時王國，它西臨北海，與英國一海之隔。外交部出具的護
照顯示，凌叔華是應比利時布魯塞爾大學之邀，前去教授繪畫。當然，這
只是個藉口，外交部、教育部的官員都心照不宣，只有凌叔華蒙在鼓裏，
忙裏偷閒還在準備着講稿。

　　陳西瀅日記有載：

> 　　飯後寫了一信與華及瑩。勸華坐船來，可以省錢，多帶東西。
> 比國的演講是不必急了趕上的，她不知道這是讓她出國的一個口
> 實。可是騮先來信，很體貼，說外匯管制極嚴，不易申請，且現在
> 官價取消，即核准恐無力購買，所以補助二千元。[20]

　　真是朝中有人一切皆為可能。轉瞬間不但凌叔華出國講學名正言順，
朱家驊還在經濟上補貼了二千元，一舉解決了出川的費用。[21]

　　1946 年初，凌叔華匆匆趕回樂山，處理許多難解之題和未了之事：
包括房屋、衣物、書籍、古玩、家具和陳西瀅母親、大姊的遺骨等。

　　自打凌叔華有了出國的念頭（1944 年下半年），變賣家私就成了母
女倆生活的一部分，這從凌叔華寫給陳西瀅的信中可以想見到，母女二人
處理積壓多年的屬於好幾個人（包括已經去世的陳西瀅母親和大姊）的存
物有多麼的不容易：

> 　　我們已開始收拾一切衣物，你的書實不少，至少也得裝一大

箱，外國書賣了不值得，很少人出大價錢的，所以我還打算收拾起來，寄存人家。你的衣服，太差的擬賣了，免得在箱中佔地方，我打算收箱存次仲處，也許船通了還可帶去。那個大銅鼓也成問題，竟無法想，也許得花些錢運到渝，我不想賣他，將來也許成一件值錢古董。

此外我想畫一些畫，新近我想到畫一些小孩子，可是其中也有參着外國孩子，顏色要特別悅目，我想在休戰時大家一定會易受感動，如若畫得多，那是很出色的，可惜我此時毫無餘暇來作畫。

我還得出賣東西，那是頗費工夫的。十來天後，我要參加黃方剛太太的拍賣會，她賣家俱，我賣衣物，不知有何效果。我已將金條五兩的出售，得廿萬元，已寄次仲為我買美儲券，據云可以帶走。此外如盡售衣物可得五六十萬，大約到渝及出國用之，多者買儲券也差不多夠了。在北平替我管史家胡同房子之陳益夫婦新近已到西安，不日到成都，他們出來不知我們房子已有交代否，我想在他到時去問清楚他，想一法子善後，否則戰後這兩所房子也完了。[22]

不都是像出賣自家物品那樣簡單，凌叔華還要處理掉親手設計建造的萬景山樓；還有陳西瀅要在抗戰勝利後將母親和大姊的遺骨遷回無錫老家的願望，凌叔華也以江道堵塞為由推給了小叔子陳洪日後處理。

至於如何出川，當年為防備日軍軍艦逆江而上攻擊陪都重慶，國民政府在長江設防，炸沉了幾艘軍艦，如今反倒成了順江而下的障礙，好在錢昌照已表示，願意盡力幫助凌叔華，看來出川應該不成問題。

這一年初春時節（2月中旬），凌叔華終於如願以償，攜小瀅登上去上海轉往北平的飛機。

那是架美國運輸機，由於出川的人特別多，飛行員只允許乘客攜帶衣服一小箱，其他物品一律不准帶上飛機。陳小瀅只得將自己積攢的「寶貝」中，包括三本母親、朱光潛為她製作的《紀念冊》和胡適作詞、趙元

任譜曲，並由趙元任手抄的《上山》歌譜，悄悄縫在大衣夾層中。最可惜的是兩大本相冊（全是二三十年代朋友們相聚以及在珞珈山的留影），凌叔華與小瀅手中各拿一本，僥倖闖「關」，不料統統被守在機艙門口的美國大兵拿走丟棄。[23] 就這樣，時隔四年母女倆再度返回北平。

當凌叔華回到史家胡同老宅時，她懸着的心放了下來。當年租給宇佐美華北鐵路株式會社的房子保護得很好，會社職員及家屬共十幾家擠在幾間小房子裏，將上房騰出讓給主人居住。按照日本投降協議書的撤離規定 —— 先軍人後平民，這些人正在等待回國，住在凌宅的大澤家等被安排在 4 月 27 日返國。

此刻，凌叔華也接到五姊凌淑芝轉來「北平私房產地產清理委員會（批字第 198 號）批示」一件，簽發日期是 1946 年 1 月 28 日，為呈請發還日人強購內一區乾麵胡同二十一號房產之處理意見。批件明示：「依照北平市日偽佔用清理辦法第五條及本會第二次會議決定案之規定，應視暫行接管，聽候依法處理。」[24]

該「批示」表明，當年賣房給南滿鐵路株式會社一事並未了結，依規啟動調查程序已經開始。即便族人三緘其口，能躲過左鄰右舍眾人的眼睛嗎？況且族人就那麼可靠？每每想起五姊揮動菜刀的場景，凌叔華就不由得打起冷顫。以前有松岡洋右的庇護，族人或鄰居哪個敢多嘴。現在呢？凌叔華不敢往下想了。

與當年日軍佔領北平的不可一世相類似，八年後，國軍接收之蠻橫、混亂，也只是五十步笑百步，倒霉的注定是當地百姓。

凌宅也未能倖免，國民黨軍隊強佔了三處住房，陳小瀅給父親的信中發泄着不滿：以前只聽說接收大員如何中飽私囊，現在目睹一切，真傷透人心了。連少校都是亂打人，亂搶東西，這就是為什麼日本人看不起中國人，中國人在抗戰以後簡直把臉丟盡了！[25]

災難還殃及宇佐美送給凌叔華的一隻純種德國黑貝犬（有出生證明），它有一個日本名字叫「庫魯」。宇佐美告訴小瀅，這種名貴犬，中

凌叔華（左二）、
陳小瀅（左一）
與日本租戶合影

軍犬庫魯的照片
和身份證明

國僅有兩隻。庫魯成了發泄仇恨的對象，不知何人喂了它什麼，眼見庫魯肚子變漲變硬，排不出大便，終日不吃不喝。宇佐美對小瀅説，它活不了幾天了，便拿出一粒毒藥塞進庫魯的嘴裏，不一會兒，它便沒有了動靜。自幼愛狗的小瀅驚呆了，她悲憤地目不轉睛盯着靠着門框的宇佐美，後者死人般的臉毫無表情。

凌叔華幾乎每天外出辦各種交涉，不是打聽訂船票、飛機票就是了解房子是出租還是出售合適，忙得焦頭爛額，還得聽遠在萬里之遙的丈夫絮絮叨叨的「埋怨」。

陳西瀅不明白既然護照已到手，買張船票就那麼難？還要託各種人？他本不贊成妻子去北平的方案，從他寫給女兒的信中看出他「特別的煩得慌」的心情：

> 我的意思是，現在交通如此困難，如無必要，北平似乎可以不去。姆媽如有去的必要，也似乎用不着把你也帶去。這樣走一趟，不知要化多少錢。說是為照管產業，說不定還會得不償失呢。[26]

陳西瀅甚至擔心妻子到時又節外生枝，捨不得北平的房產和祖傳寶物。妻子的出爾反爾，對於陳西瀅已是家常便飯，他此刻的心情「有時高興，有時很是着急。」「時時刻刻的計算你們何時動身，思量你們怎樣的來。」[27]

這一次，陳西瀅過慮了。他或許根本不知道妻子必須離開中國的內在動因，也不清楚一旦到了北平再想出去將是多麼難辦的事。

凌叔華告訴丈夫：

> 近日本擬親自去津買黑市船票去滬，但平津因中共軍隊四面活躍，攻打附近滄州及安次，怕鐵路中斷，回不得平，又不敢去了。我這裏（五月廿日）今早報上收復長春了，可是濟南又巷戰，看來補這個決口，開那個決口的事，是一時沒有希望完的了。我決定去

定飛機票飛滬，大昨日好容易找到金甫拿單子去找北大打印作保，至今尚未送回來。昨日我又同時進行找一高等法院的王鎮遠主任（仲常介紹）去託津方社會局長胡君（王之親戚），代向比公使說（胡認識比使）請他幫忙代訂去滬之外國船位。中國船雖有，但均黑票，由津到青島，一個船位即四十萬元。[28]

比訂票更難的是處置房產。老朋友王雲槐從 3 月起兩次來電無論如何要租史家胡同的凌宅，並與凌叔華商談好了租金。看來板上釘釘的事臨了還是出了變故，凌叔華向丈夫訴說了對昔日好友王雲槐的憤懣不滿：

> 此刻華北局面緊張，他又回信說他不放心太太及安士先來，屋租又如何如何。這一個人真不痛快，我不是氣他來回講價，我是氣他只圖自己方便，不管人家死活，我們到最後要走時，他方講這話。照規矩，他應賠償兩個月房租的損失方對。這個人見錢太甚了，什麼都看不見。怪不得李儒勉他們罵他「洋奴」。他回渝時安士的玩藝及梵啞林及太太的皮大衣女衣均已帶到，但你託他帶的魚肝油丸至今尚說在印度，白費你我待他這樣真誠。雲槐這個人是愛錢太甚，我在渝聽到幾個漢口的老小姐講過他的往事，人家都藐視他太愛錢。不想我們此次又上他的當。我們現在要走的時候，他又出花樣，不負責任的推辭（他有兩封電報託我一定留房），叫我短期內重新找人住房，你看難不難！我本說不租熟人，不想此時又上一當。但是——我都想哭了，處處受欺受侮，又要求人，我真不想去外國了，去來做什麼，再出一次國，回來是什麼都「光」了！現在大家都說搬三次家，就要成要飯的了。[29]

光埋怨不解決問題，凌叔華苦水、淚水只能先往肚裏嚥，她只有等到將小瀅送到英國安頓好，再聽聽風聲，看看政局變化，到那時再確定未來也不遲，這是凌叔華的救急打算。好在自從幫凌叔華打理凌宅的陳益夫婦

離開後，他們介紹了常奉之 —— 一位教書先生及其妻子張靄雲幫助照看打理凌宅，也還算盡心。就這樣凌叔華匆匆選擇了常家代管凌宅，忙亂中帶着小瀅途經青島去了上海。

凌叔華攜小瀅初到上海暫居蕭乾家、靳以家，數日後，又搬到了青年會 —— 一處陰森潮濕的房子。房租每日一萬法幣，以現金支付，在那裏等待去美國的麥琪將軍號郵輪。

此時的上海，物價一天一個價地飛漲，不管是親戚或是朋友，要想在人家裏「蹭飯」，還是免開尊口，他們事前就無奈地聲明：這年月留不起飯了。

凌叔華和小瀅整日為吃飯發愁。

> 我永遠不能忘記，當我同女兒走進飯鋪，一看牆上價錢，菜飯一碗七千元，加肉二片三千元，我看看手裏提的鈔票袋子，常常扭頭便走。有時女兒嚷餓不肯走，只好讓她一個人獨自吃飯，我坐在一邊等她吃。[30]

這等船的日子還得熬一個多月。

是年 8 月 13 日，凌叔華獨自去了漢口，去了結多年的心結，看看她寄存在「漢口洋行」的裘皮、物品和「大陸銀行」的財產（包括地契、房產證明）是否還在，先前聽到各種說法：有說被日機炸毀了，有說被眾人哄搶了，直到今年 2 月還有朋友來信告知，洋行、銀行並沒有被炸，而是遭人哄搶了。究竟被炸還是遭哄搶？財產到底損失多少？凌叔華要眼見為證才心甘。

筆者雖然沒有查到她存在漢口的財產到底損失了多少，但可以確定沒有「全軍覆沒」，至少拿回了史家胡同的地契和房產證明。

期間，凌叔華還去了趟珞珈山，她曾在那裏斷斷續續地生活了近十年，還經歷過一段刻骨銘心的戀情。凌叔華站在當年居住過的十八棟前，往事歷歷在目：

　　書房前的三幾株梧桐，已高過樓頂，山坡上數百株小松，已高過人，起居室前的薔薇，也極茂盛，只是園中兩株木筆已尋不到了。我獨自立在空屋前憑弔好久，這是「短歌終，明月缺」一樣無可奈何的了。

此時的心情在她日後所寫的《愛山廬夢影》中一覽無遺。

1946 年 9 月 2 日，歷經千辛萬苦，凌叔華攜小瀅終於踏上了赴美國的麥琪將軍號郵輪。

當郵輪行進在煙波浩渺的太平洋上，船上的旅客百無聊賴地打發着日子，此時倒是陳小瀅最快樂的時候。

小瀅自小有兩大愛好，一是集郵；二是收集同學和知名人士的墨跡。她的第二項愛好完全是受母親的影響，當小瀅十歲那年，母親為女兒置辦了第一本《紀念冊》，小瀅於是學着母親的樣子，逢同學、好友來，她定纏住為《紀念冊》題字。沒幾年第一本和第二本《紀念冊》便寫完了。朱光潛為小瀅製作了第三本《紀念冊》，並在首頁題了四個大字「皆大歡喜」。

此時在郵輪上，小瀅放眼望去，盡是父親母親的老熟人，這讓她異常興奮，整天地跑這跑那，纏着名人為《紀念冊》題字。

馮玉祥為她題寫了「君子有三要：要科學，要民主，要和平。」

麥琪將軍號郵輪照片

葉淺予在麥琪將軍號郵輪上畫的漫畫

李德全的題詞：「為正義不怕一切的往前去努力，只有如此才有中華民族的光榮！小瀅小朋友，我最愛的，永忘不了的。」

楊雲慧也帶着孩子去美國與丈夫郭有守會合，她給小瀅的題詞是：「讀萬卷書，行萬里路。」

馮友蘭的題詞是「同舟共濟」，這與實景倒是很貼切的；

此外，在母親的指點下，小瀅還認識了華羅庚、司徒慧敏、葉淺予戴愛蓮夫婦等人，船沒到美國，第三本《紀念冊》已經寫滿了。

注釋：

1　陳西瀅日記，1944 年 8 月 30 日（陳小瀅收藏）。
2　陳西瀅致陳小瀅信，1944 年 12 月 27 日（筆者收藏）。
3　凌叔華致陳西瀅信，1944 年 10 月 13 日（筆者收藏）。
4　陳西瀅日記，1944 年 11 月 14 日（陳小瀅收藏）。
5　凌叔華致陳西瀅信，1945 年 2 月 2 日（筆者收藏）。
6　陳西瀅日記，1945 年 3 月 6 日（陳小瀅收藏）。
7　陳西瀅日記，1945 年 3 月 27 日（陳小瀅收藏）。
8　凌叔華致陳西瀅信，1945 年 6 月 23 日（筆者收藏）。
9　凌叔華致陳西瀅信，1945 年 7 月 3 日（筆者收藏）。
10　陳小瀅致陳西瀅信，1945 年 8 月 10 日（筆者收藏）。
11　凌叔華致陳西瀅信，1945 年 8 月 10 日（筆者收藏）。
12　陳西瀅日記，1945 年 8 月 10 日（陳小瀅收藏）。
13　陳西瀅致陳小瀅信，1945 年 8 月 16 日（陳小瀅收藏）。
14　凌叔華致陳西瀅信，1945 年 9 月 13 日（筆者收藏）。
15　陳西瀅致陳小瀅信，1945 年 10 月 11 日（筆者收藏）。
16　凌叔華致陳西瀅信，1945 年 7 月 3 日（筆者收藏）。
17　吳學義致陳西瀅信，1945 年 10 月 19 日（筆者收藏）。
18　凌叔華致陳西瀅信，1945 年 11 月 1 日（筆者收藏）。
19　陳小瀅日記，1946 年 1 月 6 日（陳小瀅收藏）。
20　陳西瀅日記，1946 年 4 月 2 日（陳小瀅收藏）。

21　陳西瀅致陳小瀅信，記有「在瑞士聽到你們請不到外匯的消息，很是失望。回來後知道教育部送了你們些旅費，川資是沒有問題了，聽了很是快慰。」1946 年 3 月 23 日（陳小瀅收藏）。

22　凌叔華致陳西瀅信，1945 年 2 月 28 日（筆者收藏）。

23　凌叔華致蕭乾信，載有：「溯自我們離四川時，本來想帶出二大本珞珈山及北京所有照片（小瀅抱一大本，我抱一大本），但到了重慶機場，飛行員大聲宣佈每人只許帶一小箱衣服，手上及口袋不許帶一點東西。宣佈未已，美軍人即走來查看每人手上身上曾否挾帶東西，我同小瀅手上照相本即被拿去擲了！當時，我和小瀅都熱淚盈眶，但居人籬下，我們敢哼一聲嗎？」1987 年 10 月（文潔若收藏）。

24　《北平私房產地產清理委員會批示（批字第一九八號）》（筆者收藏）。

25　陳小瀅致陳西瀅信，1946 年 5 月 4 日（陳小瀅收藏）。

26　陳西瀅致陳小瀅信，1946 年 1 月 11 日（陳小瀅收藏）。

27　陳西瀅致陳小瀅信，1946 年 4 月 2 日（筆者收藏）。

28　凌叔華致陳西瀅信，1946 年 5 月 23 日（筆者收藏）。

29　凌叔華致陳西瀅信，1946 年 5 月 23 日（筆者收藏）。

30　凌叔華：《回國雜記：（二）我們為什麼要回國》，《大公報》1975 年 3 月 9 日。

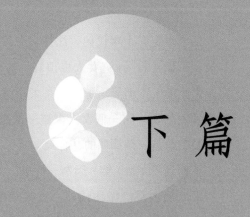

下 篇

沈從文的歎息

二十世紀三十年代初，沈從文在致王際真信中，談論娶妻標準時，曾拿凌叔華做比較：「這女人也頂好，據他們說笑話，要太太，只有叔華是完全太太的，不消說，那丈夫是太享福了。我也想，若是興趣好點，就做一個冒險的事，同一個女人來結一次婚看看。」[1] 可見，凌叔華那時在沈從文眼中還是一個擇偶的「標尺」。

不料到了 1944 年，因為一件事，沈從文幾乎和他的「偶像」鬧翻。

那時陳西瀅已派往國外，凌叔華帶着小瀅住在樂山。芳齡十四的小瀅正處發育期，不但身體發育得日趨像個大姑娘，思想上常有自己的見解。她想學醫，又想涉獵政治，她常常與遠在英國的父親筆談，甚至寫信給父母親的朋友，向他們討教一些諸如對時政的看法，沈從文叔叔便是其中的一位。

小瀅寫信往往下筆千言，從政治到人生，從理想到現實，似乎對什麼都感興趣。沈從文是個愛寫回信的人，他並不因小瀅年少而敷衍，通常有問必答，甚至海闊天空地發揮一通，用沈從文的話說：「我最不敢回信，一寫就是八張。」

有些信凌叔華看了覺得蠻新穎、有趣，便以女兒的名義將沈從文的回信寄給了《文化先鋒》，並替女兒「捉刀」，寫了數百字的「附志」，還說「從文伯伯一定不會因我沒有徵求他同意便發表而生氣吧？！」[2] 不料事與願違，沈從文從報上看到自己寫給別人的私信，未經允許便被刊出後

大為光火，很長時間不和凌叔華來往。

沈從文那時已小有名氣，凌叔華以從文寫給女兒信的名義投諸報端，原意是褒獎從文提攜後生，這在那個年代是文人樂見的事，至少也增加他個人的「曝光」率，可誰知卻惹來沈從文大動肝火，也使凌叔華丈二和尚摸不着頭腦，看來事情出在沈從文信的內容上。

1944 年 11 月 24 日，已到英倫半年之久的陳西瀅，午飯後與蕭乾散步到塞爾福里奇百貨公司附近，陪蕭乾去取一件皮坎肩。一路閒聊時，蕭乾說他新近收到沈從文的一封長信，因裏面有談及小瀅的內容，特將信交給陳西瀅帶回寓所看看。不料陳西瀅看後感到「裏面說到的人很多」，特地將信的部分內容摘錄在當天的日記上：

> 說到小瀅時說：「能寫三千字長信，不久或得戴一大近視眼鏡，神氣大改已完全不是七年前我們在珞珈山看到她和校警作朋友的情形了。」
>
> 對於冰心、老舍，挖苦特甚。說老舍「寫詩過千行，但給人印象反不如別人三五行小詩動人。」前不久某人作壽名為「創作廿年紀念」。從文說「京油子，花樣多，即此一事也可知國內文壇大略矣。」
>
> 他說「[卞]之琳最有成就。對四小姐（指張充和）戀愛不成功，保留一股勁兒，一股生命力，轉而為譯著，成績超越可以預料。」
>
> 他們自己生活還好。「同事都嚷生活當不佳，我們情形似乎還可支持到戰爭結束為止，不必借債，不必賣東西和書籍。」
>
> 他稱讚蕭乾說：「在此常常與三姐談及，生命發展的寬，還數你（不僅腳走的新地方多，心走到什麼女孩子心中的機會也多！）之琳雖能向深處思索，但生命窄，經驗少，成就也必受限制。他也許能寫精緻作品，可未必能寫真正大作品。巴金不大求深，文章讀者多，是否經久也看機會，[李]健吾易受幽默分心，且工作雜，又不集中。在國內馬耳（葉君健）明日成就也必可觀。」
>
> ……

最後說「生活雖不大像樣，連愛整潔的［張］奚若先生，也已經有點衣冠不整，但一家精神究竟還好，尤其是在學校中尚好，保留書呆子的幻想以及由幻想在課堂上討論的自由。這是個自由思索，自由談論的小小空地。」由從文口中說出這話，外國人的攻擊足見是絲毫無據了。[3]

真相了然。看來沈從文對友人直抒胸臆的習慣似乎「童叟無異」，他一段時期寫給好友的信，內容大約相似。否則，他給蕭乾去信，何必提及十四歲的小瀅？看來沈從文生凌叔華的氣，是與信裏提到和評論太多的名人有關。

凌叔華將信件公之於眾，並非要使沈從文「難堪」，只是做母親的太在意將自己女兒與當代名人放在一起，沒有顧忌到其他。好在信的內容通過凌叔華的投稿而保留了下來，也沒有看出造成沈從文「難堪」的話題，或許發稿之時，凌叔華已經將信做了些許改動也說不定。

其實對他人作品品頭論足似乎是學人的一種喜好，不如此不足以證明自己如炬的目光和深奧的學識。

陳西瀅也不例外，他看完曹禺的《家》後，認為：

　　裏面的角色太多了，線索也太多了。又是舊式婚姻，又是三角戀愛，又是死人後不可在家生產的風俗，又是假道學人的禽獸行為，又是革命宣傳，又是大家庭制度。所以並不成為好劇本。不過曹禺寫的人物，有些很不差，對話也常很好。[4]

陳西瀅的評述只寫在日記中，留給自己看；沈從文的評述是寫在信中，說給他人聽，自然由此產生的麻煩也只能由寫信者承受了。

當然，這只是沈從文與凌叔華一生友誼中的「微瀾」，事後二人又和好如初。那麼，沈為什麼如此在意此事？答案恐怕只能從他自幼成長的軌跡中尋找。

沈從文 1902 年出生在湖南湘西的鳳凰縣，父母共生下九個子女，從文排行居中，這使得他可以不對家庭承擔過多義務。

沈從文在讀完高小後，母親託人讓年僅十四歲的他參了軍。除了行軍、宿營、看如何殺各鄉團送來的「土匪」，行伍生活單調無趣。閒暇時，他喜歡坐在河邊看女人洗菜，看女人將清澈的水當鏡子梳理自己的秀髮。有過這般經歷，錢鍾書說他有「自卑情節」，大概與此不無關係。

即便沈從文以後出了名，也「總忘不掉小時候沒好好進過學校，還覺得那些『正途出身』者不甚瞧得起自己」。

梁實秋也說：「從文雖然筆下洋洋灑灑，卻不健談，見人總是低着頭羞羞答答的，說話也是細聲細氣，關於他『出身行伍』的事他從不多談。」

沈從文在「正途出身者」那裏不大受待見，但他天資聰穎，很有女人緣。除了凌叔華外，賞識沈從文的還有林徽因。那時他的《邊城》尚未問世，名氣遠不如以後那樣大，但林徽因認為沈從文有生活，不矯情，日後必有大建樹。

有一次，沈從文去北平西山看望在那裏養病的林徽因，隨身帶着一本自己的作品，準備題贈給一位詩人，扉頁上寫着「送給詩人」，措辭沒完被林徽因見到，愛不釋手，沈從文便順水推舟地轉送給喜歡詩的林徽因，並將題詞改成：「與其送給詩人，不如送給詩一樣的人。」

那段時期或許是沈從文一生中精神上最為歡愉、放鬆的日子，即便經濟並不寬裕，時常為生活顛沛流離，輾轉各大城市，但仍擋不住他創作的欲望，小說、散文、隨筆、評論等，每年都有新作問世，是個高產作家。憑着他個人的天賦和勤奮，在徐志摩的幫助下，很快融入「新月派」的圈子，並受到楊振聲、陳西瀅等的提攜，特別是胡適 1928 年在中國公學做校長時，以伯樂的眼光相中了沈從文，使他有了在大學教書的資歷。

1930 年 7 月 15 日，熱戀中的沈從文在給張兆和信中這樣寫道：

> 為了要知道多一點，所謂智慧的貪婪，學校一點點書是不夠的，平常時間也不夠的，平常心情也不濟事的，好想要有一點不大

安分的妄想，用力量去證實，這才是社會上有特殊天才、特殊學者的理由。依我想，且依我所見，如朱湘、陳通伯、胡先生，這幾個使我敬重的人，都發憤得不近人情。我很恨我自己是從小就很放蕩，又生長在特殊習慣的環境中，走的路不是中國在大學校安分唸書學生所想象得到的麻煩，對於學問這一套，是永遠門外漢了。[5]

看來，「都發憤得不近人情」如朱湘、陳西瀅、胡適等人，那個時期還是沈從文仰慕的有特殊天才的「特殊學者」。

四十年代前後，只有小學學歷的沈從文成為西南聯大教授，他經常在課堂上說：「適之先生的最大嘗試並不是他的新詩《嘗試集》，他把我這位沒有上過學的無名小卒聘請到大學裏來教書，這才是他最大的嘗試！」

沈從文自《邊城》出版後，聲名大振，想法也多了起來。他給在英國的蕭乾去信，想等到《邊城》譯本在英美出版後，「夢想可以攜家來英二三年，他到大英博物館看看，太太到那裏唸些書！」蕭乾將信拿給陳西瀅看，陳似乎對《邊城》譯本在英出版並不看好：「哪會有 Publik interest（大眾的興趣）！」[6]

即便抗戰勝利後，戰場轉入國共內戰，當時許多學人基於中國前景的悲觀而紛紛離國出走，沈從文還在寫給陳西瀅的信中調侃：

大家都出國了，我到現在為止，還是鬧不清楚究竟有多少（英文）字母，怎麼寫。人之智愚真不可以道里計！近來在這裏住在學校中，還是近於充數，事實上一切打算一切夢，還只宜隨同什麼隊伍開拔，坐在小船頭唱唱山歌，逗洗衣女人，為合本性！我只想有機會看看大英博物院藏的東方東西，英文字母雖老記不清楚，可是看看那些收藏，卻推想得出時代和地域。可是十年後是不是能遂願？尚不可知！[7]

沈從文大概以為政權的更迭與他一個文弱書生沒什麼關係，誰上台他

都照樣寫他的小説，只要讀者喜歡就繼續寫下去。

但僅僅半年後，郭沫若的一篇文章像一枚重磅炸彈，徹底炸碎了沈從文暢想未來的夢，甚至影響到了他的後半生。

1948 年的 3 月，郭沫若《斥反動文藝》在香港的《大眾文藝叢刊》第一輯上刊出，和同時刊出的另外兩篇文章形成「組合拳」，集中抨擊了沈從文，火力之強，出乎許多文人的意料。

被點名的還有朱光潛、蕭乾等，以對沈從文的批判措辭最為嚴厲。邵荃麟等認定沈從文是「大地主大資產階級的幫兇和幫閒」，「直接作為反動統治的代言人」；郭沫若甚至以五種顏色（紅黃藍白黑）標記各類人等在政治、文學創作的傾向，如：沈從文為「桃紅色」的代表，「作文字上的裸體畫，甚至寫文字上的春宮」；又如：朱光潛為「藍色」的代表，這與他有着國民黨員背景有關；再如：蕭乾為「黑色」的代表，「什麼是黑？人們在這一色下最好請想到鴉片，而我所想舉以為代表的，便是《大公報》的蕭乾。」末了，郭沫若還不滿足於大聲疾呼，他要怒吼：「鴉片，鴉片，第三個還是鴉片，今天你的貢煙就是《大公報》的蕭乾！」

以郭沫若當時在左派學生中的威望，他的一紙「檄文」，猶如一石激起千層浪，把已經十分躁動的學生情緒推到了極致，針對沈從文、朱光潛等人的壁報、標語、恐嚇信充斥着北大校園。

武漢大學也未能倖免，反共最堅決的蘇雪林在寫給凌叔華的信中，談到由郭沫若文章引起的連鎖反應：

> 以前還說中國是一片沙漠，現在更成了充滿火光與血腥的修羅場。我們天天提心吊膽地過日子，只恐一朝赤浪洶湧而來，身家性命霎時丟得乾淨。去年有一個時期，共黨的軍隊離開我們珞珈山只有二三十里，山上有許多謹慎的太太是不脱衣睡覺的，膽子小些像某某太太則帶着隨身珍飾乘飛機逃往上海，只留着我們這些沒有翅膀的，在危險圈子苦捱，等待頭頂上那把一髮所繫的利刃隨時掉下！……現在學生的「壁報」和「標語」都充滿恐怖性、威嚇性了。

動不動要叫「未死的快死，未生的快生」，「冷淡麻木的分子沒有生存權利」，他們對於不肯附和共產主義的教授每大肆攻擊。目前攻擊得最利害的是吳宓和燕樹棠。前幾時又做了幾篇文字和我開玩笑。叔華，我們現在對於政府可以任意詆毀，但對於共匪，除了黨部報紙如中央日報等誰也不敢得罪他們半句。他們現在是未登台的秦始皇，簡直使得我連「腹誹」都不敢。[8]

蘇雪林的信，從另一角度反映出兩種世界觀對待當時如火如荼的解放戰爭的態度。

從未經歷也未見識過這種陣勢的沈從文徹底懵懂了，他不明白自己究竟是屬於哪個階級，自己何時成了「大地主大資產階級的幫兇和幫閒」？自己的作品怎麼會與「文字上的裸體畫，甚至寫文字上的春宮」相連？太多的疑問使得沈從文一時理不出頭緒。

此時的北平已被解放軍的百萬大軍逐漸圍成鐵桶陣，沈從文依稀感到，自己已經被社會輿論認定為：站到了即將改朝換代新政權的對立面。

1948 年 10 月，沈從文在寫給凌叔華的信上流露出悲觀的情緒：

北平也許會毀到近一二年內戰炮火中，即不毀，地方文物也一天一天散失，什麼都留不住。……最作孽的無過於故宮，什麼事都不作，只養下一些職員辦公！木器家具處登記後擱着下來，竟若毫無用處，陳列室卻用一專室放西洋鐘！絲織物有上千種不注意，許多都在你們住平那個時候隨意買了，現在卻還有一個房子陳列郎士寧艾蒙的大馬。真是作孽子！[9]

沈從文自己的前途未卜，反倒關心起故宮新買進來的絲織物的保存現狀。

11 月 19 日，小姨子張充和與傅漢思結婚，不日二人離開北平去了美國。沈從文不是沒有機會，他的舊識，時任南京政府教育部次長陳雪

屏 12 月飛到北平，勸說沈從文全家南飛，卻被回絕了。沈從文告訴大哥：「北平冬晴，天日猶明明朗朗，惟十天半月可能即有地覆天翻大戰發生！」[10]

沈從文就這樣坐等 1949 年的來臨，伴隨而來的仍是北大校園對他的聲討和批判他的大標語、壁報，有人甚至重新抄寫了郭沫若的《斥反動文藝》。

那段日子對於沈從文，用「煎熬」兩字形容絕不為過。選擇出國？語言不通，難以生存；選擇南去？國民政府的腐敗與節節敗退，和共產黨領導的解放軍摧枯拉朽的排山倒海之勢形成鮮明對比，全國解放指日可待，他去無可去。

在焦慮的等待之中，沈從文似乎出現了幻覺，滿腦幻想的是燃起的熊熊大火，滿眼看到的是遍地流淌的鮮血，火與血，不正是郭沫若給自己定位的「色標」嗎？

此時沈從文收到凌叔華從英國寄來的信，拜託他代尋房客。史家胡同那套小院已擱置有時了，沈從文陪美籍北大教授燕卜蓀夫婦看房後，觸景生情，引起他對往日的回想，不由得對遠在萬里之遙的凌叔華感慨了一番，如今也只有對海外的人談論自己的感情了：

> 得十二月三號信，正值年末，已傳轉金甫孟實二先生看過，都因為情形不許可享受個單獨的家，所以房子不擬去住。還是住學校宿舍，與二百萬市民同分明日辛苦艱難，沉沉默默接受一個不可知的未來比較自然！情形雖嚴重，但大家還沉得住氣，來接受本身一分。因只要稍稍想一想全中國萬千人的遭遇，和直接在炮火下兵士平民的犧牲，我們對於任何不幸，都無話可說了。聞之琳已乘十七號船返國，本月十七可抵港，如可能，還會飛平來看看熟人，與熟人一道度難民生活。計數一下日子，也可能半月後居然會看到他，藉此可知道些國外熟人生活。多有個人在此共患難，大家自然心也溫暖得多！

關於房子事，大家既住不了，因商燕卜蓀教授夫婦。今天午時，陪同往看一下，曾與常先生見過面。在你十多年前待客的廳子中，看見由藍變灰長窗簾，舊舊的、靜靜的下垂。沙發上了套子。從窗口看院中，陽光下有殘雪奪目。花壇有花木處均用稻草包好。又到西屋（日本式炕那間）看看，滿屋陽光。第二間常先生栽的盆景，綠蔥蔥的，他的孩子正在拉小提琴。又從小側屋望望北邊那間日本式小房，一些玩具還整整齊齊擱在窗邊。又到院中走走，柳樹雖未發青，但枝條在陽光下搖搖曳曳，像是當真不久春天會來。回到廳子裏時，我告他們：「這裏曾經保留過許多朋友的快樂記憶。西林、志摩、老金、喬治葉，小姐或先生，主人和客人，都在這個廳子凸出處長條椅上坐過，吃喝過，笑鬧過，還有辭世十八年的詩人彷彿尚笑語可聞！」和當前靜沉沉冷清清空氣對照，和當前大家處境、心情、以及明日不可知命運對照，自然更令人感慨特深。因為即從三小姐來到這個地方看你們，也有十六年了。若帶孩子們來，向他們說這裏過去，已不甚懂得。再過十六年，倘若這房子小主人小瑩回來，在這裏接待朋友時，要他們想一想過去是什麼情景，自然更辦不到！這就是歷史！生命長流，新陳代謝，哀樂永遠不相通。即這個信他們也不大會理解的！

看過房子，燕卜蓀教授回來時說的意思，特轉達後……盼即早回信，信或寫給常先生與燕卜蓀教授比較直接敏捷。因為一來一往，信件即得半月以上，照趨勢看，有些事都算不到的！所以這房子如何處理，你得即早決定，免擔擱誤事。因為房子目下空着，不住兵，是另有原因，不能長久如此。萬一此後佔房用，繞屋大樹似乎就不容易完完整整保留了（房子前後有些樹，好看得多，是要二十年方長成的。有些問題或比樹還重要些）。房子燕卜蓀他還希望住一年，或二年。

到目下為止，熟人都還平安無恙，值得轉告周翰、佐良、家驊、馬耳、汝康以及其他朋友。至於此後日子中，有多少人碎心，

毀身，可無從預言。這些事，似都宜用一種哲學家眼光來看，不必
難受悲痛，因為全個國家在苦難中，聽血與火作成的傳染病各處延
展，無數作父母妻子的，無不用一雙溫瑩瑩的眼睛盼望着和平。和
平什麼時候能由人民盼望中來，還是由別的方面送來，都若一半在
人，一半由天——由一個近於不可知在主宰！在國內，四萬萬人都
為明日遑遑忡忡，無從為自己有所安排，即安排，也會由於一顆小
小釘頭脫出，即將機器毀廢！盼望諸友好為這裏少數熟人放心，為
國內多數生活不同而情緒尚相通的人關關心。國家太需要和平了！
目下每個熟人都像是活在兩種風雨中，一是由外面而來的風雨，一
是由內心而生的風雨；本身都似乎不大當得住。可是一看看孩子們
在寒風裏玩的如何興奮快樂，忘我無心，會覺得孩子對於生命的處
理，若有上帝意思存在。赤子與醉人，火與血作成的大旋風，對他
們實無意義。如能學學他們，許多事會明朗得多！

沈從文在信中使用了「隱語」，如「房子前後有些樹，好看得多，是
要二十年方長成的。有些問題或比樹還重要些。」這是沈從文的厚道之
處，他知道凌叔華曾將房子租借給日本人住，但他不點破。

1月18日，沈從文無意中翻出《愛眉小箚》，不免想起當年對自己有
極大幫助的徐志摩，就在書上記了此時的感慨：「孤城中清理舊稿，忽得
此書。約計時日，死者已成塵成土十八年。歷史正在用火與血重寫，生者
不遑為死者哀，轉為得休息羨。人生可憫。」[11]

又是「火與血」，又是刺眼的紅色，沈從文忽然羨慕起徐志摩來，他
走得匆忙，在人生最輝煌的時刻，其生命倏然而止，令無數他的「粉絲」
哭乾了眼淚，也讓他的「政敵」不再喋喋不休。

如今朋友們懷念志摩，沒有人再去追究他的政治傾向或隸屬於什麼
「顏色」範疇。臨到自己，又有誰為生者哀？歷史就要重寫，政權更迭，
每每想到此，沈從文就寢食難安，進退維谷。他最終「在強烈刺激下陷入
空前的孤立感，一月中旬，發展成精神失常。」[12]

　　沈從文感到實在太累了，他說需要休息，或許像徐志摩那樣徹底地休息。「人總得休息，自己收拾自己有什麼不妥？」[13] 沈從文對妻子說。

　　1949 年 2 月，沈從文寫的《一個人的自白》開篇就表明是在「求生的掙扎與自殺的絕望」中留下的絕筆。不久，當解放軍的坦克隆隆開進北平城，這座古城被宣佈和平解放，人們載歌載舞，歡慶當家做主人之時，被扣上「反動統治的代言人」帽子的沈從文選擇了「自己收拾自己」，他「用剃刀把自己頸子劃破，兩腕脈管也割傷，又喝了一些煤油。」[14]

　　人們多形容文人大智若愚，像沈從文這樣的書生，除了會寫文章，對於生活，他簡直屬於「低智」，連「自己收拾自己」都成了難事。沈從文沒死成，在「鬼門關」溜達了一圈兒，經搶救又重回人世。

　　當然，像沈從文這樣的「個例」並不多，不是所有人都不看好未來的中國，蔣恩鈿從美國致信凌叔華，對胡適離開大陸來美以及發表各種演說頗有微詞：

　　　　胡適博士上月來美。表面不負有使命，實際是有使命的。發表許多話，似乎美國人也懷疑，那樣聰明的人會說許多毫無根據的，那樣不聰明的話。北平一切情形良好。綜合各種朋友的信來看，是一個可期待的將來。有一西友四月十八日離平返美，並決計秋末再去，認為新中國大有望。

　　　　衡哲姊夫婦始終在滬未離，上沅兄一家也在滬。清華除了四五位離職外，一切照常。北大恐怕只有校長跑了？吳之椿太太去年遷此回去。錢瑞升代周炳琳做了法學院院長，楊振聲先生們一概均未動。[15]

　　經歷過生死輪迴的沈從文在解放後堅決不再從事文學創作，他選擇研究與現實愈遠愈好的歷史文物行當作為後半生的一種活法，被分配到中國歷史博物館當一名講解員。

　　有一次，沈從文被通知要給市裏一位領導同志講解，他老早恭候在現

場，當領導同志在眾人簇擁下來了，沈從文卻躲開了。事後館領導責問，他尷尬地說，這位領導是副市長吳晗，自己曾經的學生，「我怕他恭恭敬敬對待我。」

館裏給沈從文分了宿舍，位於東單東堂子胡同五十一號。這新家與男廁所為鄰，此前還要路過女廁所，均為茅坑式，沈以「二茅軒」作為自己的齋號自嘲，並在那裏一住便是三十多年。

老友間少有往來是出於迫不得已，但凌叔華還是從其他渠道得知沈從文過得並不舒心。她儘可能從物質方面給予一些幫助，或託人捎帶或寄去一些藥品。這倒讓沈從文很過意不去，他告訴凌叔華：

> 至於生活上日用品，從來未感到缺少，可說「要什麼有什麼」，而且事實上還十分價廉，醫藥方面則有公費治療，更不必擔心（所悉熟人中情形通差不太多，只個別偶爾會久病延纏，情緒上有些不可免困難。一般都可說生活過得很好，遠不像帝國主義者有意造謠所說的情形）。盼望你以後不必費神遠遠的從國外捎寄東西來。[16]

讓沈從文不舒心的主要還不在於物質方面，自解放後，他過眼文物上百萬件，立志後半生「將近廿年所學絲綢、陶、漆、花花朵朵罎罎罐罐常識，結合新的生產需要，來為『古為今用』服務」，譬如，耗去他半生精力的《中國古代服飾研究》幾易其稿，論文二十餘萬字，圖片二百多張，文字說明中僅附圖就有上百種，這樣的浩大工程在沈從文眼裏「只能說初步告一段落，是否值得付印，或當有待此行真正『專家』指正修改，實意中事。至於此後或將分門別類，繼續作去，或又因新的需要，另有工作着手，還不明白。」[17] 沈從文在寫給凌叔華的信中常常因自己付出努力得不到社會上的理解而苦惱。

1979 年，陳小瀅與丈夫秦乃瑞攜小兒秦思源回國。他們計劃到北京必去的幾個地方，其中就有去「二茅軒」看望沈從文叔叔。

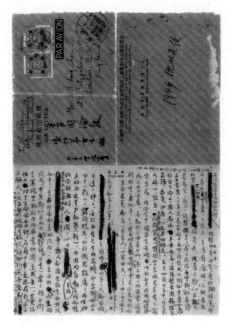

沈從文致凌叔華信

　　陳小瀅夫婦站立在這間十幾平米的房間（妻子張兆和住在相隔二里遠的小羊宜賓胡同），室內只有一床一桌一椅，沒看到書架，書都是靠牆擺起來的，桌上、床上也都堆放着書。一根晾衣繩橫跨東西，繩中央繫着一個紅氣球，看來沈從文對於遠道而來的客人還是做了些準備。當他看到四十年未見的老朋友的孩子，還是異常的高興，盤坐在床上不斷地拍手，口中有節拍地唸道：「歡迎，歡迎，熱烈歡迎。」

　　陳小瀅也十分激動，回想起自己初長成人，從文叔叔給予她的幫助，她甚至是看着從文叔叔的作品長大的。遙想當年自己漂洋過海時，年僅十六歲，彈指一揮，三十三年過去，如今自己也身為人母，再次回到了父母相識相愛的地方，回到姥爺姥姥居住過的城市，見到了父母的好友……

　　小瀅熱淚盈眶，感慨良多，這裏不單有再次見到「忘年交」老朋友的那份情感，還蘊含着對從文叔叔的生活現狀湧出的一分淡淡酸楚。

注釋：

1　沈從文致王濟真信，1930 年 1 月 3 日，《沈從文全集（修訂本）》，北嶽文藝出版社，2013 年版。

2　沈從文致陳小瀅信，1944 年 6 月 15 日，刊登於《文藝先鋒》。

3　陳西瀅日記，1944 年 11 月 24 日（陳小瀅收藏）。

4　陳西瀅日記，1945 年 9 月 10 日（陳小瀅收藏）。

5　沈從文致張兆和信，1930 年 7 月 15 日，《沈從文家書》，第 24 頁，譯林出版社，2015 年版。

6　陳西瀅日記，1945 年 6 月 15 日（陳小瀅收藏）。

7　沈從文致陳西瀅信，1947 年 8 月 1 日（筆者收藏）。

8　蘇雪林致凌叔華信，1948 年 5 月 12 日（筆者收藏）。

9　《沈從文全集（修訂本）》第 18 卷，512—513 頁。

10　《沈從文全集（修訂本）》第 18 卷，515 頁。

11　《沈從文全集（修訂本）》第 14 卷，475 頁。

12　沈虎雛：《沈從文年表簡編》，《沈從文全集》附卷第 38 頁，2003 年版。

13　沈從文致張兆和信，1949 年 1 月 30 日，《沈從文全集（修訂本）》。

14　張兆和致田真逸、沈岳錕等信，1949 年 4 月 2 日，《沈從文全集（修訂本）》第 19 卷 22 頁。

15　蔣恩鈿致凌叔華信，1949 年 5 月 26 日（筆者收藏）。

16　沈從文致凌叔華信，1973 年 7 月 2 日（筆者收藏）。

17　沈從文致凌叔華信，1973 年 7 月 2 日（筆者收藏）。

營救李四光

　　著名地質學家李四光被全國人民熟知，緣於作家徐遲 1977 年 10 月
發表在《人民文學》上的《地質之光》。文章中有一段是描述李四光如何
在海外擺脫國民黨當局駐英使館人員的纏鬥，走上回歸祖國的征途。作者
對這段經歷的考證是下了一番功夫的，儘量讓情節絲絲入扣，時間、地
點、過程以及人物的對白、懸念迭出，至今讀來還令人感受頗深。

　　作者是從 1949 年 10 月 2 日，格林威治時間零時，英國廣播公司報
道了中華人民共和國成立開始進入情節的，當時的李四光正住在英國海邊
小城伯恩茅斯邊搞他的研究，邊治病療養。陪伴他的是妻子許淑彬。

　　　當黎明來臨，他（李四光）還睡着時，被一陣電話鈴聲驚醒，
　　從倫敦打來了一個長途電話，他穿着睡衣接聽。對方一個女性的聲
　　音問訊他。
　　　「是我，」他說。又問：「你是哪一位？」
　　　「凌叔華。」
　　　「你好！什麼事？」
　　　早年在國內的一位女作家凌叔華把一樁緊急的事情告訴了他。
　　昨夜她得知了國民黨外交部給它的大使鄭天錫的一份電報，密令鄭
　　天錫立即找到李四光，要他向全世界發表一個公開聲明，否認中華
　　人民共和國，並拒絕接受人民政協給他的全國委員的任命。

......

「你的名字已出現在全國政協委員名單中。台灣命令它的駐英使館，如果你不肯發表公開聲明，可以採取必要措施，將你扣留在國外，不放你們回國。」

......

凌叔華又接着說：

「昨晚我們商量了。一清早就給你打電話。你得趕快離開你的旅館。他們知道你的地方。他們是會不擇手段的。最好你到瑞士去。到了瑞士我們就放心了。你單獨先走。到瑞士再讓淑彬去和你會合。然後你們回國去。」電話裏傳來了最懇切的音調：「你答應我們快走吧。」[1]

徐遲的報告文學在當時引起了極大的社會反響，人們誦讀着，激動着，在感謝李四光為改變我國貧油地位做出卓越貢獻的同時，也感謝為他順利回國冒着巨大危險通風報信的凌叔華，以至二十世紀七十年代凌叔華回國觀光時，國內給予她極高的接待規格。出版界的老報人趙家璧在寫給凌叔華的信中就提到：「你是五四時代的著名女作家，地質學家李四光教授當年得以順利回國，你對此事建有殊功，散文家徐遲寫的報告文學《地質之光》寫到你，全國人民都感謝你！」[2]

只是讀者都忽略了徐遲這篇文章中的兩個細節。其一，「早年在國內的一位女作家凌叔華」，她在倫敦既沒有工作，又沒有國民黨的背景，如何得以獲知國民黨當局發給鄭天錫的密令，甚至準確地告知李四光，使館人員正在去往他居住的海邊小城伯恩茅斯的路上；其二，凌叔華電話中一再重複的「我們」，即「昨晚我們商量了」、「到了瑞士我們就放心了」、「你答應我們快走吧」。這個「我們」除了凌叔華，至少還應該另有一人，他是誰？徐文中沒有提到，看來絕非是疏忽。

六十多年過去了，應該還歷史的本來面目，這個人就是陳西瀅。他憑着當時國民黨當局派駐聯合國教科文組織常駐代表的身份和相當於「參

事」的官職才有可能看到台灣發來的密令。

當然，我們不能錯怪徐遲的「遺漏」，不是他不知道，是知道了不能説，更不能寫。那時陳西瀅不但身上有着「反動文人」的標籤，還是國民黨當局的駐外人員，於是幫助李四光回歸祖國這件好事只得記在了他的夫人凌叔華名下。

陳西瀅為什麼幫助李四光脱離國民黨當局的控制，回到祖國大陸？溯其源就不得不談李四光和陳西瀅的特殊關係了。

李四光早年留學英國，回國後是《現代評論》的一名驍將。由於以魯迅為首的「語絲」在與「現代評論」對壘中佔據上風，加上新中國成立後，「除了自己什麼人都罵」（郭沫若語）的魯迅成了正確路線的代表，「現代評論」或者説「新月」陣營從此再沒有翻過身來；對於原本是科學家，又對新中國有重要貢獻的李四光，沒必要再牽出他來趟這「渾水」。逐漸，他被「淡出」了人們關注魯迅與陳西瀅對壘於「女師大學潮」的視野，而實際上李四光恰恰是「學潮」的「目擊者」或者説是「參與者」。

李四光的妻子許淑彬是無錫人，還是陳西瀅的小學同桌，據説二人都互有好感，只是這層窗戶紙沒有捅破，加上陳西瀅十年留學海外，錯過了這份姻緣。

1948 年 8 月 26 日，李四光許淑彬夫婦在伯恩茅斯為獨女李熙芝（後改名李林）和鄒承魯舉辦婚禮時，熙芝對前來賀喜的陳小瀅説：「當年你爸若是娶了我媽，就沒有今天的我了。」

小瀅跟了一句，「也就沒有今天的我了。」[3]

陳西瀅與李四光是留英時的好友，他們都是學人，從不參與黨派之爭。陳西瀅幫助李四光回歸大陸，是考慮到他研究的是地質力學，這樣的科學家若到台灣島，這一生的心血也就白費了。

凌叔華與李四光一家也並不生疏，還是在和陳西瀅談戀愛時，就常去「東吉祥」串門，時常遇見他們夫妻。真正認識他們一家是在陳西瀅夫婦結婚後開始的蜜月之旅。凌叔華晚年回想起當年參加北大教授避暑團時的情景，心裏全是美好的記憶：

那時北洋軍閥統治華北，北大教授每月薪水只領到四分之一，生活大成問題，幸虧那時的教授年紀尚青，富有朝氣，居然想到集體同去青島中學避暑。青島有極好的海灘，魚肉小菜豐富而價廉，真是理想的避暑勝地。青島中學原為德國兵營改造，所以房屋寬敞且近海邊。北大教授去他們不收租錢，且留下廚師服務。在我同西瀅到達中學，已是黃昏時候了，大家在門口歡迎我們，擁進食堂後，大喝啤酒，高聲談笑，這些教授們好像學生一樣——其實他們都只是卅歲左右的人。

……

那時的我是由一個十九世紀式的家庭生活，忽然跳到二十世紀團體新生活，有時不免覺得自己有點像醜小鴨，插不進去，尤其是他們高談闊論，包括古今中西一切問題，起初我勉強的聽，後來漸漸不感多大興趣，在這種時候，我就只好去同李四光的女兒熙芝玩，她不到五歲吧。正需要一個朋友，可以給她講故事，畫小人或在屋外跑跑。

在我們倆玩得很好的時候，李四光常來參加，因為他是不喜歡空談政治或社會，他是地質學家，他注重實地觀察和判斷。他很愛他的女兒，淑彬為女兒做飯時，他就帶女兒散步去，她女兒常要我同去。[4]

這幫教授裏面，有文學、語言、政治、經濟、社會、物理、地質等各個領域的專家，是個人才濟濟的群體。大家約定午前去游泳，午飯後小睡，下午時光或爬山、散步或上市場購物，晚餐後又聚集在一起吃茶、喝啤酒、閒聊。天氣晴好時，還集體乘坐馬車遊覽青島附近的大、小嶗山，一去便是一天。

這群教授們大多是陳西瀅留學英國時的朋友。教授們的妻子，也都是有專長的人，例如袁昌英、沈性仁、許淑彬等也都是教外文或譯書的專家。

　　以後，由於北洋政府的欠薪和對不同政見知識分子的打壓，使得大批北大、清華教授紛紛外遷。凌叔華隨同陳西瀅最終落戶武昌的國立武漢大學，而武大的新校址珞珈山便是身為武大籌委會委員的李四光騎着毛驢尋覓到的。若不是李四光不久又轉到中央研究院地質研究所從事他的老本行，這兩家還會在一起共事多年。

　　1948 年春夏之交，已定居海外的陳西瀅夫婦在倫敦迎來了闊別多年的好友李四光夫婦。李四光是接到國際地質學會的邀請，前來參加在英國倫敦舉行的第十八屆大會的。

　　行前李四光經過充分考慮，決定帶夫人許淑彬一起出國。當時的國內，解放軍正以排山倒海之勢，從北至南向國民黨軍隊發起了最後的攻勢，勝利的曙光已顯現出來。

　　國民黨政府向何處去，自己向何處去，每一個曾為它工作過的人都十分關注並面臨不可迴避的選擇。各種消息極多，有劃江而治之說，也有遷到與大陸一水之隔的台灣之說。又聽說國民黨政府為了讓有名望的知識分子順從其意旨，有意先將其家眷控制起來等等。應當說李四光攜夫人出國，與正在英國伯明翰大學讀書的女兒和即將成為女婿的鄒承魯會合是明智之舉。

　　即便到了國外，李四光夫婦仍舊密切關注國內發生的一舉一動。許淑彬在伯恩茅斯寫給凌叔華的信中就有此擔憂：

> 　　國內情形想你比我們要知道得多一點，前天接到中央研究院來電云，決於日內遷廣州，但是在此交通工具極度困難時，不知如何遷法？國內朋友之苦可想而知，我們雖然未曾身受其苦，但心中也極度不快也。[5]

　　許淑彬這種「極度不快」也只好和最親近的知己說說而已，因為她們知道，各自的丈夫都還拿着國民政府的工資和津貼：「教育部津貼仲揆一千美金支票總算已於前日接到。不過已去了兩個電報及好些信件，現在

還需寄至美國中國銀行然後可以提出。」[6]這也是許淑彬不得不考慮的無奈之舉。

時間來到 1949 年，國內局勢驟變，國民黨當局預備退縮到台灣，而共產黨正在轟轟烈烈地為建立新中國做各項準備。4 月，郭沫若根據周恩來總理的指示，利用出席在布拉格舉行的「世界維護和平大會」時機，託人捎信給李四光，請其「早日返國」；7 月 19 日，李四光被任命為全國首屆自然科學工作者代表大會常務委員會副主任委員；9 月 21 日中國人民政治協商會議在北平開幕，會上，經周恩來的提議，增選李四光為全國政協委員。

此議案通過電台、報紙向全世界公佈，於是出現了此文開始的情節。當選全國政協委員的李四光並不知曉，周恩來的點將使形勢驟變，也迫使李四光做出當機立斷的選擇。

於是，在徐遲的文章中就出現了如下的描述：

> 事情的突然發生，起到了促進他們回國的良好作用。他（李四光）一轉身，匆匆走出大門。四面一看，一切都和平時一樣。出租汽車把他送到火車站。上了火車，只一大站，就到了南安普敦。從南安普敦，他上了一條貨輪，只一個夜晚，就渡過了英吉利海峽，到了瑟堡。在瑟堡，上了火車，經過岡、巴黎、南錫……他到了瑞士，選擇了靠近法國邊境的巴塞爾住下，打了電報給許淑彬，讓她前來會合。

正如所料，在李四光出走後約兩個小時，使館的人便趕到了伯恩茅斯。面對許淑彬，來人拿出五千美元的支票和一紙要求李四光發表的否認中華人民共和國、拒絕接受人民政協給他的全國委員任命的聲明。這些，理所當然遭到許淑彬的拒絕，來人悻悻而去。

一切都描述得合情合理。自從徐遲的《地質之光》載入中學課本，人們對這段記載深信不疑。

終於有一天，筆者產生了疑問，難道李四光不需要辦理簽證，手持中華民國護照就可以走遍天下？周恩來「點將」李四光為新政協的委員是在9月21日，國民黨當局為什麼要遲滯十天後再「下手」？

這麼多年過去了，這似乎成為永久的迷。徐遲寫成此文，陳西瀅已去世七年，李四光去世六年，許淑彬去世四年，李熙芝是當年10月上旬收到父親發自瑞士的信，她是依照父親的囑託，從伯明翰趕到伯恩茅斯，送母親到瑞士，她只能算半個當事人。

無疑，身處英國的凌叔華是看到徐文的健在者，她是否同意徐遲的寫法，筆者無從了解，但是看到她晚年顫顫巍巍寫下「李四光及淑彬信二封1949—50（內存）保留」，特在「保留」旁畫了雙圈，似乎有話要說。凌叔華晚年曾試圖寫《回憶李四光》，可惜只寫了幾頁便擱筆了。

筆者嘗試還原李四光當時「說走就走」的過程。

時間倒退至1948年9月20日，李四光致賀有年的信中說：就柏林問題看來，「美英與蘇聯衝突日益尖銳，前途未可樂觀。」「在此緊張局面之下，國內亦非樂土，返國亦難得適當之地可居，適當之工作可做，誠哉兩難。」因此，他打算，如果英倫的氣候太冷，「則擬赴法國或瑞士休息若干時期，再作計劃。」[7] 看來去法國、瑞士的想法早在此時就已有考慮。

2018年4月28日，筆者在小瀅的幫助下，有幸與李四光的外孫女鄒宗平通了電話。她根據外婆許淑彬的生前回憶告訴我：李四光夫婦本打算1949年5月回國，並辦理好所去國家的簽證手續，還買了從法國到香港的船票。後來得知，船要六個月後才能啟航。在等船期間，9月21日晚，李四光突然接到陳西瀅的電話，當即從伯恩茅斯坐火車到一百二十里外的海濱城市普利茅斯，從那裏過海到法國。

綜上所述，給了筆者三個明晰的信息：一、1949年4月，李四光接到郭沫若等發來「望早日回國」的函件後，便開始辦理回國的必要準備（諸如簽證）；二、陳西瀅在看到台灣當局給鄭天錫密電後，即刻打電話給李四光，勸其立即出走，不要遲疑；三、李四光是在9月22日，而不是10月1日離開英國的。

至此，我們捋清了李四光出走的大致輪廓。

筆者收藏一張明信片，是李四光夫婦 1949 年 11 月 16 日從瑞士蒙特勒分別寫給陳西瀅夫婦：

通伯兄：十一月十一日大示奉悉，承示各節，謝謝。弟原擬赴東歐一遊，前因在此受涼，且經過聯盟國檢查處檢查，手續頗覺麻煩而中止，行程仍照前定辦法進行。唯 Corfu（科孚，輪船名）艙住不好，但如無其他更好辦法，亦只好受之而已。弟身體仍不能任重，作若干研究工作、或教書則易，或不為難；若涉及行政，則不能不加以考慮矣。崇此順頌近好，並候叔華姊安吉，小瀅好。弟光，十一、十六。

叔華：離英前未及把握辭別，深以為悵，後聞曾追至車站，又未得一見，不知我們將來何時再能握手談心耶。仲揆在 Basel（巴塞爾）時曾致通伯一函，此時想早已收到。熙芝返英已將兩旬，我們在 Montreux（蒙特勒）居住將近三個星期，因仲揆受涼咳嗽不敢行動，現已稍好，擬日內赴 Zurich（蘇黎世）等處，唯聞瑞士此時雨多晴少，最不宜於健康。俾回國後當常通音信，並望亦常賜佳音為盼。此問雙好。淑彬上，十一月十六日。[8]

整個過程表明，李四光能夠順利離開英國並安抵瑞士，陳西瀅功不可沒。這其中充滿變數，也充滿難以預料的危險，以致許淑彬母女二人離開英國時，陳西瀅夫婦追至車站「又未得一見」。

就在陳西瀅為李四光回國而努力之時，剛剛誕生的新中國政府也在為李四光的回歸忙碌着。

1949 年 11 月 15 日，政務院任命李四光為中國科學院副院長。周恩來致信中國駐蘇大使王稼祥和新華社駐布拉格分社社長吳文燾，說：「李四光先生受反動政府壓迫，已祕密離英赴東歐，準備返國，請你們設法與之接觸，並先向捷克當局交涉，給李以入境便利，並予保護。」

陳西瀅與李四光兩
家合影於英國伯
恩茅斯

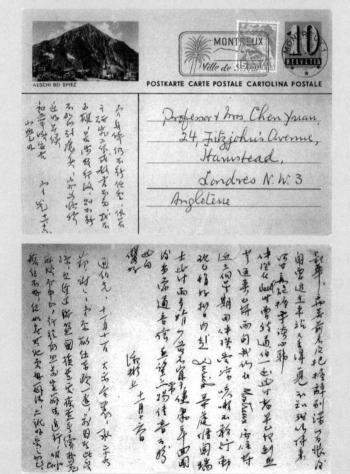

李四光致陳西瀅
明信片，1949 年
11 月 17 日

　　應該説國內對於李四光關懷備至，能想到的都替他想到了，並對如何任用他也都有了具體安排。這時的李四光卻遲疑了：「弟身體仍不能任重，作若干研究工作、或教書則易，或不為難；若涉及行政，則不能不加以考慮矣。」在這裏，我們看到一位真實而質樸的李四光，他只想如何將自己的學問服務於自己熱愛的祖國，而他得到的信息卻都與他的學術研究毫無干係。

　　李四光在歐洲滯留了半年，於 1950 年 5 月 6 日回到了祖國北京。第二天，周恩來總理到他下榻的北京飯店看望他時説了如下一段話：

> 　　你到底回來了。這裏竟還有人説你不會回來了。我説你是一定會回來的。你一定是遇到了什麼困難。果然。那些情況我都已經知道了。你看，是我，提名要你當全國政協委員的，不想這給你添了許多麻煩了。好呵，你不是回來了嗎？[9]

　　周恩來的話並不是無的放矢，李四光從海外學有所成到回國當教授、當科學家，走的是一條科學救國的路。他不滿意舊政府，卻也不了解新政府，他猶豫、彷徨、思索都在情理之中，這才是真實可信的李四光。

　　他們回國後看到祖國的新面貌，看到新政府處處為人民着想，看到人們意氣風發地忘我工作，李四光被感染着、激勵着，在他六十歲時又煥發出第二春，他要用自己研究了一輩子的地質力學去譜寫新的華章。夫人許淑彬寫給凌叔華的信或許代表了李四光的感受：

> 　　自我們離開英國後，中有許多困難之事，直至抵了祖國，總算脫離了危險。回到了祖國懷抱以後，精神上的愉快筆墨所不能述其萬一，熙芝屢次來信説寧願在祖國受原子彈的威脅，而不願再在英國受氣，所以她雖然最近還不能得博士學位，決定離英能愈早愈好。她與魯婿一方面已經定了最早的船票，另一方面又設法自蘇聯返到祖國。[10]

　　如今，李四光一家回到了祖國，回到了北京，那有着「北平癮」的陳西瀅又作何打算呢？

注釋：

1　徐遲：《地質之光》，《人民文學》1977 年 10 月。

2　趙家璧致凌叔華信，1987 年 9 月 2 日（筆者收藏）。

3　根據採訪陳小瀅錄音資料。

4　凌叔華：《回憶李四光（未完稿）》，1989 年（筆者收藏）。

5　許淑彬致凌叔華信，1948 年 12 月 10 日（筆者收藏）。

6　許淑彬致凌叔華信，1948 年 12 月 10 日（筆者收藏）。

7　李四光致賀有年信，1948 年 9 月 20 日，見陳群等編著：《李四光傳》，人民出版社，2009 年版。

8　李四光、許淑彬致陳西瀅、凌叔華明信片，1949 年 11 月 17 日（筆者收藏）。

9　徐遲：《地質之光》。

10　許淑彬致凌叔華信，1951 年 1 月 2 日（筆者收藏）。

陳西瀅回歸大陸的苦衷

　　李四光夫婦安全離開，陳西瀅如釋重負，徐徐吐出一口悶氣。但轉念一想，李四光回歸大陸，讓台灣當局很沒面子，恐怕調查泄密之事也會隨即開始。「使館」同仁都知道陳西瀅與李四光私交甚好，這不由使陳剛鬆下的弦此刻又重新繃緊。他考慮起自己的退路，回大陸是選項之一，是他和凌叔華討論最多的話題。

　　凌叔華對於回國，顯然比陳西瀅更積極。自從來到英國，她很不適應，身邊沒有朋友，找不到既體面又符合作家身份的工作，孩子已進了寄宿學校，丈夫更多的時間是在法國。凌叔華獨守空樓無所事事的尷尬，使她想起了二十年前隨丈夫去到武大，自己當全職太太時的情景，當時有一種近乎崩潰的感覺。

　　凌叔華出國的目的是躲避戰亂，如今戰爭結束了，新中國建立，百廢待興，正是用人之際。而她擁有旁人不曾有的人脈，中學、大學校友鄧穎超、李德全，現在都是身居高位的人物。何況她還擁有父親留給她的史家胡同老宅，除了十九間房外帶一個小院，更可觀的是屋裏存放著當年沒有帶走的價值不菲的古玩字畫。所以，凌叔華比任何時候都更想早一天回到大陸。

　　凌叔華仔細梳理了出國前可能遺留的破綻，看是否有「穿幫」的危險，譬如：和松岡洋右的關係。這位與凌叔華保持了二十多年親密關係的神祕人物，不但周圍的朋友們不知曉，連女兒小瀅都沒有見過其人；

其二，將史家胡同老宅出租給宇佐美一事，也就是凌叔華最擔心的「逆產案」。

好在宇佐美當時租房使用的是華北鐵道株式會社的名義，用途是職工宿舍，類似這種強徵民房的事，在當時不是個別現象，把它歸之於在日本人淫威下，自己不得不屈從。這個「理由」通常會被人同情和諒解，再説此案幾年前已被常家媳婦化解得不露一點痕跡。於是，凌叔華迫不及待地給國內好友發信，聽聽他們的意見。

與妻子如此好的心態相比，陳西瀅則憂心忡忡，很不自信。自打李四光走後，圈內朋友又少了一位。這且不説，朋友們還分成了截然不同的兩個去向：或去台灣、海外，或留大陸，這似乎是矛盾的選擇，非此即彼。

胡適去了美國，王世杰、葉公超、羅家倫、杭立武、梁實秋等去了台灣。那時他們大都已經是國民黨政府的高官要員，胡適曾任駐美大使，後又是北京大學的校長，1950 年還發表了《共產黨統治下決沒有「自由」》；王世杰先後任教育部長、國民黨中央宣傳部長、外交部長，去台後一度任「總統府祕書長」；葉公超離開大陸前接替王世杰當起了外交部長；梁實秋則是土生土長的北平人，他眷戀家鄉，但也還是離開了這座城市。梁實秋説：「一九四八年冬，北平吃緊，風雨欲來，我想以避地為佳，倉皇南下，臨行留函告之諸友。」他不走是不行的，毛澤東在《延安文藝座談會上的講話》中點了他的名。

誠如梁實秋那樣的，還有蘇雪林。她反魯迅、反共是出了名的，她去香港後寫信給凌叔華，「很悔不該寫文章罵共產黨，致共黨到時倉皇逃遁。」[1] 兩位友人都使用了「倉皇」這個詞，可想他們當時的處境之難。

陳西瀅也留意在大陸朋友的反應，卻是出奇的好。第一個來信的是徐悲鴻，除了託他了結遺留的私事外，還説了推心置腹的話：

> 兄等須早計，留外終非久法。弟素不喜政治，惟覺此時之政治，事事為人民着想，與以前及各民主國不同。一切問題儘量協商，至人人同意為止。故開會時絕無爭執，營私舞弊之事絕跡。弟

徐悲鴻致陳西瀅信，
1950 年 1 月 10 日

想今後五年必能使中國改觀，入富強康樂之途。兄等尚不早計，爾時必惆悵無已。[2]

徐悲鴻「素不喜政治」，這點與陳西瀅很相似，但還是沒有把準陳西瀅的「脈」。知道「病因」的是他的學生葉君健。葉君健自德國投降後，英國政府給予他居留權，安排他到劍橋大學國王學院研究英國文學。

1949 年 9 月，葉君健得知新中國即將誕生，決定「束裝返國」。他行前向老師、師母辭行，言談話語表露出「在適當的時候他們也不妨回國看看」之意。陳西瀅沉默了一會兒，說了兩個字「但是」就把話帶住了。葉君健猜想老師「可能在下意識中想起了他和魯迅的那場論戰，在進步人士中形象不太好」就不願往下談了。[3]

就在陳西瀅鬱悶之時，凌叔華接到了李德全的回信：

　　來信收到，知道小瑩已在大學，她若回來，一定感覺高興！今天的祖國已經反［翻］過身來了。工人、農民、青年、婦女都起來

了，中國的光明日在發大着。帝國主義、封建主義、官僚資本主義
已都向人民低頭了，中國人民再不受它的壓迫了。[4]

　　寥寥數語，不免有些冠冕堂皇，但接下來凌叔華收到昔日同學，如今
是李德全祕書的孫文雪來信，她所講述比較客觀可信。孫文雪的長信，凌
叔華看了一遍又一遍，不禁喜出望外，也讓陳西瀅看到了希望。

　　　現在新政府已經成立，正在廣泛的爭取各種人材，據說他們
對一般人士尺度特別放寬，並不苛求，所以許多知識分子都由歐美
各地紛紛來歸，在毛主席領導下為人民服務。我想姊及陳先生也該
早作歸計，前函謂擬明春歸國不知已確定了否？聽說在英倫有很多
進步分子，望姊等多與他們聯繫，以便歸國時沿途多有照應。小瑩
還未畢業也許不能回來，聽說她已升入大學，她的前途實在未可限
量，德全姊每提及小瑩，備極愛惜。德全姊榮任衛生部長一事大約
你早有所聞，我作了她的祕書，姊或未曾料到罷，連我自己也覺得
是意外的際遇。上月的初旬她在田貴鑾家中聽人提到我，馬上約我
去談了一次，隨即留我幫她辦理文件，我已到差一月了，同仁們都
推誠相待，使我感到異常安慰，所慮的是怕我能力不足，不然我是
最高興了。從明天起我們每早有一小時的政治學習，各部的工作
人員都須如此，沒有例外。我對學習很感興趣，希望能跟得上班
次。……德全姊對於老同學們都很關心，尤其想念淑浩，因為是她
的好友，同時也極希望浩姊的丈夫陳大夫能回到祖國來，為國家人
民服務，假如他們也打算回來的話，這實在是個好機會，德全姊正
在為全國的衛生事業計劃推展，自然很盼望內行的自己人們來與她
合作。照我私人的意見，以為淑浩姊如不打算永久寄居在外國，趁
此時機回來，也頗相宜，不知姊以為如何。姊便中最好先向她提一
下，假如他們同意，德全姊對他們的回國必能做有利的安排。我們
都希望得到他們肯定的回音。[5]

　　國內各個方面反饋來的信息無不感染着陳西瀅凌叔華，特別是竺可楨的來信，像一把鑰匙開啟了陳西瀅內心塵封已久的「鎖」。

　　這封信來自波蘭，是竺可楨參加華沙國際科學會議，偶遇李約瑟，「知道你們一點近況」，便迫不及待地寫了這封點到了陳西瀅「命門」的信：

> 我們知道一切困難統可克服。實際也並無困難。周貽春、翁詠霓統已到了北京。他們是過去政治舞台上人物。兄與政治向無關係，至於文學上派別此時也不會再提。仲揆夫婦也常記掛你們，希望你們早日東歸。[6]

　　這確實點到了陳西瀅顧忌的要害。與魯迅論戰時，陳西瀅還不到三十歲，那時的狂熱、自負，現在到了為它「埋單」的時候，這也是他與凌叔華在回國問題上有着不同想法的原因所在。

　　別人來信很少直面此事，竺可楨就不一樣了，他是陳西瀅的妹夫，而且剛剛出任新中國的科學院副院長，他的話即便不代表官方，至少眼界的高瞻遠矚和政策的理解到位都是旁人所不及的。信中提到的周貽春、翁詠霓（即翁文灝），陳西瀅都熟悉，他們都曾當過大學校長，後來從政，前者任過國民政府的衛生部長，後者還擔任過國民政府的行政院長。

　　看到這封信，陳西瀅凌叔華心裏踏實了許多，何況放走李四光，台灣當局秋後算賬是遲早的事。只是蔣介石初到台灣，立足未穩，暫時還顧不上，最終夫妻倆商定在 1952 年春天返回大陸。這個大前提定下之後，討論的主題便移到了回國後去哪兒。凌叔華當然首選北京，她出生在那裏，成名在那裏，有着廣闊的人脈，還有現成的房子。

　　但陳西瀅卻顧慮重重，北京是他留戀嚮往之地，也是他身背罵名之地。現在北京成為首都，是新中國的政治中心，這讓吃過政治不少苦頭的陳西瀅多少心有餘悸，他最終提出還是回武漢大學。

　　陳西瀅在武大擔任教職十餘年，有熟悉的同事，像桂質廷、劉迺誠、楊端六袁昌英夫婦等，而且王星拱已離開武大，取而代之的是周鯁生。

「安徽幫」與「湖南幫」之爭，更朝着陳西瀅希望的方向發展，加上熟悉的環境，蔥郁的珞珈山以及碧波蕩漾的東湖，風景如此上佳，又遠離政治中心，教教書，寫寫文章，後半生也算是安定下來了。

凌叔華雖然不樂意，但是作為第一步，說服丈夫回國，這一點上還是有收穫的。不過，凌叔華也提出自己的條件，必須讓她在武大有一席之地 —— 登上授課的講台。她每每想起初到武大之時，背負着「家眷」稱呼就心中不爽。當然，為能早日回國，雙方都各自退讓一步，首先在家庭內部達成了共識。

俗話說，沒有不透風的牆。回國之事連在法國進修的蘇雪林都知道了：

> 你們返國，不知回到哪裏？到武大呢？還是北平？我總希望通伯先生還做我的院長，—— 我那幾年頗受冬烘如弘度先生之氣，不過是暗氣並未破臉 —— 也希望再返珞珈。[7]

無疑，陳西瀅此舉，連公開反共的蘇雪林都有了回國的念頭。沒過多久，凌叔華又接到許淑彬的信：

> 前接轉來十月二日信（指 1950 年），知道你不久就可返國，欣甚。……不知道你一人先回還是一家同回？我們的意思還是全家同回的好。人民政府待人非常厚道，一切易容商量。且通伯這樣的人更應早日回來為人民服務。在外國徒然的受他們的氣，還不如早日離開的為妙。[8]

這裏所說的「徒然的受他們的氣」，是指在英國時兩家主婦私下裏常聊的話題，即在政治上，她們的丈夫都對國民政府的前途既失望又無奈；在生活上，他們沒有享受到應有的薪水、津貼，往往為申請一筆錢，幾番請求、幾番周折才能拿到。

又過幾個月，許淑彬寄給凌叔華第二封信，兩封信都發出了同一疑問，究竟陳西瀅是否回大陸？這是因為在他們收到的凌叔華來信中都沒有看到肯定的答覆：

> 你如果可以明年返到祖國來，我們十二分歡迎的。……不知道通伯如何？他願意回國嗎？我們的意思，如果他願意回國，只要他誠意的改造以前的舊思想，政府一定很歡迎的。……現在我們新中國有說不盡的好，你回國後就可以看得出了。你千萬勿聽英國人的反宣傳，也不要害怕以前所聽見的胡說。[9]

李四光許淑彬的顧慮和擔心不是捕風捉影，陳西瀅在回國問題上，思想確實出現了波動，倒不是「聽英國人的反宣傳」，起因緣於接到袁昌英的回信：

> 叔華想回武大教書，我當然是非常贊成而盼望能成功的！但是我們在這上面完全不能說話。如果登恪先生能替你出力，比較有辦法，他現在以（副）院長兼系主任的資格，如果能夠替你提出是有效力的，不知他如何回答你。
>
> 你如果以為北方不容易設法，（如北大楊金甫及朱孟實二先生處可與函商）我提議你和通伯籌着一筆相當費用，以後赴蘇聯去學習一個時期，然後將在蘇聯觀察結果寫幾篇好文章寄回國內。現在文學上有二種雜誌：一是《人民文學》，一是《文藝報》。《人民文學》主編是茅盾，副主編是艾青，通訊處為北京總布胡同二十二號。《文藝報》總主編為丁玲，通信處為北京郵政信箱四十號。
>
> 現在國內一切均須學習蘇聯經驗，英美的東西簡直不作興。如果你二位能在蘇聯住一年半載，將俄文學好，那末，回國後一定有很大的貢獻。如果去蘇聯計劃不能成功，那末，你二位最好致函周鯁生及李仲揆二位好友，看他們如何說法。[10]

　　信中的「登恪先生」即陳登恪。其父陳三立，清末進士，同光體詩派的代表人物，他的幾個兒子，名氣一點兒不輸其父，如國畫大師陳師曾、國學大師陳寅恪。

　　但陳三立子女中排行老八的兒子陳登恪，在凌叔華的人際圈中通常被叫做「陳八」，怎麼聽也不像是對他的昵稱。凌叔華在樂山寫給陳西瀅的信中曾多次提到「陳八」，如「陳八據云日內返嘉一行，教幾天書，以便銷假拿一年錢。此外腐敗事甚多，不及細述。」[11] 又如「原來校方內幕有不堪告人者，王倫也不是不知！陳八回來了，又領了一年錢，」[12] 這裏借用「王倫」是暗指王星拱，說陳登恪為「陳八」自然也不是尊稱了。

　　袁昌英的信讓陳西瀅很沮喪，甚至被形容迎面潑來一瓢冷水也不為過。陳西瀅霎時清醒了許多，覺得自己對國內形勢的判斷過於樂觀，他開始關注、分析一些蛛絲馬跡，包括對自己的重新定位。

　　新中國究竟需要什麼樣的人才？自己算是新中國所需要的人才嗎？陳西瀅想到剛剛送走的李四光。

　　剛開始陳西瀅還覺得自己的經歷與李四光相差無幾：都有在英國留學的經歷；回國後都參與了和魯迅等人的筆戰；都拿着國民政府的工資並為其做事。但顯然李四光比自己更走運，人還在海外，共產黨給予的各種「頭銜」便紛至沓來，先是全國首屆自然科學工作者大會常務委員會副主任委員，後是新中國首批入選的政協委員，再後是中國科學院副院長……這些都歸功於他所研究的「地質力學」。新中國急需礦產、石油資源，迫切需要像李四光這樣的人才。

　　竺可楨則是享譽中外的氣象學家、地理學家，是李約瑟最佩服的中國科學家，他在浙江大學校長任上十餘年，其功績有目共睹。而竺可楨來信舉例的翁文灝，早年留學比利時，是學地質的，也屬於自然科學範疇，論資歷，他更是排在李四光之上。

　　陳西瀅又細讀了國內朋友的來信，包括讓凌叔華激動不已的孫文雪那封長信，信的最終落腳點是讓凌叔華說服胞妹凌淑浩，讓妹夫陳克恢大夫回國，「假如他們同意，德全姊對他們的回國必能做有利的安排。」

關於陳克恢在美國的知名度，相信陳西瀅要比李德全、孫文雪知道得更多更詳細。陳克恢時任美國實驗生物學聯合會主席，他成功地將麻黃城提煉成麻黃素，用於治療哮喘、花粉熱和百日咳等，是享譽全球藥理界的一代宗師。

1943 年年末，陳西瀅在陳克恢凌淑浩家裏住了個把星期，親眼看到了他工作的研究機構——Eilly（禮來製藥公司）研究部，門口有警察站崗，人員出入須掛牌。陳克恢是此間的主任，有公事房、有祕書。

> （陳克恢）帶我去參觀研究部工作。有狗和貓的解剖，試驗呼吸等等，手術極快。有狗的 X 光。有老鼠尾尖打針進去等等。他們養的狗、貓、鴨子、田雞、鼠等等很多。也看到很複雜的計算機。加減乘除都可在上面算。[13]

其實，那時任國民政府衛生署中央衛生實驗院院長的朱章賡，就曾託人邀約陳克恢回國支援抗戰，「克恢說製藥事極重要，但此時國內沒有一切設備，回國是否有用？」為此，「他們討論很久。」[14] 更何況「克恢與公司大約有條件，將來回國，不能從事同樣工作。」[15] 往事此刻都浮現在陳西瀅的腦海之中。

陳西瀅仰天長歎，看來新中國急需的是科學技術人才，即便像徐悲鴻這樣的畫家，只要在政治上與共產黨保持一致，也會得到不錯的社會地位，畢竟繪畫屬於宣傳範疇。而他呢，明明不喜歡政治，留學時卻專攻政治經濟學；儘管以正人君子的形象立足社會，卻偏偏和魯迅打起筆墨官司，被貶損為「叭兒狗」，還在「痛打」之列。

陳西瀅忽然覺得眼前留在國內的袁昌英便是前車之鑒，他反覆咀嚼着袁昌英的話，「現在國內一切均須學習蘇聯經驗，英美的東西簡直不作興。」陳西瀅又拿出袁昌英的信，一遍又一遍反覆斟酌、細細品味着：

> 我們的生活，從解放以來，總是一個忙，共產黨做事又徹底又

細緻，全中國是一片新氣象，我們年紀大一點的人，就是跟着後面走，也都有點感覺吃力。現在教書，簡直不如以前可比，新時代的武器：批評與自我批評是非常有督策力量的。所以我們非得好好教學不可！ [16]

「批評與自我批評」，這樣的新名詞陳西瀅還是第一次聽到，這究竟是什麼樣的「武器」，讓留學過英法的女碩士「就是跟着後面走，也都有點感覺吃力」。看來袁昌英提議他們自費到蘇聯生活一段時間，學好俄語，「然後將在蘇聯觀察結果寫幾篇好文章寄回國內」並非坐而論道，似乎在告訴他們，必須經過脫胎換骨的自我改造，才有可能被新社會所接納。

這一連串的熱情周到且不失分寸的答覆，若視為她的「弦外之音」也未嘗不可，更可看成是她和楊端六的無奈之舉。看完了信，連熱情高漲的凌叔華都無語了。他們知道，國內開展向蘇聯老大哥學習的運動中，自己那點英國文學底子早已成了糟粕，且不說重登講台，就是跟在群眾後面走，那步態肯定也是蹣跚和踉蹌的。

1952 年元旦的鐘聲敲響，標誌着新中國步入第三個年頭。這一天下午五時半，毛澤東邀請十多位民主人士來到中南海懷仁堂，參加一年一度的團拜會。毛澤東致辭：「我還要祝我們在新開闢的一條戰線上的勝利，這就是號召我國全體人民和一切工作人員一致起來，大張旗鼓地，雷厲風行地，開展一個大規模的反對貪污、反對浪費、反對官僚主義的鬥爭，將這些舊社會遺留下來的污毒洗乾淨！」[17]

這就是新中國開展的「三反運動」，在元旦這天和黨外人士說此話是有其用意的。

國內的政治動向，尤其是對舊知識分子的改造政策很快傳遞到了海外，陳西瀅在法國方君璧家裏遇到了北京來的周如瑛，順便將打聽到的國內消息告訴了凌叔華：

現在在大陸上，不准在外寫生。她（指周如瑛）有一次在北

海寫生，警察來問了她好久，才讓她走了。也不准開展覽會。林風眠新近在上海開了一次，只是在家中，邀請自己的朋友及熟人去看看。林已辭去一切職務。幸而法國人特別賞識他的畫，有時買兩張，所以還可過活。他想到法國來，但走不出來。方君璧本來常常說要回去，聽了周的敍述，不想回去了。

另外，周小姐還談了其他的消息，聽起來也不樂觀，「南開大學黃子堅，不肯自白，被看管了起來。」[18] 黃子堅即黃鈺生，南開大學祕書長，「三反」時被指「貪污」。

諸如此類的小道消息，在從大陸跑到海外的人中傳遞着、發酵着、相互影響着。毛澤東所說的「將這些舊社會遺留下來的污毒洗乾淨」，陳西瀅是要「對號入座」的。像他們這樣一批在西方留過學（特別是學文科）的知識分子，不正是在帝國主義染缸裏浸泡過，又在舊社會大學裏散播「污毒」的人嗎？陳西瀅不敢往下想了。

這一年的下半年，台灣當局電召陳西瀅赴台述職。既然回大陸的條件暫不具備，陳西瀅不得不面對如何說清楚「李四光出走」之事。他為此苦心思索幾乎兩個整年，如今事情擺在眼前，陳西瀅反而坦蕩了許多，因為他已經得知，調查此案的正是自己的舊友——老校長王世杰。

陳西瀅決定藉此機會看看，往日統領大陸的南京政府，如今遷到小島上會有什麼前途？這個「政府」對自己還信任嗎？順便打聽一下留在大陸熟人的消息，並看望昔日老朋友，觀察他們在台的處境。陳西瀅好像走到了人生的叉路口，向左？向右？他自己也不清楚。就這樣，陳西瀅懷着忐忑且複雜的心理回台灣述職。

10月上旬，陳西瀅第一次踏上台灣島，12日一早，「總統府」祕書長王世杰、「總統府」國策顧問杭立武和國民黨中央評議委員羅家倫便開車帶着陳西瀅到台北郊區草山、北投兩地遊玩。

這裏離台北有四十分鐘的車程，不但風景好，而且有溫泉。選擇這樣的地方讓陳西瀅來述職，或者讓他「說清楚」一些事，一來顯得不那麼正

式，二來減輕陳的壓力，用陳西瀅的話：「談了二小時，英國政治，國際形勢。談了一會仲揆出走的情形。」[19]

談話顯然進行得很順利，王世杰、杭立武、羅家倫本來就是陳西瀅的舊友，這樣的「審查」也就是走走過場。但羅家倫半途橫插一杠子，打在了一個叫郭有守的人頭上，並說他涉嫌「通共」，甚至懷疑郭有守是中共派來的「臥底」，而且此人受重用似乎與陳西瀅的推薦有關。

羅家倫話不多，份量極重，陳西瀅清楚羅家倫的背景，他與蔣介石結緣甚早，曾做過蔣的政治祕書，蔣介石對他的信任倚重也非比尋常。羅家倫的質疑，讓陳西瀅猝不及防，匆忙之中臨時拼湊了三條「理由」，羅家倫沒有追究下去，算是涉險過關。

十四年之後，即1966年上半年發生了轟動兩岸的「郭有守事件」，大陸稱之為「郭有守起義」；台灣定性是「郭有守臥底」，兩岸媒體同日發佈定論相反的消息，煞是熱鬧。

在揭露「事件」的細節上，都指向了同一個人 —— 遠在歐洲的陳西瀅，陳有口難辯，心力交瘁，最終結束了長達二十多年的聯合國教科文組織常駐代表的外交生涯。只是不知「郭有守事件」是否又是陳西瀅協助「李四光出走」的翻版。

中午返回台北，王世杰特在家中設宴款待陳西瀅，還請了蘇雪林、顧如（當年有「蝶宮女皇」之稱）、張源長夫婦這些昔日武大的同事作陪。下午王世杰又陪陳西瀅一起去醫院看望了吳稚暉，醫生正在為他抽尿，洗膀胱，但看上去「並不像想象的痛苦。他精神很好，神志清楚，反比未病前為佳。說了不少笑話。」[20]

這次台灣之行的意外收穫，便是打聽到周鯁生的消息。陳西瀅寫信告訴凌叔華：

　　在這裏聽到鯁生消息。紅十字會在加拿大開會，中共代表團中有鯁生在內。適之聞此消息，託劉鍇（駐加大使）設法與一談。毫無機會。有一天劉鍇與劉瑞恆在電梯中遇鯁，但還有他人在內。劉

鍇立鯁生附近，拉了一拉他的衣袖。鯁生眼向前看，也不斜視也不回頭。周在華盛頓時，住使館內，劉鍇是使館參事，天天在一塊。而今非但不敢招呼，連眼睛都不敢望一望，足見該方監視之嚴，做人之苦。[21]

台灣之行徹底打消了陳西瀅回大陸的念頭，不明就裏的女兒還在勸說爹爹像李四光伯伯那樣返回祖國，不料卻捱了父親的一記耳光。[22]

這是陳西瀅第一次也是唯一一次打了自己的「瑩寶貝」，可想他當時內心的痛苦、糾結與失望。打那以後，「回歸大陸」這個話題畫上了休止符。

只是在大陸方面，陳西瀅的舊友還心有不甘，竺可楨日記記載了有關陳西瀅的動向。如從天文學家張鈺哲那裏聽到：陳西瀅已經去了美國。竺可楨不由感慨道：「我們爭取他回國，至此已絕望，他大概投奔胡適去了，是一條死路。」[23]

1956年秋，周鯁生一行三人應英國聯合國同志會的邀請訪英一周，在倫敦陳西瀅見到了周鯁生：

> 我與他見面談了一小時，並無別人在場。聽了些朋友情形。如二姑姑（丁庶為夫人）眼睛差不多瞎了，可是精神仍與前一樣的好。楊金甫（振聲）伯伯也去世了。劉保熙（劉南陔之女）與她丈夫都在外交部做事，收入平常。劉伯伯死後她把劉伯母及庶祖母（劉伯伯的庶母）都接到北平同住。周伯伯說保熙真好，有勇氣，因為以她那樣的收入養兩個人是很不容易的。[24]

陳西瀅在寫給女兒的信中，講了上述與周鯁生的談話梗概。但有些話沒有告訴陳小瀅。例如，周鯁生規勸陳西瀅落葉歸根，還讓轉告胡適也回中國看看。周鯁生說：「對於胡適，主要是批判其思想，並不是針對個人。胡適如果歸國，一定還會受到歡迎，來去自由，絕對沒有問題。胡適要多

做學術方面的工作，不必去談政治；應放眼看看世界上的實在情形，不要將眼光拘於一地。」

　　能説這樣的官話，周鯁生比之 1952 年在加拿大偶遇劉鍇時的尷尬顯然要從容得多，該是有備而來。周鯁生作為著名的國際法專家，時任中國外交協會副會長，又是周恩來的外交顧問，他的話並非個人意見，而是傳遞了對胡適的統戰信息。[25]

　　但在時間節點上，這種「統戰」既無可能，話也顯得蒼白無力。截止到 1955 年 6 月，剛剛結束長達八個月之久的「批胡」運動，其成果 ——彙編了八集《胡適思想批判》，共計三百萬字，撰文者盡數是胡適的舊友與學生，如郭沫若、金岳霖、馮友蘭、顧頡剛、唐蘭、羅爾綱、夏鼐、沈從文、吳景超等，數不勝數。

　　讓人感到蹊蹺的是，一年後台灣也開始「批胡」了，這「歸罪」於胡適的不慎。是年恰逢蔣介石七十大壽，胡適在祝壽賀信中表達了對蔣獨裁的不滿，給這場壽辰「添了堵」。

　　作為自由主義者的胡適，一向信從改良而非革命是社會政治進步最經濟、最有效的手段，他自認為通過「諫言」干政構築民主體制之夢實屬縹緲難及。日後台灣輿論「以排山倒海之勢，從四面八方圍剿敵人」，「要黨內同志提高警惕，分清敵我」等等，媒介語詞之犀利，聲勢之浩大，前所未有。

　　兩岸不約而同「合圍」胡適，加上陳西瀅 1956 年 9 月 20 日捎去周鯁生的原話，胡適憤懣心情可想而知。他稱陳西瀅是「佞人」，並在來信中的「對於你，是對你的思想，並不是對你個人」這句話下重重地畫了線，寫了句旁批：「除了思想之外，什麼是『我』？」

　　胡適憤然拒絕的消息傳到大陸，毛澤東於 1957 年 2 月 16 日在中南海頤年堂接見政協知識分子代表時說：「胡適這個人也真頑固，我們找人帶信給他，勸他回來，也不知他到底貪戀什麼？批判嘛，總沒有什麼好話，説實話，新文化運動他是有功勞的，不能一筆抹殺，應當實事求是。二十一世紀，那時候，替他恢復名譽吧。」[26]

胡適至死沒有再踏上大陸一步，是他的固有思想使然。他的小兒子胡思杜偏偏不信「邪」，蔣介石派飛機接胡適，思杜卻選擇留在北平。常人以為這是他的左傾思想使然，其實不全是，還是緣於父子間的隔閡。胡思杜與其兄胡祖望同在美國留學，卻不如其兄那樣讓父親省心，除了幾門功課不及格，最終未能拿到畢業證書外，還在回國的機票上做手腳，讓胡適很失面子。[27]

更叫胡適不能容忍的，這個肄業資歷的留美生，居然想憑藉父親的名望去山東大學歷史系教書，自然被胡適制止，只同意他到北平圖書館去做工。[28]

當然，胡祖望的表現也不令其父滿意。在美國，許多人得知祖望是胡適的兒子，卻對文學一無所知，都驚訝得不得了。胡適對陳西瀅說，他曾有意培養祖望這方面的興趣：「找出一本《Dickens Digest（狄更斯綱要）》來要祖望帶去，說看了這一本，至少對於 Dickens（狄更斯）知道一點。祖望卻要了一部百二十回本《水滸》去看。」[29]

1948 年年末，接胡適的飛機在天壇公園倉促起飛，思杜拒絕登機，母親江冬秀紅着眼圈欲罷不能。胡適見狀說：「難過什麼，人各有志嘛，他會有後悔的日子的！」

1950 年，胡思杜在《大公報》上撰文，斥責父親是「帝國主義走狗及人民公敵」，宣稱與之劃清界線。此文在《人民日報》轉載後，羅爾綱嘖嘖不已：「二十年前，我是胡思杜的老師，今天胡思杜是我的老師了！」[30]

胡思杜的「大義滅親」被海外媒體譯為「沒有緘默的自由」，胡適認為不準確，他告訴記者，應當翻譯為「沒有不說話的自由」。

就在周鯁生通過陳西瀅做胡適統戰工作的次年，即 1957 年，反右運動正值高潮，胡思杜忍受不了《人民日報》載文，說他「使用卑鄙手段妄圖奪取學校（唐山鐵道學院）領導權」的定論，選擇吊在窗框的方式結束了生命。黨報點到胡思杜時，不忘名前加定語「胡適的兒子」。[31]

1966 年，「無產階級文化大革命」席捲大陸，知識分子在劫難逃。

老舍是在解放初期應周恩來之邀主動返回大陸的，可在「文革」序幕剛剛開啟，便率先跳進了太平湖，無意中遂了抗日逃難四川時所許願的，以「跳江之計」了結此生（「嘉陵江又近又沒蓋」——老舍之語）；竺可楨寫給陳西瀅信上提到的翁文灝，二戰時期失去了當空軍飛行員的小兒子，「文革」時又失去了從事研究石油管道運輸工程的長子，飽嘗白髮人送黑髮人之苦；當年與陳西瀅同去美國的桂質廷，儘管他專攻物理學，並卓有成績，解放之前又拒絕加入國民黨，但他娶了一位美籍華人太太，還是讓他後半生波折不斷，以致自殺未遂，在人生的履歷上添了一道抹不去的「傷痕」；還有同去美國的吳景超，在批判胡適的運動中，費心思寫文章《我與胡適 —— 從朋友到敵人》，希望與「敵人」劃清界限，從此站到革命陣營這一邊，不料兩年後還是被劃為右派分子。

　　一直倍受陳西瀅夫婦、蘇雪林關注的與他們經歷相仿的袁昌英，雖然解放後，一刻不忘改造自己，她的確自學起了俄語，拚命為自己在舊社會遺留下的「污點」而自我救贖，但還是沒能躲過「反右」這一關，不但失去了教書資格，還被剝奪了公職，宣判為「歷史反革命」，交街道監督勞動，真正做到「斯文掃地」。到了「文革」，袁昌英連武漢這座城市都不能呆了，被遣返回湖南醴陵老家當起了農民。就這樣，中國第一個留學英國的女文學碩士（她的代表作為劇本《孔雀東南飛》），完成了從哪裏來，回哪裏去的「輪迴」。

　　相比之下，陳西瀅反倒是幸運的了，他沒有向「左」，也沒有向「右」，而是原地不動，直至客死他鄉，終了其一生。

注釋：
───

1　蘇雪林致凌叔華信，1950 年 7 月 26 日（筆者收藏）。
2　徐悲鴻致陳西瀅信，1950 年 1 月 10 日（筆者收藏）。

3　葉君健：《陳西瀅和凌叔華 —— 中國現代文學史的一頁》，《葉君健全集》第十六卷散文卷（一）第 56 頁，清華大學出版社，2010 年版。

4　李德全致凌叔華信，1950 年 5 月 3 日（筆者收藏）。

5　孫文雪致凌叔華信，1950 年月日（筆者收藏）。

6　竺可楨致陳西瀅信，1951 年 6 月 29 日（筆者收藏）。

7　蘇雪林致凌叔華信，1950 年 7 月 26 日（筆者收藏）。

8　許淑彬致凌叔華信，1951 年 1 月 2 日（筆者收藏）。

9　許淑彬致凌叔華信，1951 年 6 月 30 日（筆者收藏）。

10　袁昌英致凌叔華、陳西瀅信，1951 年 1 月 20 日（筆者收藏）。

11　凌叔華致陳西瀅信，1943 年 6 月 18 日（筆者收藏）。

12　凌叔華致陳西瀅信，1943 年 7 月 23 日（筆者收藏）。

13　陳西瀅日記，1943 年 12 月 27 日（陳小瀅收藏）。

14　陳西瀅日記，1943 年 10 月 24 日（陳小瀅收藏）。

15　陳西瀅日記，1945 年 7 月 21 日（陳小瀅收藏）。

16　袁昌英致凌叔華、陳西瀅信，1951 年 1 月 20 日（筆者收藏）。

17　逄先知、金沖及：《毛澤東傳》，中央文獻出版社，2011 年版。

18　陳西瀅致凌叔華信，1952 年 5 月 16 日（筆者收藏）。

19　陳西瀅日記，1952 年 10 月 12 日（陳小瀅收藏）。

20　陳西瀅致凌叔華信，1952 年 10 月 13 日（筆者收藏）。

21　陳西瀅致凌叔華信，1952 年 10 月 13 日（筆者收藏）。

22　秦思源（陳小瀅之子）在北京史家胡同博物館與筆者談話，2013 年 11 月 8 日。

23　《竺可楨日記》，1955 年 10 月 13 日，上海科技教育出版社，2010 年版。

24　陳西瀅致陳小瀅信，1956 年 9 月 18 日（筆者收藏）。

25　陳漱渝：《「正人君子」陳西瀅的後半生》，《新文學史料》2006 年第 3 期。

26　岳南：《陶孟和為何能躲過「浩劫」》，《名人傳記》2015 年第 4 期

27　林建剛：《胡適之子緣何未去台灣》，摘自《南方日報》2015 年 3 月 5 日。

28　1948 年 8 月 30 日，胡適在日記中只寫了一句話：「思杜今天到北平圖書館去做工。」曹伯言編：《胡適日記全集》，台北聯經出版社，2005 年版。

29　陳西瀅日記，1943 年 8 月 3 日（陳小瀅收藏）。

30　岳南：《南渡北歸》第 3 部 79 頁，湖南文藝出版社，2011 年出版。

31　1957 年 5 月 20 日《人民日報》以《河北高等學校教授針對教育領導工作提出批評》為題，發表「本報訊」，報道該校機械系主任孫竹生及教師胡思杜「使用卑鄙手段妄圖奪取學校領導權」。

凌叔華：《古韻》的誕生

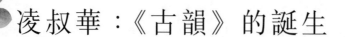

自 1949 年新中國成立始，凌叔華冷眼觀望着丈夫陳西瀅在回大陸一事上的起起伏伏，自己也搭上了功夫，耗費了精力，卻都於事無補，使她感到「回國」這條路徹底堵死了。剛剛五十出頭，今後在海外如何度過？成了凌叔華面對的基本問題。

其實，早在 1946 年凌叔華攜女出國，輾轉到英國與丈夫會合之時，下一步的人生如何走，一直是她的心頭之困，這個「困」既有困難，也有困惑。

困難，在凌叔華出國之前就已料到，為此她費了不少精力畫了一批有中國特色的水墨畫，如山水、蘭竹、人物等。抵達英國的當天，凌叔華便把女兒送進一個私立寄宿制學校，之後便和陳西瀅馬不停蹄地飛往法國巴黎，協助籌組聯合國教科文組織的中方機構。

以後的兩年，凌叔華多數時間往返於倫敦、巴黎兩地，收集大量素材，創作了《海德公園的冬天》《攝政公園的早春》等畫作。

1949 年 6 月的一個星期一，凌叔華在友人的幫助下，在亞當斯畫廊舉辦了她來到英國後的第一次畫展。當月地方報紙登載了有關凌叔華辦展的消息和評論：

> 高門教堂的尖塔似一種單調的景象矗立在山巒起伏的丘陵上，周圍有松樹、柳樹和柔和的薄霧。……（凌叔華）目前奔波於倫敦

和巴黎，為她的藝術尋找歐洲素材。巴黎的花園、瑞士的阿爾卑斯山脈和湖泊、漢士德荒野和桑迪多塞特海岸都與她家鄉的景象極為相似。她與同時代的一些人不同，她不喜歡將中西方風格進行融合，但她驕傲地指出：中國畫對莫奈等印象派畫家和其他在世畫家的影響。例如，畢加索經常使用中國的筆法作畫，她稱即使是他最新作品的扭曲輪廓也是受巴黎博物館一幅千年的雙頭佛像畫的啟發。[1]

不過，媒體也承認，對於戰後的英國，特別是偏愛運用油彩作畫的人，像凌叔華的中國水墨畫展，還不足以吸引他們。

困惑也隨之而來。特別是陳西瀅多數時間是在法國，女兒又被自己送到一座孤島上去讀書，孤獨、寂寞又成為常態。這讓自幼習慣於高門巨族、前呼後擁的十小姐，感受到比珞珈山、樂山更孤寂的煎熬。

驅除這種心態的良方便是不停地思索、不間斷地工作，這一點凌叔華比誰都懂。她曾考慮去劍橋大學讀書，其一，使自己的英文底子更加厚重、堅實，對英國現代文學的了解更上一層；其二，使自己立足於英國社會更有底氣。她知道布魯姆斯伯里文化圈的精英們大多畢業於劍橋。

凌叔華把之前自己在事業上的不成功，歸結為沒有留過洋和沒有像樣的職場經歷。為此，凌叔華通過在北平的關係，搞到了自己當年燕京大學的入學通知書，她把它看作是去劍橋的「通行證」。不知為何，她的努力未能奏效，但看得出已年過半百的她，仍然想盡力實現十多年前自己的願望——進入英國布魯姆斯伯里文化圈。

往事並不如煙。當凌叔華隻身呆在亞當姆森大街十四號空曠的小樓裏，一宿一宿的徹夜未眠時，她輾轉反側想到的是千辛萬苦漂洋過海來到倫敦後，發現自己似乎走上一條不歸路：關愛自己、引導自己的人漸漸離去，自己夢寐以求的願望也漸行漸遠。周圍都是陌生面孔，求學沒有指望，求職更是無從談起。每想到此，凌叔華眼淚不禁奪眶而出，十幾年前的往事反覆地在腦海裏迴旋着……

那時的凌叔華只有三十五歲，正處於人生的黃金時期。她與朱利安的交往，最初的想法是接觸和融入布魯姆斯伯里文化圈。而且由於有了朱利安的牽線搭橋，這個願望已近在咫尺，至少在朱利安給母親的信中，他已經把凌叔華看作是「中國的布魯姆斯伯里的一員」了。

然而兩年後朱利安的離校和他的意外罹難，讓有牽連的人為之惋惜的同時也都鬆了一口氣。凌叔華為這段戀情，搭上了時間、精力，但到頭來情感上不能自拔，聲譽上頗受非議。

倔強的凌叔華不甘心自己的努力付之東流，趁着朱利安之死餘波尚存，她繼續保持與瓦內薩的通信，她們談繪畫創作，談朱利安的生前往事，也談朱利安逝後有關他生平的新書問世。

瓦內薩知道，由於東西方文化的差異，西方人對於書刊上引人注目的桃色故事司空見慣，可在東方人眼裏，這會讓當事者很難堪。瓦內薩替兒子道義缺失感到歉疚，她不知如何才能安撫凌叔華那顆破碎的心。

瓦內薩對凌說：大戰在即，誰也不會注意你們兩人的「親密」友誼。況且，這本書在中國很難買到，價格又高，不是一般讀者買得起的。瓦內薩蒼白無力的表白，只能看作是代表兒子對凌叔華的一種無奈的愧疚，她目前所能做的，也只有儘可能滿足凌叔華的願望。瓦內薩希望妹妹伍爾芙與凌叔華建立聯繫，為凌的作品想想辦法，藉此找到出版的可能性。

在瓦內薩執着的干預下，1938 年初春，弗吉尼亞·伍爾芙終於與凌叔華建立了聯繫。4 月 5 日伍爾芙致信凌叔華，說她已從朱利安那裏聽到過凌生於官宦之家，使她對那個遙遠國度的古老生活很感興趣，她同時知道凌是位小說家，儘管還沒有看過凌的任何作品。

不過伍爾芙以她聰慧、敏銳、獨特的視角，寫信建議凌叔華不要以小說而是以實錄的方式寫寫有趣的家庭、有趣的事：

親愛的凌：

　　我希望你已經收到我對你的第一封來信的覆函。我收到你的信僅僅幾天以後，就給你寫了回信，瓦內薩剛剛又傳來你三月三日的

信，但願我能對你有所幫助。……朱利安在信中常常談起，並且還打算讓我看看你的作品。他還說，你的生活非常有趣，確實，我們曾經討論過（通過書信）。你是否有可能用英文寫下你的生活實錄，這正是我現在要對你提出的勸告。你的英文相當不錯，能給人留下你希望造成的印象，凡是令人費解的地方，可以由我來做些修改。

　　你是否可以開一個頭，把你所能記得起來的任何一件都寫下來？由於在英國沒人知道你，你的書可以寫得比一般的書更自由，那時，我再來看看是否能把它印出來。不過，請考慮到這一點，不是僅僅把它當作一種消遣，而是當作一件對別人也大有裨益的工作來做。我覺得自傳比小說要好得多。……

　　無論如何請記住，如果你來信談到有關你自己任何事，或者是有關政治的事，我總是高興的。能讀到你的作品，並加以評論，對我來說將是一大快事。因此，請考慮寫你的自傳吧，如果你一次只寫來幾頁，我就可以讀一讀，我們就可以討論一番，但願我能做得更多。致以最深切的同情。

你的弗·伍爾芙[2]

至此，凌叔華與伍爾芙開始了頻繁的通信往來。

4月9日，伍爾芙覆凌叔華3月24日來信，答應為凌動筆的自傳體小說作「必要的修改」；

4月22日，凌叔華託來武大訪問的英國小說家克里斯朵夫·伊修伍德轉交伍爾芙一枚象牙頭像；

5月25日，凌叔華致信伍爾芙，說寫自傳能讓自己「想起和朱利安在一起度過的那些快樂時光」[3]；

7月24日，凌叔華在信中向伍爾芙訴苦：

　　我一直很忙，有時候很不舒服，找房子、照顧親戚這些事情讓我煩透了，因為我沒法做我想做的事。……

　　如果我的書能為英國讀者提供一些中國人生活的真實畫面，讓他們發現這些人也和所有英國人一樣都是芸芸眾生中的一員，通過一個東方孩子的視角向他們呈現中國人日常生活和性方面的真實情況，我也就滿足了[4]；

7 月底，伍爾芙致信凌叔華，感謝凌送象牙頭像；

8 月，伍爾芙寄給凌叔華一包書，其中有《夏洛蒂·勃朗特傳》，另一本是蘭姆的散文集。在隨書附上的信中，伍爾芙告訴凌叔華：

　　我認為蘭姆的英文散文寫得很好，不過，請不要把它當作練筆的範本來讀，只讀來消遣就行了。《夏洛蒂·勃朗特傳》或許能使你領略到十九世紀英國女作家的生活 —— 她們面臨的種種困難，以及她如何克服這些困難。從另一方面說，她的一生也是極有意思的。以後，我還將陸續給你寄書，不過有一個條件，就是你不要謝我。[5]

　　伍爾芙的回信激發了凌叔華寫作的激情，也明智地給凌叔華指出一條路：寫自己經歷過的那些人和事，以自傳的方式向世人揭示「在世界另一端已經消失了的生活方式的有趣故事」。

　　由於有享有世界聲譽的弗吉尼亞·伍爾芙的支持，凌叔華接受其忠告，開始用英文寫自己記憶中高門巨族的家庭，她試着寫了一章，大約是第一章「穿紅衣服的人」，因為凌叔華要讓伍爾芙知道：在古老中國，一夫多妻是合法且普遍的，不管是哪個妻子生的孩子，都要教會他們依序承認大媽、二媽、三媽、四媽……讓他們從小懂得父親主宰着整個家庭，「媽媽」可以很多，這是象徵一家之主的富有與權勢。

　　信寄出了。伍爾芙對凌叔華撰寫的這一章評價頗高：

　　你寄來的大作一章，我終於拜讀了。由於某種原因，我將它擱置了一段時間。現在我要告訴你，我非常喜歡這一章，我覺得它

極富有魅力。自然，對於一個英國人，初讀是有些困難的，有些地
方不大連貫；那眾多的妻妾也叫人摸不着頭腦，她們都是些什麼
人？是哪一個在說話？可是，讀着讀着，就漸漸地明白了。各不相
同的面貌，使我感到有一種魅力，那些明喻已十分奇特而富有詩
意。……

看來伍爾芙心中有底了，她對凌叔華熟練的英文寫作技巧和把控材料
的能力給予了認可。

請寫下去，放手寫。至於你是否從中文直譯成英文，且不要去
管它。說實在的，我勸你還是儘可能接近於中國情調，不論是在文
風上，還是在意思上。你儘可以隨心所欲地，詳盡地描寫生活、房
舍、家具陳設的細節，就像你在為中國讀者寫一樣。然後，如果有
個英國人在文法上加以潤色，使它在一定程度上變得容易理解，那
麼我想，就有可能保存它的中國風味，英國人讀時，既能夠理解，
又感到新奇。[6]

就這樣，凌叔華在伍爾芙的指導下，放開了思路，毫無顧忌地從南
方的廣東寫到北方的天津、北平。她寫父親的威嚴與權勢；寫生母和眾多
庶母之間的關係；寫一奶同胞的姊妹和同父異母孩子間的相處；寫家中的
私塾先生、園丁、傭人、保鏢；寫隆福寺的廟會和過中秋節、放風箏，等
等。凌叔華以「我」──一個孩童的視角，來敍述在這個大家庭中的所見
所聞，她說：「大多都是我的所見所聞，很少涉及我自己的想法。」[7]

誠然，凌叔華在寫作期間也有煩惱和不如意。凌是寫短篇小說的高
手，第一次採用自傳體方式寫真人真事，讓她很不適應，一個章節只涉及
一年中的一天，這種跳躍的思維方式，凌叔華有些拿捏不準，她對伍爾芙
說：「它們仍然像短篇小說，不能很好地銜接。但是，我不想寫小說模樣
的自傳。」[8]

　　凌叔華的煩惱貫穿於整個寫作過程，從孩童寫起，止於花季的二十三歲，全書共計十八章（其中有三章取自之前的作品），各章的銜接缺乏連貫性：「整個故事徘徊在小說、回憶錄和自傳體的不穩定的邊緣上。」[9]

　　伍爾芙理解凌叔華的苦惱，這畢竟是每一個作家在創作道路上不可迴避的歷程。但是伍爾芙不認為這是個難解之題，重要的是不要停留，不要猶豫，要不間斷地寫下去。她體諒凌叔華的困惑：「零零星星地讀是無法獲得一個真實印象的。」就此，伍爾芙做了一個大膽的嘗試：不再零敲碎打地讀凌叔華寄來的每一個章節，「在全書完成之前，我不擬讀它」，而是「把儘可能多的章節集在一起，然後整個通讀一遍。」伍爾芙這樣做，是想以一個西方普通讀者的眼光和理解能力，看是否能解決章節的碎片化和思維的跳躍式。不過，伍爾芙對凌叔華的能力仍信心滿滿，「我所看過的部分，已足以使我感興趣和入迷。」[10]

　　凌叔華在伍爾芙的指導下，頗有成效地撰寫着有生以來的第一部自傳體小說（凌叔華最終將它定位於小說）。她彷彿隱約看到，隨着書的即將大功告成，她距離自己的目標愈來愈近。正當唾手可得之時，意料不到的事情發生了。

　　1939 年 8 月的北平，雖已入秋，但盛夏酷暑的餘威尚存。那時，凌叔華攜着小瀅從樂山輾轉到北平已有半年。凌叔華在接到伍爾芙 7 月 16 日所寫的第六封信後，二人便斷了聯繫，這第六封信也成為伍爾芙寫給她的最後一封。

　　凌叔華不知道伍爾芙那裏究竟發生了什麼事，三個月、半年⋯⋯直至在 1941 年 3 月以後，凌叔華從瓦內薩那裏確切得知：弗吉尼亞・伍爾芙投河自盡了。

　　在地球另一端的弗吉尼亞・伍爾芙，這兩年的狀況非常糟糕，從寫給凌叔華的後幾封信也可以看出一些端倪：

　　　　前一段時間，我沒有讀你的稿子，也沒有寫信討論它，一個原因是英國的局勢令人感到不安，我們幾乎確認，戰爭已迫在眉睫，

一切準備都做好了，連防毒面具都已發下來了；還發佈了命令，讓
騰出房子收容倫敦疏散的兒童。在這種氣氛下，一個人是很難集中
心思在書本上的。[11]

此時，伍爾芙在倫敦的家已被炸毀，她和丈夫經營的印刷所不得不計
劃遷出倫敦，甚至「一旦打起仗來，我們還將面臨整個關門停業的前途。
在這種不穩定的局面下，要繼續工作是很困難的」。英國正和其他許多歐
洲國家一樣，戰爭陰霾正一步步籠罩在其上空。

另一方面，伍爾芙此刻正經歷着人生最痛苦的階段 —— 抑鬱症的折
磨。這種病對於伍爾芙精神系統的摧殘是致命和終生的，病魔來襲時，其
「激烈」程度無法控制，伍爾芙曾嘗試徹底「解脫」，但都沒能成功。

早在 1925 年，人到中年的伍爾芙病情就已十分嚴重，她甚至肆無忌
憚地放縱自己的情感。伍爾芙在日記中反問自己，是誰點燃了自己生命中
最重大的歡愉？她列了六個人：排在首位的是自己的丈夫倫納德，排在
二三位的便是姐姐瓦內薩和姐夫克萊夫。

對於伍爾芙這個雙性戀者（或者說更偏重於對同性的喜愛），她對姐
姐瓦內薩的愛，遍佈於她所有的作品中，以至當姐姐結婚時，伍爾芙根本
無法冷靜地接受。但僅僅一年後，當朱利安・貝爾出生之時，瓦內薩忙
着做母親，既顧不上妹妹，也忽略了丈夫，伍爾芙和克萊夫 —— 小姨子
和姐夫 —— 很快沉溺於莫名的愛情沼澤而不能自拔，他們相互調情的語
言、信件，甚至都不迴避瓦內薩。此外，伍爾芙還有其他異性和同性的戀
人。這種現象在布魯姆斯伯里文化圈內，是普遍存在和習以為常的。

1941 年 3 月 28 日，伍爾芙因病魔的再次瘋狂襲來，被迫走上人生的
絕路。她留給丈夫的遺書說：「這一次我熬不過去：我在浪費你的生命……
害病之前，我們的日子快樂得不能再快樂，那都來自於你。」

在薩塞克斯郡鄉下的烏斯河邊，那條小河「小得如同一條大蛇，朱利
安曾涉水過河，還在水上放一隻小小的船」。[12] 伍爾芙夫婦於 1919 年共
同買下那座寧靜的青灰色的農舍。在充滿鄉村氣息的農舍裏，伍爾芙寫下

了名著《達洛維夫人》《到燈塔去》《海浪》和《幕間》。

伍爾芙回憶着往事，仰望天空，環視岸邊的羊群，緩緩向水中央走去，口袋裏放滿了石塊。這次，她成功了。

三個星期後，遺體被幾個孩子發現。倫納德獨自把夫人的骨灰埋在了他倆住過的羅德梅爾花園裏的一棵老榆樹下。旁邊的墓誌銘刻有：「死亡，即使我置身你的懷抱，我也不會屈服，不受宰制。」（弗吉尼亞·伍爾芙小說《海浪》結尾的一句）

伍爾芙的離世對凌叔華的打擊是可想而知的，不亞於朱利安逝去對她的影響。凌叔華甚至斷定：沒有伍爾芙的幫助，即便寫完了全書，也無出版的可能。一段時間裏，她停止了寫作，反覆看伍爾芙留給她的那幾封信，回味信中的話：

> 不管發生了什麼事，請把你的自傳寫下去。儘管我還不能對你有所幫助，把它做到底將會是一件大事。我把勸告自己的話奉送給你，那就是，為了完成一樁非屬個人的事業，只顧耕耘，不問收穫。[13]

會發生什麼事呢？凌叔華似乎從這段話中看出伍爾芙出事前的先兆和隱喻，或者在當時她也是一頭霧水。

斯人已去，空餘惆悵，凌叔華終究沒有聽進伍爾芙的「奉送」之語，她停止了《古韻》的寫作，也忘記了伍爾芙讓她保留底稿的囑託。「只顧耕耘，不問收穫」——凌叔華大約是不會這樣做的。

這一擱筆將近十年，直到凌叔華來到倫敦，拜訪了朱利安·貝爾的母親瓦內薩，才知曉伍爾芙自盡的前因後果。瓦內薩面對差一點就成了自己兒媳的凌叔華，顯然還沒有從兒子帶來的負罪感中解脫，她希望凌叔華能夠原諒她，並表示將盡力幫助凌叔華，儘管從事繪畫藝術的瓦內薩並沒有妹妹伍爾芙在文學界所具有的號召力。

凌叔華懷着複雜的心情去了薩塞克斯郡的烏斯河畔以及羅德梅爾花

園。在老榆樹下，凌叔華默默憑弔從未謀面的文學知己和導師，她的淚水奪眶而出，她在痛惜伍爾芙的同時，是否也在為自己的時乖命蹇而惋惜？

1950 年 12 月，凌叔華在英國《觀望》雜誌發表了紀事《在中國的童年》，這篇紀事是否與《古韻》有關，或是其中的片段，筆者未讀不敢妄評。但凌叔華是擅寫兒童題材的高手，曾出版過《小哥兒倆》，又有創作《古韻》的經歷，相信寫作過程是不困難的。當凌叔華將雜誌寄給瓦內薩時，得到她的肯定與支持。

瓦內薩對凌叔華的幫助是出自內心和真誠的，她曾極力向友人推薦凌叔華，誇她的畫，也誇她的文章。可是倫敦社交界對凌叔華表現出冷淡和不感興趣，連漢學家亞瑟‧韋利都多次避見凌叔華，當然還包括布魯姆斯伯里文化圈的一些朋友。他們不了解東方文明，自然也不願意僅憑凌叔華的一兩篇文章，便在其身上花太大的精力。

瓦內薩一籌莫展，她在寫給女兒安吉麗卡的信中，提到凌叔華的處境，說她在倫敦需要多結識文化圈的朋友，但這需要時間的積累，要靠機遇，也靠人脈，這些凌叔華都不具備。得不到英國文化圈的支持，意味着凌叔華的各種努力都得不到應有的結果。

還好，凌叔華並不是完全沒有機會，這要歸功於瓦內薩和伍爾芙這對「姐妹花」的魅力和影響，其中願意幫忙的就有瓦內薩的丈夫克萊夫和對伍爾芙一生有影響的六人之一的鄧肯‧格蘭特，以及伍爾芙的丈夫倫納德。這幾個人都對凌叔華一無所知，所以伸出援手，完全出於對「姐妹花」的情感。要弄清他們之間的關係對於筆者是困難的，好在對於在倫敦生活幾十年的小瀅，這並不是件難事，應該說對於布魯姆斯伯里文化圈感興趣的人，從來都對他們在文學和藝術上的成就以及伴隨而來的種種情事，表現出極大的興趣、關注並津津樂道。

譬如：姐姐瓦內薩為丈夫克萊夫生了兩個兒子，其中一個是朱利安‧貝爾；又為情人鄧肯‧格蘭特生了一個女兒安吉麗卡。

當丈夫克萊夫搬進了另一個情人瑪麗家時，瓦內薩無奈地帶着孩子和鄧肯住進了薩塞克斯郡的查理斯頓農場。但鄧肯在激情過後，轉向了同性

戀，甚至當着瓦內薩的面，帶來一個又一個同性伴侶，關係最密切的是大衛・加內特。

女兒安吉麗卡便是從小看着母親在極端痛苦的度日中成長起來的。長大後，她選擇嫁給生父的密友 ── 雙性戀者大衛・加內特，並為他養育了四個女兒，還撰寫了一部回憶錄 ──《以仁慈欺騙》(*Deceived With Kindness*)，不知是有意讓生父難堪，還是在為母親復仇。

弄清了他們之間的複雜關係，再回想朱利安與凌叔華的那一段往事，朱利安能向母親坦然和盤托出與“K”的關係，特別是關於他倆之間「私密」的描述，其實不過是「小巫見大巫」，此情此理也就一通百通了。

筆者在與小瀅相識的二十年間，曾多次聽她談起布魯姆斯伯里的那些人、那些事，它似乎成了倫敦市井談資的一部分，也成就了許多研究它、撰寫它的好事者。

有一次，筆者在與小瀅核對陳西瀅 1945 年 4 月 26 日日記中的一段話：

> 十二時餘熊式一來。……式一說，他到 New Castle（紐卡斯爾）去講演。回時曾往訪 Innes Gadisen（伊娜斯・蓋迪森）。她的丈夫只能勉強維持生活，不得不靠她幫忙。她現在在翻譯中國小說，中間有叔華的一篇。

説到這一段時，小瀅當場肯定地説：她也是朱利安・貝爾的一個情人。

由於有了這些名人的幫助，《古韻》的出版絕處逢生。這其中還有一位不能不提到的人 ── 薇塔・塞克維爾・韋斯特女士，她是伍爾芙生前的同性戀人，是位比伍爾芙小十歲的女詩人。

薇塔出於對逝者的情感，結識了凌叔華，請凌到古堡頂樓的書房裏品茶，聽凌講寫作《古韻》的過程。當薇塔得知凌叔華為沒能保存底稿而沮喪時，便去找了倫納德，終於在薩塞克斯郡伍爾芙舊居的遺物中，發現了《古韻》已完成部分的文稿底本。

凌叔華設色《漢士德荒野》，繪於 1949 年秋暮

凌叔華:《古韻》封面　　　　　　　　凌叔華:《古韻》之插圖

　　以後的事情順利多了，在薇塔的支持下，凌叔華於 1952 年完成了對
《古韻》全書的寫作，並親手繪製插圖八幅，有人物、院落、花鳥市場、
田間勞作等。如第八章的插圖:兩個女人在竹簾垂落的屋裏若隱若現，一
人手持團扇，一人則拿摺扇。屋外一棵垂柳倚在假山旁，石條案上擺放
各式盆景，遠處是石繡墩兒，牆上的勾線為如意紋，特別是雲的處理，
很有明中晚期青花瓷器圖案上雲的處理方式（通常稱它為括弧雲），可以
想見，沒有殷實的家境和作者長期的觀察，這種細微之處是很難表現出
來的。

　　又如第十四章插圖:一個梳小辮的小姑娘放風箏，這應該是八歲的
小叔華，遠景是淡淡幾筆勾勒的山、房子、塔。近處是一位背身的女人，
着兩邊開氣兒的長衫，烏黑的半長團髮，中間別着花瓣髮卡，兩肩搭着刺
繡披肩，雙手似乎在忙着纏繞放風箏的線滾子。整個人顯得端莊大方，富

有魅力，難免讓人想看看她的面容。這正是凌叔華描繪她八歲時眼中的義母，「義母是我孩提時代見過的最漂亮的女人。」這樣看來，凌叔華僅僅幾筆便勾畫出楚楚動人的少婦背影，這幅插圖被編輯選為封面也是理所當然。

凌叔華的繪畫屬於中國「文人畫」。文人畫刻意表現的已不僅僅是具象的人和物，更要表現作者本人的情趣意韻和思想境界，很難分得清究竟是畫意體現詩情，還是詩情表達畫意。凌叔華的這幾幅插圖為《古韻》增添了文人的情趣。

《古韻》在伍爾芙與倫納德創辦的霍加斯書屋出版。薇塔為這本書做了序，其中一段：

> 英國讀者也許鬧不清開頭的那麼多太太，但很快就對大媽、二媽甚至四媽、五媽熟悉起來，更不用說九姐、十弟了。情節富於喜劇色彩，但當三媽拽着六媽的頭髮，尖聲叫罵，連推帶操拉到院子裏的時候，你不會覺得滑稽；當無名的紅衣人被鋒利的大刀砍下頭顱時，你也不會覺得好玩。對我們來說，它比《天方夜譚》更引人，因為它是取自一個同時代人真實的回憶。

凌叔華成功了。她創作的自傳體小說《古韻》一炮走紅，受到英國第一流的報刊如《泰晤士報文學副刊》《觀察家》《新政治家》《環球》等的評論和讚揚，被列為當年最暢銷書，並於 1969 年再版。該書還被譯成法、德、俄、瑞典等語種出版。

接下的日子，凌叔華忙於各種應酬，包括記者的採訪、簽名售書，給親朋好友寄書，回答讀者來信中的疑惑和不解。

朋友當中，楊步偉是第一個從美國寄來反饋意見的人：

> 奉讀大作描寫中國大家庭生活各方面，真是應有盡有，定受歐美人士大歡迎之書，銷路前途，一定不可限量，不勝為姊賀之。妹

從前年起就動手寫了一本中國婦女生活（從古至今），因自己不能直接寫英文，等小女和元任譯改，至今還未出版，賽珍珠夫婦每年來信催稿，今正才交出三分之二，其餘大約須夏天才能交全，不管他們如何催法，我們只得徒呼奈何耳。[14]

親友中也有不認可的。

凌叔華的胞妹，也就是小瀅的十四姨凌淑浩看了此書大為光火。她絕對不能原諒阿姊以暴露家中那些不堪之事，來滿足西方社會對東方文化的獵奇心理。何況，既然是小說就有虛構的地方，把已有的醜事揭出來，又把杜撰的醜事加在自己家族成員身上，她不明白為何阿姊為了出名，竟然不徵求家族成員的意見，寫出這樣虛實相間的自傳體小說（至今許多研究者都以此書為藍本），為此，姊妹倆許多年都不來往。

相比之下，瓦內薩的心情平靜得多，她對凌叔華的無私關照，可以說來自對亡子的情感。她痛惜兒子將自己放逐異國他鄉，沒能生活在家人身旁；另一方面，這種「放逐」，也使兒子豐富了人生閱歷並找回自己的幸福。

只是為這種「幸福」付出的代價，需要凌叔華用道義上的缺失和家庭險些破碎來承擔。所以在凌叔華成功之時，瓦內薩了卻心中隱藏多年的對凌叔華的「虧欠」，這次算是扯平了，也算是圓滿了。

注釋：

1　英國當地報紙對凌叔華畫展的報導和評述，1949 年 6 月、8 月、12 月不等（筆者收藏）。

2　伍爾芙致凌叔華信，1938 年 4 月 5 日，收入《弗吉尼亞‧伍爾芙書信集》第六卷。

3　凌叔華致伍爾芙信，1938 年 5 月 25 日，信存美國紐約公共圖書館。

4　凌叔華致伍爾芙信，1938 年 7 月 24 日，信存美國紐約公共圖書館。

5　伍爾芙致凌叔華信，1938 年 8 月，收入《弗吉尼亞‧伍爾芙書信集》第六卷。

6　伍爾芙致凌叔華信，1938 年 8 月以後，收入《弗吉尼亞‧伍爾芙書信集》第六卷。

7　凌叔華致伍爾芙信，1938 年 7 月 24 日，信存美國紐約公共圖書館。

8　凌叔華致伍爾芙信，1938 年 7 月 24 日，信存美國紐約公共圖書館。

9　帕特麗卡‧勞倫斯‧麗莉‧布魯斯科:《中國眼睛》第 433 頁，上海書店出版社，2008 年版。

10　伍爾芙致凌叔華信，1939 年 4 月 15 日以後，收入《弗吉尼亞‧伍爾芙書信集》第六卷。

11　伍爾芙致凌叔華信，1939 年 4 月 15 日以後，收入《弗吉尼亞‧伍爾芙書信集》第六卷。

12　伍爾芙致凌叔華信，1939 年 4 月 15 日以後，收入《弗吉尼亞‧伍爾芙書信集》第六卷。

13　伍爾芙致凌叔華信，1939 年 4 月 15 日以後，收入《弗吉尼亞‧伍爾芙書信集》第六卷。

14　楊步偉致凌叔華信，1953 年 2 月 22 日（筆者收藏）。

左右逢源的凌叔華

1953 至 1955 年似乎是凌叔華最消沉的幾年，《古韻》的成功以及凌叔華「個展」的陸續推出，讓她風光一時。各種剪綵、採訪、講座排滿了日程，雖然四處奔波，卻是滿懷欣喜。

天下沒有不散的筵席，當喧鬧過後，生活歸於平靜，凌叔華枯寂之情又起，遙想當年與眾人相擁的場景，如今已不復存在。

凌叔華整日與蘭花為伴，無聊的塗抹，以至於把蘭花畫成炸開的野草，與往日描繪招蜂引蝶的幽蘭差距甚遠，這都反映了凌叔華此時煩躁的心情。如「此頁有音樂小節，識音者或可指出」[1]；又如：「蘭有芳心我有心，相得嗅味淚沾襟。適逢世上原無定，好伴深山看古今。」[2] 她實在是想「高山流水覓知音」，得到高人的指點：今後的出路在哪裏？

1953 年清明，凌叔華想起往年祭拜先人，凌府此時正是忙碌的時候，下人們忙着擺供品，灑掃庭院，孩子們追逐打鬧。

如今身在異國他鄉，「節」也就不成其「節」了。凌叔華給在美國的老朋友胡適夫婦畫了幅《幽蘭圖》並附上一首小詩，算是抒發一下寥寂無奈的心情：

> 山中豐草綠，忽有清風起；
> 幽蘭人未知，品味足高已。
> 清明日懷鄉題，寄奉適之、冬秀老朋友。叔華寫於英國
> 一九五三年。[3]

凌叔華繪《帶音樂
小節的幽蘭圖》

凌叔華為胡適夫婦
繪《幽蘭圖》

　　凌叔華畫幽蘭，為的是排遣寂寞，打發無聊的日子，卻排遣不掉久藏心中的憂慮，這就是擱置數年的關於北平房產和祖傳寶物如何處置的難題。

　　還是在她和小瀅來到倫敦之後，幾封關於房產的越洋來信就如影隨形地「黏」上了她，像揮之不去的「陰霾」籠罩在凌叔華四周，忙時可以視而不見，閒暇時又無時無刻不感覺它的存在，真是欲罷不能。

　　其中有一封來自張矚雲的信，張是凌叔華委託照料史家胡同老宅常奉之妻子，平時人們習慣叫她常太太。常奉之眼下正在河南大學教書，常太太負起了照料凌宅之責，也就成了凌宅的臨時「女主人」。信的內容是凌叔華最擔心的關於「隱匿逆產」之事：

　　　　在去年（指 1946 年）十二月十五日突然接到市法院刑事通知書，理由是「隱匿逆產」。我莫名其妙，這是怎麼一回事，再三思索，也茫無頭緒，不免有些疑懼。想去找文雪姊商量一下，又恐給她帶去麻煩，使她生氣，反倒無味。其他無關的人更不願意叫他們知道我有官司的事情，所以除了兩個孩子之外，無人知道。

　　　　到次日早八點，我到法院候審。此時的滋味，非常特殊，到這來的人也都非常特色，陰沉的候審室，使人凄涼，傳呼的人腰間手槍繫着大紅色的綢子，分外使人驚心動魄。從今而後，我再也不承認大紅色是吉祥的顏色，再也不想看見它了。傳呼的人高聲呼喚當事人的姓名，同着到了審判室見到審判員，看他態度平和，人品端肅，我心中沉靜好多。他叫我坐下，開始問我姓名、年歲、家中情況，繼問產權人的一切，再問我們的關係及代理的經過，我說他記錄，平淡的完了。

　　　　到家後我還是不明白這是怎麼一回事，仍舊不告訴別人，免得叫別人大驚小怪的瞎編排。同時，也不報告您發生此事，一則是怕驚擾您的情緒，一則是要保存事體的本來面目，而使事體簡單化，能早日結案。沒想到今年二月廿三日，又傳到法院訊問。審判員的

態度嚴厲了，開口就說：「你上次交代的不清楚，你知道嗎？所以再來傳問你，她的愛人是誰，作什麼事？」我回答：「我對這個案情不明白，不知道應當說什麼，但是凡我知道的，問到我，我必坦白的回答。產權人的先生是武漢大學的系主任，去英國的時候我已回到北京，不太詳細知道。」今天的訊問就這樣完了。

我到家後十分的不安，時刻不能忘掉此事，精神很苦悶，聽到門鈴聲，就認為又是送傳票來了。一直到三月五日，真是又訊問此事。審判員非常客氣，說：「請您幫個忙，去找孫文雪一趟，叫她把產權人一家的情況詳細的寫一下。」我回答說：「我不能命令她作這件事，她不按我的話辦事，我沒有辦法，那就要耽誤了正事。同時我不願意和她談這件事，免得發生枝節和誤會。所以此事發生之後，我沒有與她見過面，最好我還是不去見她。」審判員認為我說的理由是對的，就不叫我去找文雪姊了。

我到家後，仍舊不與文雪姊通信，提到這件事，更不去麻煩她。我負這房子的責任，就應當擔當房子的一切，決不能遇到問題就亂拉亂掣，推卸責任，而移禍於他人。此後到五月十五日又到法院，審判員問：「凌叔華有信來嗎？她怎樣說的？」我答：「我對這件事摸不着頭腦，無法說起，所以並沒有通信問過她，她不知道這件事。」又問：「她的房子賣給過日本人，你知道嗎？」答：「她的房契一直在她手中，怎麼會賣給別人，房契不給別人呢。我拿房契去領的藍圖，現在仍在我手中保存。」他說：「你不要給凌叔華去信是對的，你回去吧，沒有事了。孫文雪我們也找到了，你也不必去找她了，沒有事你回去吧。」

此事結束了，我如出了籠的鳥，一溜煙似的回到家。看到史家胡同的房子如同見到久別重逢的難友。今天你不是逆產了，我也就不是罪人了，我們休戚相共，從今日起我真不忍心叫你受到風雨的侵蝕，若能把你摺疊起來，一定要把你放入我衣袋裏，不許外人來看一眼。

　　常太太寫信告知凌叔華，似有表功之嫌。但看得出國民政府為調查該住宅是否與日本人有關，曾經花費了一年的時間。

　　當凌叔華接到來信時，或許有些洋洋自得，她對父宅只賣不租，對己宅只租不賣的策略，如今收到了奇效；更為戰後沒有贖回父宅而感到慶倖，否則現在真是有口難辯了。

　　對於張靄雲，也就是常太太的來信，照理凌叔華是要心存感激的，但凌卻怎麼也高興不起來，她感覺遇到了潛在的對手。張靄雲不做聲，不與他人商量，無人知曉就把這最棘手的事辦妥了，可見她的定力之強，這出乎凌叔華對這個家庭婦女的全部想象。

　　「我負這房子的責任，就應當擔當房子的一切」，這句話的真實含義又是什麼呢？凌叔華陷入了思考。從常太太來信的文字看，她的文化程度不低，而且思維縝密，邏輯清晰，處事果斷，她豈止是有文化，簡直稱得上作家，她一會兒把偌大的房地產擬人化地當成「久別重逢的難友」，要與她「休戚與共」；一會兒又當成心愛之物，摺疊起來，「放入我衣袋裏，不許外人來看一眼。」

　　　　可惜事實總不能與理想符合，你仍是被風雨摧陷，廚房的山牆眼看就要倒，春天必須拆修，臨街的院牆灰皮一定要勾抹新灰，再加上四季房捐地產稅，明年若不增加捐稅，則仍須要二百萬拆修牆及不能預計的修理，也估計不出數目來。總之，房是需要來保護的，所以不能按理想的辦法，不許人家看你一眼，而把你藏在衣袋裏。4

　　凌叔華本能地覺察到被人「越俎代庖」。對方氣定神閒、心安理得地住在裏面，卻能「遙控」於萬里之外。房捐地稅，修牆勾縫，尋找房客……統統成了凌叔華分內的事，如今又將幾成「逆產」的老宅保了下來，可說居功至偉。

　　常太太的所為，連待人寬厚的孫文雪都有些看不過去了：

　　史家胡同房捐常太太教人來我處收取，秋季共五百卅六元，冬季共十九元六毛，我均付清了。不審你知道否？其實他們盡這點小義務也不算分外呵。

　　此外，孫文雪還提到凌宅的一間儲藏室，和凌叔華出國時沒能拿走臨時甩下的兩個箱子。她覺得儲藏室的門鎖太小怕不結實，希望換把大鎖，並就此事「曾和常太太談過幾次，她說房門的鑰匙無人會配，故至今仍未開門。」至於那兩個箱子，孫文雪也「想和常太太共同打開，將重要的東西摻雜在破爛東西中放着，以妨萬一的搶亂。」[5] 孫文雪感到常太太的做法有些不妥，想出一個以戰爭時期預防搶亂的理由，藉此清點一下箱中之物，列個清單，以便日後若有閃失，對凌叔華也算有個交代。

　　孫文雪的擔心應驗了。二十多年後「文革」的「破四舊」運動，常家把凌家的財產損失，統統被歸入到這個不可抗拒的「運動」範疇。

　　凌叔華晚年糾結於此事，為了要回老宅以及無法説得清的祖傳寶物，凌叔華寫的各式申訴上告信，羅列起來不比她的中篇小説字數少，所花精力更是無法計算了。

　　此時，凌叔華整日把自己關在亞當姆森街十四號，試圖重新構思未來，用以抵消滿腦子房產之類煩心之事。她想寫一部以抗日為題材，類似托爾斯泰《戰爭與和平》那樣的長篇小説，因為朱利安・貝爾生前讚譽過她的文風有俄羅斯的風格，也帶有那麼一點法蘭西的味道[6]；凌叔華也曾想借《古韻》成功的餘波，繼續寫它的「姊妹篇」。

　　就這樣，凌叔華把寫作計劃做得很長，並滿懷信心地認為寫抗戰題材的小説，她比旁人有先天的優勢，既有對國軍抗戰的認識，又有和日本上層人士打交道的體會，她甚至還寫了開篇寄給了伍爾芙的丈夫倫納德，想聽聽他的意見。

　　但有一點是凌叔華怎麼也想不好的，很長時間都不知這部長篇小説的着墨點應該偏向哪一方？十四年抗戰不是沒得寫，是不知把哪一方寫成主角？若以國民黨領導的正面戰場為主線，則共產黨方面肯定不贊同，北京

還有房產⋯⋯若寫共產黨領導的敵後抗戰，一來自己沒有這方面的體會和素材，況且丈夫作為「人質」還在台灣當局手裏，這真是兩難的選擇。

在凌叔華腦海中盤桓多年的抗戰題材構思，此時不得不暫時擱置，她甚至想要去朝鮮戰場為中國人民志願軍做翻譯[7]，體驗一下戰爭的場面，蒐集寫作素材。至於此舉是否有幫助共產黨，以換取保全在北京房產的動機，那也只有她本人知道。

總之這幾年，關於北京房產的陰影一直籠罩在凌叔華心頭，由於有《古韻》的創作，以及為舉辦個人展覽而無暇顧及，反倒使她處於一種知之為不知的淡泊境界。

隨着風頭出盡，「陰霾」又重新籠罩下來。看來北京房產的事一天不解決，凌叔華就一天魂不守舍。但是如何解決，譬如，以什麼理由去北京？怎麼向丈夫解釋？回去了是否還能出來？等等，凌叔華絞盡腦汁，還是沒有想出個萬全之策。

此時機會從天而降。剛剛才在台灣落下腳的蘇雪林寫信向凌叔華「求援」，説新加坡南洋大學竣工在即，明年（1956 年）寒假過後即可開學，眼下正缺師資。商學院長徐佩琨和中文系主任劉太希都希望蘇雪林去執教，課程不外中國文學、史地、現代語言及教育等，都是蘇雪林駕輕就熟的科目，更難得的是南洋大學首任校長林語堂是她倆熟悉的老朋友，雖然林語堂因辦學理念與創辦人不同而辭職，但這所華人籌款創立的大學還是蠻有吸引力的，可蘇雪林卻婉拒了。

蘇雪林在老校長王世杰的幫助下，剛剛從法國艱難回到台北，又從台北轉到台南，落腳在侄兒家中與阿姊相聚，重新享受「姊妹家庭」帶給她的溫馨。蘇雪林把這幾年的動盪概括為：「精神之苦匪言可宣，五官失去作用，全身如騰雲駕霧飄蕩空中，回到台灣約有半年光景還是輕飄飄地，以後才漸漸腳踏實地。」[8]

所以，當她一聽到有外聘之邀，便想到了自己剛剛落地，頃刻又有「飄」出去的可能，就渾身的不自在，她「捨不得離開這熱烘烘的台灣文化中心，又以自己新自海外歸來，與家姊重聚不久，也不忍離她而去。」

9 於是，蘇雪林便順水推舟地推薦了凌叔華，這恐怕也有感謝叔華在她初到法國處於窘境之時給予關照的意思。

凌叔華接受了這份好意，應該説機會來得正是時候。她順理成章地打點行李，準備教案，告別丈夫，於 1956 年寒假期間啟程去了新加坡。

有人認為凌叔華年過半百，遠離親人，到萬里之遙的新加坡去開始自己並不熟悉的教書生涯是迫於生計，其實並不盡然。雖說陳西瀅的工資是偏低，孩子還在上學，凌叔華也沒有固定的收入，但她撰寫《古韻》獲得的稿酬和辦個人畫展賣畫的收入還是很豐厚的。

凌叔華以應聘為由遠離家庭，其實就有為了便於解決在北京房產問題這一深層原因。聽孫文雪前幾年來信中的口氣，至少「房產（在北京）還可自由買賣，公家為辦公用也購買了很多大房子」；信中還提到「史家胡同的房子等你的證件寄來了才能到管理局清理舊案」。毋庸置疑，清理私房舊案，重新登記的工作已全面鋪開。

當孫文雪拿到凌叔華寄來的證件和「北平市人民政府公逆產清管局提驗契通知書」來到內六區南河沿南灣子十三號，辦理「提驗內一區史家胡同甲五十四號房地產證件」審核時，已是新中國成立後的第五天。審核屬於初審，「其他重行登記的手續，須待本人到後才能完成，這是新章程，無法通融。」[10] 這也是孫文雪急切期盼凌叔華早日歸來的緣由，因為許多具體事是需要本人親自辦理的，旁人無權代辦。

孫文雪的話，成了凌叔華日後幾年內傷透腦筋的事，這也是她日思夜想欲回大陸的原因。如此看來，新加坡便是理想的中轉站，至少免去了向丈夫解釋這道難題。

果然，在境外無人知曉的狀況下，凌叔華假道去南洋大學的途中，拐了個彎兒，出現在了北京的街頭。

面對十年未見的北京城，凌叔華感觸良多，她應該會見了京城舊友，如李四光夫婦、竺可楨夫婦[11]、張奚若、沈從文、王世襄、蕭乾……她也一定去了史家胡同，辦理了房產重新登記，並與常家就代管房產重新談好了條件；她或許在孫文雪的幫助下，成功賣掉了羊圈胡同三號——她最

鍾愛的「海淀菜園」。[12]

　　賣房並不是她的初衷，但一定是她的直覺，在新中國，「私產」這個詞愈發顯得刺眼。凌叔華賭場下注般地賣掉西山小院，不僅在物質上得到實惠，而且在以後的歲月裏不必再面對兩道無法破解的房產難題，即如史家胡同老宅，直到凌叔華去世的那天，她也僅僅是名義上的主人。

　　凌叔華北京之行解決了許多實際問題，幾十年後出版的《葉君健全集》無意中帶出幾筆，「那時一系列政治運動，如胡風批判、肅反和審幹還剩下些餘波，」葉君健去新僑招待所看望到京的凌叔華，「她也似乎察覺到當時知識分子心中所殘存着某些餘悸，所以說話也很有分寸。」[13]

　　在京的朋友們都能體諒凌叔華低調入境的苦衷，也不願給還在台灣當局控制下的陳西瀅帶去麻煩。隨着大陸政治形勢的起伏，「海外關係」成了一個新的問題。

　　與陳西瀅在英倫相處幾年的蕭乾，1949 年回到北平便通知海外朋友，不要再給他寄信，甚至連賀年卡都不要寄。凌叔華也在寫給倫納德信中透露：「中國的朋友忠告我說，最好別向其他人提起我的中國之行。」[14]

　　葉君健文中描述的他和凌叔華見面時間，是與南洋大學開學時間相吻合的。凌叔華悄悄地來於春寒料峭時節，又匆匆地離去，因為她要趕在 3 月 15 日之前到新加坡，那天是新落成的南洋大學開學典禮。

　　兩個學期很快過去了，轉眼到了 1957 年 2 月。這年的寒假，凌叔華沒有回倫敦，也沒有去北京，她來到了國民黨當局統治下的台灣。

　　此行的表面目的是看望老朋友蘇雪林。蘇雪林盡地主之誼，先到台中霧峰北溝，觀賞故宮遷台古畫，之後一路南下到台南，住在蘇家。

　　兩個老朋友徹夜長談，聊在珞珈山、樂山的那些往事；聊武大的人際關係與派系之爭；聊各自離開大陸後的經歷和感受；還聊到了袁昌英。

　　蘇雪林告訴凌叔華，從她的消息來源中得知袁昌英因在「鳴放」運動中說了過頭話，是否還在教書也不確定，她希望是謠傳。總之，拉拉雜雜，二人從天擦黑說到拂曉。這一次相見，正像蘇雪林所說：「台南聚首為時雖短，精神則至感愉快，老朋友見一面少一面，我們怎能不珍惜那

『把袂話舊』的機會呢？」[15]

　　蘇雪林邀請凌叔華來台，也是四年前凌邀請蘇訪英小憩數日的一次回報。但凌叔華在台期間的有些行程，連蘇雪林自己也不很清楚。譬如 2 月 7 日，凌叔華獨自來到了位於台北林口的「國軍」兵營，參觀營房設施、武器裝備，觀看士兵操練、格鬥等科目。

　　自凌叔華去年首次去了北京，她親眼看到大陸進行的一系列運動，知識分子謹言慎行的舉止讓凌叔華有所領悟，這場景使凌叔華懸着的心始終放不下來，報紙上一有「大人物」，特別是知識界的名人被點名，台灣馬上便知曉，保不齊就涉及到凌叔華回大陸的事，那陳西瀅的處境就危險了。一連串的聯想，讓凌叔華頭皮發緊，於是她「設計」了去台灣參觀軍營這一招，來平衡去年的北京之行。

　　參觀軍營的最終「成果」，是得到兩張黑白照片：其一，凌叔華面帶矜持的微笑，穿着過了膝蓋的黑呢大衣站立中央，身後簇擁着十五位身穿軍服，頭戴大簷帽的軍官與士兵。兩張照片背面均有題記：「凌教授留念，蔣得敬贈，四六年二月七日於台北林口」[16]。「四六年」即公元 1957，「凌教授」的稱謂也符合她當時在南洋大學的身份。只是「蔣得」是誰不確定，似乎是站在凌叔華右手的那名軍官。他與眾不同，除了年齡偏大外，身着軍服的面料也與其他人不一樣，褲線筆直，左胸前別一枚徽章，而不是像其他人那樣縫一胸牌。當然凌叔華左手旁不戴軍帽的另一名男子同樣褲管筆直，只是上身穿着類似空軍裁絨領夾克服，似乎不是一個軍種。那個年代，擁有照相機的人還是少數，凌叔華在軍隊中沒有熟人，看上去更像是一次事前的安排，蔣得應是奉命負責接待的軍官，事後給來訪者寄上兩張照片，背後簽名蓋章，這個例行程序便結束了。

　　筆者一直不解的是第二張照片，它是第一張照片的延續。第一張照片中的六人，在第二張照片中脫去了上衣，半裸地半跪在前排，像是剛剛表演完散打或搏擊，雖已寒冬，人人面帶笑意，不畏寒冷。

　　終於有一天，筆者通過高倍放大鏡，看清了照片上的字，同時也看懂了凌叔華此行的用意。

　　六名赤身的士兵並不是「秀」身上的肌肉，而是「秀」肌肉上的刺青，上面刺有「滅共復國」、「赤膽忠心，反共到底」一類的字。有一位不但胸前刺字，甚至腹部也刺有字，還有一位在右臂刺了國民黨黨徽，看來這是一次帶有「勞軍」性質的參訪。

　　當年蔣介石反攻大陸的氣勢甚囂塵上，台灣海峽軍事對峙，兩邊的宣傳都不遺餘力。台灣當局更是藉助名人效應，招徠著名學者、演藝明星、各界精英來為官兵們站腳助威，提升士氣。連書生氣十足的梁實秋，都不止一次地跑到金門做一些反共的宣傳。梁實秋信告凌叔華：

> 　　最近第二度訪問金門，略為感到一些前線備戰的意味。隔海看大陸，（用望遠鏡可以窺見公路房舍等）感慨萬分！不知何年何日方得歸去也。我用好幾個大汽球繫上一些罐頭之類飄到大陸去，好不心酸！ [17]

　　梁實秋的「勞軍」與凌叔華有些不同，梁實秋或許感到今生今世無緣再回大陸。他屢次去金門，無非「隔海看大陸」，了卻一下鄉愁之苦。

　　但凌叔華便不一樣了，當年陳西瀅幫助李四光回大陸的過程，她一清二楚。如今國共雙方的宣傳戰正酣，這不僅會牽扯到自己，甚至會波及對此事一無所知的丈夫。凌叔華此行的做法與她去年低調的北京之行一樣，除了蘇雪林和至今不知是何許人的「蔣得」外無人知曉。台灣學界一直認為 1970 年陳西瀅去世三個月後，凌叔華去了趟台北，「這是她第一次也是最後一次」。

　　台灣是凌叔華不願陳西瀅去的地方，就連國民黨當局召見陳西瀅「述職」，凌叔華都頗有微詞：

> 　　如果共產黨政府發現他去台灣的話，我們的財產（其中大部分是我家的）將會被共產黨充公。以後我們回去時將一文不名。

1957 年凌叔華在台
北勞軍照片之一

1957 年凌叔華在台北勞軍照片之二

我可能會失去所有的祖傳寶物，包括從父親那裏繼承的書籍、繪畫等等。[18]

　　台灣之行，凌叔華的收穫，除了見到了蘇雪林，還包括蔣得寄給她的兩張照片，凌像「護身符」般地祕藏在身上，至少獲得內心的平衡。她甚至想如法炮製下去，在未來的任教期內，以新加坡為中心，輪流往返於大陸、台灣兩地，像走鋼絲似的，雖然左右搖擺，卻又「左」「右」逢源。

　　凌叔華利用在新加坡南洋大學執教為中轉站到底去了幾次台灣至今還是個迷。從 1996 年蘇雪林寫給陳小瀅信中似乎讓人看到她另一次的台灣之行：

　　　　台中原有你爸的一位蔣姓表哥，是個古玩珍寶收藏家，共產政權一在大陸建立，即沒收了他的收藏，幸有一部份藏友人處，攜來台中，開了一個包子鋪，殘存珍寶古玩則列兩玻璃櫥收貯。你媽那時受故宮博物院參觀古畫之約，想藉此遊覽台中的日月潭，你爸寫信介紹蔣表哥招待，故你媽即住蔣表哥家中。承你媽不棄，寫信我同遊。故我到台中住蔣家一夜。次日蔣先生用自備汽車送你媽與我到日月潭住涵碧樓遊覽了一天，次日又遊覽了一天，住宿飲食均蔣招待，同回蔣家，我先歸，你媽尚留。[19]

　　直到 1962 年 2 月的一天，這個夢幻般的「平衡術」才被戳穿。

　　在英國廣播公司駐香港分支機構工作的陳小瀅像往常一樣，午餐常和女伴張品莊搭伙，二人正在一家淮揚餐館就餐，隔壁桌傳來悅耳熟悉的聲音：「這不是小瀅嗎，都長成大姑娘了！」小瀅循聲而至，剛巧是母親在燕京大學的同學譚潤就阿姨。小瀅從譚阿姨那裏意外得知：母親此時正在香港的一家旅館休息，她傍晚乘船去澳門，從那裏入境到大陸，去北京。

　　小瀅大吃一驚，頭腦一片空白，一連串的問號在頭腦中閃過：姆媽

這是從哪裏來？到大陸幹什麼？爹爹知道嗎？明知我在香港為什麼瞞着我？……

當然，小瀅最擔心的還是爹爹的安危，姆媽一腳踏上大陸的土地，爹爹便是有口難辯，説不定立刻被軟禁起來。小瀅此刻已無心吃飯，更沒情緒與譚阿姨閒聊敍舊，她要了姆媽在香港旅館的住址，便風火火地趕去。

母女在旅館中相會了。小瀅細細打量着準備去北京的母親，她穿得相當樸素，臉上沒有化妝，也沒有穿旗袍，隨身攜帶的是兩個旅行袋，而不是通常使用的皮箱。

而凌叔華對於女兒的突然到來顯得格外吃驚，一點兒沒有心理準備，甚至有些語無倫次：「時間不多了，你收拾一下，咱們一起去北京吧。」

小瀅正上着班，沒有同行的可能，她只問了一句：「爹爹知道你去北京嗎？」

凌叔華的回答是否定的。她叮囑女兒，回京一事不必讓旁人知道。事後凌叔華來信再次告誡：「此事你也不必同爹爹説，免得家中口舌，你的事我答應不同他講，除了你將來要講。」[20] 這似乎像是一椿交易，每個人都掌握着對方的「祕密」。

小瀅走出旅館，母親的叮囑早已拋到腦後，她直奔電報局，給父親發了份加急電報，告訴他在接到她的信之前，哪裏都不要去，更不要去台灣。之後，小瀅補了封快信，將母親去北京的事告訴了父親。

27 日，小瀅接到父親的回信：

瀅寶貝：

接信，聽説姆媽已去大陸，大是驚奇。

我接到她最後一信是二月五日發的。她説為了從前有存款在上海銀行，要去香港取。我説存款可以託新加坡的銀行代取，不用自己跑一趟，恐結果得不償失。

她信中説打算乘 glevic（格列衞）號回英。此船三月廿七號從新加坡開，四月十六日可到。這船先經香港，廿日左右自港開出。

我想她去大陸的原因，只是為了滿足一種好奇心。再則她有房產在北平，也想看看。我想房產一層，恐看後壞處比好處多。也許不看還可，看了反看丟了。

我想她決不會打算去久居。她的親人，我們幾個人，和十四姨一家，都在海外，她決不會放棄了去住在大陸的。

只是她大約不知聽了誰的話（也許是韓素英），也要去看看。是否能自由出來，就有問題了。這一層她沒有考慮。她也沒有考慮她一去連累別人的後果。

事已如此，也沒有得說了。你已告訴了 mis（曼特），也沒有得說了。我希望對你沒有太大的惡影響。

台北方面如知道了，當然不免有反應。卻也不至於一定軟禁。郭伯母不是在大陸嗎？許多人勸郭伯伯（郭有守）千萬不要回台。後來他去了，也還是出來了。

如三月下旬姆媽回到香港，結果當不至太嚴重。我想她也不至在大陸發表言論等等吧。[21]

就在父女倆為凌叔華的去向猜來猜去時，凌叔華早已乘着北上的列車，先到廣州，再到武漢，並在武漢停留了三天。

凌叔華此次到大陸還有一項「使命」，便是到武大珞珈山看望一下袁昌英，這也是蘇雪林反覆交代的，況且蘭子還是小瀅的乾媽。

可當凌叔華來到武大，向校方提出希望見到袁昌英時，校方支吾了起來。儘管校方對於凌叔華的到來表示出應有的禮遇，指派陳登恪教授專程接待凌叔華。

陳登恪即早年凌叔華信中所稱的「陳八」。此時在凌眼中，他已是另外一番裝束：

穿了一身藍色解放裝，精神充溢，人也顯得年輕了，還很高興的帶領我去參觀武漢大學。其後，去武漢長江大橋時，他提議步

行。左右橋欄杆有百幅鐵做的畫，每一個畫稿是由不同畫家專心設
計的。這樣我們一邊看畫，一邊步行過武漢大橋。這橋的設計以及
它的長度，較之倫敦大橋實用堂皇，與美國的金門大橋相比，它毫
不遜色。[22]

　　時間不知不覺消耗過去了，最終，凌叔華不要說搞清楚袁昌英打成右
派是否屬實，連她是否還在教書這個問題都未得到肯定的答覆。她為蘭子
留下了一堆禮物，請校方轉交，便北上進京了。

　　筆者 2014 年訪問年近九十的皮公亮時，皮老說：當年凌叔華到武
大時，校方已接到上面的通知，讓正在掃街的袁昌英穿戴整齊，坐在
教務處的辦公室「待命」，如若凌叔華堅持要見袁昌英，校方屆時再想
個理由讓她們見面。可惜凌在陳登恪的提議下，努力比較着長江大橋欄
杆上百幅鐵畫之間的不同，耗去了時間，錯過了唯一一次與老友相見的
機會。

　　凌叔華乘坐的北去列車停靠在前門火車站，天安門廣場經改造煥然一
新。已離任教育部長的張奚若做東，邀集京城舊友，為凌叔華接風洗塵。
凌叔華察覺到國內政治氛圍比以前寬鬆了一些。張奚若在飯桌上還學着當
年楊振聲手拿酒杯，扮演《空城計》孔明的那一齣場景，惹得一桌人大笑
不止。

　　只有兩個人沒有笑出來，一個是鄧以蟄，他一言未發，眼含熱淚。他
與楊振聲同是北大教授，關係甚好，只因楊在文人圈裏深孚眾望，北大為
他戴了頂「學閥」的帽子，便發落到關外，遠離京畿之地；還有一位熱淚
盈盈的便是凌叔華。

　　說起凌叔華與楊振聲的關係其實是很微妙的，凌叔華心中有多位心
儀的男性，楊振聲其實也是其中之一，凌叔華暗戀楊已經是許多年前的事
了。至於楊振聲對凌是否有意則不好說，只是從楊早年請凌叔華改寫自己
的作品《她為什麼發瘋了》（見凌叔華：《說有這麼一回事》），所撰寫的
篇首語中看出一點點端倪：

　　我想叔華一定能寫的比我好，所以就請叔華重寫了。果然，寫出的又細麗，又親切。人家都說「太太是人家的好，文章是自己的好」，上一句，我願意它錯了，它偏不錯；下一句話，我願意它對了，它偏不對。這還有什麼話說？ [23]

　　這句帶有調侃味道的話，我們還不能判斷楊振聲真正的情感用意。還是局外人冰心看得透徹：

　　凌叔華其實是戀着楊振聲的，只是楊太守舊，一生廝守那個「黃臉婆」，把自己耽誤了。楊雖然不喜歡也不同老婆同床，但他又不肯同其她女子往來。凌叔華是讓徐志摩拋掉，追楊振聲又不成功的情況下，下嫁陳西瀅的。主要也是因陳的聲譽當時是很高的，屬於和魯迅、胡適等人一輩兒的。[24]

　　此次聚會，當凌叔華聽說楊振聲已於四年前去世，給她的震動還是不小的，她心儀的男人一個個離她而去，許多往事又浮現在眼前，若不是鄧以蟄無意間的「惺惺相惜」，凌叔華還不知如何收場呢。

　　這一次，凌叔華在國內跑了幾個地方，看到一些老友，也看到一些新氣象，人人臉上露出對祖國美好未來無限嚮往的神情，尤其青年人朝氣蓬勃的幹勁，給了凌叔華極深的印象，這是她自出國後許久沒有感受到的，也是她乘郵輪在漫長的海上歸途中思索、品味出來的，從她寫給女兒的信中可看出：

　　我還有九天可到倫了，此刻過紅海。風平浪靜，怎是心緒不寧，想起許多人及許多事。這個月是你的生日，我到倫後可寄信不知來得及否，先祝你生日愉快吧。大約小明一定會要一張 birthday card（生日卡片）寄你的。她寄了我一個，居然畫出我穿旗袍來。

不知你已找到房子沒有？念念。希望你能早搬。

香港真是銷金窟，雖然東西便宜，但使錢機會也多，但是希望你時時刻刻想到那只是暫居的地方，不要花錢置買任何值錢用品，能將就即將就吧。在船上我想起你來，心中即十分難過，此時我們都聚在西方，把你一個人撇下在香港，那是一個「只認黃金不認人」的地方，幸好你還有一兩個朋友，否則真難啊！你在新聞處的事如何結果，如果條件太過苛刻，我想你還是不必將就。我不相信你除了他們的事，就不能做別的。……

其實你如看見了那邊青年人的氣概，以及他們近年的成就，你會恍然大悟，……我不是勸你回國左傾，我只是想你現是一個年青人，應有權利享受現代人權，在英、在港、在台均有種種阻礙，如「生活要支持」一種問題，使你不得不向一些勢力低頭，只有北京是尊重青年人的地方，而那地方可是不必愁生活等等問題。[25]

信寫得有些不順暢，就像凌叔華此時的「心緒不寧」，看得出她思想的波動，也看得出她幾次往返於大陸所見所聞與西方世界所宣傳的，那麼的格格不入。

凌叔華凡到香港通常在王家落腳，王雲槐是陳西瀅的老朋友，後來王雲槐在香港經商，事業做得有聲有色。他的兒子王安世和小瀅是自幼的朋友，陳小瀅通常叫他母親為王伯母。王家成了凌叔華去往大陸名副其實的「中轉站」。

多少年後王伯母對小瀅說：「你母親經常往返於香港與大陸之間，常在我家停留。她喜歡穿一身灰色細布的上裝和褲子，一改以往的旗袍裝扮，這種裝束在香港是很顯眼的。有一次還見她準備了一頂斗笠，挑着扁擔，我感到很奇怪，乍一看，像是剛從鄉下搞完調查回城的女幹部。」[26]

這樣算下來，凌叔華去大陸的次數也就難以說清了。

注釋：

1　凌叔華繪《帶音樂小節的幽蘭圖》（筆者收藏）。

2　凌叔華繪《幽蘭圖》（筆者收藏）。

3　凌叔華為胡適夫婦繪《幽蘭圖》（筆者收藏）。

4　張靄雲致凌叔華信，1947 年 12 月 19 日（筆者收藏）。

5　孫文雪致凌叔華信，1948 年 12 月 9 日（筆者收藏）。

6　凌叔華致倫納德信，1956 年 11 月 28 日，見《家國夢影：凌叔華與凌淑浩》。

7　凌叔華致倫納德信，見《家國夢影：凌叔華與凌淑浩》。

8　蘇雪林致凌叔華信，1957 年 1 月 10 日（筆者收藏）。

9　蘇雪林致凌叔華信，1964 年 6 月 10 日（筆者收藏）。

10　孫文雪致凌叔華信，1950 年（筆者收藏）。

11　凌叔華致陳小瀅信，「我在港告訴你過，我存在小姑姑（即陳汲，竺可楨夫人）那邊有六百多元……我還放下半木箱罐頭在小姑姑家。」1960 年 4 月 7 日（筆者收藏）。

12　孫文雪致凌叔華信，1951 年，「羊圈房子有蔡啟主管不致有問題。為這些問題我也盼你能早日回來。」1956 年以後的信中，再也沒有涉及羊圈房子了。（筆者收藏）。

13　《葉君健全集·散文（一）》第 56 頁，清華大學出版社，2010 年版。

14　見《家國夢影：凌叔華與凌淑浩》。

15　蘇雪林致凌叔華信，1957 年 6 月 2 日（筆者收藏）。

16　蔣得致凌叔華照片，1957 年 2 月 7 日（筆者收藏）。

17　梁實秋致凌叔華信，1964 年 2 月 4 日（筆者收藏）。

18　凌叔華致倫納德信，1952 年 8 月 20 日，見《家國夢影：凌叔華與凌淑浩》。

19　蘇雪林致陳小瀅信，1996 年 3 月 15 日（筆者收藏）。

20　凌叔華致陳小瀅信，1960 年 4 月 7 日（筆者收藏）。

21　陳西瀅致陳小瀅信，1960 年 2 月 27 日（筆者收藏）。

22　凌叔華：《回國雜記一、我怎樣回國及回國所見》，《大公報》1975 年 3 月 6 日。

23　凌叔華：《說有這麼一回事》，北方文藝出版社，2015 年版。

24　陳小瀅對筆者口述，1986 年訪問冰心，聽冰心所言。

25　凌叔華致陳小瀅信，1960 年 4 月 7 日（筆者收藏）。

26　1970 年 3 月陳西瀅病逝的追悼會後，陳小瀅聽王雲槐夫人所言。

性格扭曲的蘇雪林

二十世紀八十年代末，筆者看到一封毛澤東寫給祕書田家英的信，提到：「蘇雪林著《李義山戀愛事跡考》，請去坊間找一下，看是否可以買到，或者商務印書館有此書？」[1]當時筆者只知道毛澤東對唐代詩人「三李」頗感興趣，研究李商隱（字義山）正在興頭，而對蘇雪林則一無所知，但名字是記住了。

近些年筆者對民國文人發生了濃厚興趣，知道蘇雪林寫的《李義山戀愛事跡考》是她成名之作的第一部，那時她只有三十歲，所寫之書居然是部學術專著，於是對她加以關注，對她的一生也格外留意。

倘若評論珞珈山的三位女性：袁昌英、蘇雪林、凌叔華，誰的成就為大，蘇雪林應該坐頭把交椅。

袁昌英成名在民國，由於新中國講究階級成分，她以往的成就反倒成了「污點」，其名聲也就到此為止；凌叔華的優勢太大反成包袱，分心事多，常常顧此失彼，所得成就與她的才華不成比例；蘇雪林則不然，她無家庭（名存實亡）、無子嗣，作為女人，本身條件無優勢可言，只有一心撲到學問上。

蘇雪林從教六十多年，桃李天下，著作等身，寫有書四十餘部，若加上日記，總字數超過 1500 萬，僅《屈賦新探》就 180 萬言，實為煌煌巨著。活到 102 歲仙逝可稱人瑞，90 餘歲尚筆耕不輟，被譽為「文壇常青樹」，在當時作家中幾乎無人能與之比肩。筆者收藏了她一些書信，最晚

一封寫於 1996 年，那時她已近百歲高齡，一氣兒寫下十五頁，筆鋒之犀利一點兒不遜當年。

但筆者也時常因從蘇雪林的信中看到與其身份和學問不符之處而感到困惑不解。譬如她在寫給陳小瀅的信中埋怨：

> 你爸與魯迅那段筆墨官（司），關係國民政府的滅亡，關係非常重大。蓋你爸若不寫那封給徐志摩的信，魯迅或不致於羞怒而附共。魯迅不附，文壇及整個文化界赤化不至於此之速。正因全國人心都赤化，國民政府安得不垮！[2]

似乎國民政府的垮台緣於陳西瀅的一封信。

眾所周知蘇雪林一生都是反魯迅的，但翻閱文獻，筆者實在找不出像樣的她與魯迅的「過節兒」。

其實蘇雪林與魯迅只有過一面之交，是上海北新書局的老闆做東，宴請凡在他書局出過書的人。蘇雪林曾在該書局出過三本書，故在被邀之列，魯迅、林語堂、郁達夫自然都是上賓。蘇雪林面見魯迅僅點了一下頭，並未說話，但她以女人特有的敏感察覺到魯迅對她的態度是「神情傲慢」的。酒席過後細想，蘇雪林品出魯迅對她「傲慢」的緣由：

> 我曾在《現代評論》發表過文章，又與留英袁昌英等友好。魯迅因陳源寫給徐志摩一封信，恨陳源連帶恨《現代評論》，恨《現代評論》連帶恨曾在《現代評論》上寫文的我。遂有那天的局面出現。[3]

蘇雪林如上「推理」實在讓人費解，筆者想不出蘇雪林折磨別人同時也折磨自己的緣由，就試圖從其他層面尋找。蘇雪林與凌叔華的通信中，曾提到自己患的是心理障礙的疾病，歸到現代醫學屬於「隱祕性抑鬱症」。可在百年前，這個專有術語的另一種說法是「自卑」。

　　翻開蘇雪林《浮生九四》，開篇第一句話：「我是一個自卑感相當重的人」。造成蘇雪林自卑的第一個因素便是自幼的纏足。舊時中國人崇拜「金蓮」，蘇雪林的祖母因幼小避太平軍入皖，隨家人顛簸流離，腳未纏得極小，引為一生之恨事。她並不愛自己的孫女，卻想在孫女腳上得到心理補償。在蘇雪林四歲時祖母親自給她纏足。「日也纏，夜也纏，終於把我的腳纏到她理想的標準了。可是使我成為『形殘』，終身不能抬頭做人了！」[4]

　　四歲時的事在九十七年後還在蘇雪林內心中作祟。張昌華（《蘇雪林自傳》的編輯）在蘇雪林自新中國成立後第一次回大陸（1998 年 5 月 25 日）時看到了這樣一幕：

　　　　我印象最深的是，從醫院到飯廳赴宴，要坐車。她坐在輪椅上，工作人員將她推到車邊，她已不能自己上車，一年輕力壯的男士將其抱起，不經意間，她腳上的布鞋脫落了，露出「三寸金蓮」，只見她臉一下緋紅了。蘇雪林是位自尊極強的人，曾為其纏足自卑過。人老了，一切由不得自己，那臉一紅或許是一種無奈的悲哀。[5]

　　蘇雪林生長在男尊女卑的年代，女孩子被認為是「賠錢貨」，若是生在富貴人家倒也罷了，偏偏生在破落的、舊禮教壓得人喘不過氣的家庭。那時，主宰這個家的是祖母。母親在生大哥時，祖母生下了小叔，見母親奶水好，便讓母親餵養小叔，置自己的孩子於不顧，終使大哥早亡。

　　蘇雪林生長在這樣的家庭，女孩子能活下來已屬不易，但也造成嚴重的心理障礙。記得有一回，蘇雪林不知受了什麼刺激，傷心欲絕，用她的話形容，「假如那時手邊有一根繩，我可以立即將自己掛在門上。一個人在極憂傷的時候，自己收拾自己原很容易的」[6]。

　　蘇雪林自卑的第二個因素是婚姻。她認為：一個成功的女人必須有一個完整的家庭，有一位配得上自己的成功丈夫。

　　人們所稱的「珞珈三女傑」中，袁昌英的丈夫是楊端六——著名經

濟學家。蔣介石、毛澤東都聽過他的演講，袁昌英又有恩於蘇雪林，蘇很少議論袁。

但蘇雪林對凌叔華的態度就大不一樣了，她曾經對小瀅總結了人們之所以敬重其母親的三個理由：一、天生一副古典美人胚子，得人喜愛；二、嫁了一個名教授，捱魯迅惡罵十年不回嘴，人家對他有深厚的同情，這同情又轉注到你媽身上；三、你媽雖然寫過《花之寺》一類的小說的確不錯，不過她寫作不多，若非嫁你爸，則得名之盛，決不如黃廬隱、石評梅。

所以，在蘇雪林眼裏，一位知名丈夫是家庭必不可少的。清宣統皇帝遜位那年，祖父將年僅十四歲的蘇雪林許配給在上海經商的江西人張家。未婚夫張寶齡在眾人眼裏應該是個標準的好男人。為人正派，辦事認真，早年就讀於上海聖約翰大學，後又赴美數年，英文好自不待說，能寫一手漂亮的毛筆字，遠勝過蘇雪林的「鬼畫符」。

二人間的戀愛始自法國與美國間的往返信件。寫情書是蘇雪林的強項，但對於學工科的張寶齡並沒有產生化學反應。蘇雪林曾兩度邀請張到法國相會，不想收到未婚夫這樣一封來信：我早告訴過你，我對於旅行，是不感一毫興趣，到歐洲去做什麼？

新婚燕爾，面對丈夫冷冰冰的面孔，蘇雪林寫下了生平第二部作品《綠天》，其中「鴿兒的通信」十數篇，是寫丈夫在蜜月期間外出寫給她的信，事實上，張寶齡半個字也沒有寫過。蘇雪林編織着美麗的謊言，用以掩蓋自己自卑的心。直到老之將至，回憶起寫《綠天》時，自己「錦上添花寫得風光旖旎，情意綿綿，現在想來，只有好笑」[7]。

蘇雪林認為婚姻不幸的理由是張寶齡的大男子主義。當張寶齡在蘇州犯病，蘇雪林盡心竭力地伺候，結果卻事與願違，丈夫三天一小鬧，十天一大鬧，似乎想用這種過激的方式，逼妻子率先提出離婚要求。

蘇雪林退縮了。她錯過了一次次機會，或者説她根本不想使這種機會成為現實。面對社會輿論她不是聽不到，「人家批評我思想很新，行為則舊，是個半新半舊、矛盾性人物，也只好由他。我是天生這個坯子，又能奈何！」[8]

　　蘇雪林說自己屬於那種「坯子」時，內心深處是有所比較的。在她眼裏，袁昌英屬於正規留洋的，教授資歷不僅貨真價實，還遠在她之上，加上丈夫楊端六是武大的法學院長；凌叔華則「天生一副古典美人坯子」，又嫁給了像陳西瀅這樣的名教授。學歷、相貌、家庭，三分之中有其二是自己所欠缺的。

　　蘇雪林認為丈夫再有百般不是，但其留美的光環，加上徒有虛名的家庭，「有」聊勝於無，哪怕為此承受再多的非議。然而只是苦了張寶齡，鰥居三十二年，直至蘇雪林獨自去了台灣，更是天各一方，永遠背負着「有家室」的重責。

　　1990 年 11 月 1 日，蘇雪林在日記中承認：「我打算將張的事完全隱去不說，蓋我已立志不言彼過，婚姻不如意就不如意，算了！世尚多不婚者，遇人不淑者，我有文學學術自慰，何必婚姻！」

　　1949 年大陸解放前夕，一向反共的蘇雪林只有選擇背井離鄉，在香港天主教會真理學會辦的刊物《公教報》當撰稿人。

　　一年後偶然的機遇（1950 年被天主教視為聖年，教徒有赴羅馬朝聖的習俗），燃起了她再度赴國外留學的念頭，此舉多少是為了縮小她與袁昌英、凌叔華在外語上的差距，這似乎是蘇雪林自卑的第三個因素。晚年蘇雪林向凌叔華祖露心扉：

　　　　有人約我寫個簡單的自傳，我總不敢應命。為的我兒時及少壯時事無一可言者，不像你的多采多姿。我不寫，尚可藏拙，一寫，泄漏自己那些不堪的事（如被祖母硬行纏腳，使我一輩子不能抬頭做人，生於輕女重男的家庭，幼時沒有受教育機會，後雖入了一個文化落後地區的師範學校又無機會學外文等等）就要被人瞧不起。我自己想來，真倒霉，一輩子是個受侮辱與被損害者，若能像你和蘭子的生活環境，應該好得多。[9]

　　蘇雪林把沒有學好外語與纏足並列為「自己那些不堪的事」，她兩次

赴法都未獲得學位，以至花甲之年還想讀博士，全是自卑心理作祟。

　　蘇雪林面對的另一個心理障礙便是「貧困」。對於一個從教六十年且著作等身的大學教授來說，貧困二字應該與她不搭界。

　　早在抗戰初期，蘇雪林將自己積蓄換購的兩根金條（重五十二兩）捐獻國家支持抗戰。但是從那以後，蘇雪林到老都在與貧困作鬥爭，筆者收藏蘇寫給凌叔華的十幾封信，大多會談到生活的貧困。

　　蘇雪林赴法國除了要學好法文，主要想法便是為《屈賦新探》搜尋資料。還是在 1943 年的一天，袁昌英給學生們講授「希臘神話」，課後遇到蘇雪林，袁昌英對蘇說她讀屈原《九歌》的「東君」，「儼然看到希臘太陽神阿波羅湧現一紙上，難道我們三閭大夫曾受希臘神話的影響嗎？真是奇怪！」蘇雪林答曰：「這怎麼可能。先秦時代和域外尚無交通，想這件事不過是暗合吧。」[10]

　　至此，她開始了對《屈賦》的研究，蘇雪林想到，屈原辭賦裏涉及的神話如若與古歐陸神話同出一源，不如到「文學藝術所薈萃淵淵如大海的巴黎」去解這個謎。「人到英法文明先進之邦，隨地都可以拾到學問。」[11]當時的蘇雪林確實很樂觀。

　　但戰後的法國早已不是她三十年前看到的樣子，人們捂緊自己的錢袋子，用警惕的目光盯着與他們爭奪工作崗位的外國人。管理宿舍的人聽說蘇雪林是靠贊助來這裏搞研究的，不交膳宿費，彷彿看她的眼神都變了。

　　蘇雪林從來主張生活獨立，不依靠他人。現在連吃住都靠別人維持，也是她「平生破題一次之事」，原計劃在法國呆上兩年，如今半年都很難維持下去。她給凌叔華算了一筆賬：「光是來歐旅費便在美金四百以上。在馬尼拉冤枉花了一百，船票二百，兩件大行李託公司運，去了五十幾，路上及到巴黎各種用度六十幾。」這些花銷等於抗戰期間，她「在四川千辛萬苦，擺攤子囤油囤肥皂，也還積了一筆可憐的數目，這一回完蛋了。」[12]

　　生活壓力如此沉重，若說硬扛，蘇雪林還是有精神準備，但她來法國是為了蒐集研究《屈賦》的資料和進修法文，若這兩項毫無進展，恐怕是

對她精神的最大打擊。每每想到凌叔華來信中所講述她自己平庸的現狀，「再過十年八年，也便如此，不禁倒抽一口冷氣」時，蘇雪林有些繃不住了：

> 我是為了學法文這件事每日每時都在抽冷氣的。因為不但腦子已壞，身體也不肯幫忙，在法國住上二年回去恐怕還是依然故我，豈不教人笑死！……更奇怪的是，這樣一個文學藝術所薈萃淵淵如大海的巴黎，想買一點神話書，還是難如登天，舊書舖也走過不少，偶有一兩本，均係毫無價值的。今日花上三千多佛郎買了一本普通神話，也還不如張資珙先生那些在英國所購者為有用。（我還沒有閱讀，但這類提綱挈領以供常識為主的作品，當然沒有多大用處）這裏舊書價值常在二百以上，新書則一二千以上，像我們這種時常鬧窮的人，想象第一次來法時，隨便買書已不可能了。[13]

如果説蘇雪林在寫給好友的信中對自己的窘態還有所保留，陳小瀅利用暑假到法國眼見的一切，至今談及還嘖嘖不已。在蘇雪林住的宿舍內瀰漫着濃郁的複合味道，暖氣片上晾着從市場收集到的雞頭雞腳，看上去已有時日，顏色變成灰褐色。小瀅告訴蘇伯母，這種雞下腳即便晾乾也是不能生吃的，還須煮熟，説着順手揭開地上僅有的一口鍋，本意是想幫忙收拾一下雞下腳，但卻看到了鍋裏面存有尚未來得及倒掉的宿便。[14]

蘇雪林在法國的兩年，研究《屈賦》和學習法語已放到了次要的位置，當務之急是解決生存。

自凌叔華從女兒那裏得知蘇雪林身處窘境，便及時伸出援手儘可能在物質上給予些許幫助，這從蘇雪林致凌叔華的信中可看出：

> 上次通伯先生來巴黎又蒙你送我羊毛襯衫和畫片，我心裏實在過意不去。叔華你太愛我了。送吃的又送穿的，對我的恩惠簡直是無窮無盡。[15]

　　以後，蘇雪林陸續收到凌叔華託帶給她的茶葉、牛肉汁、風濕藥等，
她們二人的友情這一時期更加深厚。

　　當然在法期間，蘇雪林主要還須靠為真理學會寫稿，以後又跟着方
君璧學繪畫，賺取微薄的酬金度日。她給凌叔華的信中對學繪畫有詳盡的
描述：

　　　　說畫畫我這兩月確忙此事。不過你和君璧的作品乃係藝術，而
　　我則不過哄哄孩子而已。⋯⋯再者，我還希望能以畫維持在法生計
　　呢，我的欲望極小，一張像這張信紙大小的畫，人家給千ㄅ便滿
　　足了。君璧現打算去畫圍巾，我也打算同她去學。不過一幅圍巾二
　　尺見方完全畫滿，至少二日功夫，每幅至多不過賺法郎五百，划不
　　來。[16]

　　在法國，蘇雪林沒有實現出國前的預想，卻品嘗到世態炎涼。多虧了
武大老校長王世杰的疏通（那時他已經是民國「總統府」的祕書長），兩
次匯去五百美金，暫時解決了蘇雪林的食宿和返程船票。

　　回到台灣的最初幾年，蘇雪林在生活上的窘迫依然如故。1952 年 11
月，陳西瀅赴台述職後，曾去台南蘇雪林的臨時住處（她侄兒處）小憩，

1951 年蘇雪林（左二）
在法國巴黎，左一為陳西
瀅，右一為陳小瀅

留給他的印象還是很沉重的，「只有半小碗素菜，內有肉絲三四條。另一碗湯。」[17]

而蘇雪林知道陳西瀅要到台南看她，想到的第一件事卻是請他捎帶信件到倫敦，為的是省去一筆郵費。這在蘇雪林11月2日日記中有載：「因明日公宴陳通伯先生，余將利用渠飛歐機會託其攜帶信件，故今日將學生作文束之高閣，大寫其信……共十三封，直寫到晚上十一時始睡。」

蘇雪林在台灣的主要掙錢來源便是寫文章、出書，但她寫的書多與考證有關，不合時人口味，加之台灣地域小，讀者有限，蘇雪林對凌叔華發起了牢騷：

> 現在台灣書籍已出到飽和點，不但學術書不易銷（我的《崑崙之謎》共印千本，只賣去一百七十本，我自己買了二百五六十本），書店恨極再不肯接受我的關於《屈賦》之書了。《棘心》因有二種偷印本流行台灣，搶了我的生意，現在雖擴充為十八萬字也沒人肯買了。至於《天馬集》，書店雖替我作了大吹大擂的廣告，當日開門只賣去七本，以後零碎賣了十幾本，從此更無人問津。我這本書在我確是心血結晶，而且書末附有原文注解，讀之可獲大部分希臘神話知識，但人家還是不肯買。台灣寫文章是沒有出路了。[18]

蘇雪林除了會寫文章，幾乎不會做任何別的事。台北物價高，投稿競爭激烈，這也是她遷到台南的一個原因：

> 台灣生活愈來愈高，我每月薪津共計一千二百元（一個下女去了我四五百），敷衍吃飯而已。添衣、買書、郵簡、娛樂、醫藥等一切都要另籌。拚命寫文章每月亦不過多收四五百元。來台七載，物價上漲十餘倍，文章每千字仍只四五十元，還要扣算空格，又七折八扣地千字三四十元而已。我的眼睛藥針補品每月至少三百元，到

了台北生活更高，文章又不能寫（因既費重金醫目，何可又消耗目力？），我還不知怎樣維持哩！ [19]

又如：

　　台灣現在生活程度飛漲，月異而日不同，你想我如何過活？只好賣文了。誰知台北各大報都說我們副刊篇幅有限，要提拔青年才俊，像蘇雪林這種老作家，功已成，名已就，大可在家享享清福，還來與青年爭地盤，太不像話。況她稿件又長又多，應酬她實不易，不如拒絕。於是我稿去必退，退了多回，也就不好意思再投了。只在南部一個地方性的報紙投稿，還算未打回票，可是也不能多投，一二月能刊出一篇便是好的。這報副刊投稿者多為台北大報淘汰下來的二三流作家，我的稿子刊在他們的中間，使我常有「羞與噲等伍」之感。不過不投稿便無法生活，奈何！ [20]

　　蘇雪林生活習於節儉，以致形成慣性停不下來。她簡樸到可用「吝嗇」來形容，不惜與拾荒者為伍。八十高齡的堂堂教授，每日晨練「出散六圈，甩手三百」，回來時常有所得：「今日上午又費了兩個小時，始將那雙從小竹屋中檢出之舊鞋修得像個樣子，但穿上腳則並不甚合腳，因其太大也。」又如她某次拾物回家被學生看到，羞得她無地自容，在當天日記中連用三個「可笑」，三個「可恥」來警示自己，不料沒多久，老毛病再犯。

　　晚年蘇雪林真的到了窮困潦倒的地步嗎？她的學生唐亦男的回答是否定的。他說蘇雪林平時很節省，把錢藏在米缸裏，廢報紙裏，有天她侄子為她打掃房間，扔了她的廢報紙，氣得老太太要罵人：那裏面藏着幾十萬現金！連她家不怎麼懂中文的菲傭都笑了。

　　唐亦男回憶老師晚年雖然「從不承認自己寂寞，但實際上是既孤獨又寂寞，除了靠寫信與過去文壇的朋友通聲息以外，就只有靠書報電視來排

遣時間了。……說一些厭世的話，覺得人生乏味，活得長久，並不是一件好事。」

老師對學生說的話，在蘇雪林寫給凌叔華的信中屢屢得到證實：

你問我的近況，唉，不說也罷，我今年已過了八十歲了。前幾年五官百骸便迅速退化，尤苦者雙腳無力，行路如踩綿花，所以去年年初摔折腿骨，雖現已結合，但另一腳出毛病，身重千鈞，目昏耳聾，又患了「老人憂鬱症」（你還無此經驗吧？），終日心事重重，時有想大哭一場光景又哭不出，始知「長壽非福」。但一時又死不了，奈何？不過也快了。[21]

類似的話還有：

想向閻王老子報到的日子不遠了。說句老實話，我也實在活膩了，耳聾目昏，兩腳軟得如踩綿花，一不小心便會摔倒，所以拐杖和我一刻不能離，以前出門始用，於今在屋子裏也要用。[22]

蘇雪林盼望早日到「閻王老子報到」，以擺脫人生之苦的願望沒能如願，「閻王老子」又讓她多活了二十年。這人生的最後二十多年，蘇雪林的名氣逐漸顯現出來，那時五四時期的文化名人都已作古，蘇雪林的長壽使她成了「稀缺之人」。

1998 年春夏之交，時隔半個世紀，蘇雪林第一次返回故里，那時大陸的報道真是盛況空前，連她自己都沒有料到，她在大陸的「粉絲」竟如此之多。這次大陸之行，蘇雪林圓了夢，回到闊別七十三年的故居，參觀了海寧學舍、蘇氏宗祠和門前那棵蒼老的桂花樹，甚而還到當年結婚的新床上坐了一下。旋而登黃山，飽覽綺麗風光，還被簇擁着上了天都峰、蓮花峰……次年的 4 月 21 日蘇雪林去世，實現了她「長壽非福」的願望。

社會上熱炒「珞珈三女傑」已有多年，筆者無法說得清三人之中，

誰活得多姿多彩。袁昌英的名聲僅在民國時期，蘇雪林自責是她害了蘭子（指建議她競選「國大代表」）；凌叔華被捧得最紅，寫她「傳記」的書出得也最多，卻都得不到她女兒小瀅的認可；蘇雪林成就斐然，但她對於生活卻是一個失意者。

蘇雪林自幼所患的憂鬱症，自己形容發作時就像心在油鍋裏煎熬，這種苦楚説不清道不明，是常人很難理解的。

也是為了治這種病，蘇雪林走上了研究《屈賦》的漫長道路，一生不離不棄，終修正果。「我的屈賦研究雖被人譏為野狐外道，我所付出的代價，倒是非常大的，對得住三閭大夫了。」[23]

這頗有些像揚‧馬特爾的《少年派的奇幻漂流》，文中講述十七歲的「派」與一隻孟加拉虎在太平洋漂流了二百二十七天，人和虎從相互提防到相互依賴，成功到達彼岸的故事。

許多年後，「派」告訴人們，其實老虎是他幻想出來的，因為比老虎更可怕的是海上的孤獨與絕望。

蘇雪林和她的《屈賦》系列是否與「派」有異曲同工之處，不好妄評，還是以她自己的一段話作為注腳吧：

> 記得西洋某名人說：「沒有愉快的童年是成為作家的條件。」我今日在文藝界雖薄有成就，究竟算個作家與否，並不能自知，不過我生有一種憂鬱病，始自童年，至老不衰。想必就是不愉快的童年所貽留給我的唯一禮物。[24]

注釋：

1　逄先知：《毛澤東和他的祕書田家英》，中央文獻出版社，1989 年版。
2　蘇雪林致陳小瀅信，1996 年 3 月 5 日（筆者收藏）。
3　《蘇雪林自傳》第 74 頁，江蘇文藝出版社，1996 年版。

4　《蘇雪林自傳》第 8 頁。

5　張昌華:《最後的蘇雪林》,《揚子晚報》2014 年 11 月 4 日。

6　《蘇雪林自傳》第 207 頁。

7　《蘇雪林自傳》第 67 頁。

8　《蘇雪林自傳》第 43 頁。

9　蘇雪林致凌叔華信,1981 年 10 月 23 日（筆者收藏）。

10　蘇雪林:《我在抗戰時期的文學活動》,《蘇雪林作品集》短篇文章卷第一冊,
　　台灣成功大學 2011 年版。

11　蘇雪林致凌叔華信,1950 年 7 月 26 日（筆者收藏）。

12　蘇雪林致凌叔華信,1950 年 7 月 26 日（筆者收藏）。

13　蘇雪林致凌叔華信,1950 年 7 月 26 日（筆者收藏）。

14　《樂山紀念冊》第 131 頁,陳小瀅講述《我熟悉的蘇雪林教授》:「一個鍋,
　　一個盆,可以有多種用途,一般人都會想不到,白天用來做飯的,晚上就用
　　來夜用。」

15　蘇雪林致凌叔華信,1950 年 12 月 2 日（筆者收藏）。

16　蘇雪林致凌叔華信,1951 年 2 月 15 日（筆者收藏）。

17　陳西瀅日記,1952 年 10 月 13 日（陳小瀅收藏）。

18　蘇雪林致凌叔華信,1957 年 1 月 10 日（筆者收藏）。

19　蘇雪林致凌叔華信,1957 年 6 月 2 日（筆者收藏）。

20　蘇雪林致凌叔華信,1985 年 11 月 18 日（筆者收藏）。

21　蘇雪林致凌叔華信,1979 年 6 月 30 日（筆者收藏）。

22　蘇雪林致凌叔華信,1981 年 10 月 23 日（筆者收藏）。

23　《蘇雪林自傳》第 195 頁。

24　《蘇雪林自傳》第 5 頁。

郭有守「起義」的蹊蹺

1966 年 4 月 9 日，《人民日報》刊登一則新聞：「蔣幫駐比利時『大使館參事』郭有守宣佈起義回到祖國」，並附有郭有守事前準備好的《起義聲明》。同日，海峽對岸的台灣，國民黨《中央日報》刊登消息，標題是「匪諜郭有守已潛返匪窟」。

郭有守何許人也？他究竟是因策劃「起義」回到祖國的懷抱，還是共產黨潛伏在國民黨內部的「臥底」，完成任務後凱旋？同一件事有兩種不同的說法，孰是孰非，莫衷一是。在當時，國共雙方都對民眾宣傳有利於自己的觀點，「封殺」來自對方的消息，此事擱置到了今天，也沒有人對當年郭有守的所作所為再做評價。

郭有守（1901—1978），字子傑，四川省資中縣人。1918 年考入北京大學，頗得校長蔡元培的賞識，畢業後被派往法國巴黎大學留學，獲得文學（一說經濟學）博士學位。歸國後曾出任國民政府教育部二科科長，還兼任教育部電影檢查委員會主任。1938—1945 年任四川省教育廳廳長。

早年郭有守在巴黎留學期間曾與徐悲鴻、張道藩、陳登恪、邵洵美等人組織文學藝術團體「天狗會」。

1938 年 7 月間，徐悲鴻與妻子蔣碧薇婚姻走到了盡頭，作為雙方的好友，郭有守盡力撮合，但回天乏力。由此也可看出郭有守對藝術的喜好源於早年留學期間。

1956 年受台灣當局委派，郭有守兼駐法國「大使館文化處參贊」。

由於他精通法、英、德等多國語言，台灣當局讓他具體統管在歐洲的文化交流事務。這樣，郭有守與同在巴黎任職且對文化交流也感興趣的陳西瀅搭上了伴兒，一度把中西文化交流活動搞得有模有樣。

據說郭有守是張大千的表弟，但究竟是從哪一輩份論起則不詳。1956年張大千首次在巴黎舉辦畫展，郭有守功不可沒，開啟了二人長達十年的合作，而陳西瀅也竭盡牽線搭橋之能事，利用自己近二十年積攢的人脈，幫助張大千在歐洲發展，包括與畢加索的會面和相互贈畫等，都在畫壇有過盛譽。

張大千除在巴黎舉辦過數次個人畫展外，郭有守還儘量拓展，如在瑞士日內瓦畫廊、德國科隆東方畫廊、倫敦格拉斯畫廊等舉辦類似畫展。1964 年 8 月 21 日，張大千畫展在德國法蘭克福開幕，郭有守邀請凌叔華作為嘉賓出席開幕式，這在陳西瀅寫給女兒的信中提到：「姆媽答應郭伯伯在德國 Frankfurt（法蘭克福）參加二十一日的張大千畫展開幕典禮。」[1]

張大千與郭有守的合作漸入佳境。張大千不懂外語，在歐洲沒有人脈關係，郭有守精通數門外語，又有陳西瀅的幫襯，張大千大顯身手指日可待；而郭有守酷愛藝術，對張大千的繪畫造詣倍加推崇。張大千不斷將得意畫作贈送郭有守作為回報，十年間郭也積攢了百餘幅張大千的繪畫精品。

正當張大千在傳統繪畫的基礎上，吸收西畫的色彩、光影等技法，反覆嘗試潑墨潑彩，準備在歐洲藝壇上再放異彩之時，1966 年 3 月，從巴黎傳來郭有守被瑞士警方扣押，後被遣回大陸的消息。身在巴西的張大千曾讓其子張心一（教名保羅）趕往巴黎，探聽虛實。

當其子回覆確有此事後，張大千極度失望，感歎失去郭有守的幫助，意味着失去了歐洲市場。至此，二人長達十年的合作倏然而止，張大千由此退出歐洲藝壇。有人評述：「成也子傑，敗也子傑」，似乎人們對二人的「情緣」就此終結心有不甘。

郭有守「起義」案發，引起台灣當局的極大震怒，遂將他在巴黎寓所

中的收藏品沒收，其中就包括張大千贈送的百餘幅畫作，後來這些作品均被移交給了台灣「國立」歷史博物館。如今所見張大千畫作中，凡署「子傑」上款的，即是張大千贈品。

關於郭有守「起義」經過，坊間有若干說法，通常使用的是錢雯採訪郭有守妻子楊雲慧的記述：

> 1965 年聖誕節前，郭有守在瑞士與中國大使館聯繫時，不慎被聯邦特工部門竊聽了電話。當他從中國使館出來，立即遭到瑞士警方拘捕。後來通過外交斡旋，才得以離開瑞士，到法國的中國使館避難。他在比利時的一大批名貴書畫和全部財產此時已無法顧及。1966 年 4 月初，在中國駐法使館的嚴密佈置和法國政府的配合下，郭有守被護送到巴黎機場。當他正要走出候機室時，只聽得身後有人喊「子傑、子傑」，聽聲音好像是老朋友國民黨駐聯合國教科文組織首席代表陳西瀅，他恐被劫持，不敢回頭，在兩旁護衛的簇擁下，疾步登上飛機。[2]

另一種說法來自張大千的兒子張心一。他奉父之命飛到巴黎打探消息，找到了當時還沒有撤走的台灣當局駐法國「大使」陳雄飛了解情況。據陳說：郭有守在瑞士被拘捕時，身上並沒有發現所謂的「情報」，只是託大陸人員帶給妻子一些香水和日用品而已。[3]

郭有守被拘是靠聯邦特工監聽到他與中國駐瑞使館通話中有「諜報」內容，郭有守被迫承認，並當場要求「政治避難」，瑞士當局不允。享有外交豁免權的郭有守選擇去法國，瑞士同意，押解到瑞法邊境時，剛剛與大陸建交才兩年的法國政府給予了積極配合，順利地讓大陸人員將郭有守接到了中國駐法使館。

筆者以現場目擊者陳西瀅寫給台灣當局的匯報作為第三「版本」的參考依據：1966 年初，按照郭有守這一時段的安排，陳西瀅得知他擬於 2 月 18、19 兩天在瑞士的日內瓦開會，之後，大約 25 日去瑞士某山中與

女兒、女婿及外孫兒敍會數日，3月1日還要拜訪李小姐……「在日內瓦開公共教育會完畢後，廿四日晚曾在劉蓋章（台灣當局駐瑞士『大使』）公館酒敍，好像有幾位我國經濟訪問團團員，亦在座。」[4]次日，公館派車去旅館為郭有守送行，得知郭已離開旅館，去車站亦未尋到，當時送行的人並沒在意。3月2日，台灣當局駐比利時「文化參事處」按預定時間派車去接未果，知道人已失蹤。3月10日，陳西瀅接到台灣當局閻部長電，方知郭有守被捕。3月24日，台「外交部」電告陳西瀅，郭有守已於21日被釋，他曾請求政治庇護，被瑞士拒絕，現又提出去法國。「外交部」命陳設法見到郭有守，詢問經過及探聽原因及意旨。陳西瀅當即託人去郭有守在法寓所，未見其人，又打聽熟悉他的法國友人，均未見到其本人。3月25日晚陳西瀅得知：

> 中共八人，押二卡車到郭寓，持郭親筆寫的信，將存物全部取去，卡車上有外交表記，為首宋姓留下地址電話，均為中共使館。我去看，信有五頁，是子傑手筆，毫無異問……三月三十日此間得密報，子傑將於二時二十分乘機去莫斯科。弟與周麟夫婦及齊佑趕去飛機場。到機場時有中共壯年二十人三三兩兩佈列各處。已有三人正在交驗護照，一人在中，穿了極大的外套，頭戴大幾號之帽，眼戴大黑眼鏡，弟走至其近旁，認出是子傑，即拍其肩呼之。四五壯年立即擁上將我們分開不能得近左右。二人即將中間一人拉到裏面去。[5]

從陳西瀅寫給王世杰的匯報中可看出郭有守「起義」的大致時間輪廓和經過。

陳西瀅與郭有守的交情並非始於巴黎，早在二十世紀四十年代在四川時他們就是朋友了。郭有守抗戰期間擔任四川省教育廳長，與在樂山的陳西瀅夫婦往來密切，這在陳西瀅日記和陳、凌通信中常見。如「郭有守請我畫一幅畫（大的），預備與英博物館交換幾幅。我可惜太忙了，一點事

都得自己下手，騰不出多少工夫來作畫。但是這一幅要畫的。」[6] 又如：「新近郭有守請我畫一張大畫，因為四川博物館想拿幾幅像樣的國畫與美國博物館交換。我想畫山水，這是費工夫的。」[7] 以上是凌叔華 1945 年從樂山寫給陳西瀅的信中提到的。

1946 年 4 月 11 日，陳西瀅寫給女兒的信中也提到：「郭子傑先生帶來的畫四十餘幅，在倫敦展覽了一星期後，現在由葉公超伯伯帶到巴黎去了。大約不久在巴黎可以展覽。」可見郭有守喜歡繪畫和熱衷於辦畫展在四十年代就初見端倪。

1946 年 2 月，郭有守作為顧問隨外交部長王世杰赴美，籌備中國參加聯合國教科文組織，之後被聘為該組織的首任教育處處長。

這次應聘，在陳西瀅日記中有記述。1946 年 2 月 25 日上午 11 時半，陳西瀅與郭有守同往位於英國的聯合國教科文組織祕書處見朱利安·赫胥黎。「他聽了子傑在三國讀書，先學政治商業，後來做教育，認為非常理想。起先還是說如決定聘任，如何如何，後來便算是聘定了。」年俸 2250 磅（含生活津貼）。郭有守還客套了一句，「說他對於金錢並不介意，只是不知道在工作方面能不能有什麼貢獻。」[8]

半年後的 9 月，郭有守的妻子楊雲慧攜子女與凌叔華母女同乘麥琪將軍號郵輪去美國，兩家此行的目的相同，都是與遠隔大洋另一邊的丈夫團聚。

兩年後郭有守又被聘為教科文組織的遠東顧問，落戶於巴黎，郭、陳兩家走動更頻繁。

1947 年 1 月 1 日，陳西瀅與來英國訪問的竺可楨，在「上海樓」飯店應邀參加英國科學家、聯合國教科文組織書記朱利安·赫胥黎舉辦的宴會，郭有守特地從巴黎趕到倫敦陪同。

大約 1949 年春，正在英國一家電影製片廠實習導演專業的楊雲慧從報紙上看到北平已經解放，人民政府就要成立，全國解放指日可待，她的心澎湃不已，決心返回祖國，而回國需辦的一切手續，正是郭有守親自安排的。

楊雲慧是楊度之女。楊度是我國近代史上不得不提的重要人物。他考取過秀才；參與過康有為的公車上書，卻又領取清朝廷四品銜的俸祿；留學日本，與汪精衛、蔡鍔是同學，回國後卻又慫恿袁世凱稱帝；贊同孫中山的共和，加入國民黨，也營救過共產黨創始人之一的李大釗；晚年曾在杜月笙門下當「清客」，為杜寫下「杜氏家祠記」。

1931年夏，楊度自覺病體一天不如一天，想到了身後事，他自撰輓聯總結了自己的一生：「帝道真如，於今都成過去事；匡民救國，繼起自有後來人」。

楊度去世後，好友馬敘倫亦撰輓聯一對：「功罪且無論，自有文章驚海內；霸業成往跡，我傾河海哭先生。」從兩副對聯中，都能品嘗出「功過待後人評說」的味道。

有着保皇派之稱的楊度，其名譽在他死後四十多年迎來了轉機。1975年10月7日，「文革」末期，久病的周恩來突然清醒過來，派祕書給國家文物局王冶秋局長帶話：

> 當年袁世凱稱帝時，籌安會六君子的第一名楊度，最後參加了共產黨，是周總理介紹並直接領導他的。總理說，請你告訴上海的《辭書》編輯部，《辭書》上若有楊度條目，要把他最後加入共產黨的事寫上。[9]

楊度因李大釗被害思想發生很大的變化，後經潘漢年介紹，周恩來批准，楊度於大革命失敗後的1929年秋加入了共產黨。

與楊度單線聯繫的是夏衍。夏衍說：

> 我每月跟他聯繫一次，送給他一些黨內刊物和市上買不到的「禁書」，也和他談些國內外形勢……他還曾不止一次地把他親手寫的國民黨內部情況，裝在用火漆封印的大信封內，要我轉給上級組織。[10]

　　楊度之女楊雲慧回到大陸後的一次茶話會上，「周總理一見到我就熱情地走過來和我握手說：『你回來了，來得正好……讓我們向楊皙子先生（即楊度）致敬！』」[11] 後來，她又從章士釗處得知，毛澤東曾親口對章士釗講，楊度是周總理介紹的祕密黨員。

　　此時，剛剛回到祖國的楊雲慧也收到郭有守的來信：

　　　　信中也表示有意回國來參加工作。我就拿了信去和郭有守的老友許德珩先生商量。經許先生和有關方面談了以後，領導上認為郭有守目前在巴黎的工作條件很好，可以繼續留在那兒為國效力，暫時不必回來。[12]

　　以上楊雲慧所述都發表在她撰寫的回憶錄中。有文章質疑楊的回憶孤例不證，稱其「立場難以說是客觀、公允的」。弦外之音，缺乏令人信服的「旁證」。

　　半個多世紀過去了，筆者意外在陳西瀅日記中看到了郭有守當年確實開始為「人民政府」工作了。

　　大約在新中國成立後，郭有守奉國民政府之命，赴日內瓦參加聯合國教育工作會議。

　　途經印度，見到駐印大使羅家倫，在只有兩個人交談時，郭有守勸羅轉變其立場，服從政府命令。羅家倫問郭，你指的是哪個政府？郭回答，「當然是人民政府。」羅家倫大怒，說：「這是國民政府的使館，你給我出去。」[13]

　　二人的一問一答如此針鋒相對，我們可以看作郭有守是在為剛剛建立的「人民政府」充當說客，當然也算是一次「策反」嘗試，成功了自然是大功一樁，不成功則作罷，反正兩人之間的談話，沒有旁證。這段對白之所以載入陳西瀅日記，是因為此事牽扯到了陳西瀅。

　　中華人民共和國成立三個月後，即得到印度政府的承認，羅家倫這位首任駐印大使幹了不滿一屆，便黯然回到了台灣。

羅家倫出使時，國民黨當局還統領大陸，離任時，已龜縮到台灣島上，這讓曾經叱咤五四風雲的學生領袖羅家倫既丟面子又很鬱悶。羅曾經詢問過王世杰，為什麼派郭有守這樣的人去出席聯合國教育工作會議，王說不知有此事，又問了時任國民黨中央宣傳部長程天放，才知是經陳西瀅推薦的，羅便沒有追究下去。

1952 年 10 月 12 日，羅家倫與王世杰、杭立武在台北郊區聽陳西瀅述職，講「李四光出走」的經過。他忽然想起自己在印度與郭有守的談話，羅責備之聲又起，似乎在埋怨陳西瀅失察，舉薦了郭有守。

陳西瀅無奈，只好臨時拼湊出三條理由：其一，自己在法國時從未聽到郭有守有如此之議論；其二，郭有守已經和楊雲慧離了婚；其三，去年郭有守還是聯合國大會中國代表團（指國民政府）的顧問。[14]

這三條理由是否被羅家倫認可已不重要，其一、其三有與沒有兩可，關鍵是陳西瀅舉出郭有守和楊雲慧「離婚」一事讓人多少感到疑惑，因為郭有守「起義」的誘因，便是去中國駐瑞使館為「在大陸的妻子捎去化妝用品」一事所引發，這就牽扯到郭有守與楊雲慧的「假離婚」。

1950 年，楊雲慧以接孩子回國為由，帶着任務又回到巴黎郭有守的身邊。她向郭交代了國內對他今後工作的安排後，帶着兒子郭安東回到北京，卻把女兒留給了郭有守。而郭有守則「一天到晚說，跟太太已離了婚，因為政見不同。」[15] 這些情況，身居倫敦、巴黎兩處的陳西瀅當然了如指掌，他大概清楚郭有守的來路。

1960 年，凌叔華背着丈夫獨去大陸，被女兒無意中知曉，害怕爹爹受到牽連而嚇得要命，陳西瀅反倒寫信寬慰女兒：「台北方面如知道了，當然不免有反應。卻也不至於一定軟禁。郭伯母不是在大陸嗎？許多人勸郭伯伯千萬不要回台。後來他去了，也還是出來了。」[16]

這裏提到的「郭伯伯」「郭伯母」正是郭有守楊雲慧夫婦，只是當年陳西瀅幫助了李四光全家回到了大陸，而今他又得為郭有守隻身留在巴黎的艱難處境着想。

郭有守日後到底為「人民政府」做了多少工作尚需更多材料的披露，

但至少他在與張大千交往中沒有忘記自己的「特殊使命」。張大千凡到巴黎，必住郭有守的寓所，以當時郭有守外交官與文化人的身份，他的寓所儼然是中國文化人、藝術家和留學生的「社交中心」或「藝術沙龍」。

郭有守是如何「策反」張大千，據說這景象是讓一位林姓的台灣女留學生看到了。她當時在郭有守寓所的外間，聽到裏間張大千與郭發生了爭吵，張大千事後對她說：

> 　　林小姐，你也替我想想，共產黨要我回中國去，我欠了十五萬美金債，他們也願意替我償還，但我一大家子人，靠我一人賣畫討生活，而那邊又不能賣畫，我又不會勞動，將來的日子怎麼過？[17]

張大千說的是實情，一個藝人既不懂政治，也不感興趣，卻常常「誤入」黨派紛爭中，其苦惱不言而喻。

1949 年春季，居住香港的何香凝已做好了北上參加新中國開國大典的準備。行前，她託付張大千畫一幅一米多長的《荷花圖》，寓出污泥而不染，作為會晤毛澤東的見面禮，張大千因而得罪了蔣介石，以致不敢回台灣；他也不願與共產黨方面結怨，因為還有許多親人在大陸。就這樣，二十世紀五十年代，張大千始終遊歷於香港、澳門、印度、日本，直到最終落腳於巴西的「八德園」。

郭有守到底是臨時動議，不得已被迫宣佈「起義」，還是我國隱蔽戰線長期埋下的一顆「冷子」，到了發揮他作用的時刻，對此海峽兩岸有着不同的表態。

我方堅持郭有守此舉屬於「起義」性質，恐怕是基於「統戰」的全面考慮。聯想到郭有守「起義」的半年前，1965 年 7 月 20 日，前國民政府代總統李宗仁攜妻從海外歸來，毛澤東在接見李宗仁時說：跑到海外的，凡是願意回來的，我們都歡迎。他們回來，我們都以禮相待。毛澤東根據當時國際形勢發展的需要，急需有更多像李宗仁這樣的愛國人士回到祖國，以瓦解蔣介石集團的囂張氣焰。

郭有守此時「起義」正逢其時，誠如郭安東在談到父親回國後受到副總理兼外長陳毅的接見，陳毅以其父「起義」為例，希望「一切愛國志士都要以祖國統一大業為重，」[18] 從這一點看，「起義」之說比「潛伏」之說意義更大。

郭有守也很「配合」，他在《起義聲明》中談到回到祖國時的心情是內疚與興奮並舉：「所以內疚係基於中華人民共和國成立以來，自己因循徘徊，愛國後人。所以興奮係慶倖終於親眼看到萬象更新的祖國。」

郭的聲明更貼近「起義」的解讀，也更像是李宗仁回歸祖國時宣讀聲明的翻版。李宗仁說：「十六年以來我以海外待罪之身，感於我全國人民在中國共產黨和毛主席英明領導之下，使國家蒸蒸日上……」

台灣當局則不這樣認定。陳西瀅在寫給王世杰報告中是這樣分析的：

> 據弟推測子傑本意，在瑞士不得政治庇護後，實有意留法居住，但瑞士警察將其解送至邊境後，一進法境，即有中共人員及車輛將他劫去，送到使館。不與任何人見面。法國朋友無法與之接觸。到機場時，周麟夫婦車未趕上，僅有弟與齊君在場，他（指郭有守）亦不敢呼救，因彼在瑞士已承認為間諜，投入我人之手亦無前途也。因此只得去大陸為中共作宣傳了。至於間諜工作，不知始於何時，推測當在聯教組織祕書處解職以後，有十年無事，不知何時發生勾結。[19]

所謂「十年無事」，是指郭有守在擔任台灣駐比利時「文化專員」前的十年。顯然，陳西瀅隱瞞了郭有守策反羅家倫和與楊雲慧假離婚等事，並將他去大陸看作是不得已之事，本意是「留法居住」。

造成郭有守巴黎機場被劫的緣由是雙方力量懸殊：中共二十人，且「壯年」之身；國民黨方只有二人，加上法國警方偏袒中共，「我有法外交部發的外交證，本可入場，但今日則警官謂今日無效，不准進去。」[20] 從中看出陳西瀅竭盡能事將大事化小，用心良苦可見一斑。

　　這場諜戰也有「穿幫」之嫌。郭有守與中國駐瑞使館聯繫，給遠在大陸的妻子捎東西乃人之常情，即便有「情報」傳遞，也可面見時再說不遲，用不着迫不及待地「暴露」在電話中，讓特工逮了個正着兒。這種低級失誤，發生在臥底二十多年的郭有守身上似乎不應該。就算郭有不慎，使館的人應該在通話中及時制止才對。

　　瑞士是最早和大陸建立外交關係的歐洲國家之一，長期保持中立且對華友好。瑞士特工僅僅靠監聽電話，便能聽出諜報內容，這需要多麼高深的漢語功夫。

　　即便探得情報，也是大陸與台灣之間的事，與瑞士何干？若偏祖蔣介石，郭有守任職比利時，正為台灣當局所掌控，瑞士將他押解比利時，豈不大禮一件；若是和大陸友善，或充耳不聞，或低調處置，總之會有很多選項。

　　當然，事發後不允當事人「政治避難」，禮送出境，特別是根據當事人的意願，送到另一個與大陸建交的國家，這樣的做法既符合中國政府的意願，也符合瑞士中立國的立場。

　　綜上分析，可看出郭有守「起義」更像是個「局中局」。若把這盤難解的「謎棋」，放在祖國統一的全域中考量，郭有守「起義」要比他當「臥底」更有啟示和借鑒作用，這盤棋的重要性也就一目了然了。

　　就在郭有守登機的那一刻，國內的妻子楊雲慧及兒子郭安東在家中接待了兩位自稱是統戰部的「不速之客（郭安東語）」，

　　　　他們來報告說，我的父親將於四月初回國了，當時，我和母親簡直不敢相信這是真的，父親終於要回到闊別二十多年的祖國，回到親人的身邊了。[21]

　　郭有守的家屬當然希望還歷史以真相，畢竟參加革命的年限是從解放之初的「臥底」時算，還是從 1966 年「起義」時算，對革命的貢獻大不一樣。楊雲慧認為郭有守為黨工作是在履行職責，陳西瀅日記也證實郭有

守大約在大陸解放前後，就已經在為「人民政府」做事了。

1964 年，台灣當局擬派閒置十年的郭有守去比利時，台灣當局對郭有守並非鮮有疑慮。陳西瀅在 2 月 21 日寫給凌叔華信上說：

> 子傑二十四日去日內瓦，約月底回法，再去比國。但是他去比是在那裏候命，並不是派去比國做文化專員，所以外交部沒有通知比政府。子傑去請簽證，只得了在比勾留一周的簽證。過了一星期到哪裏去呢？他想遲些才去，但部不准，命令他在三月二日前去比。真是困難極了。[22]

陳西瀅的這番話，看出國民黨對郭有守的使用還是很有保留的，甚至是苛刻的。否則，二戰時期就已是四川省教育廳長的郭有守，二十多年後，國民黨當局還在為他是否出任「文化專員」糾結着，可見有難言之隱。

回國後的郭有守沒有像妻子那樣，定要為自己參加革命的時間爭出個子丑寅卯，最終他還是被定位於「起義」人員。之後，享有全國政協委員的待遇。

郭有守的統戰工作似乎還在延續。1973 年 5 月 14 日，回國八年之久的郭有守致信凌叔華，告訴她，中國將派大型文物展覽到法國巴黎展出，國家文物局王冶秋局長和郭勞為外事處長來家看他時，希望他能介紹在海外的漢學家。

郭有守對凌叔華說：

> 我主要介紹你和你的收藏。我認為應歸祖國所有。……我當時向他（指王冶秋）建議，望他與外交部商議，電知駐英使館通知你去巴黎參加開幕。王團長五日離北京，六日到巴黎，七日就通知你，可謂沒有誤期。[23]

蔣介石為陳西瀅頒發
《任命令》

　　1978 年 1 月 20 日，郭有守因突發腦溢血，在京逝世，終年七十八歲。

　　對於郭有守後半生究竟為「人民政府」做了什麼，人們大約都不知曉，似乎他最大功績只是 1966 年的那次「起義」。

　　楊雲慧的父親楊度因周恩來臨終囑託，其「保皇派」身份改寫為「中共祕密黨員」。他的女婿郭有守便沒有那麼幸運了，或尚需時日，或永無結局。

　　郭有守也許得和無數隱蔽戰線的同志一樣，為肩負使命和對祖國的信念，永遠關閉心靈深處的這扇窗，做到英雄無語。

注釋：

1　陳西瀅致陳小瀅信，1964 年 8 月 19 日（筆者收藏）。

2　錢雯訪楊雲慧：《一片丹心報春暉 ── 郭有守起義前後》

3　萬軍超：《張大千與郭有守》，新浪博客 2009 年 8 月 2 日。

4　陳西瀅致王世杰信，1966 年 5 月 18 日（筆者收藏）。

5　陳西瀅致王世杰信，1966 年 5 月 18 日（筆者收藏）。

6　凌叔華致陳西瀅信，1945 年 4 月 16 日（筆者收藏）。

7　凌叔華致陳西瀅信，1945 年 4 月 22 日（筆者收藏）。

8　陳西瀅日記，1946 年 2 月 25 日（陳小瀅收藏）。

9　王冶秋：《難忘的記憶》，載《人民日報》1978 年 7 月 30 日。

10　《夏衍七十年文選》，上海文藝出版社，1996 年版。

11　楊雲慧：《從保皇黨到祕密黨員 —— 回憶我的父親楊度》，上海文化出版社，1987 年版。

12　楊雲慧：《從保皇黨到祕密黨員 —— 回憶我的父親楊度》。

13　陳西瀅日記，1952 年 10 月 12 日，記有「志希（羅家倫）講子傑過印度時，勸他轉變。並說服從政府命令。問那政府，答當然是人民政府。希大怒，說這是國民政府的使館，你給我出去。」（陳小瀅收藏）

14　陳西瀅日記，1952 年 10 月 12 日，記有羅家倫「責我不應推他（郭有守）出席教育會議。我說，1. 他在法從未有如此議論，2. 他與雲慧已離婚，3. 去年他是聯合國大會中國代表團的顧問。」（陳小瀅收藏）

15　陳智：《也說郭有守其人其事》，《文史雜誌》2007 年第 2 期。

16　陳西瀅致陳小瀅信，1960 年 2 月 27 日（筆者收藏）。

17　萬軍超：《張大千與郭有守》

18　郭安東：《我的父親郭有守》，2012 年 2 月 21 日。

19　陳西瀅致王世杰信，1966 年 5 月 18 日（筆者收藏）。

20　陳西瀅致王世杰信，1966 年 5 月 18 日（筆者收藏）。

21　郭安東：《我的父親郭有守》，2012 年 2 月 21 日。

22　陳西瀅致凌叔華信，1964 年 2 月 21 日（筆者收藏）。

23　郭有守致凌叔華信，1973 年 5 月 14 日（筆者收藏）。

陳西瀅：一生難忘「北平癮」

　　陳西瀅自 1943 年被派往美國、英國、法國，一直從事文化外交事宜，他從沒回過大陸，也極少回台灣，以至人們都不清楚當年魯迅筆下的「正人君子」，這二十多年都幹了些什麼。

　　陳西瀅的「愚忠」（陳小瀅對父親的評價）讓後來的台灣當局很是放心，就這樣，他像一匹老馬，拉着破舊且超負荷的車輛前行，直到 1966 年上半年，老朋友郭有守「起義」，後來他本人被法國警方強行抬出駐法「使館」，從那一刻起，客觀上說，「車輛」被宣告「報廢」，這匹「老馬」也就放歸南山了。

　　退休時陳西瀅年已七旬，精神的重負暫時放下，懷舊的心緒又湧上心頭。他有了充裕的時間梳理以往的七十年，究竟哪個階段他過得最充實，最值得留戀？他常常坐在窗邊的靠椅，眼望天空，口銜着早已熄滅的煙斗，一待便是一兩個時辰。回首往事，歷歷在目，他吮吸着，回憶着，享受着……

　　陳西瀅的履歷其實很簡單，就是那麼幾個「板塊」：英倫讀書，北平成名，武大講學，海外客居。

　　如今到了古稀之年，離「蓋棺定論」不遠了，忙碌了一輩子，經歷過的事像電影似的，一幕一幕在腦海裏閃過，愈加明晰。他覺得最讓自己難以忘懷的還要數在北平的時光，雖說只是短短的幾年，似乎和其他「板塊」相比有些不合比例，但活得有滋有味，精彩紛呈。

　　那時人們對陳西瀅的認識，緣於他的《西瀅閒話》，其實「西瀅」是筆名。陳源署名「西瀅」，要追溯到 1924 年，他在《現代評論》創辦「閒話」專欄時。

　　那段日子，他嘗試用「西瀅」署名，撰寫雜文，一期一篇，很受讀者歡迎，以後又以「西瀅」開了與魯迅筆戰的先河。熟悉他的朋友都稱呼他通伯先生，一般讀者大都只知曉陳西瀅，而陳源、通伯這姓名與字號，反而只有圈內人知曉了。

　　1945 年 9 月，還在樂山讀中學的女兒寫信詢問父親，起名叫「西瀅」有什麼意義？陳西瀅回覆說：

> 　　這兩個字是湊起來的。我那時相信西洋的文化在許多地方比中國好。中國要進步，一定得吸收西方文化。提倡西洋文化，應當是我的使命，所以取了「西」字。我又覺得文章最好的是清澈如水。瀅是澄清的意思。所以西代表內容，瀅代表外形。[1]

　　陳西瀅為了實現「提倡西洋文化」，曾與胡適發生過激烈的爭執。上世紀二十年代中葉，胡適等人主張「整理國故」時，遭到陳西瀅的反對，胡適在給友人信中說：

> 　　西瀅先生批評我的作品，單取我的文存，不取我的哲學史。西瀅究竟是一個文人；以文章論，文存自然遠勝哲學史。但我自信，中國治哲學史，我是開山的人，這一件事要算是中國一件大幸事。

　　但陳西瀅卻不這樣認為。他在《整理國故與「打鬼」》中就建設新文學，掃除舊思想等方面，讚揚胡適引導青年人走上了一條新路。

　　之後，筆鋒一轉，讚揚變成了指責：

> 　　在「革命尚未成功，同志仍需努力」的當兒，胡先生忽然立停

了腳，回過頭去編他的「哲學史」了。……我覺得現在還沒有到「整理國故」的時候。仍然需要介紹種種歐美各國已經研究了許多，已經有心得的新思想、新知識、新藝術給我們，……沒有時候去弄「國故」那玩意兒。

陳西瀅希望胡適作為文學革命的先行者，帶領大家，尤其是青年人繼續前行。

陳西瀅在北平生活的六年，是他一生中最為多姿多彩的六年。那時他年僅二十六歲，真是「少年不識愁滋味」。與魯迅論戰，成就了他的《西瀅閒話》，也因「閒話」禍起蕭牆；周末的聚餐會，名曰討論刊物，實則吃大戶；接待泰戈爾，以此為契機，開始了接近才女凌叔華的戀愛之旅。這些人生的閃光點都發生在北平。王世杰說陳西瀅和楊振聲，一個江蘇人，一個山東人，卻都有着「北平癮」，是一語中的的。[2]

陳西瀅同意被派往海外，多半出於對武大西遷後「幫派」之間內耗的考慮，與其無所事事，爭鬥不斷，暫時出國也是不錯的選擇，至少是權宜之計。他一直做着回國的準備，至於最終滯留海外未歸，起決定作用的是妻子凌叔華。

這位凌家十小姐，何曾受過這份罪？

> 白天得自己做飯、洗衣、跑街（上山下山累死了！！）天沒亮就起，打二更方上床也做不完，還得賣東西出去託人，真是有生以來也未受此苦。白天疲乏很了，晚上常常睡不着，昨天就是如此。想到結婚十幾年，混到今日，竟落了只好做女傭的資格。[3]

陳西瀅從凌叔華的來信中當然知道和理解妻子的處境，他近期兩次寫信給女兒，同時也是告訴妻子：

> 你們現在想出來，我也想你們出來。可是為我自己着想，我有

時又想回去。我看中國的戰事再有一年便會完了。要是北平收復，沒有受多少的摧殘，我很想去那裏住幾年。也許住在鄉下，可以坐定了寫些東西。在此真是無事忙。[4]

你們想回北平，我也想回北平。我已經有九年沒有見到北平了。王伯伯說我與楊伯伯等都是有「北平癮」的人，他自己喜歡杭州和牯嶺。我想也許明年夏天我能回去，到北平看看了。我一向不作回去的打算，就因為你們要想出國。現在你們不大想出國了，我當然在此沒有什麼可留戀了。[5]

陳西瀅說的是實情，應酬不是他的長項。他固然滿腹經綸，但天生略帶一點口吃，在交際場合這屬於先天不足。如陳西瀅所說：「過往的人日多，應酬很多。我應酬不大周到，不大去看人，但已經相當的忙了。我不長此道，所以覺得很苦。」[6]

陳西瀅初到倫敦見到蕭乾時，就曾把埋藏心中已久的話告訴他：「我已經很思鄉，最多一年便要回去了。」[7]那時，蕭乾正幫忙張羅着凌叔華赴英之事。

1946年，凌叔華帶着小瀅轉道美國去與在英國的丈夫會合。僅僅過了三年，陳西瀅就必須在大陸與台灣之間做一抉擇。回大陸吧，此時北平已更名北京，是新中國的首都，欣賞魯迅的毛澤東成了國家主席。而陳西瀅給眾人的印象是反對魯迅的，自然也就背負着「反動文人」的惡名。陳西瀅在人生的十字路口徘徊，舉棋不定，他厭煩蔣介石，又畏懼毛澤東，最終選擇客居他鄉。

晚年的陳西瀅生活在孤獨中，他常常一個人呆坐在桌前，翻弄着往日的照片。他存有一張自己拍攝的照片，因為時間久遠，且圖像太小，還特別請了在德國工作的王仁翻印。

照片共二十一人，背景是北海公園的松坡圖書館，白白的圍牆，六七棵古樹，眾人在低矮的條石前有站有坐，錯落地圍成半環形。松坡圖書館原名「快雪堂」，乾隆四十四年建，專門收藏乾隆帝喜歡的四十八方書法

北平北海公園松坡圖書館前（陳西瀅攝於 1923 年秋末）

刻石。1923 年為紀念蔡鍔（字松坡）討伐袁世凱，經黎元洪批准，將「快雪堂」三進院撥作「松坡圖書館」，梁啟超任館長。以後，該館竟成了這幫學人約會聚餐的集合地。

據陳西瀅 1963 年寫給女兒的信中所講：

> 這是一九二三年秋末所照，足足有四十年了。裏面二十人（小娃娃不算），我確實知道死亡的有八人，確實知道還生存的只有六人。在這張相裏面，四位留日的文人與留英美的在一處，尤其是周作人與我們在一處，真是難得。就是在這一年餘的短短時期，曾詩酒聯歡的有些來往，所謂北京「聚餐會」就這樣產生的。大約不過有幾個月，以後周氏兄弟與我們成了冤家，不來往了。[8]

陳西瀅在信後附有一張說明，把每個人的位置先用序號標明，除了像胡適、周作人、林語堂、郁達夫、徐志摩等「幾位有大名的外，姓名外加

了些注。」這些「注」從上到下，從右至左分別是：

1. 鄧以蟄（叔存），清華哲學教授，藝術批評家；2. 袁昌英，戲劇家，武漢大學外文教授，當時在女高師任教；3. 陶孟和，社會學家，北大教授，中央研究院所長；4. 嚴智開？北平醫學院院長；5. 林語堂夫人，抱新生之女兒；6. 張鳳舉，散文家，北大日文教授；7. 劉光一，經濟學家，負責《現代評論》出版事，《西瀅閒話》中曾記他的死；8. 丁西林，北大物理學教授，寫獨幕劇多種，現任北平文化部副部長；9. 林語堂；10. 郁達夫；11. 徐志摩；12. 李宗侗，北大法文教授，現任台大歷史教授；13. 張彭春（仲述），清華教務長，後任聯合國中國代表；14. 沈性仁（陶孟和夫人），翻譯英文小說；15. 周作人；16. 胡適；17. 程錫庚，L.S.E. 政治學博士，著有 *Moden China*（近代中國），中日戰時為北津市長，學者，（遭）暗殺；18. 張欣［歆］海，清華英文學教授，現在美國，著有《F？》等書；19. 陳博生，北平《晨報》總主筆；20. 王統照，小說家。[9]

這確實像陳西瀅所說是張「富有歷史性的照片」，那時留日與留學英美的常在一起，不分彼此，周末聚餐會也是同吃同樂。至少在 1923 年冬至 1925 年春，周作人與「東吉祥」的朋友保持着正常的來往，這在周作人日記中屢見：

午至公園來今雨軒，赴張欣［歆］海、陳通伯、徐志摩約午餐，同坐十八人，四時返。

一九二五年二月十二日，下午同丁西林、陳通伯、［張］鳳舉乘汽車，往西山，在玉泉山旅館午飯，抵碧雲寺前，同步登玉皇頂，又至甘露旅館飲茶，六時返家。

四十年過去了，陳西瀅似乎忘記了周作人當時罵他的犀利語言一點兒

不讓其兄:「周作人與我們在一處,真是難得。」僅此一句,可看出陳西瀅早已冰釋前嫌,留在他腦海的都是難以忘懷的往事。

只是在北京的周作人還沒有從往日的恩怨中走出來,他撰文提及往事,行文中還夾槍帶棒的,如:「我以前因張鳳舉的拉攏,與東吉祥諸君子謬託知己地有些往來⋯⋯」在另一篇談「女師大風潮」文中,周作人是站在魯迅一邊支持學生的,自稱與挑唆北洋軍閥政府鎮壓學生的「東吉祥胡同派」相比,「這二者性質相反,正如薰蕕之不能同器⋯⋯」。

「薰蕕」一詞見於《左傳・僖公四年》:「一薰一蕕,十年尚有餘臭。」杜預注云:「薰,香草;蕕,臭草。十年有臭,言善易消,惡難除。」周作人悻悻然以「薰蕕」相喻,可見與「東吉祥」結怨之深,或許也是老人礙於當時的政治環境,不得不如此發聲。

照片中林語堂夫人抱着的小孩也引起陳西瀅的好奇,他認為應該是在北平出生的小女兒林太乙,但又不敢確定,於是連照片加上自己的「注」,一起發給了林太乙。不久得到答覆,自己「固然在北平出世,然出生後不久即因逃避北洋軍閥迫害,全家倉皇南行,照片中的小孩子大概是大姊如斯。」[10] 至此,照片上的二十一人全部考證出來了。

時隔三十多年,大約在 1955 年,林語堂的小女兒林太乙隨夫君移居倫敦,陳西瀅專門登門造訪。他此番是為一位朋友遇到困難而前來籌款的,於是,便有了林太乙引以自豪地說:

> 我們家有三幅齊白石的畫。每次有朋友問及,我們都得提到通伯先生。他因為要幫助一位朋友籌款給在英國唸書的兒子,替他賣畫,所以讓我們買了這三幅畫。[11]

陳西瀅所幫助的這位朋友是女畫家方君璧。提到方君璧不能不說到她的家世,她的姐姐方君瑛早年留日時是位女中豪傑,深受孫中山的信賴,曾被選為同盟會暗殺部部長;哥哥方聲洞是辛亥革命廣州起義犧牲的黃花崗七十二烈士之一;方君璧的丈夫曾鐘鳴,博士學歷,一生追隨汪精衞,

名義上是汪的祕書，但他倆的關係，知道內情的高宗武說：「曾與汪相交多年，後來成為汪不可一日不見的密友。」

1938年底，一直與日本人祕密接觸的汪精衛忽然出逃重慶，南下避於越南河內。蔣介石派軍統特工行刺，亂槍中擊中了曾鐘鳴夫婦。夫妻倆被送進醫院搶救，但只有方君璧活了下來。

此後，方君璧帶着孩子遠走法國，以賣畫為生。她的大兒子生於香港，擁有英國國籍，那時已在英國的一所大學讀書，兩個小兒子也在英國讀書。方君璧想移居英國，家人團聚，也好照顧孩子，但她在辦理長期居留手續時屢屢碰壁，於是她想到了陳西瀅：

> 先夫生前曾購英國戰時公債，至今已十六七年未用，現仍存National Provincial Bank（國家地方銀行），足夠我們在英數年學費。璧因兒子在英國，財產在英國，而在法國現舉目無親又沒有錢，當然很希望能與三兒在一處。[12]

方君璧懇求陳西瀅幫助她辦理移居手續，並設法解決她手頭拮据的問題，於是出現了上面提到的「賣畫」之事。

北平，這個讓陳西瀅魂牽夢繞的地方，載着他太多的情感。即便到了國外，在與胡適、周鯁生相處時，北平還是他們聊天時的首要話題。胡適藏有一部分朋友如陳獨秀、李大釗、錢玄同、周作人、孟森早年寫給他的信，胡適常常拿給陳、周二位觀賞，談信的內容，也談寫信的人。

胡適說北平老一輩學人中讓他佩服的其實不多，有王國維、孟森等，說他們「肚裏有貨」，記性也好。胡適說孟森曾告訴他《三國志・陸遜傳》中有一小注：陸遜為都督之後，孫權特別使他從正途出身，由郡薦舉，聘為從事。這一件事可以證明在三國時仕進的方式已經很嚴格了。

胡適還提到當時活躍在北平學界的湯爾和。陳獨秀曾將湯爾和與蔡元培相提並論，稱他們都是北平學界的領袖。胡適說他五十歲時想寫《五十自述》，可是覺得愈到近幾年愈不知該寫些什麼，而且有數年沒有記日記

了。這讓他想起在北平時，若有記不清楚的事便問湯爾和，因他有寫日記的習慣。湯有時懶得尋找，常常將那年的日記交胡適自查，胡適由此知道那時候北平的學潮，大都是湯爾和在後面主使。

最能說明的一例，是湯爾和力諫蔡元培罷免陳獨秀北大文科學長之職。其實湯爾和與陳獨秀私誼原本很深，陳獨秀在北大任職湯是出了力的。陳獨秀、胡適等人倡導的新文化運動引起了一些人的惶恐和仇視，攻擊和壓迫隨之而來。

當然，胡適提倡文學改良與陳獨秀還是有所不同，胡適說文學有生老病死，文言是死文學，白話是活文學；陳獨秀則用「革命」代替了「改良」。

但不管怎樣，他們的舉動還是惹惱一群保守派。林紓、辜鴻銘、梁漱溟、黃侃等口誅筆伐，群起而攻之，又利用社會上流傳陳獨秀逛八大胡同嫖妓一事，火上澆油，大做文章。蔡元培雖然「頗不願於那時去獨秀」，但因湯爾和「力言其私德太壞，彼時蔡先生還是進德會的提倡者」，故為湯氏的意見所動，免去了陳獨秀文科學長一職，但仍保留其教授職務。

三天後，陳獨秀在回寓所途中遇到湯爾和，陳「臉色鐵青，怒目而視」，湯見狀匆匆低頭而過。在當天的日記中，湯爾和對於這次路遇說是「亦可哂已」。

有趣的是，湯爾和那時晚上不大外出應酬，在家中寫日記，日記中每日必摘幾段宋元理學。胡適對陳西瀅說，他與湯爾和在上海時，「每日必摘幾段宋元理學」的湯爾和「晚上也同去吃花酒，原形畢露，理學不知去向了。」[13]

那時的蔡元培、陳獨秀、胡適，這三隻「三個年輪的兔子」（蔡生於丁卯年，陳生於己卯年，胡生於辛卯年）在二十世紀初期的風雲際會是很有看點的。

與湯爾和相比，胡適更欣賞楊振聲的為人。1925 年，胡適應武昌大學和武昌商科大學的邀請，去武漢講演了五次。

一天晚上，胡適和郁達夫、楊振聲等人去漢口，先入席飲酒，後看窯姐生活。席散後，老鴇為楊振聲推薦了一個妓女，當楊走進房間，妓女對

楊哭訴自己的遭遇，說她過的不是人的生活，要楊救她出苦海。胡適說：「此女能於頃刻之間認識金甫不是平常逛窯子的人，總算是有眼力的。」[14]

楊振聲到英國訪學最能聊得來的就數陳西瀅了。這一對兒有「北平癮」的朋友湊到一起，無話不談，特別是有關北大的事陳西瀅都有興趣。

楊振聲則對胡適執掌北大後的改革力度頗有微詞，他說蔣夢麟近來進步很快，反倒顯得適之退步了。王徵寫了篇關於北大願景的設計長文交適之，他僅批覆了兩句：「何必高談設計，願力行何如耳。」王徵大不悅。[15]

楊振聲也有收藏的樂趣，陳西瀅久在倫敦，自然知道哪裏有古玩店。一日，他倆與蔣彝去一家古玩店看畫，老闆出示了幾張都很平常，見客人面無表情知道是行家，又拿出兩幅宋代的緙絲花鳥圖，說畫的主人剛剛故去，他才得以收上來。楊振聲認為此物到不了宋，至多為明，雖稍有破損，但畫工好，索價二十磅，楊勸陳買下。

於是三人排了順序，陳優先，蔣其次，楊表示「如沒有人買，他也得買。」[16]最後陳西瀅以十八磅成交。

楊振聲到訪英國，陳西瀅自然成了東道主，聊天、看戲、逛街、赴宴，二人形影不離，陳西瀅彷彿又恢復了在北平時的幽默、俏皮。

一次，英國文化協會宴請楊振聲，有英國朋友想聽楊振聲朗讀唐詩，意在聽聽漢語的發音。陳西瀅請袁同禮用英文翻譯詩的原意，當然，這會比原詩複雜且長得多。陳西瀅開玩笑說：「可以證明用中文說話，不消英文的一半時間。」在座的汪敬熙對身旁的英國友人說，陳教授「一向是 A Naughty boy（一個頑皮的男孩）。」[17]

說到北平，有兩處地方是男性學人名流最愛去的地方：一是林徽因「太太的客廳」，一是凌叔華「十小姐的書房」。

後來凌叔華出國，欲將閒置不用的房子出租，曾委託沈從文代為尋找合適的房客。當沈陪英籍教授燕卜蓀夫婦看房後，給凌叔華寫信說：

這裏曾經保留過許多朋友的快樂記憶。西林、志摩、老金（金岳霖）、喬治葉，小姐或先生，主人和客人，都在這個廳子凸出處長

條椅上坐過，吃喝過，笑鬧過，還有辭世十八年的詩人彷彿尚笑語可聞！[18]

「辭世十八年的詩人」是指徐志摩，所提到的「喬治葉」是指葉公超了，看來比凌叔華小四歲的葉公超當年亦是十小姐書房的常客。

以後，陳西瀅從美國輾轉到了英國，接觸最多且談得來的人就要數葉公超了。那時他是國民黨中央宣傳部駐倫敦辦事處處長，直至 1946 年葉公超返國，他們常在一起。當然，若往前追述，他們的友誼應該從 1927 年在新月社聚會和創辦新月書店時說起。

葉公超晚年曾說過：「若沒有抗戰，我是不會進外交界的，我後悔沒有繼續從事文學事業。」他這樣講是有所指的。

1945 年 8 月 28 日，葉公超、陳西瀅接待來英訪問的楊振聲。三位二十年前就職於北京大學的同事、好友難得在海外相遇，於是葉做東，備了酒菜，請楊、陳到寓所小酌。

那一晚，他們談論最多的就是在北大的時光。特別是楊振聲，在說到北大發展的長遠規劃時聲情並茂，他希望葉、陳再回北大，重造外文系。陳說若能將朱光潛拉到北大是再好不過的了，葉表示贊同。楊胸有成竹笑答：「孟實答應一定回北大的。」葉公超說要光大北大一定得添工學院，楊振聲則主張打通中外文，設文學系，另添東方語言系等。那天晚上，三人暢談到子夜。[19]

葉公超《墨竹圖》手卷（局部）

　　葉公超 1926 年回國在北大任職時只有二十三歲，直到 1942 年被國民黨中央宣傳部的董顯光攬入麾下，葉公超從此走入政壇。他時而從黨，時而從政，時而主持僑務，時而主持外交，時而服務於國內，時而奔波在海外，葉公超最終未能放棄從政。

　　葉公超政治生涯的巔峰是任過「外交部長」，而且在任時間也是最長的。但百密一疏，一個差池導致葉公超從巔峰跌入谷底。

　　1961 年，當時葉公超任職駐美「大使」，在蒙古申請加入聯合國（蒙古 1946 年脫離中國宣佈獨立）一事上處置不當。那時台灣當局在聯合國還坐擁「五強」席位，他沒能利用手中握有一票否決的特權，遂使蒙古進入聯合國既成事實。蔣介石一怒之下，免除葉公超一切職務，並變相將他軟禁了起來。

　　「喜畫蘭，怒畫竹。」葉公超對梁實秋說這話，應該是在他被軟禁以後的事了。葉公超請人鐫刻一枚朱、白文相間的「公超蘭竹」方印，可見他確實消極了起來，整天與蘭竹為伍，打發時光。他說畫竹多於畫蘭，是因為畫竹更能抒發他抑鬱的心情。

　　當然，也不全是。陳西瀅去世的 1970 年，葉公超在台北見到了凌叔華，他為凌畫了一幅《墨竹圖》[20] 手卷就是例證。畫芯五公分寬，半米多長，庚戌年（1970 年）款，所學是元人趙孟頫夫人管仲姬的筆法，畫得還是蠻有女人味兒的，看得出經過十年的「磨合」，滿是棱角的葉公超已是心如止水。

《墨竹圖》葉公超還送給了好友梁實秋。他曾在一畫作上題辭，其中兩句為：「展卷淒然懷故跡，年年望斷是神州。」

梁實秋與其他淪落他鄉的故人相比，才是真正地道的「老北平」。1903 年 1 月 6 日，梁實秋出生在東城的內務部街三十九號，南鄰史家胡同，他稱北平是「兒時流連的地方，悠閒享受的所在。」

梁實秋屬於年輕學人中「肚裏有貨」的人。抗戰時期，他內遷重慶，在北溫泉的電影廣播學校和北碚的復旦大學兩校授課，兩地相隔十多里。

梁實秋講的是西洋戲劇史、希臘悲劇、中世紀文藝、文藝復興等課程。課堂上，凡他提到人名、書名，寫板書時，講到法國寫法文，講到英國寫英文，講到德國寫德文。梁實秋的課講得確實好，大教室擠得滿滿的，很少有學生逃課。他在課堂上從不提問，不和學生們過話兒，下課鈴一響，揣講義，戴帽子，圍三繞圍巾。出校門，上滑竿，趕十里外的另一所學校，故林斤瀾給梁實秋起了個綽號為「滑竿教授」。

梁實秋一介文人，本可以留在大陸。無奈，當陳西瀅與魯迅論戰，陳擱筆之時，梁迎了上去，自己充當了對立面，繼續與魯迅過招兒。

毛澤東《在延安文藝座談會上的講話》中說：「像魯迅所批評的梁實秋一類人，他們雖然在口頭上提出什麼文藝是超階級的，但是他們實際上是主張資產階級的文藝，反對無產階級的文藝的。」

1940 年 1 月，梁實秋以國民參政會參議員身份，參加了華北慰勞視察團。原計劃抵達西安後訪問延安，但毛澤東致電參政會，代表中共公開表示對慰問團中余家菊、梁實秋二人不予歡迎，該團遂取消延安之行。

就這樣，像梁實秋這「一類人」在大陸解放之前，紛紛出逃，不是到國外，就是去台灣。梁實秋選擇了台灣。

1964 年陰曆年尾，梁實秋接到來自倫敦凌叔華的信。她從當地僑報得知梁宅遭盜盜賊拔槍云云。不日收到梁實秋的回覆，講述當時情形：

去年十二月十八日舍下有着軍裝獨行盜光顧，入門出槍，劫去

金鈔少許及手錶一隻，五小時內錶在當舖取出，十小時內盜在賭場被捕，翌日起訴，第三日判決，十日後處決。在我受一大驚，損失輕微，盜則喪失性命，我非常難過。想不到這件事你們也知道了。[21]

梁實秋晚年做了兩件有意義的事，一是翻譯莎士比亞全集，這是三十年前他對胡適的一個承諾。翻譯莎氏作品是沒有收入的，梁實秋每譯完一集，就將手稿交給妻子裝訂。梁夫人用納鞋底的錐子在稿紙邊上打洞，然後用線縫成線裝書的樣子。梁實秋告訴凌叔華：

莎氏譯本寄到，請不吝指教，不是客氣，我只能做到這個樣子。現已譯完 Sonnets（十四行詩），接着再譯那兩首長詩，今年年底希望能一起出版，這就名符其實的譯完全集了。我的譯本已寄出一套給倫敦 British Museum Library（大英博物館圖書館），又一部寄 Stratford Shakespere Centre（斯特拉特福的莎士比亞中心），另外又送了兩套到美國國會圖書館及 Folger Library（富爾傑圖書館）。這些事，政府才不管！倒是我的一位朋友（台灣人，大同公司董事長林挺生）獨資購買了兩千六百套分贈全台各大中小學校及文化機關，這真是空前的豪舉，我很感激。[22]

梁實秋做的另一件事是編輯徐志摩全集。他對凌叔華說：

志摩的作品，得其哲嗣（徐積鍇，即阿歡，在美經商）協助，已自美各大圖書館蒐尋拍照，大致已齊全，如一切順利，今年可以出版。志摩的照片只找到兩張。他的信劄，恐來不及蒐集，只好俟諸異日再行補充。志摩天才橫溢，竟不幸早逝，我為他編全集，心中感想萬千！此事本應由胡適之先生主辦，不幸他亦歸道山。世事之短，有如春夢。[23]

　　同樣為打發時光，凌叔華在給梁實秋的信中告他，自己的新作《海德園的冬天》已寫完，不日便寄上一冊。她說無聊時也學起了養花，但不知是氣候原因，還是當地水土不服，她養的蘭花總不是北平時的樣子。梁實秋回信：

　　　　說起蒔花，真是一言難盡。台灣宜養蘭，但是須要小心伺候，此外也沒有什麼好的花了。我很忙，難得有工夫灌園澆花，所以成績也就不好。庭園又太小，又想養花又想鋪草地，結果兩敗俱傷。想起前人一付對聯：「花鳥真知心好友，詩酒為無上福緣。」一個人混到與花鳥為伍，其枯寂之生涯亦可想矣！酒早已戒絕，煙亦輟吸。天天忙，亦不知忙的是什麼也。

　　　　陰年將屆，後天祭灶，這些節日也是令人惆悵的一種 Reminder（提醒），不知你們遠在國外更何以堪也。[24]

　　看來思鄉之情，凡海外遊子無人例外。梁實秋與其他人相比更具有「北平情結」，他與故友聊天，甚至寫文章，懷念起兒時的趣事，哪怕僅僅是「吃食兒」，都能如數家珍：像全聚德的烤鴨、六必居的醬菜、玉華台的核桃酪、信遠齋的酸梅湯、還有老北平的豆汁、灌腸、老豆腐、羊頭肉⋯⋯每每提到這些，他老淚橫流，不能自己。

　　陳西瀅的「北平癮」雖不大可能像生於斯長於斯的梁實秋那樣，「聽到胡同裏賣羊頭肉的吆喝聲，已經快入睡的他，還是披上衣服跑到外面買了一包，回來躺在被窩裏，品着沾有椒鹽的羊頭肉進入夢鄉。」[25] 但是，足夠了。現在人們對陳西瀅的了解，除了他的《西瀅閒話》，他與魯迅的論戰，之外，又知道多少呢？

注釋：

1　陳西瀅致陳小瀅信，1945 年 10 月 1 日（筆者收藏）。

2　王世杰致陳西瀅信，1945 年 10 月 1 日（筆者收藏）。

3　凌叔華致陳西瀅信，1945 年 11 月 1 日（筆者收藏）。

4　陳西瀅致陳小瀅信，1945 年 7 月 13 日（筆者收藏）。

5　陳西瀅致陳小瀅信，1945 年 10 月 1 日（筆者收藏）。

6　陳西瀅致陳小瀅信，1945 年 7 月 13 日（筆者收藏）。

7　陳西瀅日記，1944 年 4 月 4 日（陳小瀅收藏）。

8　陳西瀅致陳小瀅信，1963 年（陳小瀅收藏）。

9　陳西瀅致陳小瀅信，1963 年（陳小瀅收藏）。

10　黎明、林太乙致凌叔華信，1970 年（筆者收藏）。

11　黎明、林太乙致凌叔華信，1970 年（筆者收藏）。

12　方君璧致凌叔華信，1953 年 3 月 17 日（筆者收藏）。

13　陳西瀅日記，1943 年 6 月 27 日（陳小瀅收藏）。

14　陳賦：《往事：舊面孔、老長衫、雞零狗碎裏話民國》，遼寧教育出版社，
　　2011 年版。

15　陳西瀅日記，1945 年 9 月 6 日（陳小瀅收藏）。

16　陳西瀅日記，1945 年 8 月 31 日（陳小瀅收藏）。

17　陳西瀅日記，1945 年 9 月 13 日（陳小瀅收藏）。

18　沈從文致凌叔華信，1949 年 1 月 3 日（筆者收藏）。

19　陳西瀅日記，1945 年 8 月 28 日（陳小瀅收藏）。

20　葉公超為凌叔華繪《墨竹圖》手卷（筆者收藏）。

21　梁實秋致凌叔華信，1964 年 2 月 4 日（筆者收藏）。

22　梁實秋致凌叔華信，1968 年 2 月 13 日（筆者收藏）。

23　梁實秋致凌叔華信，1968 年 2 月 13 日（筆者收藏）。

24　梁實秋致凌叔華信，1964 年 2 月 4 日（筆者收藏）。

25　王之鴻：《內務部街 39 號 —— 梁實秋故居》，《北京晚報》2007 年 12 月
　　27 日。

陳西瀅的寂寥晚年

陳西瀅晚年過得有些拮据，連旁觀者都看出來了。

1959 年，台灣作家陳紀瀅、羅家倫、曾恩波與陳西瀅共赴德國法蘭克福出席第三十屆國際筆會，會後順道前往英國，在陳西瀅家小憩。當時給他們的印象，「家中凌亂，與在珞珈山時代的小洋樓書齋相比，大有天淵之別。」眾人遂以囊中的款項相贈，「藉求心安」。

那時女主人凌叔華正在新加坡教書，女兒小瀅和夫婿亦在國外工作，只有陳西瀅獨守倫敦，一家人分三處生活，家中凌亂也屬正常。陳西瀅月薪三百美元（原為五百美元，後以國民黨當局初到台灣，財政吃緊為由，自願下調），七扣八扣，所剩無幾。

在當時，英法二國是戰後人人趨之若鶩的地方，南來北往的過客都喜歡藉機在此落腳，即便與陳西瀅素不相識的人，出於「對公景仰有素」，也好拿着老朋友們（如張君勱、邵洵美、羅家倫、葉公超、陳之邁等人）的字條登門拜訪。陳西瀅不便掃人之興，又沒有多餘的錢用於招待，免不了尷尬。熟知內情的人不免唏噓，但慕名而來的人就大失所望了。

舉個例子。陳小瀅在台灣時，有許多人得知其父的名望，央求小瀅在他們去英國時，能夠利用其父的關係提供便利，其中就有樊姓、寶姓兩位大夫。樊大夫是位眼科專家，聲稱還要為「老先生」徹底檢查一下眼睛。

但從陳西瀅給女兒的回信看，雙方都不滿意對方在倫敦的表現。

　　樊等在此，我只見了兩次。第二天去陪她們換旅館，幾乎出事（後來還是住了大英博物院對面的女青年會）。以後我去看了她們三次，均未遇到。

　　第二次是星期五下午，留了條，約她們星期六或星期日晚吃飯，請他們選定一天，電話告我。星期六未來電話，所以下午六時我又去她們那裏，並在飯館等候，仍未遇。又留了條，問星期日晚有沒有空。星期日她們來了電話，晚上不空，約了星期一中午。故昨日中午又見面，請他們吃飯，託帶的東西交去。

　　她們對我感覺失望，以為我一定有汽車，家中有僕人，卻都沒有。

　　我遇見她們，也感覺不舒服，因為竇大夫口口聲聲叫我為「老先生」。從前只聽人叫叔公或爺爺為老先生。現在被叫老先生，足見確是老了，但總不免吃一驚也。

　　你勸我請樊大夫看看眼，她們如是的忙，那裏能顧到此，而且即有空，沒有儀器，也不能檢查什麼。[1]

　　家中財權一向掌握在夫人手裏，陳西瀅基本沒有話語權，從夫妻倆互為操辦生日一事，便可看出有那麼點兒捉襟見肘的感覺。

　　1957年，陳西瀅寫信給遠在新加坡的妻子：「再一星期你的生日便到了。我想此時去買東西去寄給你，已來不及，也不知道有什麼可買。所以寄上美金二十元的支票一張，請你去撿一個合用的東西，算我送的罷。」[2]

　　輪到凌叔華為陳西瀅過七十大壽，當天是如何操辦，請何賓客，擺席幾桌，都是陳家門內事，與他人無干。偏偏此事給不在場的蘇雪林印象深刻，三十年後，當事人都已故去，她還在給小瀅信中唸叨當年之事：

　　你爸七十大壽，也是人生難遇的大喜事，叫她（指凌叔華）親自辦款待親友的酒席，當然辦不到，倫敦也多中國人開的飯館，訂

幾桌酒筵，問題不解決了嗎。但這樣未免花錢太多，她就堅辭不肯，未免小氣得出奇。

記得她有回寫信告訴我，有個你爸的好友，來訪你爸，談得高興，竟談到夜九時，以為可以在你家吃個便飯，誰知你媽堅坐不動，客人只好忍飢走了。客走後，你不以你媽這種態度為然，曾同她大吵，是否有這件事呢？

你爸果然是個正直的人，但對你媽未免委順太過，中國女人對丈夫講究三從四德，你爸則〔反〕其道而行之，對妻講究三從四德了。你媽無論說什麼，他都相信而遵從。這也未免太過，假如他對你媽態度強硬一點，我想你媽那些壞脾氣也可以改善一點。

你爸這麼委從你媽，是否有「懼內」之癖？若無，則你媽駕馭丈夫的手段，實在高明之極，令人欽佩。[3]

說陳西瀅「懼內」未必妥當，但縱觀二人婚後磕磕絆絆地走過來，只能說從一開始雙方都錯選了對象。凌叔華大家閨秀，初戀伊始便能從容應對各類男人，她猜測陳西瀅留洋十載，又與國民黨元老吳稚暉沾親帶故，雖和凌家不能攀比，至少家道殷實該不成問題。不料無錫的蜜月之行亮出了陳家老底，凌叔華只能打碎門牙往肚裏嚥。

陳西瀅天生內向，不愛多語，這與他有些口吃不無關係。但他宅心仁厚，又學富五車，若不是凌叔華主動向他發起「攻勢」，陳西瀅未必有「抱得美人歸」的初衷。

陳西瀅缺乏松岡洋右宏圖偉業的志向，也不具備徐志摩才華的靈光畢現，更沒有朱利安‧貝爾的激情與活力。一句話，凌叔華欣賞男人具備的條件，陳西瀅其實是欠缺的。他與凌叔華性格迥異，屬於中規中矩類型的，即便妻子紅杏出牆，陳西瀅仍君子般地將二人婚姻何去何從的選擇權交由妻子抉擇。做男人做到了這個地步，與陳西瀅性格和太愛惜羽毛有直接的關係。

幾件事可說明二人的夫妻關係到了晚年幾乎成了「擺設」。

1964 年 8 月 21 日，郭有守在德國為張大千畫展舉辦開幕式，邀請凌叔華當嘉賓。凌叔華應允，並將行程通知在巴黎的丈夫。陳西瀅事後將此事告訴了女兒：

> 姆媽答應郭伯伯在德國 Frankfurt（法蘭克福）參加二十一日的張大千畫展開幕典禮。她預備明天去 Frankfurt，星期六乘船下萊茵河到 Cologne（科隆），星期日或星期一坐火車回巴黎，星期三上午便回倫敦。她在巴黎老是心不定，其實在此住一陣，天天安靜下來也可以畫畫寫文章。[4]

凌叔華在巴黎只停留兩宿，返回倫敦時，陳西瀅與潘玉良到機場送行。陳小瀅曾對筆者說起那段經過：

> 不知何原因，爹爹在機場廁所內暈倒，當時只有潘玉良一人進入男廁所將爹爹扶出，並勸姆媽暫時不要回倫敦，留下來照顧爹爹。但姆媽執意要走，潘玉良只得獨自將爹爹送回寓所。這是爹爹第一次中風，但屬於輕度的。時隔很長時間，爹爹打電話給我，說別的事時無意中提到了此事，但未加評論。[5]

另一次為陳小瀅親眼所見。那時她已從香港回到倫敦 BBC 總部工作。某天傍晚下班後，和丈夫秦乃瑞去看望父母，臨近家門看到一個人影在門前踱來踱去，原來是爹爹。他漲紅着臉，嘴角抽搐地告訴女兒，姆媽正在家裏接待來自美國的幾位朋友，這些都是研究中國近代文學的朋友，也與爹爹相識，但姆媽堅持讓爹爹迴避，怕搶了自己的風頭。小瀅從未見到爹爹發如此大的火，也為爹爹這般的委曲求全感到難過，父女二人傷感不已。

女兒調回倫敦工作，使年邁的父母老有所依，又有外孫女小明在身邊，可以三代同堂共享天倫之樂，這本是件好事。陳西瀅滿心歡喜地寫信

告訴夫人，樓上不必出租了，也省得女兒在外面找房子住，既遠又費錢，還讓人擔着心。

但凌叔華卻不這樣認為，她回信說：

　　她（指小瀅）看了你給我的信，不免又說：「何必不就住樓上，不必多花錢了。」我說：「你不是屢次說過不願住家中，住家中，對你將來活動實在不好，且過去有不少苦惱回憶嗎？」她甚至說過幾次：「人家知道我住這裏，就不願來往。」所以我希望你再不要對她說什麼「太遠」或「不放心」的話。其實兒女長大，根本就不該靠父母，除了一些沒有出息的人（我們應願她有出息而住遠亦不妨！溺愛是害兒女的）。我現在又為她去看一處房，也在 Belsize Park（貝爾賽公園）附近。

　　一個人趁年輕該想法存錢，所以你也要鼓勵她，當然不專是用口說說，也得替她設法，不是白說說。她說在搬家這個月，她先不還錢了，我說這一點我們會明白的。

　　樓上房租錢百鎊已早存 B.Bank（銀行），因為怕她的五十鎊取不出錢來。First floor（一樓）如不能繼續，只好重租出去。這一點望你回來再管，我今天也要向 Match Co.（房屋租賃公司）問問。現在小瀅決定搬家，望你千萬不要再提樓上房子，她近年刺激太多，很易生疑發怒，你不應常常惹她，弄得大家不快。且我們既已明白她不要住進家，又何必提出來說，且她合同已簽，也不能改，將來我們吃飯也得靠這一點房租，我現在日用也靠此一點了，你都明白也不要我多講了吧？[6]

無奈於此，但父親畢竟心疼女兒，悄悄拿出體己錢幫女兒購房交了「首付」。「姆媽知道後，以家中樓梯年久失修，為防止爹爹跌倒為由，硬是讓我退掉了房子。錢到手了，修樓梯的事便不再提了。」[7]多少年後，陳小瀅在電話中對筆者如是說。

　　中國自古有「清官難斷家務事」和「家家都有本難唸的經」等說法。這原屬家庭私密，本不該暴露於公眾視線之內。但從凌叔華作為，卻也可以看出其獨特的個性及其夫妻關係的日常狀態。

　　陳西瀅不握有經濟支配權，出手拮据，可以理解；陳小瀅自己掙錢，撫養一個女兒，屬於「月光族」，情有可原；只是凌叔華出身高門巨族，從父親那裏繼承的祖傳寶物足以舉辦相當規模的展覽，加上自己出書、講學，應該說「貧困」和她是不沾邊的，日子過得如此拮据，女主人心中是如何盤算的，着實令人費解。

　　1964 年 1 月 27 日中國與法國建交，聯合公報規定，雙方政府在三個月內互派大使。面對現實，台灣當局只能選擇和法國斷交，「大使館」逐漸撤出人員。陳西瀅沒有了駐法「使館」的根基，也缺少了相應的工作平台，他呆在英國家中的時間漸漸多了起來。

　　此時，台灣學者王爾敏客居倫敦，他是陳西瀅夫婦共同的朋友，曾多次應邀到陳家做客，「用飯多在其家中，甚少出外吃飯館。」

陳西瀅在駐法國「使館」

陳小瀅採訪傅聰

在王爾敏的記憶中，陳西瀅在外請客「惟有一次」，是因李卓敏就任香港中文大學校長到英國作任職講演的機緣。陳、李是二戰時期的老朋友，陳西瀅定要做東款待，還特召「陳奇祿及我二人參與盛會，餐費是由陳老師繳交。」

王爾敏也應凌叔華之邀陪同參加一些活動，從內容到形式比之陳西瀅大不相同。王爾敏後來撰文提到：

> 一次由凌叔華女士做東請宴德國一位女收藏家吃晚飯，席間又請倫敦大學東方學院李棪教授以及鄙人作陪客，是在飯館吃飯，至此我猜到凌老師要把家藏珍貴瓷器賣給這位收藏家。至此我亦明白他們並不是很有錢，只是尚有一些老古董可以換錢。[8]

凌叔華精於書畫，不但自己能書善畫，鑒賞水準也不低。但筆者從未聽說凌叔華對瓷器也有研究，而且還有收藏。當然，她從父親凌福彭那裏繼承的祖傳寶物中，一定包括官窯瓷器。只是瓷器體積大小不一，極易破碎，若沒有很好的包裝（囊匣加木箱），帶到萬里之外的英國是有風險的。

筆者推斷凌叔華收藏瓷器應該是「就地取材」。英國是全世界收藏中國古董最多的國家。這緣於 1840 年的鴉片戰爭及 1860 年的英法聯軍「火燒圓明園」和 1900 年的八國聯軍入侵，掠奪中國文物每次都少不了英國。

大量被掠奪的中國古董囤積倫敦，生活在英國多年且對收藏感興趣的凌叔華不可能視而不見，只是她對瓷器並不精通，就得請教好友 ── 中國歷史博物館的沈從文了。

從沈從文回信中可看出凌叔華那個時期的關注點放在宋代瓷器上。

> 信中問及有關宋瓷的書，過去所有早已於文化大革命中散失罄盡。七二年由丹江回來，新收集了單張材料及幾本對外展出圖錄，居多被年青朋友借走，東堂子住處大致還有些些，因亂堆一氣，至今尚不敢去看看，因每每看到，即不免使人頭重。依稀還記得琉璃

廠中國書店門市部有三種宋瓷似乎還好，一龍泉青瓷，二耀窯，三遼雞冠壺，等數種。故宮藏瓷選則由古到清，宋磁佔分量不大，且不是盡屬精品。印得還好，原只百元，後來貴到四百元，不值得買。以個人印象言，還不如大維德那本書材料豐富，也不及日本人編的《宋瓷》多種多樣，及日人編《支那工藝圖鑒瓷器》那一冊中精美。[9]

以此推斷凌叔華是在賣自家藏品還是在做瓷器生意似乎牽強，畢竟沒有確鑿的文字記錄。但凌叔華確確實實在做自己熟悉的書畫生意，而且她的「眼線」分佈在許多地方。

香港的陳哲便是一位有眼力且盡心的朋友，即便凌叔華臨時赴加拿大講學、辦展，陳哲的信都能追到多倫多市。他在寫給凌叔華信中，既對市場售賣的作品有準確描述，又有價格參照，還添加了自己的建議：

昨上一函諒已收閱。今早去集古齋，看到潘天壽畫四件，一是八尺大橫幅，內容為一禿鷲立於石上作勢欲飛之狀，氣魄雄渾，筆墨酣暢，的是精品，索價五千元。另一幅為四尺條幅，內容係一叢菊花及一隻黑蝴蝶，要九百元，這一幅也是精品。第三幅是指畫山水，略有赭石花青，要六百元，此畫下半坡、樹、船都好，只是上半部的山巒與下半墨色一致而顯死板。第四幅是水墨荷花，這幅是抄八大，八大原作我以前見過。價最賤，要三百五十元。以上諸畫如買均可打九折。

另外較好的畫有一幅陳師曾墨筆蘭石，要六百元，還有不少葉淺予的少數民族寫生畫，我已囑將該幅菊蝶暫留多星期，等您回信。白石作品現在也漲價了，較好者三四尺條都要兩千多，不知歐洲價如何？

目前大陸上對這些老畫家之傳統藝術品皆暫時凍結，不加提倡，運動過後如何處理尚不能逆料。這次廣州交易會賣出舊硯很

多，上海也有齊白石、徐悲鴻等人畫出售，只是不易帶出。上月有一丹麥外交官自上海以人民幣 250 元（美金約百元）買一白石蝦，到港後售予畫店得一千二百元，賺一倍。[10]

類似凌叔華出售畫作的場景，王爾敏也看到了。

> 有兩次她約我陪同她到銀行地下室取回一些古畫，俱都是大幅中國畫卷軸，又大又重，她那時已六十四歲，無法一人攜帶進出，我不敢大意，知道是寶重之物，也知道她對我信任。[11]

凌叔華費勁取出古書畫，當然不是為了掛在家中欣賞，否則沒有必要瞞着丈夫和女兒。但賣給誰？賣價多少？應該是凌叔華不想讓人知道的事。

筆者從凌叔華往來信件中還是能看出一些端倪。1957 年冬，在南洋大學教書的凌叔華利用寒假首次去了台灣，便與家住台中的陳西瀅表兄蔣東孚接上了關係。她知道蔣是個收藏家，且有一個收藏圈子，便拜託他留心此事。

蔣東孚是凌叔華的崇拜者，用蘇雪林對小瀅説的話，「台中那個蔣翁，崇敬你媽視為天上有，地下無的大才女，」[12] 他贈與凌叔華許多自己的藏品。

另外，蔣東孚還託付凌叔華尋覓自己喜歡的書畫，不知是否有意投其所好，這在蔣東孚寫給凌叔華信中亦有表述：

> 如能有宋元明小精品，若黃子久、倪雲林、沈石田小品畫幅，兄亦思得一二件以慰枯寂，請便中留意。至於大手筆價昂者，實非措大所敢問津。[13]

凌叔華善於理財早在樂山時就為眾人所知，到了倫敦這座古董買賣興

旺的大都市，她更不會放過機會。做古董生意需要大量資金，也需要知根知底的人幫忙，而凌叔華恰恰在這一節點上，支走了女兒，瞞過了丈夫。

倫敦亞當姆森大街十四號四層小樓的地下室，現在看來應該是她做古董生意的庫房，而她接收父親凌福彭的遺產，貴重者則存放在銀行金庫。這也是除了凌叔華，家中沒有任何人進出過這間屋的原因。

凌叔華寧可讓外人幫忙，卻瞞住家人，這事解釋起來很難兩全。她和陳西瀅只有小瀅這一個獨女，自己又過了耳順之年，即使與陳西瀅夫妻關係平淡，磕磕絆絆共度一生也是唯一選擇。凌叔華留着價值不菲的財產，卻過着緊巴巴的日子，對於她本人來說錢在囊中，心裏有底，或許無所謂，對於陳西瀅父女就只能量入為出了。

孤獨，寂寞，是陳西瀅晚年生活的常態，不管是在倫敦或是巴黎。

1964 年秋，女兒體貼父親的苦衷，將外孫女小明送到巴黎姥爺在「使館」中的寓所住了一個月。不久，小瀅利用休假去巴黎看望父親，並帶小明去意大利旅行。陳西瀅事後寫信告訴小瀅：

> 你們走後，我回到館中，忽然覺得很寂寞。小明在此一月，你來了幾天，給我不少愉快。天天在一起時不覺得，偶然相逢時，便覺得這種日子是可以寶貴的。[14]

1964 年初，中法建交，台灣當局的駐法「大使」被迫降旗返台，並陸續撤出人員、物資，甚至連地毯都拿走了。

後來台灣當局卻將「使館」館址改稱為駐聯合國教科文組織代表處，讓年近七旬的陳西瀅以代表名義在此留守。

到了冬季，陳西瀅住在這裏，形影相弔，苦不堪言。從他寫給妻子的信中可看出，此時的駐法「使館」已今非昔比：

> 館長的住宅，只有睡房裏有一點熱氣（是煤油爐，得天天灌煤油，也沒不怎樣暖的）。客廳和飯廳裏只共有一個活動煤氣爐，而且

壞了。所以只有坐在睡房中。有澡盆，但裏面的水落不下去。我昨夜到另一澡盆去洗了一浴，以後便沒有熱水，早晨大家只好以冷水洗臉。馬桶也不能拉水（這我自己修好了）。高家走後，地上滿是丟下的東西，也無人打掃。整個大使館只有館長辦公室一間屋子還像樣。誰會想到中國大使館是這樣的情形！ [15]

就是「這樣的情形」也維持不了多久，1966 年 3 月 12 日，在此「堅守」兩年的陳西瀅最終還是讓法國警察「請」了出去，他因激動血壓升高至二百多，法國警察請來醫生，用擔架將他抬上救護車。事到如此，陳西瀅也就要求退休了。

許多陳西瀅的老友、同事、學生都勸他回台灣養老，早在 1958 年蘇雪林就對凌叔華説：

> 　　暮年人不宜久在外國，還是想法可回台灣吧。次仲、小瑩夫婦均在此，你們回來一家骨肉團聚，何等快樂？這裏賺錢雖不多，你夫婦二人同時做事每月可有二千元收入，折合美鈔英鎊誠然無幾，但這裏生活低廉，你在英倫用不起女僕，這裏若每月有二千收入，可僱女僕了。若通伯先生能做院長則可配一三輪車伕更方便了。 [16]

1959 年王世杰曾致信陳西瀅，建議他回台與老友相聚：

> 　　兄在英又已數年，如有良好機會，似不妨回台小住一二月。聞兄健康近甚佳善，想不以長途跋涉為苦也。 [17]

1962 年王世杰又以胡適去世為由，再次邀請陳西瀅來台：

> 　　為紀念適之生平貢獻，杰正籌劃募集紀念基金，在中國大學設若干講座。倘此事有成，而講座職費能達八萬至十萬台幣，不知

兄能推薦講座人選否（科學或文史）？兄自己有意回國任教二三年否？[18]

1968 年梁實秋也主張陳西瀅夫婦來台定居：

> 台灣非常安定，生活水準逐漸提高，一切建設均有進步。你們二位如一時不能來此定居，得暇不妨作短期遊歷。故宮博物院字畫頗多，值得一看。[19]

作為陳西瀅的學生吳魯芹更是希望老師能儘早搬到台北，以便自己就近照顧。直到 1969 年 12 月 18 日陳西瀅寫給吳魯芹的信，還未就搬家作出決定：

> 年關已經到了，我們還是在倫敦沒有動。並不是我們決定不去台北，而是我們沒有決定是否去台灣還是留倫敦。走或不走，須有決心。老是決不下心來。這半年不能決下心，所以不知怎樣好了。我的腿病已十個月了，有時稍好，有時又覺退步。醫生也無辦法，他說這是老年病，不僅腿軟是一種現象，還有他種現象如記憶衰退，說話不清楚，想說的話說不出來，所以常說錯話，寫字也常常寫錯，說英文也說錯。老年人到了這階段，沒有什麼話可說。[20]

陳西瀅所說「不能決下心」，當然不是指自己。他無牽無掛，親人中二弟陳洪一家，還有那麼多老熟人和學生在台灣，加上物價便宜，他沒有不去台灣頤養天年的道理。

從陳西瀅「想說的話說不出來」看，他確實有難言之隱。凌叔華晚年對蕭乾是這樣解釋陳西瀅不去台灣的理由：「他後來雖在 UNESCO（教科文組織）做代表，但台灣政府不喜歡他，說他沒用，其實只因他不到 C‧C 部下走動。」[21]

　　這個理由並不充分。陳西瀅早年確實與陳立夫有「過節兒」，但到了二十世紀五十年代，陳立夫受到政治上的排擠，早已在美國新澤西州定居，置辦農場，靠養雞、賣皮蛋度日，與陳西瀅不去台灣養老有何干係？

　　個中原因只有凌叔華清楚，她為陳西瀅設下的「底線」，就像孫悟空用金箍棒為唐僧畫的那個圈，陳西瀅在「圈」裏度過了後半生。

　　凌叔華既不願意陳西瀅過多赴台灣述職（似乎只有 1952 年、1960年、1968 年三次），更別提定居台灣，當然也不可能回大陸。陳西瀅謹言慎行，儘量將自己「包裹」嚴實，不要成為日後妻子向大陸索要房產和祖傳寶物的「障礙」。

　　1970 年 3 月 12 日，陳西瀅再度中風，送進醫院便再沒有說一句話，兩個星期後，即 3 月 29 日，陳西瀅走完了自己的一生，走完了他寂寥的晚年，終年七十三歲。

　　陳西瀅晚年像個多餘之人，他走後凌叔華不必因為他再顧慮台灣當局，也不必在大陸與台灣兩地之間「走鋼絲」，她可以更放鬆了，但新問題又出現了。

　　首先遇到的是與女兒小瀅的關係如何相處。自小瀅得知母親背叛過父親的那一刻起，母女間的關係就再也沒有緩和過。女兒堅定地站在父親一邊，甚至責備父親為什麼不和母親離婚。以往母女間遇有矛盾衝突時，父親總是在中間起着緩衝的作用，像一堵無形的「牆」。如今「牆」已不存，如何化解母女間的衝突成了擺在凌叔華和陳小瀅面前的一道難題。

　　就在陳西瀅去世後的第二年（1971 年），小外孫秦思源在蘇格蘭愛丁堡降生了。陳小瀅嘗試改善和母親的關係，甚至寄去路費請母親到愛丁堡過聖誕節，但被凌叔華以各種藉口回絕了。從小瀅給母親的回信中可感覺到母女間的矛盾如同冰凍三尺，已非一日之寒。

　　　　現在是半夜四點半鐘，我一夜不能睡覺（過去幾夜都不能睡覺），我百思不解的是：為什麼你那樣痛恨我？你為什麼那樣輕視

我？你為什麼對我最近生的兒子那樣沒有感情？我真沒有想到你對我一點感情沒有。你從前寫《楊媽》《繡枕》，我以為你通人情呢，現在才完全絕望。

　　我說的不是錢，老實說我很想把你給孩子的五十英鎊還給你，省得你不停的說你在幫他忙。我奇怪的是：為什麼你不想看一看他？捏捏他的小臉，來和我們過節！

　　我記得早在春天，我們就請你自己選擇什麼時候來，你說你聖誕節來。我們興高采烈的準備你來過節的時候，你又決定不來了，又傷風，又美金貶值什麼的。我寫了兩封長信給你，懇求你來，主要意思就是想接你來過節，大家快活活一齊散散心。[22]

　　另一堵則是凌叔華心中對陳西瀅愧疚的「牆」。多少年來夫妻二人一方在英國生活，一方在法國工作，兩人分多聚少。凌叔華認為這種分分合合的模式或許能夠維持這個家庭更加長久。

　　當然，凌叔華也並非視陳西瀅如無物，沒有一絲情感。回想 1943—1946 年，陳西瀅出國的四個年頭，凌叔華思念夫君，幾天不接丈夫的信就魂不守舍，給丈夫寫信成了她不可或缺的精神慰藉。

　　凌、陳結縭四十四年，也曾遭遇十年之癢。一方出「牆」探春，雖「牆」高春短，但已無法全身而退，那堵無形的「牆」就一直橫在他們中間，直到一方去世。剩下的只有初戀、新婚時的甜蜜和幾十年裏集聚起的記憶。

　　陳西瀅去世後的這一年裏，凌叔華才真真感到孤獨滋味的可怕。之前，夫妻各在一方，凌叔華並未感到孤獨，那是因為她知道與陳西瀅相見並不困難。

　　如今人不在了，特別是陳西瀅走後三百多天裏，凌叔華居然沒有見他「入夢」，這讓她反而感到惶恐。原來她視夫君為多餘之人，如今卻只在回憶中顯現在自己眼前，從初戀、結婚、生子……一幕幕情景像過電影般地在腦海中閃過，愈久彌新，揮之不去。

　　我也記得我常取笑「你是一個有西方科學的頭腦而是一個手無縛雞之力的東方書生」。在國內的時候,你永遠不穿西裝,永遠不上西餐館,你的舉止容儀,也儘量不帶一點洋味兒(你的好朋友們也多半兒有此傾向)當年也許因為你這些不同凡俗的品質,贏得我最初的欽佩與愛慕吧?

　　凌叔華想到了上世紀二十年代的自己,當年受到那麼多有才華男性的追寵,卻愛上了一個「老八股」,是自己當年的率意而為,還是父親 ——這位前清遺老的基因作祟?

　　如今人走燈滅,凌叔華還是沒有搞明白當年的初衷。

　　我忽然想起遠在十幾年前,在這間房子裏,我曾約了幾個朋友來作扶桌子請仙子或鬼魂來談話的遊戲,一個朋友要求你加入,你嘲笑的答:「這是你們女人喜歡的玩藝兒,還是讓我去看電視吧!」

　　陳西瀅「老八股」的氣質與生俱來,凌叔華從當年以此為愛慕的理由到後來成了厭惡的標誌。她埋怨丈夫不浪漫、謹小慎微,沒有做大事的氣魄,甚至甘於清貧、循規蹈矩。

　　更讓凌叔華不能容忍的,是自己幾十年生活在陳西瀅散文大家光環下的陰影裏,以往陳西瀅的優點,在凌叔華眼中已成為短板。

　　陳西瀅還是原來的陳西瀅,可從高門巨族走出的十小姐,脾氣變得越來越驕橫,她把陳西瀅當作自己走向成功的一個「障礙」。

　　如今「障礙」消失,凌叔華反倒感覺缺失了許多。有事無人訴説,難題無人解惑,縱使擁有寶物資財,對於一個七十老嫗能換來幸福嗎?可惜,這個道理凌叔華知道得太晚了,她只能在淚水中向另一個「國度」的逝人,傾訴自己遲來的感悟:

　　絕不是我癡心,通伯,你知道嗎?直到今天,已經是你走後的

三百三十多天了，我仍然不肯相信，你這一去，再不會回來的了；雖然有時候有人問起你來，我會忽然陷落在「物是人非事事休，欲語淚先流」的無可奈何境界裏。可是在我平日生活，在我心坎深處，我仍舊時刻覺得你的存在，有了事想告訴你，有了問題想同你說，這結果往往只是曇花一現，不容捉摸的渺茫，驟然認識這就是終天長恨！

　　有時想來，未免暗自生氣，我本來不是不相信靈魂存在的人，為什麼過了三百三十多日，還未看見你回過來一次呢？難道生死的距離，真的是那樣的無情，那樣殘忍嗎？是不是一個人絕氣之後，魂魄便像一縷輕煙，因風吹散，或是像一支鳥羽，落在茫茫滄海裏，隨風送到那終古不放一個旅人回到世界上來的國度呢？

　　在昏夜，在凌晨，不知有多少回我忽然聽到門鈴大響，以為該是你回來了，急走去開門，那滿天星斗，襲人的冷風，都似乎在嘲笑一個渺小的人。「人生至此，天道寧論」！[23]

「渺小的人」連天地都在「嘲笑」。凌叔華的自責，陳西瀅已是聽不到了。凌叔華只能以淚洗面，對蒼穹向陳西瀅懺悔。他們幾十年慘淡維持這座「牆」基不穩的「雙佳樓」，終因陳西瀅先走一步而日漸崩壞，應了孔尚任《桃花扇》裏的一段戲詞：「眼見他起高樓，眼見他宴賓客，眼見他樓塌了。」

注釋：

1　陳西瀅致陳小瀅信，1958 年 7 月 22 日（筆者收藏）。
2　陳西瀅致凌叔華信，1957 年 3 月 17 日（筆者收藏）。
3　蘇雪林致陳小瀅信，1996 年 3 月 5 日（筆者收藏）。
4　陳西瀅致陳小瀅信，1964 年 8 月 19 日（筆者收藏）。

5　陳小瀅在北京與筆者談父母之事，1998 年 11 月 19 日。

6　凌叔華致陳西瀅信，1962 年 5 月 28 日（筆者收藏）。

7　陳小瀅電話告知筆者，2014 年 4 月 24 日。

8　王爾敏：《凌叔華身後不寂寞》，台北《傳記文學》第 102 卷，第 3 期。

9　沈從文致凌叔華信，1975 年 6 月 1 日（筆者收藏）。

10　陳哲致凌叔華信，1967 年 4 月 21 日（筆者收藏）。

11　王爾敏：《凌叔華身後不寂寞》

12　蘇雪林致陳小瀅信，1996 年 3 月 5 日（筆者收藏）。

13　蔣東孚致凌叔華信，1957 年 7 月 23 日（筆者收藏）。

14　陳西瀅致陳小瀅信，1964 年 9 月 19 日（筆者收藏）。

15　陳西瀅致凌叔華信，1964 年 2 月 21 日（筆者收藏）。

16　蘇雪林致凌叔華信，1958 年 1 月 10 日（筆者收藏）。

17　王世杰致陳西瀅信，1958 年 11 月 15 日（筆者收藏）。

18　王世杰致陳西瀅信，1962 年 6 月 4 日（筆者收藏）。

19　梁實秋致凌叔華信，1968 年 2 月 13 日（筆者收藏）。

20　吳魯芹：《哭吾師陳通伯先生》，台北《傳記文學》第 16 卷，第 6 期。

21　《凌叔華致蕭乾 —— 關於陳西瀅的晚景》，《人民日報》1988 年 2 月 15 日。

22　陳小瀅致凌叔華信，1971 年 12 月 14 日（筆者收藏）。

23　凌叔華：《寫在周年祭前夕（未完稿）》。

凌叔華的臨終糾結

　　陳西瀅病逝，蔣介石發去電文弔唁，台灣《中央日報》發表蘇雪林《悼陳源教授》的紀念文章，在台的北大、武大等校校友聯合舉行了追悼會。錢穆臨場作輓對表達哀思：「每於和平見耿介，特從篤厚發光輝。」身在美國的老友顧毓琇填詞《更漏子》表達痛悼之情：「春風寒，春雨冷，無奈清明光景；濃霧散，薄雲天，騎鶴人化仙。明月下，説風雅，長憶西瀅閒話；梁溪水，盡清涼，魂魄歸故鄉。」

　　凌叔華在陳西瀅故去三個月後，以參加王世杰組織籌備在台北故宮博物院舉辦的《明清之際名畫特展》（內有八十件作品為王世杰所藏）為由，1970 年 6 月 14 日去了台灣。

　　凌叔華此次赴台還有另外的目的：她對陳西瀅駐外二十多年，台灣當局發給的薪水不漲反降一直耿耿於懷，特別是法國與中國大陸建交後，台灣當局要求陳西瀅以駐聯合國教科文組織代表名義堅守駐法「使館（代表處）」，最後被法國警察用擔架抬出，導致陳西瀅病情加重，她認為台灣當局應該對逝者給予經濟上的補償。

　　凌叔華在台灣見到了許多故友。王世杰設家宴款待凌叔華，吳大猷夫婦等作陪；葉公超除了宴請，還精心為凌叔華繪製了仿元人管仲姬筆意的《墨竹圖》手卷；蘇雪林從台南趕來，與寫《從軍日記》出名的謝冰瑩一同到賓館，三位年歲相仿且一直保持書信往來的老友相見，自然有説不完的話；從年輕時就崇拜凌叔華的兩位「凌粉」——林海音（《城南舊事》

的作者)、張秀亞自然不會放過這次機會,吃飯、交談、留影,忙個不停。

凌叔華台北之行唯一不滿的便是台灣當局,「區區兩千美元的撫恤金就把陳西瀅打發了。」[1]回到倫敦的凌叔華對小瀅如是説。若干年後,她在寫給浦薛鳳的信中把對台灣當局的不滿發揮到了極致:

> 近年殊感頹喪懊惱,「有家歸不得」,看來或許終生淪落天涯,也說不定!在一九七五年三月,我應香港《大公報》之請,為他們寫回國雜感,連載三四日,內中後半是敍說西瀅辭職後可憐心境及政府無情待遇,如尊處有香港《大公報》,大約不難找到。此種待遇,當然不止對西瀅一人。我聽到其他的荒唐待遇,不值一二次了。
>
> 可憐忠心耿耿如西瀅者(他是昏倒在地,當法國政府逼他交出中華民國大使館的時候,那時巴黎及倫敦報上均有照片登載)。台北方面,見他因病辭職(血壓高得驚人)反而不理會。直等他辭職之後,另派一人,官加一級(大使級)薪加一倍,巴黎中國及法國學術界對此皆抱不平!當然「朝裏無人莫做官」這本也是至理名言,不幸西瀅不肯相信。[2]

蔣介石的口惠實不至讓凌叔華失望、憤懣,覺得台灣當局人情薄如紙,如今陳西瀅的價值如同人走了一樣,消失殆盡了。

凌叔華沒有像她承諾的那樣,將陳西瀅的骨灰送到台灣,埋在胡適、羅家倫等老朋友的墓旁,[3]她不會讓傾向台灣當局的最後「把柄」,攥在大陸官方手裏。

自陳西瀅走後,倫敦的家也就不像個家樣了。小瀅一直隨夫住在愛丁堡,剛出生的小外孫秦思源自然也隨爹媽在一起,這座亞當姆森十四號小樓此時顯得格外寂靜。

凌叔華思索着如何度過自己的晚年,她不甘心在養老院了此一生,她還有許多事要做。譬如:北京史家胡同老宅和收藏的祖傳寶物一直是凌叔華的一個心結,一天不收回,便一天不得安寧;另外,凌叔華還想再寫幾

部有分量的作品。國內讀者大都把她定位為民國才女，就連 1953 年出版
的享譽歐洲文壇的自傳體小說《古韻》，由於是英文版，書中描述的又是
舊式家庭，大陸無人翻譯，讀者也無從知曉。

　　眼下大陸爆發「文革」運動已有數年，凌叔華也已經有十個年頭沒回
北京了。她不知道史家胡同老宅發生了什麼變故，甚至再也沒有收到張靄
雲的信。她知道此時的大陸，哪怕是平常人寄往海外的信（特別是寄給知
名人士），都是要和「裏通外國」劃等號的。

　　凌叔華從報紙、廣播、熟人間的交談中，清楚知道大陸發生「破四
舊」「打砸搶」的紅衞兵運動，對象正是像她這樣出身封建官僚家庭，又
寫過高門巨族中太太、小姐一類作品的舊文人，特別是丈夫與魯迅有過節
兒，早已定性為「反動文人」的代表，出現在中學語文課本中。

　　「文革」前，凌叔華悄悄潛回大陸，靠的是老朋友的關係，如今這種
海外關係像「瘟神」，人人避之不及，凌叔華哪裏還敢主動迎上，給自己
招來災禍的同時，還會殃及無辜。想到這些，凌叔華食不甘味，寢不安
席，但又無能為力。

　　1972 年的到來讓凌叔華看到了希望。此時的大陸，雖然還處在「文
革」期間，但疾風暴雨已經過去，國際大環境有了改善。特別是美國總統
尼克遜訪華，掀起了西方國家與中國建交的高潮，知識分子又有了用武之
地，文化人紛紛從五七幹校返回原單位，情況正向好的方面轉變。中國政
府出台了新的旅居海外華人政策，歡迎同胞回國看看，保證來去自由。

　　凌叔華仔細梳理了陳西瀅與台灣當局這二十年的關係，除了擔任駐聯
合國教科文組織常駐代表履行公職，並沒有做明顯對不起大陸的事，相反
在李四光回國和郭有守「起義」這兩件事上，他還是有功的，至少做到了
知情不舉。台灣當局的江河日下，明眼人都看得很清楚，凌叔華用不着腳
踏兩隻船，左右逢源了。

　　這年冬天，凌叔華以旅居海外華人的身份堂而皇之地途經深圳、廣
州、長沙，回到了北京。

　　凌叔華最放心不下的還是史家胡同老宅，特別是經過「文革」初期紅

衛兵運動，那批寶物還能安然無恙嗎？她迫不及待地要看個究竟。

　　讓凌叔華擔心的事還是發生了。史家胡同老宅的看護人張靄雲已經不住在那裏了，據說是住在山西女兒家，只有兒媳住在廂房，看守老宅。正房十二間出租給幼兒園，據兒媳講是張靄雲做的主。當問到祖傳寶物和二十幾年所收的房租時，兒媳只回答了一句「讓紅衛兵拿走了」，其餘則一概不知。

　　凌叔華茫然不知所措，常家只須提一下當年的紅衛兵運動，縱然你有千條理由，也無法駁斥。凌叔華找不到當事人，兒媳又一問三不知，都推給了不知去向的婆婆張靄雲。

　　有好心的朋友出主意，讓凌叔華去街道辦事處詢問。這一招兒果然奏效，以後的幾年她一直與街道辦事處 ── 代表政府最基層的組織打交道。

> 　　一位佟姓，一位李姓的同志接見我，方知道原來存留在史家胡同五十四號之家具、衣服、書畫，均由張靄雲和她兒媳何嗣瓊私行拍賣掉了。在史家胡同八號辦事處存留她們二人拍賣各物的證據多張，他們出示這些證據，上面有她二人簽名收去款項的，故當保留在那裏。計張靄雲簽字收款的先有 499.25 元，後有 502.40 元（人民幣）；由何嗣瓊簽字領走款項的有 791.45 元人民幣。由各單據物件看出各色家具、書畫、古董，均可證明是我留下的東西。[4]

　　上述是凌叔華在以後幾年中陸續收集到的證據。

　　這下凌叔華委屈大了，多年來她小心做事，謹慎做人，儘量做到大陸、台灣兩不得罪，不都是為了有朝一日能夠要回這處老宅和祖傳寶物，怎麼說沒就沒了呢？即便看護人出售這批東西，錢也應該交還物主啊！1972 年的北京之行較前幾次，應該是她心情最鬱悶，也最無助的一次。

　　不過，凌叔華此行也不是一無所獲，中國當時急需海外有影響的華人和外國友人將封閉二十多年的中國現狀如實地介紹到海外。與「文革」之初相比，如今的國內友人擁有海外關係又成了「香餑餑」，他們不必再躲

閃、顧忌。

凌叔華一路北上，見到了幾乎想見到的所有熟人，如張奚若、沈從文夫婦、冰心、竺可楨、丁西林、林巧稚、張慧文、孫文雪等，更想見的楊振聲、周鯁生夫婦、陶孟和、鄧以蟄、許廣平、陸小曼等已長眠地下。

另外一項收穫，凌叔華見到了她在天津直隸第一女子師範學校的同學鄧穎超。凌叔華回憶起她與鄧穎超半個世紀的幾次交往：

凌叔華當年在天津直隸第一女子師範學校讀書時也是個活躍分子，與鄧穎超、郭隆真、許廣平等都有往來，一直還保留着郭隆真的照片；

1946年元月，凌叔華帶着小瀅滯留重慶，託關係準備乘美國軍機去北平。一天她們正往陳洪家走，忽聽到背後有人叫她，一看是李德全，她正與周恩來鄧穎超等人乘車外出。熟人相見自然話多，連小瀅都在當天日記（1月6日）中記下周恩來鄧穎超與她握手、説話時的情景；

1953年凌叔華繪了一幅《秋水秋花入畫圖》寄給北京中南海西花廳，收藏人正是周恩來鄧穎超，那時她正為回大陸做最後的努力；

這次北京之行，凌叔華又和鄧穎超以及她的祕書趙煒接上了關係，一切跡象表明，當年的老同學並沒有忘記自己。

就在同一年，偶然的機會，陳小瀅也來到了大陸，那是丈夫秦乃瑞帶領蘇（蘇格蘭）中友協代表團來華訪問時因突患心臟病滯留廣州，小瀅飛到廣州照料老秦兩個月，當老秦病情有所穩定，有關單位安排小瀅去了趟北京。

這是小瀅自1946年離開大陸後第一次回到母親的故鄉，看什麼都既熟悉又陌生。故宮還處於關閉狀態，但是北海、景山、隆福寺、琉璃廠還保留着她小時候記憶中的樣子。

陳小瀅看望了姑母陳汲和姑父竺可楨以及多位父親的老朋友，大概是因在海外時間太久，小瀅與他們對話常常是一臉的茫然。如中國對外友協會長丁西林對她説：「以後八個樣板戲只能看七個了。」言外之意，與日本建交，再演《紅燈記》怕不合時宜了，對國內政治一竅不通的陳小瀅根本鬧不清此話的含義。

　　但與母親糟糕的情緒相反，小瀅時隔二十多年重回北京，所見一切都是那麼新鮮。這裏沒有銅臭味，人們的精神面貌素樸而健康。正像沈從文事後來信總結的那樣：

　　　　特別可愛是小孩子，大大不同於過去！從他們在公園裏，或在車站上以萬計的初中學生，去郊外參加夏收秋收快樂情形看來，更容易看出他們的未來。以及對於在建設發展中的祖國如何充滿了熱情和信心！孩子們精神體力的健康，都是歷史少有的現象。[5]

　　陳小瀅甚至在考慮過些年把兒子送到北京上小學，讓他體驗一下社會主義大家庭的溫暖。總之，1972 年的北京之行，母女倆的心情各不相同，她們也各有自己的打算。

　　凌叔華回到倫敦已是來年開春了，她心情壞到了極點，滿臉的愁容像是大病了一場。自 1946 年攜女出國到 1960 年「文革」前最後一次到大陸，凌叔華幾次回國都是為了史家胡同老宅。張靄雲也算盡心，小院收拾得有條不紊，並沒有發現什麼紕漏。可一場「文革」，她繼承的古玩書畫、家具、書籍統統沒有了，連老宅也充了「公」，變成了幼兒園。

　　凌叔華心有不甘，她試圖給自己減壓：「文革」是場浩劫，一些她熟悉的朋友連命都沒有保住，自己的損失還只屬於物質方面，應該算不幸中的萬幸。寶物沒了，老宅還在，自己還握有房契。

　　就在凌叔華一籌莫展之時，1973 年 5 月 8 日，她接到昔日老友郭有守的一封來信，告訴她中國將在法國舉辦「文革」時期的第一次大型出土文物展覽，國家文物局王冶秋局長將通過駐英使館向她發出邀請，請她參加在法國舉辦的中國出土文物展覽的開幕式。

　　凌叔華雖然因辦簽證耽擱，錯過了這次寶貴機會，但她已經很滿意了，國家並沒有忘記她。七年前因「起義」回國的郭有守現在已是全國政協委員，他官職不高，能量卻不小，連王冶秋局長都會聽他的意見。

凌叔華開始不斷地給鄧穎超寫信、寄各種簡報,將自己在海外了解到
的新聞消息說給鄧穎超聽。

1973 年 11 月 20 日,凌叔華終於等到了鄧穎超祕書趙煒的覆信:

> 你最近一時期給我寄來的信及剪報已收到,均及時轉呈超姐,
> 請勿念。超姐謝謝你,囑我覆信給你。從你所寄來的剪報看,知道
> 你很關心世界大事,而且積極剪報提供新聞消息,我們看到後很高
> 興。[6]

凌叔華自從接到鄧穎超委託祕書寫給她的信便知道,不但史家胡同老
宅有了歸還自己的可能,連她在大陸各地旅行也會變得方便自由。

1975 年春夏之交,凌叔華又一次來到北京,她拜訪了老友郭有守,
向他提出參觀敦煌的請求。

親臨敦煌考察是每個藝術家的夢,凌叔華也不例外,一來提高自己
的鑒賞水平,對繪畫創作大有裨益;二是蒐集素材,準備寫一篇關於敦煌
的散文。這兩項都是凌叔華在倫敦時就計劃好的,特別是第二項,對於中
國政府回敬西方攻擊「文革」損毀文化遺產,境外人來寫更加顯得客觀、
真實。

於是,由郭有守牽線搭橋,凌叔華對敦煌的考察順利進行,從敦煌研
究所常書鴻所長寫給郭有守的信來看,其內容更像是常所長對「上面」佈
置涉外接待的一個總結:

> 子傑老兄:
>
> 前函計達。凌叔華於[五月]一日上午五時自敦煌乘火車到達蘭
> 州。我和承仙同去車站迎接。凌對敦煌之行當表滿意,惟以我不能
> 陪同前去為悵!
>
> 一日上午凌稍事休息後,我將我近作油畫四幅拿給她看,並將
> 我的畫冊(一九五八年出版的小畫冊)一本贈送給凌。她表示很喜

歡我畫的「人物」，說外國人畫中國人畫不出真正中國人氣概，而我畫的卻充滿了中國人氣質特點。她並建議可（由）我託她拿幾幅油畫參加英國每年一度的夏季畫展。但我們的畫出國關係很難處理，而且我的畫又不在家中，所以無法實現，實為憾事。承仙因為看她鞋子已舊，送了她一雙皮鞋，她說很合適。

一日下午，我又陪她去參觀雁灘人民公社，她表示滿意。夜間，由省委副祕書長以國際旅行社社長名義請她吃了一餐豐盛的晚餐，我們陪。

她於二日上午五時離飯店，八時乘機飛西安延安返，大概五日或六日返北京。這次未能陪同她去敦煌實是抱歉。以後希望她注意事先提出具體要求。她的旅行經請示中央後，最後仍以公費優待。[7]

當凌叔華從西安回到北京，便接到郭有守轉來常書鴻的信，她知道自己的出行都有人向上面匯報。讓她欣慰的是，「她的旅行經請示中央後，最後仍以公費優待」這句分量很重的話。

而把接待凌叔華來訪一事作為例行外事活動的常書鴻，當時並不清楚凌叔華何許人也，還在致郭有守信中叮囑「以後希望她注意事先提出具體要求」。直到若干年後常書鴻去北京開會見到鄧穎超，才搞清楚當年的偶然接待，背後會有如此多的他那個級別所不知的「程序」。

這一次是常書鴻親自寫信給凌叔華：

我有不少事情想和你說：第一，去年五月我在一次宴會上，會見了鄧大姊，我們還照了相（照片等下次寄給你）。第一次見面她和我握手談話，說：你身體還這樣好！真沒有想到。旁邊有陪她人，她對他們說，這是我的好朋友，他對我的朋友凌叔華在甘肅遇到困難時幫了她的忙！[8]

鄧穎超初識常書鴻，只因他幫助了凌叔華，也就成了自己的「好朋

凌叔華參觀敦煌（左一為
常書鴻夫人）

友」。當然，鄧穎超幫助凌叔華絕不僅僅因為是老同學那麼簡單，作為回
敬西方長期封鎖、圍堵、醜化中國的最好辦法，便是擴大自己的「朋友
圈」，讓海外朋友批駁西方對中國的指責，這應該是當時中國總體戰略的
一個環節。

　　以作家韓素音為例。同為燕大校友的龔澎便奉命寫信給燕大畢業的韓
素音，約她到北京一晤。韓素音到了北京，「龔引她見到了周恩來和鄧穎
超，她覺得他們很開明，雖然她在寫作上並不一定要為中國作報道，但她
願起到一些中國和西方溝通的作用。」[9] 這樣看來，凌叔華此時也屬於中
國政府「朋友圈」中的一員。

　　如果說凌叔華 1972 年北京之行是帶着滿肚子委屈離開的，那麼兩年
後的重返讓她看到了自身的價值。

　　凌叔華很清楚處於封閉中的中國，此時最希望有越來越多像她那樣的
海外華人，能夠向外界傳播大陸當局希望傳播的正面報道。凌叔華也是很
配合的，不但寫了散文《敦煌禮讚》，還在香港《大公報》連載她在大陸
採訪的見聞。

　　轉眼到了 1976 年，這一年中國大陸發生了載入史冊的大事，黨中央

一舉粉碎「四人幫」，標誌着十年動亂的結束。

凌叔華聞知泣不成聲，就像當年在樂山聽到日本投降時那樣激動。兩次傷感各有不同：日本侵華耽誤了她最美好的青春；而「文革」動亂，又毀掉了她的物質財富。凌叔華在次年回國途中寫下了這首「打油詩」：

> 一九七七偶成打油詩
> 海外忽聞收四怪，初聞涕淚滿衣裳，
> 卻看字畫愁何在，漫捲詩書喜欲狂。
> 白日放歌非縱酒，青春已過早還鄉，
> 卻從港九入深圳，直到羊城上洛陽。
> （注：我於第二次世界大戰後，匆匆出國，在北京舊居存有數箱家傳書畫。一九七二年回京，發現均已在文化大革命期間被燒被毀了。幸而還有少數書畫帶到西方，以前不免擔心不能帶回國去。）
> 洛陽指北京。[10]

已經成為「愛國華僑」、「文化名人」的凌叔華此時風頭正勁，連三十年代並不曾往來的文化人，凡接到她的信都有信必回，有求必應。住在上海的巴金也不例外：

> 您的信由《文匯報》轉來。謝謝您的關心。我還記得您和過去您寫的文章。我也曾聽見從文談起您，他去年過上海也還談到您的情況。我們也關心您。您說九月內可能回國過上海，我歡迎您回來看看「四人幫」粉碎後祖國的情況和大好形勢。
> 我這封信寫得較遲，不知您能否見到。但您想通過中國旅行社上海總可以找到我，別的話留着見面時暢談吧。[11]

巴金信中提到凌叔華 1977 年 9 月「可能回國過上海」，至今沒有記載表明凌這一年到過大陸，更別提去上海與巴金面晤，據說是因為香港簽

證手續費時而未能成行，這樣算來，凌叔華的那首「打油詩」也是滯留香港港九時有感而發的。

1978 年 5 月，凌叔華僅時隔不到一年再次從港九入關，此次來京目的還是為了史家胡同老宅之事。

自從 1972 年回京索房遭遇挫折，凌叔華通過這幾年的摸索，逐漸熟悉了在大陸辦事的「套路」，那就是先自上而下，層層打通關係後，再自下而上地做些表面文章（諸如打個報告），最後便是各級領導在報告上作批示，這是「文革」後期「公檢法」尚不健全時的辦事套路，也是她從在京朋友那裏取到的「真經」。

如王世襄就對凌叔華出過主意：

北京房屋，正在落實政策，華僑房產，理應優先，並未聞有『今年打止』之說。不過要求發還被佔房屋，一直是最難辦的事，加上您不在國內，房客又十分刁鑽，這就難辦了。⋯⋯ 想到的有以下幾方面。1. 鄧穎超同志（曾接見您，並有合影）；2. 僑委即華僑事務委員會；3. 中央統戰部。您北京如有妥靠的人，可寄至北京再設法替您轉致。最近《北京晚報》有一段講房子的事，特剪寄請閱。[12]

朋友們的指點迷津，使得凌叔華開始專心致志地做起「表面文章」：

北京革委會：

本人是居留英國及歐洲三十年的華僑，因為懷念祖國情切，已經回國四次了。今年祖國領導人決定了華僑落實政策，故在五月回國住了一個多月。希望得到確實消息，早日收回舊屋居住。

我是在 1947 年冬應比利時京城大學之聘請，前去講授中國藝術的。當時行色匆匆，竟託了張儷雲（她丈夫常奉之，為慕貞女校教員）代為保管我的房子（在東城區，史家胡同五十四號），及我留下

的全部家具、書畫、衣服，張靄雲當即應允小心照管並提議將不用的正房出租，收到租錢，即作為修理房屋之用。因為我們的房子有二十四五間之多，花園樹木也好，所以我也安心走了。

在 1960 年冬，我曾回到北京，也去過史家胡同五十四號，那時張靄雲同她兒子常定一住在那裏，屋裏各物家私以及園中樹木如舊。我很放心，又回到西方教書。

在我 1972 冬回去時，張靄雲已不在五十四號住了，只有她的兒媳何嗣瓊住在那裏廂房，正房十二間已租與幼兒院作宿舍云云。何嗣瓊的丈夫，常定一也不見面，據說他在西郊茶甸工作。我曾見到何嗣瓊一面，她推說一切均由張靄雲作主弄掉，另有一些錢物例如廿多年租錢，也由紅衞兵拿走了。……[13]

凌叔華信寫得很長，也寫得很細緻，經過幾年的摸排，她連張靄雲等從街道辦事處拿走錢的明細表都列出來了。

這期間，凌叔華接待來看望她的朋友，大家都認為索回老宅的難度極大，這關係到幼兒園十幾位在職人員的工作，以及入園的近百個孩子，他們如何安置？總不能統統趕到街上去吧，這也是街道辦事處最頭痛的事。幼兒園方面為了自身生存不得不奮力抵制，上面也拿他們沒辦法。何況政府有不成文的規定，「文革」遺留問題要妥善解決，即要為「佔房人」尋找到合適的住處。凌叔華離開大陸三十多年，早已不是當年的十小姐，自己來京都有家不能回，哪有能力解決這麼多人的工作和住房。

朋友們的意見：希望凌叔華換一種思維方式，用置換方式從別處得到自己滿意的住房更為現實。回到倫敦，凌叔華冷靜地思前想後，朋友們的話她不但聽進去，而且認真措辭，通過駐英使館直接將信寄到了最高層：

華國鋒總理、鄧小平副總理同鑒：

本人在 1947 年秋，因比利時大學聘請前去講授中國美術課，離

開祖國的，此後屢在歐、美、加洲、南洋大學授課，現已卅年了。今春因聞領導人宣佈落實政策，對華僑將發還留存祖國內的房產等等，聞聽之後，十分興奮。在五月初曾回國一行，眼見祖國自「四人幫」打倒之後，一片大好現象，同時又聽到領導人宣佈的「百花齊放，百家爭鳴」雙百政策，尤令人感動不已。

　　我就同祖國愛國同志細談，我們如何能在此時參加這個盛舉，方始不愧為中國人民。我忽然想到毛主席的明哲格言「古為今用，洋為中用」，我們能在此時為國家為人民建立一座中西美術圖書館豈不符合這兩句格言，同時也響應了領導上的號召？

　　同時我也想到我可以申請領回的舊居，東城史家胡同五十四號該是多麼適宜作一座中西美術圖書館。因為那座房子佔地二畝六分之大，地點是在市中心，距人民路只幾分鐘之遠，中間房子（正房一排十五間）明廠〔敞〕乾燥，作為閱讀藏書之地，很是理想。院子寬大，將來種點花木，亦可怡神休息，為人民服務！

　　……

　　我也曾與海外愛國同志長談這個計劃，大家都很興奮將來能有這樣一個圖書館，大家也覺得在此時響應領導人的雙百政策的號召，為祖國人民貢獻一點精神上的食量，也是有意義及需要的。

　　我希望領導上即行接受我的獻贈並協助早日進行籌備一個中西美術圖書館，俾能早日成立。至於籌備事物，希望在北京早日成立辦理。我想能邀請在國內已有成就的藝術人士協助辦理尤佳。我們在海外亦將盡力蒐集純粹有關中西美術書籍圖畫（但絕對不收受帶有宣傳宗教及政治書籍，以免來日發生無謂麻煩），如有愛國同志及中國友人捐贈圖書，亦將公開接受。在海外負責人名，一有成議，即將奉聞並請求公佈。

　　我希望很快的能聽到國務院的明確指示及有力的協助。

凌叔華上　8月6日　1978年
地址：中國駐倫敦大使館轉交[14]

　　凌叔華這個大膽、新穎的設想，將一切繁雜的程序簡化了，而且收到奇效。數月後，當駐英使館告知凌叔華，她致國家領導人的函，日前已由國務院批轉僑務委員會落實。僑辦擬以收購的方式將老宅一次性購回，並現金支付她本人。關於凌叔華回國定居用房，擬撥兩套位於復興門外新建高檔住宅，以出租的方式供凌叔華及子孫居住。

　　應該說政府的這項政策是單為凌叔華制定的，既解決了騰退老宅租戶的繁雜程序，又使凌叔華歸國有了固定的居所。而且新建住宅當時是屬於部級幹部居住，設施齊全，臨近西長安街，凌叔華沒有不滿意的。

　　凌叔華在致國務院僑辦的回信中充滿了感激之情：

　　　　僑委會決定出資購買，雖為數不多，但究勝於無，所以我也十分同意此舉。

　　　　據來函所示，將付現款若干，不無小補，我也同意接受，但目下我的健康仍未容許我即行回國接受一切手續，為今之計，只有仍託外甥女竺松代表我處理一切房產交割手續。[15]

　　凌叔華在老朋友們的幫助下，順利解決了擱置幾十年的史家胡同老宅落實政策之事，她大大地鬆了一口氣，翹首以盼的復外大街部長樓即將竣工，自己落葉歸根有望了。

　　凌叔華為老宅之事奔走了十年，飽嘗了心酸，也看到了努力的結果。現在看起來一切都那麼名正言順，無可挑剔，她寫給國家領導人的信批覆得如此及時，說明上面有了新政策出台，不僅認可當代，也包括民國時期文化人對社會做出的貢獻。用老報人趙家璧的話：「你是五四時代的著名女作家，地質學家李四光教授當年得以順利回國，你對此事建有殊功⋯⋯全國人民都感謝你！」

　　真是好事成雙。自從史家胡同老宅這個老大難問題解決在望，凌叔華在文學創作上又迎來了新的轉機。

　　1980 年 10 月 22 日，凌叔華意外地接到一封來自美國哥倫比亞大學

夏志清教授的信，這使她回想起一二十年前的往事。

那時夏志清正在研究、撰寫五四新文學作品，與凌叔華通信為的是向她索要資料，特別是凌叔華早年作品。那段時期他們通信往來多次，只是凌叔華並未當作一回事。因為早在三十年代就有魯迅等人對她的作品有過些許好評，幾十年過去了，難道還會有人重新評價，甚至超過前人？

正是 1961 年由耶魯大學出版社出版的夏志清《中國現代小說史》，使他一炮走紅，成為當時西方公認的研究中國現代文學的權威。

夏志清以其融貫中西的學識，寬廣深邃的視野，發掘並論證了張愛玲、錢鍾書、沈從文等重要作家在文學史上的地位，使此書成為西方研究中國現代文學史的經典之作，影響深遠。

例如張愛玲，一直被認為是通俗小說家，在批評家眼裏她是登不上大雅之堂的。但夏志清在小說史中給予張愛玲的篇幅比魯迅的還要多上一倍，將她的小說與曼斯菲爾德、凱‧安‧波特、韋爾蒂和麥克勒斯相提並論。這對當時的港台文學界乃至之後的大陸文學界都震動很大。

時隔近二十年，凌叔華沒有想到夏志清仍在關注自己，甚至想寫一篇研究自己作品的論文，凌叔華將信反覆地看了又看，她的心醉了。

叔華女士：

　　上次我們通信，已是十多年前的事了，那時通伯先生還在。現在他已入木多年，永遠見不到他了。我同吳魯芹兄是好友，他文章裏常提到你們；我們見面，也會講起您。大半年來我一直想同你通信，主要因為有一個學生寫了篇 term paper（學期論文），討論你的小說，我自己也重讀了好多篇。《一件喜事》以前未讀過，這次讀後實在認為是篇傑作，無怪英國作家都叫好。這篇小說你曾親自譯出，可惜哥大 library（圖書館）無 *Ancient Melodies*（《古韻》）此書，我一直無緣拜讀。你手邊如尚有存書，可否寄我一冊；此外未入選《凌叔華選集》的小說以及散文也請寄我一閱，深謝。讀了《一件喜事》後，對你的家世大感興趣，想寫篇比較長的論文，把你的

小說好好檢討一番，也想提供一些可靠的傳記資料。可惜連你先尊的名字都不知道，你的出身地點年月也沒有正確的 reference（參考資料）可查。先尊想是京兆大官，你哪天有空，關於他的事績和生活也請告知一二。預先道謝。

我同劉紀銘、李歐梵合編一部 *Modern Chinese Stories and Novellas 1919—1949*（《中國現代中短篇小說選 1919—1949》），將由哥大 Press（出版社）出版。此書甚厚，選了二十位名家。你的小說選了《繡枕》、《中秋晚》這兩篇。你自譯的《一件喜事》無法選上，實在可惜。（劉紀銘主要選了我《小說史》裏嘉許的作品；決定選譯那幾篇小說時，我也尚未讀《喜事》。）

哥大預備重出書，廿人書內都附小照，封面 design（設計）則把廿人照片排列印出。如此我要向你討一張照片，最好是二三十年代時所攝的，（如不便割愛，影印後可以奉還），至少是一九四九年前所攝的，因為我們的選集選到那年為止，否則大陸的作家都刊穿毛裝的近照，就不能代表那個時代的精神了。

書的清樣即要印出，且信請即賜我照片一幀，討論你家世的信暫時不寫也可以。你當年的好友 Virginia Woolf（弗吉尼亞·伍爾芙），近年日記書信大量推出，比生前更紅。你同她交往的經過，其實也可寫幾篇回憶，永遠變成文學史的一部分。不多寫，您近況想好，祝

康健

夏志清上

一九八〇，十月廿二日 [16]

夏志清這封信來得如此的及時，使剛剛了結完房產問題而身心疲憊的凌叔華看到了未來的方向，也產生了新的動力。

凌叔華本不甘於就此沉寂，特別是自《古韻》問世後，三十年來她就再也沒有像樣的作品問世，人們記住的都還是她二十多歲時的作品，包括

夏志清也只研究她的早期作品。

　　凌叔華越想越興奮，想到這些年在大陸，由於頭頂「光環」，使她處處享受到從未有的便利，她飽覽祖國大好河山，積攢了大量素材，她要發奮寫作，要讓世人知道：凌叔華不止會寫小說，還寫散文；不僅限於兒時，也會擇其當代。

　　凌叔華甚至將美好的願景和寫作計劃告訴了蘇雪林，不久就收到了蘇的祝賀：

> 　　你現在要發憤寫作，甚好！甚好！夏志清在他一本關於五四新文學書裏說你的文才在蘭子與我之上，這是真的。可惜你總是惜墨如金，發表了幾本書後便擱筆，這不是妄自菲薄嗎？於今重拾彩筆定有驚人巨著寫出來。兒時故事題目太好，快寫快寫，我想先睹為快呢。[17]

　　要讓著作等身的蘇雪林認可夏志清評價凌叔華的文才在袁昌英和她之上，應該不是「真的」。想當年她對梁實秋將只撰寫一本薄薄的《西瀅閒話》的陳西瀅，捧為五大散文家之一是心懷不屑的。如今蘇雪林又用「發表了幾本書後便擱筆，這不是妄自菲薄」來評價凌叔華，真不知她此時的真實想法，是褒？是貶？就像她在日記中批評夏志清捧張愛玲「過譽」了一樣，寫信是給旁人看的，日記才是自己的真實想法。

　　夏志清的《中國現代小說史》成了大陸二十世紀八十年代「重寫文學史」運動的最重要的推手，其坐標則是他對張愛玲、沈從文和錢鍾書等人的發現和推崇，包括對凌叔華的重新評價。

　　粉碎「四人幫」後，現代文學界迎來了春天，由中國社會科學院文學研究所主持編出《中國現代文學史資料彙編》，分甲、乙、丙三輯。對於解放後，特別是被「文革」運動否定了的二三十年代文人作品給予應有的評價。

　　上世紀八十年代對於凌叔華早期作品是個重新定位、重新認可的年

代，北京人民文學出版社將《花之寺》《小哥兒倆》《女人》等列入「中國
現代文學作品原本選印叢書」出了一集；廣東花城出版社出版了凌叔華小
說集、散文集；江西人民出版社重印了凌叔華《小哥兒倆》，北京師範大
學編寫了《凌叔華生平、創作年表》；華東師範大學編輯《現代作家國外
遊記選》選用了凌叔華的舊作，編輯《當代作家國外遊記選》選用了《愛
山廬夢影》中的作品。

這期間，凌叔華創作的散文集還有《敦煌禮贊》，另外在報刊上發表
多篇旅行簡記，使凌叔華在國內的知名度愈來愈高。從事民國時期文人研
究的著名院校教師紛紛致信凌叔華，如馬光裕、閻純德、陳子善等和她都
有信件往來，有約稿的，也有提出出版凌叔華舊作的。

陳從周甚至希望凌叔華能為徐志摩寫傳，他說：

> 我對國外人搞古建園林者來訪問，應酬太多，苦惱苦惱。而盼
> 望者是你能歸國一聚。我陪你同上硤石去看看志摩兄的家與墓。他
> 與我不知是什麼前緣，我幾乎做了他兒子該做之事。幼儀說我比他
> 兒孫好萬倍。如今世上最了解的是你，希望能為他寫一傳，而這傳
> 亦只有你寫最得體。[18]

凌叔華對於上世紀八十年代世界文壇（包括中國）突然關注起中國
五四時期作家感到有些不可思議，嚴格地講，凌還不屬於那個陣營。只是
那個時期的老作家大多已經作古，於是沾上邊的她也就位列其中。

從凌叔華寫給日本研究者飯塚容的信中可看出她確實是欣逢文學的
盛世：

> 近五六年，我收到來函要編寫中國新文學作家書籍的，先有美
> 國、中國、歐洲法、意、德、比等國大學生（多為外文系專門的人
> 士），他們對於五四運動前後的作家，格外注意。我未免受寵若驚，
> 但為了大多數同道作家，也未免應高興一下。

　　北京的閻德純先生尚未把您託寄的漢文大作寄來，他本人聽說今年秋日要到法國赴會，不知是否會來英。您譯文《搬家》大約是日文的吧？我二十幾年前寫了一本英文童年自傳（*Ancient Melodies*《古韻》）內有一篇，是翻譯《搬家》的，因為此書第一二版都賣完，此後也無再版，幸而第二版將賣完時，書店主人忠告我收購餘留下來的本子，以後印書太貴，他們是很難再印了。我日內出門，將去郵局寄你一本吧。

　　這本書我是經過一個英國女作家的忠告決定寫的，她是 Virginia Woolf（弗吉尼亞・伍爾芙），她的著作如林，對著作態度也十分嚴肅，英國文壇至今仍奉她為泰斗，近年印行她的書信集，世界文壇認為一件大事，去年在台灣出版的聯合報有一篇文章題目是《伍爾芙與凌叔華》是吳魯芹寫的，甚為文藝界注意。（我想原因是凌目下原是榜上無名，伍爾芙是享譽三四十年不曾低落過）此篇文章也附在《文人相重》（吳魯芹著）。[19]

　　凌叔華滿懷信心認真考慮寫作的選材，究竟當前國內什麼樣的題材會受歡迎？寫陳西瀅恐怕不行，他「反動文人」的帽子還沒有摘除；李四光應該是不錯的選題，人雖去世，他的功績早已載入史冊；徐志摩也是值得寫的，而且他的才華與浪漫都是人們津津樂道的，諸如「通訊員」「八寶箱之謎」等話題，似乎人們都在期盼凌叔華能說出事實的真相；還有兒童題材也是她拿手的，不是有人評價凌叔華所寫的兒童故事，其技巧遠高於冰心嗎？要寫的題材確實太多，凌叔華有些招架不住了。不過，這是喜悅中的煩惱。

　　但現實中的煩惱卻真真切切地到來了。令大夥兒不解又無從得到答案的是：凌叔華為索回老宅費盡了心思，而且又有國內高層的首肯，板上釘釘的史家胡同老宅的置換方案最終還是泡了湯，成為水月鏡花。

　　問題究竟出在哪裏？大陸官方也是丈二和尚摸不着頭腦，當事人不說，何人能猜得出？包括已經分給凌叔華的復外大街兩套高檔住宅，由於

無人辦理手續而空置多年，僑辦只能年復一年地等下去。

筆者從凌叔華寫給冰心信中的隻言片語中看出了端倪：

> 你還記得你初回燕京時見了我面，你說笑話：「叔華，你知道熟語說的，江陰強盜無錫賊，咱們倆命真苦，一個嫁了強盜一個嫁了小偷。」陳西瀅在旁聽了只好苦笑！現在想起來有如一夢了。

> 寫到這裏，我真想立刻飛回北京，同你瞎聊一些往事，以解心頭悲戚。好在現在已經十月了，還有十幾日便可相見。希望我住到復興路大樓七層後，可以多多相見。我在此一肚子苦惱，誰也不要聽，只好憋着氣，過着慘澹的時日！ [20]

該信寫於 1985 年 10 月 16 日，那時「部長樓」中的兩套房早於兩年前便分給了凌叔華，只等她本人或委託人前來辦移交手續。

何等的好事，為何在凌叔華筆下卻出現了「以解心頭悲戚」和「我在此一肚子苦惱，誰也不要聽，只好憋着氣，過着慘澹的時日！」

以這樣的詞語行文，看來確實是出了問題，而且還是出在家庭內部。凌叔華辦事一向獨來獨往，陳西瀅生前就經常弄不清妻子的去向。

陳西瀅去世後，凌叔華慣性使然，又瞞起了女兒小瀅。凌為討回史家胡同老宅往返北京數次，小瀅因丈夫秦乃瑞是蘇（蘇格蘭）中友協會長，也往返北京數次，母女倆卻從未同行過。時間最接近的 1972 年秋冬，二人也是擦肩而過，連個面都沒有見。

這種狀況緣於母女長期的隔閡，以前有父親在中間做「和事佬」，如今父親走了，母女間的不睦便直面相對了。

第一次「衝突」緣於陳西瀅去世後的那幢倫敦亞當姆森街十四號的四層小樓，那是陳西瀅用終生積蓄購置的永久性住宅。

小瀅在父親去世後，意外地發現他留有一份 1964 年寫的遺囑，關於這幢小樓的繼承，寫明妻子只有使用權，如要賣掉必須徵得女兒和外孫女的同意。小瀅感覺到滿滿的父愛之情，而凌叔華卻面色鐵青，她沒料到陳

西瀅離世前會預留這樣一份遺囑。

當小瀅 1986 年從愛丁堡回倫敦看望母親時，發現小樓已經賣掉。理由是人老了，上下樓不方便。

新家安置在倫敦威爾斯勒公寓 109 號，那是套兩室兩廳兩衛的平層單元，房期為二十九年，之後房子歸國家所有，房主變成了租戶。

陳小瀅怎麼也想不到母親會不和自己商量，便草率賣掉了小樓，那可是父親留給自己的唯一遺產。而且房子賣得那樣的不合理，「永久型」變成了「契約型」，看來母親是以自己作為參考依據，忽略了女兒、女婿及外孫女、外孫，也忘記了陳西瀅留下的遺囑。

第二次「衝突」便是母親準備賣掉北京史家胡同老宅，以及租用復外大街的兩套高檔公寓。凌叔華明明知道小瀅 —— 自己身後唯一的繼承人，也經常來往於北京。但凌叔華任何事都與外甥女竺松商量，甚至賣掉老宅的現金也由竺松代領；兩套住宅也以外籍人沒有戶口不能租用為由，而採取變通方式，準備劃在竺松名下。

陳小瀅感到自尊心受到空前的打擊。父親為她保留的遺產已經喪失，母親又時常以小瀅對她不順從為由，而以更改遺囑相脅。小瀅冷眼看到自己的表妹竺松正在一步步取代自己，成為母親最信任的「繼承人」。

終於有一天，在凌叔華準備赴京辦理史家胡同老宅的過戶手續時發現，一整套有關老宅的原始資料（包括房產證明）「不翼而飛」了。

1988 年 6 月 23 日，以中國駐英使館領事部致凌叔華函件為標誌，宣告長達十六年的史家胡同老宅收購及租用復外大街兩套住房一事暫時告一段落，又回到了原點。

凌叔華教授：

　　近接國務院僑辦來函稱，因您回國定居至今仍無準確日期，為您安排在復興門外的兩套樓房從 1983 年 4 月至今已空閒保留近五年時間，長期這樣拖下去似有不妥，故提出如下處理意見：

　　一、如您近期即回國定居，或已確定回國定居日期，復外的樓

房則為您保留，您的私房由國家收購，您租住公房。否則，復外的樓房不再保留，您的史家胡同二十二號（門牌已更改）的私房仍維持現狀，等您日後回國定居時，可由政府負責為您騰退部分住房，供您使用。

二、如您回國後不願再要私房，可由政府重新為您安置適當公房，私房則收購處理，或售給其他地方樓房解決。

您收到此信後，請即將處理意見通知我，以便早日函覆國內有關部門。

此頌大安！

中国大使館領事部

鄧啟三　1988 年 6 月 23 日 [21]

當凌叔華接到鄧啟三這封信時，她心如止水，出奇的平靜，一切身外之物似乎與她毫無干係了。1979 年她因左乳惡性腫瘤做了切割手術，此時再度復發，她覺得自己已經走到了生命的盡頭。

凌叔華或許委屈生於動亂的年代，時乖命蹇。即使機遇從天而降，自己也心有餘而力不足了。

凌叔華實在是高齡且病魔纏身，癌症正慢慢吞噬着整個肌體，她束手待斃，終日躺在低矮的行軍床上，靜靜等待着命運的最後「宣判」。

凌叔華計劃要寫的幾部書，因瑣事而無法集中精力。這十年間關於陳西瀅的紀念文章，她只寫了一半；李四光的回憶錄，也只開了個頭；她答應陳從周為徐志摩寫傳，甚至只有幾十字的提綱。從顫顫巍巍的筆跡看，大約是八十八歲前後的光景。

凌叔華為索回史家胡同老宅費心費力，到後來兩手空空，還耽誤了自己文學創作和繪畫技巧的提高。果然應了蘇雪林早年的話 —— 人長得漂亮，財富又多，勞神的事也就多，創作上難免分身乏術，顧此失彼。凌叔華沒能達到蘇雪林心無旁騖的境界，儘管有夏志清為她「背書」。

凌叔華的寫作技巧隨着特定時期的特殊語境有了很大的改變，那種婉

約、細膩、新閨秀的格調不見了，取而代之的文風諸如：

　　　　我的回祖國，等於回老家，也有點像女人回娘家。在我說來，
　　我只記得那邊有親熱的面孔和熟悉的聲音等着我，同時還有數不過
　　來的樸實的人民大眾跟在祖國的偉大領袖後面做着種種勞苦工作。
　　他們獲得今日的成就，使世界人民矚目，就是居留海外的中國人臉
　　上也平添了不少光彩，不是嗎？我們飲水思源，更加想回祖國了。
　　這理由很清楚，用不着多講吧。……

　　　　北京永遠是那麼可愛，碧藍的天空籠罩着彩色紛紛的大地，下
　　面湧動着朝氣勃勃的人群。我知道已有不少生花之筆描寫過它，我
　　們再去描畫，總不免有點錦上添花了吧。我的朋友和親戚已經十多
　　年不見了，但我們見到了，一切依然如昨天一般，就是在睡夢裏也
　　覺得心寬體暢。一個老朋友聽我訴說留在西方之苦，她笑說：「虧得
　　你在西方掙扎了二十多年！」[22]

　　即便凌叔華那時想換一種寫法，也會被「文革」時期「以階級鬥爭為
綱」和「政治掛帥」的思維慣性所制衡，被塑造成千人一面、千口一辭而
了無趣味了。

　　1989 年 12 月 1 日，洋女婿秦乃瑞親自推輪椅將她送回北京，住進了
石景山醫院 ——「曉園國際保健部」，這是北京為數不多的准許外籍人士
居住的醫院。第二年初春，女兒陳小瀅、外孫秦思源趕回北京，陪在她的
身旁。

　　1990 年 3 月 25 日，凌叔華在醫院度過了自己九十華誕，小瀅定製
的三層奶油蛋糕、大紅壽字和點燃的一圈五彩小蠟燭增添了喜慶的氣氛。
可惜凌叔華連吹蠟燭的氣力都沒有了，她腦子裏還在想着未完成的那幾部
「傳記」。親朋好友能聽清楚的只有一句話，「可惜我不能再拿起筆了。」
這應該是凌叔華晚年未能索回老宅後的又一件糾結且無奈的事。

　　更無奈的事醫生沒有講，那就是她的乳腺癌轉移到了淋巴。

以後的日子，凌叔華病情惡化，時常神志不清，連楊靜遠來看她，她嘴上唸叨着「乾女兒」，眼睛卻茫然望着這位「陌生人」。

更多的時間凌叔華在「睡眠」之中，她相信人是由「魂魄」兩部分組成。《禮記外傳》云：「人之精氣曰魂，形體謂之魄。」凌叔華的「體魄」逐漸衰亡之時，「靈魂」卻自由馳騁在往昔的時空之中，越近的事她越模糊，越遙遠的事反倒越清晰。

上世紀二十年代對於凌叔華是多麼美好啊，那麼多睿智的男士簇擁在她的周圍。徐志摩創辦的「新月社」，她是一分子；陳西瀅任《現代評論》編輯，她捷足先登地刊出好幾篇小説。

那時中山公園的「來今雨軒」是他們吃茶、暢談的場所，北海的「松坡圖書館」更是他們集合聚會、散步的地方。破舊的甬道，雜草叢生，反倒增添了野趣，失修的白塔在夕陽的映照下仍熠熠生輝，多美的景致啊！

再往前追溯，史家胡同沒有門牌號的後門，門內是凌府的花園，兒時生活的全部記憶都融進在這裏。這也是孩子們最鍾愛玩耍的地方，假山、亭子、馬廐、數不清叫不出名的樹和花，以及在樹和花下又有那麼多好玩的小蟲；

幾位媽媽坐在繡墩兒上，邊縫着繡品，嘮叨着家常嗑兒，邊斜着眼瞄着十幾個孩子，女傭們則為主人扇扇、倒茶，還忙裏偷閒説些悄悄話；

男孩子淘氣，追打嬉戲，女孩子文靜，玩摺紙的，學做女紅的。那時的小叔華便有了與其他兄弟姊妹不同的特質，她不喜歡熱鬧，更願意一人在牆上塗抹，或登高遠望故宮的角樓和更遠處的西山⋯⋯

又一次「夢」醒了，凌叔華提出了兩個令眾人驚訝的要求：看一眼北海，看一眼史家胡同老宅。

陳小瀅知道這是母親最後的心願，也是她要向這個世界做最後的道別。醫院經過慎重考慮，預設了各種防範措施，與中國現代文學館合作，滿足了凌叔華的願望。

5 月 16 日清晨，一輛救護車駛進北海公園的西南門，凌叔華在女兒和外孫的陪伴下，躺在擔架上望着太陽初升時的北海，周圍花團錦簇，岸

邊的垂柳在微風中搖曳，白塔依舊立在湖對岸的瓊島之巔。凌叔華喃喃自語：「白塔真美」，只是那種「滄桑感」沒有了。物是人非，同時代的人她見不到了，空留惆悵。

車駛進了史家胡同，當年的凌宅如今掛着「史家胡同幼兒園」的牌子，十幾個孩子在老師的指導下為凌叔華表演了童聲合唱。

凌叔華極力想找回兒時的記憶，但太困難了，也太「嘈雜」了。當年的馬廄已改建成平房，園中的海棠、丁香以及碩大的碧桃都被砍伐了，草地成了水泥地，上面搭起了鋼管製作的涼棚，又自建了房子和配套的滑梯、轉椅。

孩子們的歌聲讓凌叔華陷入了「幻覺」：是桂哥、清姐領着弟弟妹妹在那裏打鬧？真是太吵了，她想找一處僻靜的牆壁塗鴉，可牆壁都畫滿了；她試着爬假山登高遠望，卻邁不開腳，想掙脫，沒能成功。

這時「吵鬧」聲停止，女人的吆喝聲，把「虛幻」中的凌叔華帶回了現實。凌叔華睜開雙眼，看着滿臉堆笑的老師和圍攏一圈的天真可愛的孩子，她真的疲倦了，最後只說了一句：「媽媽等我吃午飯呢。」算是與老師、孩子和她大半輩子牽掛的老宅道了別。

1990 年 5 月 22 日，凌叔華走完一生，像袁昌英那樣「圓寂」在自己的出生地，享年九十歲。

小瀅前些年曾不經意地對筆者講過：姆媽最後一次昏迷就沒有再醒過來，期間唸叨過一個名字，但並不是爹爹，是徐志摩。

凌叔華臨終糾結的兩件事：索回老宅和再寫幾部自己滿意的作品，一件都沒有完成。

注釋：

1　王世杰 1970 年 3 月 31 日日記中記載：「昨接倫敦電訊，知通伯已於廿九日晚逝世。其夫人囑向政府求助，但嚴院長堅說無法相助，使余悶悶。岳軍

（即張群，時任『總統府』祕書長）兄由總統府函教育部設法補助二千美元。」
《王世杰日記》（手稿本）第八卷。

2　凌叔華致浦薛鳳信，1980 年 7 月 3 日，見浦麗琳編著：《海外拾珠》第 109 頁，百花文藝出版社，2012 年版。

3　凌叔華致陳紀瀅信，內有「此後華擬將骨灰帶回台灣，擇風景清幽之處給他作長眠之地。羅家倫先生墓地似乎甚為理想，通伯與他、孟真、適之等生前為至好朋友。如能在這些人附近擇地點就好了。」1970 年 4 月 6 日（陳紀瀅收藏）

4　凌叔華致北京革命委員會信，1978 年 7 月 14 日（筆者收藏）。

5　沈從文致凌叔華信，1973 年 7 月 2 日（筆者收藏）。

6　趙煒致凌叔華信，1973 年 11 月 20 日（筆者收藏）。

7　常書鴻致郭有守信，1975 年 5 月 8 日（筆者收藏）。

8　常書鴻致凌叔華信，1981 年 7 月 14 日（筆者收藏）。

9　劉心武：《葉君健與韓素音》，《文匯報》2017 年 6 月 3 日。

10　凌叔華詩，1977 年 10 月（筆者收藏）。

11　巴金致凌叔華信，1977 年 8 月 29 日（筆者收藏）。

12　王世襄致凌叔華信，1984 年 6 月 30 日（筆者收藏）。

13　凌叔華致北京市革命委員會信，1978 年 7 月 14 日（筆者收藏）。

14　凌叔華致華國鋒、鄧小平信，1978 年 8 月 6 日（筆者收藏）。

15　凌叔華致國務院僑務委員會信，1979 年（筆者收藏）。

16　夏志清致凌叔華信，1980 年 10 月 22 日（筆者收藏）。

17　蘇雪林致凌叔華信，1981 年 4 月 23 日（筆者收藏）。

18　陳從周致凌叔華信，1983 年 4 月 15 日（筆者收藏）。

19　凌叔華致飯塚容信，1984 年 9 月 15 日（筆者收藏）。

20　凌叔華致冰心信，1985 年 10 月 16 日（冰心收藏）。

21　鄧啟三致凌叔華信，1988 年 6 月 23 日（筆者收藏）。

22　凌叔華：《回國雜寫一、我怎樣回國及回國所見》，《大公報》1975 年 3 月 6 日。

尾聲：蓋棺未定論 —— 說不完的凌叔華

　　書寫完了，費時四年。我長噓一氣，似乎心有不甘。

　　每一個和我同在新中國成長的人，接受的教育應該是相同的，所謂「開卷有益」在二十世紀五六十年代其實並不盡然。正像我書中的兩位主人公：陳西瀅 —— 典型的「反動文人」，自從魯迅的《論「費厄潑賴」應該緩行》入選中學語文課本後，幾乎無人不知陳西瀅是已然落水還應痛打的落水狗，其人格之卑劣不難想見；而他的夫人凌叔華，魯迅讚譽的作家、朱光潛欣賞的畫家，人長得漂亮，又是才女，即便知道一些關於她的「緋聞」，也屬正常，畢竟「窈窕淑女，君子好逑」。

　　不料初稿出來，自己很長時間不能釋然，完全違背了自己的初心，對於陳西瀅，我想恨，恨不出理由；對於凌叔華，我想愛，愛不出結果。

　　此時才體會到陳小瀅在面對媒體詢問對父母評價時的尷尬和兩難：她多麼希望有人寫出她心目中的爹爹 —— 正人君子的爹爹，可人們似乎都在小心躲閃着，生怕誤入「雷區」；小瀅也不十分認可各種版本的「凌叔華傳」，她說那不全是自己認可的母親，是經過加工、美化了的。可作為女兒，她又能怎麼辦呢？她能夠將母親不被人所知的另一面公諸於世嗎？顯然，她還沒有做好充分的思想準備。

　　偶然的機遇，正像我在序言中提到，這個「重擔」落到了我的肩上。記得 1996 年 10 月，我從倫敦回國的當天，中央文獻研究室逄先知主任散步經過我家，那時我正收拾箱子。他開玩笑地問：「這次出國三個月，

又淘到什麼寶貝了？」我拿出徐悲鴻1950年寫給陳西瀅的信，信中徐悲鴻以自己為例：素不喜政治，惟覺現在政治與以往歷屆政府不同，處處為人民着想，絕無營私舞弊之事。徐勸陳儘快回國效力，否則必將惆悵無已云云。

逢先知見之大喜，說自己正在撰寫《毛澤東傳》，剛好寫到新中國成立初期，那時共產黨對知識分子政策起到了很好作用，海外有識之士紛紛回國參加新中國建設。逢先知說這封信就是明證，他要用在「毛傳」上，我欣然同意。

若干年後的一天，我突然接到陳小瀅從倫敦打來的電話，她從朋友那裏得知，剛剛出版的《毛澤東傳》果然引用了徐悲鴻信的全文，並附有照片。

我能感覺出萬里之外陳小瀅激動不已的心情，她認為中央文獻出的書，正面提到陳西瀅，說明父親「反動文人」的帽子應該摘了。小瀅甚至天真地說：「徐悲鴻是共產黨認可的好人，徐讓爹爹儘快回國為新政權服務，說明在徐的眼中，爹爹應該是個好人。」

我沒料到自己的隨意之舉，對於陳小瀅卸下一生背負的「政治枷鎖」，會起到如此大的作用。從那時起，她認定我能夠實事求是地寫出真實的陳西瀅。

與遭到冷落的陳西瀅相比，凌叔華卻成了國內文學史中一顆耀眼的「明星」。為她寫「傳記」的、出版翻譯她作品的、拍紀錄片的、建故居的、通過採訪陳小瀅了解凌叔華的人絡繹不絕。

最近一次是2017年5月20日下午，在凌叔華故居 —— 史家胡同博物館，由天津人民出版社和鳳凰網讀書會聯合舉辦的「古韻猶存，尋找凌叔華」——《凌叔華文集》讀書會，主辦人介紹凌叔華的生平與作品，與會的「凌粉」輪流朗誦凌叔華代表作 ——《古韻》的片段，有位女士甚至用英文誦讀原作，許多人情不自禁熱淚滿盈。

對於小瀅內心的真實感受，我猜想她一定埋怨自己有這樣一位母親，可現在還要正襟危坐，奉和着主持人和熱情的「凌粉」，讚揚不全是自己

心中認可的母親。我當時就猶豫：拙作若出版，也在這裏舉辦發行會，我將如何面對熱情洋溢的「凌粉」呢？

我曾認真檢視自己看待筆下兩位主人公是否偏頗，答案是否定的。如同我鑒定古董，絕不説違心的話，除非自己知識淺薄，看走了眼；這部書也如是，擱筆之時諸多疑問仍然存在，不光讀者會有許多不解之處，筆者都不能解釋清楚這諸多的「為什麼」，除非自己對「物證」的引用還不夠嚴謹，錯會了意，或者是能夠表現主人公內心世界的材料仍然不夠豐富。

凌叔華為什麼留下松岡洋右的信？

凌叔華是個將自己包裹得十分嚴密的人，她不可能出現這樣的紕漏，即無意中將後半生保存的松岡洋右寫給她的信遺忘在床頭櫃上。

有幾個例證足可説明凌叔華的謹慎：凌叔華曾給弗吉尼亞·伍爾芙和她姐姐瓦內薩寫過很多信，她沒料到幾十年後會被英國研究機構披露出來。姐妹倆應該也回覆了她同樣多的信，可如今在凌叔華的收藏中一封都沒有看到。

朱利安·貝爾與凌叔華交往一年有餘，並將二人的交往寫書出版，惹得凌叔華以斷絕往來威脅。還是瓦內薩出來打圓場，她讓凌叔華放寬心，這類英文版的書在戰爭年代，中國人既看不到也買不起。筆者相信他倆之間往來的信或照片也應該有，但事與願違，一張紙片都未發現。

徐志摩與林徽因分手後，掉頭追求凌叔華時，大約給凌寫了七八十封信，除了凌叔華有選擇地發表了幾封外，現在也一封都看不到了。凌叔華晚年對朋友宣稱這些信戰前保存在漢口大陸銀行保險櫃，後遭日本飛機轟炸，毀於戰火。但凌寫給陳西瀅信中提到 1946 年 8 月曾回漢口，從大陸銀行保險櫃順利取回史家胡同老宅的房契，還對陳西瀅説多年前聽説大陸銀行被炸其實是誤傳。

1943 年陳西瀅被派往海外至 1946 年凌叔華攜女赴英，家人重逢，

這期間的「兩地書」有近三百封（若加上每個信封內都有兩封信，母女倆從來都是各人寫各人的，陳西瀅回信也如是。這樣算來大概應有五百多封信），凌叔華寄給陳西瀅的信多數被陳西瀅保存了下來，而陳西瀅寫給凌叔華的信現存寥寥無幾。在同一封信內夾寄的陳西瀅寫給女兒的信（總編號為一百二十六），多數被保存下來，因為凌對陳有言在先：

> 望你切記多寫信，我不想你為我們買東西，留着錢多寫幾次信，比什麼都好。[給]小瀅的信，我叫她收好，可以叫她抄出來作為父女戰時通信看也不錯。[1]

由此得知凌叔華對別人（包括自己的丈夫）寫給她的信，都經過反覆甄別決定取捨，如李四光的來信，凌叔華因要為他寫傳，特在信封上標注「保留」，並標雙圈以示重視，而對會給自己帶來負面作用的則全部銷毀。即便沒有負面作用，她也會作出取捨，畢竟攜帶出境的行李有重量、體積、件數的限制。

這就讓筆者產生了疑惑，松岡洋右的信按照凌叔華審視標準應在銷毀之列，何況日本研究者阿部沙織告訴我們，她於 2016 年造訪了松岡洋右的兒子，詢問過松岡遺物中是否存有凌的來信，並提示凌那時的名字叫凌瑞棠。九十歲的松岡之子對此一無所知，他說松岡當年住宅及書籍信件都毀於 1945 年的東京大轟炸。

看來只要凌叔華決心銷毀這批信件，這段離奇的跨國「友情」，都將灰飛煙滅不留痕跡，可偏偏做事極其謹慎的凌叔華將其留給了後人。

凌叔華臨終前留下這批信究竟想對家人說明什麼？筆者苦苦想了二十年，似乎不外三種可能：一、告訴陳小瀅，她是松岡洋右的女兒；二、凌叔華確信松岡洋右是她一生的摯愛，在臨終前告訴家人；三、松岡洋右替凌叔華保管的那筆錢以及贈送給她的「黑礁屯」土地，凌叔華是否已拿在手裏？至少「黑礁屯」土地還不屬於自己，口說無憑，筆墨為證。

這三點看起來都存有疑點：第一點，就算凌叔華再三延後女兒的生年，陳西瀅本人不至於連女兒生日（1930 年 4 月 21 日）都不知道。有如下證據可以證明：

一、陳西瀅夫婦於 1928 年 9 月中旬回到了中國，先回北平收拾妥當，僅在家休息了幾天，便匆匆趕去武昌報到。因為是年 5 月，王世杰被任命為武大校長，他急需像陳西瀅這樣的摯友火速前來幫忙，陳西瀅報到日期在武大校史館不難查到。

二、凌叔華於 1943 年 9 月 3 日寫給陳西瀅信中提到：「小瀅現在也長了不少，身體還好，⋯⋯昨天她月經來了，急得很，吵着要告訴人，今天我打算讓她躺下一天。」[2] 此時陳小瀅十三歲半，身體屬於正常發育水平。

三、1945 年 4 月 21 日，小瀅寫給父親的信中說：

> 昨日接到你的信，高興極了。今天是我的生日，因此昨日那封信也可說是生日的禮物吧，真是一件好禮物啊，但如這封信不到時，我要氣壞了。⋯⋯
>
> 想到從今天起，就十五歲了，真又高興又害怕，如果將來泯然於眾人之中，那真是白活一場，我們說「活一天就不讓中國糟。」[3]

四、1946 年 4 月 20 日，陳西瀅致女兒的信：

> 瀅寶貝（113）：
>
> 明天是你的生日。你十六歲了。⋯⋯這幾天我託人買一誕辰糕，可是買不到。據說要買到好的，得在三星期前預定。我的房東太太為我託人定做了一個糕，便當是生日糕了。明天我把這糕帶去華家，與她們慶祝你的生日。⋯⋯
>
> 祝你 A Happy Birthday to You！（生日快樂）
>
> 爹爹　四月二十

如此看來，一家三口對於小瀅的出生日期從來都沒有任何疑問。1990年 7 月，陳小瀅從愛丁堡返回倫敦母親的住宅，看到松岡洋右的信而懷疑到自己的身世，為此大醉三天，其實是小瀅多慮了。

第三點也有疑問，凌叔華知道人死如燈滅，再多的財產也帶不走，反而有損於自己在世人眼中的形象和名譽。

或許也會有這樣的可能：為獨女小瀅能夠得到這筆巨額財產，在所不惜。

這一想法剛一冒頭，便被筆者自己給否定了。晚年凌叔華母女的關係，在筆者眼中甚至不如普通的朋友，小瀅曾不止一次地問筆者同時也在問自己：「我是凌叔華親生的嗎？」小瀅自我感覺一生都沒有享受到母愛，母親是位畫家，卻沒有教過女兒拿起畫筆，借母親的錢要限期歸還，請母親來蘇格蘭看剛出生的小外孫兒，還得將路費寄去……

看來只有第二點似乎還有點浪漫味道。可惜松岡洋右是與東條英機齊名的甲級戰犯，他和凌叔華的「友情」又該如何演繹呢？

問題回到了原點，凌叔華執意留下松岡的信還是沒有令人信服的解釋。

筆者對凌叔華老宅有話說

我自幼生活在史家胡同五十四號院，與凌叔華的老宅（甲五十四號）只一牆之隔。我住的是某機關的辦公小樓及與宿舍區連在一起大小適中的院子。

院的西邊有一片桃樹林，東邊有一架藤蘿，中間是一片空場，我在這個小院度過了難忘的童年和少年生活。譬如在藤蘿架下玩「過家家」；在桃樹林中捉迷藏、粘蜻蜓；翻開石頭捉土鱉（藥店收購）；分兩撥人玩「打仗、攻營」；男孩子喜歡玩彈球、拍洋畫兒、拔「老根兒」，女孩子喜歡玩欻拐、丟包兒、跳皮筋兒等。那時的家就是吃飯、睡覺的場所，其餘時間全都消磨在小院裏。

　　小院西牆外住着一位慈祥的老奶奶，叫周維，夏天常見她坐在寬敞的漢白玉圍欄的歐式陽台上，穿着喬其紗的棕色短袖衫，搖着扇子，喝茶吃點心。有一位女傭為她做飯，另有一位男性老花匠，永遠不知疲倦地擺弄滿園的花卉。我們扒在牆頭看，周奶奶也從不趕我們走。

　　小院東牆隔壁是史家胡同幼兒園（凌叔華老宅），白天傳來孩子們的歌聲和吵鬧聲。傍晚，我常翻牆過去玩轉椅、木馬等。記得幼兒園院內有個地下防空掩體，入口設計成滑梯，便於孩子迅速進入掩體。晚上我摸黑兒滑下去，忘帶手電，找不到出口，只好原道爬上來。

　　這愉快的日子在 1966 年走到了「拐點」，文化大革命開始了。「文革」頭幾月是紅衞兵運動的高潮期，有件事至今想起還心驚肉跳。

　　有一天，我們聽到西牆外傳來嘈雜的聲音，便扒牆頭看熱鬧。只見周奶奶被剃成陰陽頭，身上還被潑了墨汁，幾位女紅衞兵拿着軍用皮帶站在其身後，我們不知她犯了什麼罪，聽街道積極分子説，她不勞而獲，剝削女傭和花匠。

　　為了跟上「文革」運動的節奏，我們也在小院成立了戰鬥小分隊，貼出大字報，勒令全院群眾三日內上繳「四舊」，否則「格鬥勿論」。我當年十四歲，不懂得新名詞的涵義，都是照抄別人的。

　　不到三日各家送來的高跟鞋、項鍊、布拉吉（連衣裙）、西裝等堆滿了一屋子，搞得我們不知如何處置。也有人不願意上繳，怕暴露自家底細。我曾知道自己母親私藏二十塊「袁大頭」（銀元），這次沒有上繳。我追問，她堅決否認，我猜想她一定悄悄扔掉了。

　　我之所以寫這些，是為東邊隔壁的常太太張靄雲有些鳴不平，若不是她的先見之明——早些年將房子出租給幼兒園而不是別人（培養紅色「花骨朵兒」，此時成了最有力的保護傘），相信她就是第二個周奶奶，或許會更加嚴厲。因為凌叔華留下的房間內，許多還保留有日本人當年改造過的「榻榻米」。

　　那個時代，「文革」洪流浩浩蕩蕩，作為個人，誰都無法逃避。我想常太太張靄雲、兒媳何嗣瓊即便將凌叔華的祖傳寶物毀掉，或上繳街道革

命委員會都有可能，都屬正常。既然「文革」沒有前車可鑒，那設法自保，便是平頭百姓求生的本能使然，應該是順理成章的事。

莫名的「珞珈三傑」

我聽說「珞珈三傑」一詞，是出自一位編輯採訪曾在武大任教的老詩人畢奐午之口，他住珞珈山二區宿舍兩層的老房子，應該有發言權，只是畢奐午是自己經歷過的，還是道聽途說，暫且不知。老人說，二十世紀三十年代武漢大學有著名的「珞珈三傑」：袁昌英、蘇雪林、凌叔華。

「珞珈」指珞珈山，上面建有十八棟歐式小洋樓，後來成為武大的代稱，「三傑」即指上面所提三位女性。有人形容袁昌英是淑女，蘇雪林是俠女，凌叔華是美女。

何人能居住於珞珈山十八棟？在上世紀三十年代有着嚴格的標準，只有校長、教務長和文、法、理、工、農、醫六個學院的院長及部分系主任方夠資格，而且隨着職務由低到高與居住珞珈山由低到高是相順應的。

那時人工便宜，許多家都僱兩個傭人，其中為一男傭，主要負責搬運糧食、柴煤等重物。據說學問很高的吳宓教授，只因不帶「官銜」而未能入住十八棟，可見當時門檻之高。袁昌英是因楊端六（法學院院長）、凌叔華是因陳西瀅（文學院院長）當時的任職，以家眷身份入住十八棟，蘇雪林則住三區，並不在珞珈山。

若稱「珞珈三傑」，此說只能是在二十世紀三十年代，因為 1946 年凌叔華攜女漂洋過海，定居倫敦；蘇雪林在新中國成立之前「倉皇出逃」，以後輾轉到台灣；袁昌英雖留在武大，但解放後沒幾年，因為「歷史問題」被逐出教師隊伍，「文革」期間遭返湖南醴陵，死於老家。她們的「輝煌」至多停留在三十年代初期到中期，因為 1938 年凌叔華隨丈夫西遷到樂山。以後，她和陳西瀅就再也沒有回珞珈山居住。

「珞珈三傑」的說法有些含糊不清，武漢大學人才輩出，就算排出前二十位，似乎也輪不到這三位女性，且不說曾在武大任過教職的李四光、

聞一多、郁達夫、黃侃、吳宓、羅家倫、錢穆、葉聖陶、沈從文和過早自殺的詩人朱湘。而這三位女性，當時只有袁昌英是教授，蘇雪林是高級講師，凌叔華只是以家眷身份寓居珞珈山。

這一事實武大老人都很清楚，此說法肇始於二十世紀八十年代，盛行於九十年代，蘇雪林曾在 1990 年撰文悼念剛去世的凌叔華時，已經將事情說清楚了：

> 因為袁蘭子、叔華與我三人常在報刊發表文字，外間便戲稱我們為「珞珈三傑」，論「傑」，袁、凌二人或足富之，我則湊數罷了。我們三人居住不在一處，袁、凌居一區，我居三區，距離相當遠，袁昌英家我是常去的，叔華家則否，但春秋佳日，我們聯袂出遊，在洪山、蛇山、黃鶴樓等武漢名勝之區，常有我們腳跡，數年歲月，倒過得蠻愉快。

蘇雪林用「戲稱」一詞，說明武大圈內人是不認同的，至少在蘇雪林心目中，「三傑」說法其實是子虛烏有，何況「三傑」稱謂又是由「外間」道出。若要以「傑」而論，著作等身的蘇雪林說自己是「湊數」，也是言不由衷。

有好事者於是將「珞珈三傑」改為「珞珈三女傑」，似乎多一字便能說通了，非要像「桃園三結義」那樣，搞出個「珞珈三女傑」。

到了二十一世紀，這種說法愈炒愈烈，似乎成了定論。其實「三結義」也好，「三女傑」也罷，只要三人相互真誠以待，且各具文采，後人演繹也不足為過，至少增加了武大的知名度。

但事與願違，若揭開蒙在外表的那層「薄紗」，三人間的微妙關係遠非大家想象中的那樣。

老話講「三個女人一台戲」，真真應在了她們身上。袁昌英是三人中的「大姐大」，她是留英的文學碩士，武大第一批任職的教授，身在教職卻做着劇作家的「夢」。

　　蘇雪林留法是隨大流跟着吳稚暉去的，法文底子薄，未取得「真經」，也未獲得學位。她早年撰寫的論文、小說等，與她留法毫無干係。蘇雪林到武大是袁昌英推薦的，以後惟袁馬首是瞻，若碰到個人利益有損於蘭子時，一定以犧牲自己為前提，她當時的「夢」，是儘早坐上教授的位子。

　　凌叔華沒有留洋經歷，皮公亮說即便凌叔華能任職武大，充其量是個助教。好在陳西瀅與楊端六是過心的朋友，定讓女兒小瀅認楊端六袁昌英為乾爹乾媽，有了這一層關係，楊、陳兩家走得更近一些。只是凌叔華不像袁、蘇二人，她在武大圓教員的「夢」，卻沒有可能。

　　至於凌叔華與蘇雪林的交往，在珞珈山時期是乏味的。晚年蘇雪林是這樣對陳小瀅解釋的：

> 　　我們初上珞珈山的幾年，我因你媽是院長夫人，從不上她門，及抗戰發生，遷校四川樂山，後經倭寇大轟炸，全城灰燼，你媽亦遷我住的陝西街對面的萬壽山上，我們始有往來，對你媽的性格漸有了解。[4]

　　凌叔華看不上蘇雪林扭曲的性格，蘇雪林也從不去陳院長太太家做客。她們三人各自懷揣着自己的打算，遠沒有像大家想象的那樣，姊妹間情同手足。

　　1944 年 10 月，已在倫敦做中英文協代表的陳西瀅接到袁昌英的信，他看出袁昌英已和凌叔華商量妥，由楊端六出面託王世杰，想辦法為陳西瀅弄個公使當當，還說叔華連國家都想好了，首選是加拿大（與居住在美國的十四妹近一些），如不行，瑞士或澳大利亞亦可，這樣凌叔華便可以公使夫人身份堂而皇之地出國。還說叔華為長期兩地分居愁得「近來越來越瘦」，讓人心痛。信尾，袁昌英希望陳西瀅幫助她「運動」一下第四屆參政員一職。

　　陳西瀅當天在日記中稱這兩個女人「真所謂『熱昏』了。我這人如何

可做外交官？雪艇也如何能薦人做公使？豈不是笑話？」[5]

次年的春夏之交，國民政府第四屆參政會的榜單出爐。除陳西瀅當選外，熟人中還有李四光、胡適，落選的有皮宗石。「此外當選的有周恩來，落選的有王立明。」[6]從陳西瀅日記中看出，競選參政員的門檻還是蠻高的，袁昌英有些想多了。

袁昌英有此想法也屬正常。當時在國內，留過洋的女性少之又少，獲得博士、碩士頭銜的更是鳳毛麟角。像金陵女子大學校長吳貽芳便是其中的佼佼者，博士身份讓她在學界、政界、婦女界通吃。榜樣的力量讓袁昌英心中有了想法，她想在社會上立足造勢，擴大些影響也說得過去。

從凌叔華給陳西瀅信中也可證實那時的袁昌英並非安於現狀，她對社會上的各種「頭銜」都很在意。如：

> 蘭子去過渝出席青年團評議員，回來後官架十足，時時喜打官腔。看我們都似乎低一格。可是她的新書《行年四十》卻沒有引起我讀過半點鐘。連小瀅都不耐煩看，她說太淺薄了。可見學問及悟性還是要緊的。[7]

妻子的話向來水分很大，又參雜許多個人的主觀臆斷，但似乎陳西瀅很少質疑過，這也是蘇雪林最早看出當年陳院長懦弱的一點，嘲笑陳是「奉妻言為金科玉律」的人。[8]

1948 年中華民國「國大代表」換屆選舉，分到教育界的代表名額共三十名（男二十三、女七）。袁昌英以「社會賢達」身份當仁不讓地報了名，蘇雪林有些猶豫，怕與袁昌英「撞車」。但在韋潤珊的慫恿下她還是報了名。

蘇雪林告訴凌叔華：

> 我怕與蘭子同遭淘汰，所以寫了一封信與谷正綱，表示我願放棄，信去後報紙即將我兩人姓名登出。而且湖北方面選舉部天天登

我們名字並說審查合格。

我想沒有問題了，所以活動拉票，北平、天津、上海、青島、南昌、安慶、杭州、廣州都寫信託人了，本校也有了三十多票。投票結果，蘭子在本校獲四十二票，外界一票。我在本校獲三十五票，外界也三十餘票。

但南京選舉部待投票後，才來一封覆函，准許我放棄。您看政府是不是同我開玩笑？像身為國民黨的李祁，劉蘭恩每人僅獲一二票，而且也已自己聲明放棄的，仍然當了選，出了席。政府作事有時是真不公平的，無怪黨外人士對她不滿意。

不過我原是一個容易說話的人，既然事前決心為友犧牲，自己願意棄權，後來也並無懊悔。蘭子到南京玩了四十餘天已於十日前回鄂，因為每天吃幾頓酒席，人又胖了不少，容顏更顯得少嫩了。她的胃口真強，接連吃四十天館子若無其事，我現在出去做客，吃一頓館子菜，回家便要小病幾天。中國舊式迷信有「福祿壽」之說，我是薄福的人，所以祿也不行，當然，將來壽也有限的了。[9]

蘇雪林信中說，她的票數遠超袁昌英三分之一強，只因自己聲明「放棄」，果然便被棄掉了。蘇雪林的「弦外之音」：袁昌英身後有蔣介石親自任命為審計廳長（上將軍銜）的丈夫，每年利用暑假去火爐般的南京上個把月的班，為此李四光曾嘲諷袁昌英，攜家帶口地去「趨炎附勢」。

僅僅一年之後，新中國的成立，特別是「反右」運動興起，袁昌英為當初的行為「埋單」了。

躲過此劫的凌叔華、蘇雪林因袁昌英「遭難」而有了共同語言，她們間的往來通信，袁蘭子是必談的話題。蘇雪林更是追悔莫及，選「國大」代表，她若不輕言放棄，定要與袁昌英爭個高低，袁若沒有這個「污點」，有可能會是另一番光景。所以蘇雪林口口聲聲：是她害了蘭子。

　　蘇雪林與凌叔華交好完全緣於袁昌英，袁有恩於蘇雪林，又是小瀅的乾媽，由於她的撮合，在樂山時期，蘇雪林也隨袁到凌叔華自建的萬景山樓小坐。

　　筆者收藏最早一封蘇雪林致凌叔華的信，是寫於 1948 年 5 月 12 日，那時凌叔華已在倫敦，蘇雪林也回到了珞珈山。凌叔華託人捎來禮物和信，蘇雪林拖滯了大半年才回信，她推諉「因為離別太久，想說的話千頭萬緒，大有一部十七史不知從何說起之概，」但又說「精神既十分頹唐，心緒也亂糟糟的，集中不起來，連寫封信都視為畏途。」

　　凌、蘇二人頻繁通信應該在二十世紀五十年代初期，那時蘇雪林受困於法國，得到凌叔華的接濟，凌還邀請蘇雪林來倫敦小住。

　　1990 年凌叔華病逝，蘇雪林在台灣發表了悼念文章，最後一次違心地誇了凌叔華。六年後，她把壓抑了半輩子對凌叔華的看法直接告訴了陳小瀅：

　　　你媽雖有些古怪脾氣，人家不知，對她總是敬重，我想其故有三：（一）她天生一副古典美人胚子，得人喜愛。（二）嫁了一個像你爸的名教授，捱魯迅惡罵十年總不回嘴，人家對他有深厚的同情，這同情又轉注到你媽身上，你媽得之便也被人敬重了，若你媽嫁了一個普通人，我相信她將是沒沒無聞的一個人。（三）你媽秉性雖既貪且吝，又有種惡癖，善自諱飾，人家也看不出。況寫的《花之寺》的確不錯，不過她惜墨如金，寫作不多，若非嫁你爸則得名之盛，決不如黃廬隱、石評梅（兩人都是女高師畢業生）。
　　　……
　　　你媽對人從無真情感，晚年對我倒有一點，我這樣說她，實不應該。但她的奇貪與奇吝，亦為我所罕見，深以為怪，忍不住要說。又你〔們〕雖為母女，所知於她的不及我多，譬你來信中稱她為「才女」，為「名作家」，據我看你媽雖能筆墨，只寫那點東西，實不足稱為「才女」；畫得一點也不好，徒以能以大言唬人（譬如幼時

英文跟辜鴻銘學，畫從慈禧太后代筆繆太太學）。又目空一切，高自位置，故意貶損那些名畫家，淺學者流，居然信以為真，以為她高不及了。

你說她「懷才不遇」，她有何才可懷，你爸爸任武大文學院長時不教她教中文，也不敢教英文，雖為避嫌也知她不能勝任。及我不願去南大，也為不知她，薦她自代，及她去教，馬腳畢露，我才知她並無真才。數年後美國聘她教五四後新文學，她大喜，問我索取若干資料（因我在武大教過新文學）。赴美後，教的成績並不好，也只勉強教了一年，殺羽而歸。可見她並 [無] 才學可以任教，有何懷才不遇之有呢？[10]

真沒料到蘇雪林百歲之時，一氣兒寫下十五頁的洋洋灑灑四千餘言，對凌叔華盡情數落。信中從凌為女兒改出生年齡到凌的缺德少才，悉數道出。可以想見，蘇雪林與凌叔華的每一次交往，每一次違心地誇獎，都在自己心中埋下了嫉妒。

蘇雪林寫此信時大概忘記了旁人和自己說過的話。蘇雪林嘲諷凌叔華若不是嫁給陳西瀅這個名教授，將是個默默無聞的人。

此話剛好說反，魯迅誇凌叔華作品「使我們看見和馮沅君、黎金明、川島、汪靜之所描寫的絕不相同的人物，也就是世態的一角，高門巨族的精魂」[11] 時，他已和陳西瀅結怨數年。魯迅能捐棄前嫌，對於凌叔華的小說創作給予概括、理智和公允的評定實屬不易。

夏志清在《中國現代小說史》裏列舉了諸如冰心、廬隱、馮沅君、陳衡哲、蘇雪林等，說「這些人都比不上凌叔華」。夏對凌評價如此之高，也並非因為陳西瀅的緣故。相反，有文章評述陳西瀅上世紀初留學時所學的英國文學已經過時，只是陳西瀅還抱殘守缺地留戀着，十幾年授課不改老套。時間逐漸淡忘了他本人和他懷揣的過了時的學問，世人似乎也都這樣認為：陳西瀅的成就只是他那本薄薄的《西瀅閒話》。

關於凌叔華「文人畫」的成就，美學大師朱光潛 1945 年曾在《論自

然畫與人物畫》中，對凌叔華做出這樣的評價：

> 在這裏面我所認識的，是一個繼元明諸大家的文人畫師，在嚮往古典的規模法度中，流露她所特有的清逸風懷和細緻的敏感。她的取材大半是數千年來詩人心靈中蕩漾涵詠的自然。一條輕浮天際的流水襯着幾座微雲半掩的青峰，一片疏林映着幾座茅亭水閣，幾塊苔蘚蓋着的卵石中露出一叢深綠的芭蕉，或是一彎謐靜清瀅的湖水旁邊，幾株水仙在晚風中迴舞。這都自成一個世外的世界，令人悠然意遠。

對於凌叔華的小說與繪畫，大師們的話言猶在耳，蘇雪林可以忽略，難道她自己說過的話也忘記了嗎？例如，她說過：

> 叔華既具有東方典型美人的美，她的作品也幽深、嫻靜、溫婉、細緻，富有女性溫柔的氣質。假如文學真有什麼「女性」、「男性」的分別，叔華的作品，可說是百分之百女性的，正所謂「文如其人」。[12]
>
> 凌叔華「於寫作以外，兼工繪畫，幼時曾從西太后畫師繆女士學習。長大後，常入故宮遍覽名作，每日臨摹，孜孜不倦。其畫風近郭忠恕，筆墨痕跡淡遠欲無，而秀韻入骨，實為文人畫之正宗。」[13]

寫到這裏，三位女性給世人的印象並不完整，作為「大姐」的袁昌英儘可能包容或縮小蘇雪林和凌叔華之間的矛盾，也很少聽到她對兩位妹妹的苛責。但蘇雪林與凌叔華的矛盾屬於性格使然，她們當面都在讚美對方，但背後貶低對方的話也始為人知，特別是魯迅對凌叔華作品的些許點評和夏志清將凌叔華的才華置於蘇、袁等人之上，蘇雪林表面敷衍，這不平之氣也只有在凌叔華去世之後一吐為快了。

凌叔華缺失了「誠信」

　　我們對凌叔華的研究，最困難的是「取證」。對於旁人對她的採訪，以及她的即席「發揮」，我們往往要找許多旁物，相互印證。

　　自從凌叔華走上文學道路的啟蒙老師周作人，在二戰結束後被國民政府定罪為漢奸並收監後，凌叔華在她的回憶文章中就很少提到這位恩師，其原因不言自明。

　　1989 年重病在身的凌叔華排除萬難回到祖國，不到半年病逝故里，實現她落葉歸根的意願。她的中學校友、時任政協主席鄧穎超採擷中南海西花廳的一束紅色月季花，託祕書趙煒輕輕放在逝者胸前。

　　大約有了這一層關係，凌叔華去世後，社會上對她及她作品的研究熱情日漸高漲。

　　1994 年河北人民出版社出版了周作人《飯後隨筆》，其中有題為《幾封信的回憶》，就是回憶凌叔華和他早年通信之事。

　　1923 年 9 月 1 日燕大開學第一天，周作人便收到凌叔華拜師之信，稱「不知您肯在課外犧牲些光陰收我一個學生嗎？」9 月 6 日周作人收到凌叔華第二封信，凌寄上自己的幾篇習作，周作人認為「大概寫的很是不錯，便揀了一篇小說送給《晨報》副刊發表了。」這篇即是《女兒身世太淒涼》，周作人在文中還說：「她的小說因我的介紹在《晨報》上連載」，「她的文名漸漸為世人所知，特別是《現代評論》派的賞識，成為東吉祥的沙龍的座上賓了。」

　　周作人的漢奸身份使得凌叔華頗為顧忌，甚至不惜「刪除」她與恩師的那段交往。凌叔華晚年的回憶文章中，談到自己的「第一短篇小說登在《現代評論》的是《酒後》，出版第二天，魯迅即在《語絲》上特別提出來稱讚，」其實魯迅並沒有稱讚《酒後》，仍是周作人在《京報》副刊為弟子做了些許好評。

　　凌叔華很在意大陸對往日文化人的評價，因為這也會牽連到自己的聲譽，周作人便是例子。相反，若是國內肯定了的人物，凌叔華也會與時俱

進地加以「修正」。凌叔華初上燕大，報考的是動物學，給出的理由：她是歌德迷，歌德上大學報考的就是動物學。

可在凌叔華回憶李四光的文章中，寫到自己初見李四光時，「因為我在大學時曾念過一年地質學，所以也很高興同李四光談論，當然我只是啟蒙的知識，可是我對於地質及風景卻是興趣異常濃厚。」[14]

這裏，「動物學」又變成了「地質學」。

凌叔華這樣的「隨意性」還有很多。如凌叔華晚年在回答台灣記者鄭麗園時，說 1924 年 5 月隨同泰戈爾到她家做客的還有胡適、林徽因。且不說林徽因作為泰戈爾的翻譯，報紙上刊載的照片斷少不了，早已是新聞人物；單單一個胡適，新文化運動的旗手，當年青年學子的偶像，凌叔華在日後的文章中不可能不提及到。1971 年，在陳西瀅去世周年之際，凌叔華寫了一篇悼文《寫在周年祭前夕》（未完稿），將泰戈爾來家做客一事寫得清清楚楚，裏面提到陳西瀅、徐志摩、張歆海，唯獨沒有胡適和林徽因。不是他們有意避而不見，是中午吃飯時就不在一起。還是徐志摩說得清楚，他們剛巧和泰戈爾在一起吃午飯，「聽說有畫會，就隨着詩人過來了。」

還是以這次畫會為例。既然是畫會，到場的畫家自然都要揮毫作畫了。可時至今日，這樣重要的畫會竟然沒有任何報道，像金城、齊白石、陳半丁、姚茫父、陳師曾、王夢白等畫家，究竟有誰參加？又畫了什麼？無人知曉，或許就根本沒有這個畫會。

泰戈爾和南達拉・波斯當天下午的注意力全在東道主身上，他們目光所及的是錦簇的花園、小巧的月亮門和假山、雕樑畫棟的套院、前廊後廈的書房……更被眼前靚麗的凌叔華所吸引。至於還有誰在場，有沒有畫會已無關緊要了。

又如 1982 年 10 月，凌叔華寫給陳從周的信，談到當年自己辛辛苦苦創辦的《武漢日報》副刊——「現代文藝」，已經發行了九十五期，「可惜戰爭一來，『武漢文藝』便銷滅掉。」[15] 言外之意，停刊的理由在於日本入侵。

這並非真正的理由，翻閱副刊最後一期的《終刊詞》，凌叔華是這樣說的：

> 要是它曾經開過花，結過果，那麼它開的不是華中的花，結的不是華中的果。所以我們承認自己是失敗了。……天寒夜長，風淒雨苦，我們打着這個小刊物的喪鐘，別矣！

辦刊失敗的理由並不充分，沒有必要一定開「華中的花」，結「華中的果」。

凌叔華應該不會忘記 1935 年蕭乾接手《大公報》「文藝副刊」時，他們二人曾相互在自己編的副刊上發表對方的作品，戲稱「聯號」的情景。

那時的凌叔華雄心勃勃，並對巴金放出大話：「將來南至粵，西至川，都有文藝聯號才好。」她甚至幻想與蕭乾聯手，一南一北，兩個副刊便可覆蓋全國，「這話目下也許只是一個夢，開始夢不一定不會變真的。」[16]

時過境遷，凌叔華四十六年後隨意對陳從周說的話，掩蓋了時間上的差距。停刊是在 1936 年底，距 1937 年七七事變尚有半年之久。這個「心結」只有凌叔華自己知道，那段日子她為與朱利安·貝爾一事忙得焦頭爛額，已成為珞珈山茶餘飯後的談資，她再像以往拋頭露面地約稿，怕是一件有些尷尬的事了。

幾十年過去了，當事人不在了，活着的人應該本着對歷史負責的態度而不是相反。凌叔華的女婿秦乃瑞，一位典型的英國紳士，說起他的異國岳母，有句精闢的話：「從 A 到 Z，我們不知道她哪句話是真的。」

凌叔華進了陳家墓地

1942 年 10 月，陳西瀅的大姊陳浣去世。當大姊陳屍榻上未殮時，怪異的事情發生了。據蘇雪林現場表述：

（陳浣緊閉的雙目忽然睜開，陳西瀅見狀大驚）急進房，俯身死者榻前，用無錫土白喃喃和死者說着話。我們在隔壁客廳裏隱約聽見他向死者說：阿姊不肯閉眼，必是為了老母靈柩停厝異地，放心不下的緣故，抗戰勝利後，我一定要將老母和阿姊的遺骨運回故鄉安葬，現在請阿姊安心歸去吧……安心歸去吧。他對死者這樣溫柔的撫慰，嗚咽地許着願，說也奇怪，他老姊的雙目果然緩緩闔上了，我們弔客也被感動得人人熱淚盈眶了。[17]

陳西瀅是個孝子，若不是次年被派往國外，以至再也沒有機會回國，相信遷葬之事了無問題。陳西瀅無法辦成的事，妻子接手才對，何況日本投降後，武漢大學曾僱傭民船，為這些年病死在樂山的教職員工及家屬的靈柩，舉辦了集體遷葬儀式。

陳洪妻子王宗瑤問凌叔華：「何不乘便把母親大姊的柩運回來呢？」凌回答：「我才不管那些事呢。」在一旁的侄子陳貽春只有八歲，已經懂事了，也氣得不行。最終還是陳洪大費周章，先將母親和阿姊的遺骨運到重慶，再想辦法運回無錫，與父親合葬在一起，了卻了陳西瀅未了之事。

1990 年 5 月 22 日，凌叔華病故，身旁陪伴着女兒小瀅和外孫秦思源。秦乃瑞從英國趕來，攜帶着保存了二十年的陳西瀅骨灰。一家三人去了無錫，在「陳氏墓園」爺爺奶奶和大姑的墳旁，又立了新墳，將陳西瀅凌叔華的骨灰合葬在一起。

這裏還需提及一個叫陳永華的人，他是陳小瀅的遠親，住在蘇州。自從陳、凌合葬後，他便負起了照料墓地之事，經年不懈。

陳小瀅將父母合葬之事告訴了二叔，陳洪來信說也接到陳永華的信，說墓地整修得很好，從原來的四十多平尺，擴建成如今的二百平尺，還修了圍牆云云。

陳洪看信後極其欣慰，說自己死後至少留一部分骨灰埋在「陳氏陵園」，「挖一兩尺深的土穴，放入之後，蓋上泥土，亦不要碑石。使我覺到已與我一生親愛的家人團聚在一起，我就心滿意足。如有靈魂可以暢聚，其樂豈不融融？」[18]

凌叔華《春風沉醉之一日》

　　1997 年 11 月 3 日，陳洪以九十七歲高壽仙逝。他的兒子陳貽春守孝三年，遵照遺囑將部分骨灰送到無錫。

　　還是陳永華幫忙安葬，立碑鐫銘。貽春靜靜望着大伯伯陳西瀅和凌叔華的墓碑，不由想起大伯母凌叔華生前對自己的不屑，往事歷歷在目。

　　那時陳貽春還在美國，剛剛結婚，生活拮据。凌叔華去美國看望十四妹凌淑浩後去芝加哥，離貽春夫婦居住的洛瓦（Iowa）不遠。凌叔華「只有這個親姪子，既無信，亦無電話，更不用說花幾小時灰狗（指長途汽車）錢去看看他們了，所以滿心的不滿意。」[19] 這是二叔陳洪寫給陳小瀅最後一封信披露的，並暗示小瀅電話中提到松岡洋右之事，貽春似乎已有察覺。

　　陳貽春冷眼看着鐫刻在碑石上的「凌叔華」三字，說了句陳永華不明白的話：她「是靠大伯伯的福，所以能同葬祖墳。」話畢掉頭便走，從此再未來過此地。

　　2010 年 10 月 12 日，秦乃瑞在倫敦家中去世，享年八十六歲。陳小瀅和大英圖書館中文部主任吳芳思（他們共同的好友）守候在身旁，遵從了老秦在家中，在親人的陪伴下離世的願望。

秦思源赴英料理善後，並將母親接到北京頤養天年。老秦身後留下遺囑：骨灰一半埋在英格蘭老家，陪伴自己的父母，另一半留在他一生熱愛的第二故鄉——中國。

秦思源夫婦親去無錫，仍是陳永華幫忙操置，辦得很得體，滿足了老秦最後遺願：要在這裏等候一個人，和她一起去「天堂」。

注釋：

1　凌叔華致陳西瀅信，1943 年 4 月 25 日（筆者收藏）。

2　凌叔華致陳西瀅信，1943 年 9 月 3 日（筆者收藏）。

3　陳小瀅致陳西瀅信，1945 年 4 月 21 日（陳小瀅收藏）。

4　蘇雪林致陳小瀅信，1996 年 3 月 15 日（筆者收藏）。

5　陳西瀅日記，1944 年 10 月 28 日（陳小瀅收藏）。

6　陳西瀅日記，1945 年 5 月 21 日（陳小瀅收藏）。

7　凌叔華致陳西瀅信，1945 年 6 月 23 日（筆者收藏）。

8　蘇雪林致陳小瀅信，1996 年 3 月 15 日（筆者收藏）。

9　蘇雪林致凌叔華信，1948 年 5 月 12 日（筆者收藏）。

10　蘇雪林致陳小瀅信，1996 年 3 月 15 日（筆者收藏）。

11　魯迅：《中國新文學大系·小說·二集·序》，《魯迅全集》第六卷，246 頁。

12　蘇雪林：《其人其文凌叔華》，《蘇雪林文集》。

13　蘇雪林：《凌叔華女士的畫》，載入《蘇雪林散文選集》，百花文藝出版社，2009 年版。

14　凌叔華：《李四光傳（未完稿）》，二十世紀八十年代（筆者收藏）。

15　凌叔華致陳從周信，1982 年 10 月 15 日，《凌叔華文存》（下）。

16　凌叔華致巴金信，1935 年，載陳建功主編：《中國現代文學館館藏珍品大系·信函卷（第一輯）》，文化藝術出版社，2009 年版。

17　蘇雪林：《陳源教授逸事》，摘自《蘇雪林散文》，浙江文藝出版社，2001 年 6 月版。

18　陳洪致陳小瀅信，1991 年 2 月 1 日（筆者收藏）。

19　陳洪致陳小瀅信，1991 年 2 月 16 日（筆者收藏）。

成書後的滿肚子「辛酸」 （代後記）

　　2017 年 8 月，歷經四年頗為不易的寫作、推敲、修改，《雙佳樓往事》初稿寫成。但初稿到定稿，居然經歷了十六個月，四易其稿，終於在 2019 年春節前算是與出版社敲定了，這個年可以踏實地過了。

　　之所以費如此周折，我看作是為這部書付出的應有代價。我終歸不是這個圈內的人，不懂得其中的「行規」，仍舊套用考古學的做法，只要真實地反映所發生的客觀事實，就可以毫無顧忌地發表出來。有如發掘陝西臨潼秦始皇兵馬俑坑或湖南長沙西漢馬王堆墓，我們不必徵詢兩千年前嬴政和辛追後人的意見。

　　而今我寫的是今人今事，忘記了或許真的不清楚：我敘述的是事實，更屬於家人的隱私，怎麼可以無視其家人的意願？可惜，這淺顯的道理居然是在 2017 年冬季，秦思源夫婦請我吃飯談論他們看完初稿時的感受方才知曉。

　　我永遠忘不了秦思源夫婦中肯的提示：一名嚴謹的作者應該最客觀地反映事物的本質，一定不要帶有情緒化的思維，按照自己的推理模式引導讀者誤入想像的空間。梁偉說秦思源（英國長大）堅持自己通讀書稿，經常讀到大半夜，若有不清楚的詞句，梁偉一句一句地解釋，並用紅線將有疑問的段落標識清楚。

　　我也忘不了陳小澄多次語重心長地說：過多地描述男女之間的「花絮」，雖能博得讀者一時的眼球，卻降低作品的格調，有可能成為市井讀

物。她兩讀通稿，提出幾十條需要改進的地方，最後寫出了自己的「讀後感」——《前言》。

在長達十幾年對陳西瀅凌叔華等人信箚、日記的整理，成了我充滿興趣但又頗為不易之事。原以為簡單的事：先將信箚、日記交由打字社錄文，我再研讀、分析、列綱、寫作……不料交來的打印稿有如「天書」一般，才知道如今的年輕打字員既看不懂草寫的繁體字，又不識其中夾雜草寫的英文。我嘗試交給同事殷稼（他曾在某出版社任職）過目，聽聽他的意見。他對照一篇千言信箚錄文，竟然改正了上百處，幾乎不亞於重新錄入。於是我打消了利用打字社的想法，決定組織自己的「團隊」。

「團隊」中，殷稼成了我的「搭檔」，甚至成了「總管」。凡旁人的錄文和解釋（包括我的），他都要校閱訂正。為了寫作方便，他除了逐篇訂正錯漏，還考證了數十篇時間不明信件的日期。並且隨着編輯整理，做了陳西瀅年譜（部分），對現有凌叔華年表做了增補、校訂。如「二戰中的陳西瀅——陳西瀅日記（1943—1946）整理」，就是一部很有價值的史料紀實。

我曾設想，以後若有可能，這兩部分都可以獨立成書，供愛好者研究之用。每每聊到此，殷稼總是淡淡地一笑：這倒沒多想過，目前條件不成熟，時間也不充裕。現在只是憑自己的興趣和當過編輯的習慣，幫着打好基礎，儘量訂正錯漏之處，多了解些當年的人和事。

我和殷稼都不懂英語（殷稼是學日語），陳西瀅日記中大量的英文單詞、短句，像一隻隻「攔路虎」橫在中間，割斷了對上下文的理解。我試着拿松岡洋右的英文信件請教同事艾婉喬，她的翻譯水平得到秦乃瑞的好評，不論釋文的用詞準確，還是語氣的到位。

遺憾的是，80後的小艾後來考入北京大學，離職去讀考古專業的研究生，等到我的專著成型，她已經博士畢業了。我試圖打造「鐵三角」的初心，由於缺了她的一角，還是造成了許多不便。要知道，陳西瀅1943—1946年的幾十萬字日記，挑選有用的資料有如海中尋貝，貝中覓珠般的艱難。但不如此，恐怕連那點「珍珠」都難以收穫。不過艾婉喬還

是利用間隙，幫我初審了十萬字以上的稿件。

錄文稿件在十萬字以上的還有國家博物館的王輝博士，她對繁體字的識別和英語單詞的大致翻譯，使我眼前一亮，很快能判斷出哪些資料可以使用。可惜，她有個嗷嗷待哺的孩子和身患絕症的老父親，仍能抽出時間幫我，每每想到此，我對王輝的愧疚至今都不能釋然。

朱慧珍是某出版社的領導，雖然她不懂英語，但對繁體字的識別是她一絕，又沒有家庭瑣事，多年來幫了我很大的忙，做了許多基礎性的工作。

此外，幫我做基礎性工作的還有張輝亮，她掃描了上百封陳西瀅凌叔華以及陳小瀅之間的信箋，使得我及我的「工作團隊」使用起來不必時時拿出原件對照。

對於英語人才的彌補，在時間就是金錢的當今，我只得依靠多位朋友的幫忙，零敲碎打地解決。如鮑楠迪、鮑安妮姐妹倆都是樂意幫忙不嫌累的朋友，特別是鮑安妮還是在校的大學生，那時正是她複習考試的緊張檔口。

來往次數最多的是陳曉程，她在一家德國駐京機構工作，要隨着德國作息時間（中午至傍晚）辦公。我時常前去討擾，她總是來者不拒。遇有連她都看不清的單詞時，最方便的是找她辦公室的同事 ── 德國小夥兒 Patrick Wertmann（中文名字：魏駿驍）。小魏曾在美國、中國留過學，英文、中文不在話下，還懂法文，溝通起來十分方便。小魏在幫我釋文時，隨意瀏覽了其他外文詞句，發現錯誤不少，曾自告奮勇願意通篇校對一遍。若不是出版社截稿時間在即，我至今覺得自己可能錯過一次寶貴與難得的機遇。

説起外國友人的幫助，最重要的人當屬日本學者阿部沙織女士。她多年從事凌叔華作品的研究，且頗有心得，在她與陳小瀅的幾次談話和往來的電子郵件，從中看出她在若干年前就察覺到陳小瀅託她打聽的幾個人，如宇佐美、阿部等都是南滿洲鐵道株式會社的人，她甚至奇怪凌叔華為什麼和「滿鐵」有這麼深的關係。直至陳小瀅將松岡洋右與凌叔華的關係對

她和盤托出，並請她協助了解陳西瀅是否知曉此事，或陳西瀅是否也認識松岡洋右時，她才恍然大悟。

隨後的幾年，阿部沙織走訪過松岡洋右九十高齡的兒子，了解到凌叔華寫給松岡洋右的信和贈送的書及禮品都毀於 1945 年美軍對東京的大轟炸。阿部沙織甚至從朱利安 1935 年 10 月 23 日寫給母親瓦內薩的信中看到，Matsuoka You 就是松岡洋右的英文寫法，由此得出早在 1927—1928 年，陳西瀅在日本做訪問學者時就結識了松岡，如同朱利安信中所述，陳、凌二人同是松岡的朋友，但陳西瀅是否認同此說，在他的日記和信件中並未得到證實（當然，我們只看到陳西瀅 1943—1946 年的日記）。

類似的幫助者還有日本友人島津幸男先生。2013 年 6 月，我應邀訪問日本幾家私立博物館，在鹿兒島與島津先生閒聊時，談到自己目前正在寫書，其中涉及到松岡洋右。但是此人在日本的情況我一點兒都不知道，甚至連張照片都沒有。島津笑說我找對人了，他本人是周南市議員，正屬於山口縣管轄，而松岡洋右正是山口縣人，當地人都知曉。另外，據他說，松岡還與首相安倍晉三有着親戚關係。

兩個月後我接到島津寄來的《松岡洋右寄贈品寫真》，並附有一信。這些資料對於我們了解松岡洋右那段時期的活動有着極其重要的幫助。組織這次採訪活動的是日本黃山美術社的陳建中社長，擔任翻譯的是姚嵐女士，在此一併致謝。

本書還得到了陳西瀅在大陸就職時間最長的武漢大學的校史館的幫助。吳驍熱情地接待了我們，參觀並講述武大校史，提供我們需要的照片。次日還一道拜訪了九十高齡的皮公亮先生（皮宗石之子）。皮老侃侃而談了一個下午，頭腦敏捷，思路清晰，對武大老人兒的往事爛熟於心。特別對於袁昌英以及一家人的遭遇，皮老講述得格外細緻，至今回憶他當時所言，還令人唏噓不已。

鄒宗平女士講述外公李四光出走的經過，應該是對於我撰寫「營救李四光」一節的最大幫助。由於我受作家徐遲發表報告文學《地質之光》的

影響，對徐遲表述李四光出走的事實深信不疑。但當我落筆時，因李四光出走時間與我掌握的材料在時間上有出入，為此苦惱了多時。鄒宗平與我長時間的電話溝通，使我心存多時的疑慮霎時迎刃而解。原來，鄒宗平自幼因父母工作繁忙，是外婆許淑彬將她帶大，有關外公李四光出走的來龍去脈，也是外婆告訴她的。應該説她替代外婆成了唯一知情的健在者。

還有兩位從未謀面的感謝者，一位是張海燕女士，她是殷稼介紹最早參與整理陳西瀅凌叔華信件的人；另一位是撰寫凌叔華傳的陳學勇老師，他的專著《高門巨族的蘭花 —— 凌叔華的一生》，是擺在我案頭時常翻閱的「工具書」。

為史家胡同博物館繪製《北平凌府》的鄭希成先生慨允使用這幅圖；胡新宇先生考證出未標明的外文手稿正是凌叔華小説《開瑟琳》的英譯稿，在此一併致謝。

我一直敬佩兩位學者 —— 雜文專家陳四益先生、研究魯迅和他的「對立面」專家黃喬生先生。陳四益最早通讀過全文，提出寶貴意見和建議，他認為書中內容詳實、新穎，值得出版；黃喬生曾兩次蒞臨寒舍，仔細查閱我收藏的陳、凌諸人的信箋原件，以及凌叔華的繪畫和她使用的印章，認為真實可據，是一批鮮為人知的珍貴資料。他們都表示該書出版後，願意寫一篇讀後記，我在此先行致謝了。

計劃出版此書的是中華書局（香港）有限公司，這是我和該公司的第二次合作，趙東曉總經理、侯明總編輯出版此書繁體中文版是為了面向香港、澳門、台灣及海外的華人讀者。特別是本書涉及陳西瀅生前好友，如胡適、王世杰、葉公超、羅家倫、梁實秋、顧維鈞、張歆海等人。這些人自 1949 年後選擇去了台灣或美國定居，他們的後人以及研究那段歷史的人，都能從本書中得到自己未知的素材。

令我感慨的是，祖國這幾年發生的大事不斷，去年新中國成立七十周年，今年疫情襲擊全球，明年又是中國共產黨建黨百年，經過審查挑選的新書、好書排起了隊。兩地同時出版的願望落空，境外的朋友先睹為快了。

　　擔任本書責編的是黃帆先生，以及設計版面、封面的高林老師，排版賴艷萍女士，我在此真誠致謝了。

　　這部書所涉內容大部分屬於民國時期發生的事，主人公又都生活在海外，應該說這是一部發生在很久之前的真人真事，對於研究和喜好近現代文學史的讀者們，該書提供了不同以往的評判當事人的視角，披露了一批從未發表過的資料。

　　對於遠離近一個世紀的年輕人來講，是否也感興趣，是否看得下去，筆者毫無把握，但期待着。

陳烈

2020 年 8 月 8 日於北京清芷園寓所

參考書目

［英］秦乃瑞（John Derry Chinnery）著，王家平、張素麗譯：《魯迅的生命和創作》，中國國際廣播出版社，2014 年版

陳學勇：《高門巨族的蘭花 —— 凌叔華的一生》，人民文學出版社，2010 年版

陳學勇編撰：《中國兒女 —— 凌叔華佚作・年譜》，上海書店出版社，2008 年版

凌叔華著，傅光明譯：《古韻 —— 凌叔華的文與畫》，山東畫報出版社，2003 年版

陳學勇編：《凌叔華文存》，四川文藝出版社，1998 年版

［美］魏淑凌著，張林傑譯，李娟校譯：《家國夢影：凌叔華與凌淑浩》，百花文藝出版社，2008 年版

《海鴻鄉音》，江蘇文史資料第 37 輯

《葉公超散文集》，1982 年台北出版

文潔若：《風雨憶故人》，上海三聯書店，2011 年版

季羨林編：《胡適全集》，安徽教育出版社，2003 年版

虞坤林編：《志摩的信》，學林出版社，2004 年版

許廣平：《魯迅回憶錄》，長江文藝出版社，2010 年版

辛曉徵：《國民性的締造者魯迅》，湖北教育出版社，2000 年版

陳西瀅：《西瀅閒話》，江蘇文藝出版社，2010 年版

顧潮：《歷劫終教志不灰 —— 我的父親顧頡剛》，華東師範大學出版社，1997 年版

耿雲志主編：《胡適遺稿及祕藏書信》，黃山書社 1994 年版

郭沫若：《洪波曲》，人民文學出版社，1979 年版

陳建功主編：《中國現代文學館館藏珍品大系・信函卷》，文化藝術出版社，2010 年版

中國社會科學院近代史研究所中華民國史研究室編：《胡適來往書信選》，社會科學文獻出版社，2013 年版

趙毅衡：《對岸的誘惑：中西文化交流記》，四川文藝出版社，2013 年版

武漢大學北京老校友會《北京珞珈》編輯部編：《珞嘉歲月》

陳小瀅講述、高豔華記錄整理：《樂山紀念冊》，北京：商務印書館，2012 年版

陳小從著：《圖說義寧陳氏》，山東畫報出版社，2004 年版

《朱東潤自傳》，東方出版中心，1999 年版

楊靜遠：《讓廬日記》，武漢大學出版
　　社，2003 年版

《王世杰日記》（手稿本），台北「中
　　央研究院」近代史研究所 1990
　　年編印發行

楊靜遠編：《飛回的孔雀 —— 袁昌
　　英》，人民文學出版社，2002 年
　　版

吳驍、程斯輝：《功蓋珞嘉「一代完
　　人」—— 武漢大學校長王星拱》，
　　山東教育出版社，2011 年版

《竺可楨全集》，上海科技教育出版
　　社，2005 年版

商金林編：《朱光潛自傳》，江蘇文藝
　　出版社，1980 年版

齊邦媛：《巨流河》，北京：三聯書店，
　　2010 年版

《凌叔華經典作品》，當代世界出版
　　社，2004 年版

張在軍：《苦難與輝煌：抗戰時期的武
　　漢大學》，台灣秀威出版公司，
　　2012 年版

唐德剛：《胡適雜憶》，廣西師範大學
　　出版社，2005 年版。

石原皋：《閒話胡適》，中國人民大學
　　出版社，2011 年版

凌叔華：《愛山廬夢影》，當代世界出
　　版社，2009 年版

劉永濟：《劉永濟詞集・驚燕集》，湖
　　南人民出版社，1984 年版

白修德：《追尋歷史：一個記者和他
　　的 20 世紀》，中信出版集團，
　　2017 年版

中央文獻研究室編：《毛澤東文集》，

人民出版社，1996 年版

陳西瀅、凌叔華：《雙佳樓夢影》，江
　　蘇文藝出版社，1996 年版

鄭會欣編：《董浩雲日記（1948 —
　　1982）》，北京：三聯書店，
　　2007 年版

亞歷山大・潘佐夫著，卿文輝等譯：
　　《毛澤東傳》，中國人民大學出版
　　社，2015 年版

陳群等編著：《李四光傳》，人民出版
　　社，2009 年版

《葉君健全集》，清華大學出版社，
　　2010 年版

逄先知、金沖及：《毛澤東傳》，中央
　　文獻出版社，2011 年版

岳南：《南渡北歸》，湖南文藝出版社，
　　2011 年出版

帕特麗卡・勞倫斯・麗莉・布魯斯
　　科：《中國眼睛》，上海書店出版
　　社，2008 年版

凌叔華：《說有這麼一回事》，北方文
　　藝出版社，2015 年版

逄先知：《毛澤東和他的祕書田家英》，
　　中央文獻出版社，1989 年版

《夏衍七十年文選》，上海文藝出版
　　社，1996 年版

楊雲慧：《從保皇黨到祕密黨員 ——
　　回憶我的父親楊度》，上海文化
　　出版社，1987 年版

陳賦：《往事：舊面孔、老長衫、雞零
　　狗碎裏話民國》，遼寧教育出版
　　社，2011 年版

Julian Bell: Essays Poems, and Letters, Hogarth
　　Press, 1938

雙佳樓往事

時代風雲中的
陳西瀅與凌叔華

□ 責任編輯：黃　帆
□ 裝幀設計：高　林
□ 排　　版：賴艷萍
□ 印　　務：林佳年

著者　　陳　烈

出版　　中華書局（香港）有限公司
　　　　　香港北角英皇道 499 號北角工業大廈一樓 B
　　　　　電話：（852）2137 2338　　傳真：（852）2713 8202
　　　　　電子郵件：info@chunghwabook.com.hk
　　　　　網址：http://www.chunghwabook.com.hk

發行　　香港聯合書刊物流有限公司
　　　　　香港新界荃灣德士古道 220-248 號
　　　　　荃灣工業中心 16 樓
　　　　　電話：（852）2150 2100　　傳真：（852）2407 3062
　　　　　電子郵件：info@suplogistics.com.hk

印刷　　美雅印刷製本有限公司
　　　　　香港觀塘榮業街 6 號 海濱工業大廈 4 樓 A 室

版次　　2021 年 1 月初版
　　　　　© 2021 中華書局（香港）有限公司

規格　　16 開（240mm×170mm）

ISBN　　978-988-8676-27-9